KB116173

뭉크

**역사적 인물의
정신의학적
진단과 분류**

엘비스 프레슬리

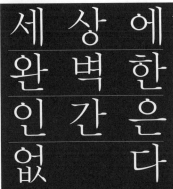

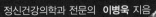

세 상 에
완 벽 한
인 간 은
없 다

체 게바라

정신건강의학과 전문의 **이병욱** 지음

비비언 리

학 지사

나의 모든 환자에게
이 책을 바친다.

인간의 존재는 정신과 신체로 이루어져 있다. 따라서 건강 문제를 거론할 때는 항상 신체건강뿐 아니라 정신건강 역시 매우 중요하게 다루어진다. 특히 고도로 산업화된 사회를 맞이하여 세상이 더욱 복잡해지고 인간관계와 사회적응 문제가 주된 화두로 등장하게 되면서 정신건강을 위협하는 실로 다양한 형태의 정신질환이 만연하게 되었다.

　　정신질환은 크게 대별해 정신병(psychosis)과 신경증(neurosis)으로 구분할 수 있다. 간단히 말해 정신병적 상태는 심각한 인격기능의 붕괴로 인해 일상적인 대인관계나 사회생활이 곤란한 경우를 말한다. 이에 반해서 신경증적 상태는 보다 가벼운 증상뿐 아니라 적절한 인격기능의 유지로 인해 사회생활에 큰 지장을 받지 않는 상태를 말한다. 따라서 정신분열병이나 조울병 등은 입원치료를 요하는 정신병에 속하고 불안증, 공포증, 가벼운 우울증, 강박증 등은 외래치료가 가능한 신경증에 속한다.

하지만 이처럼 매우 단순한 구분은 정신의학적 진단분류 체계의 다변화로 인해 오늘날에 와서는 별다른 의미가 없게 되었다. 인지기능과 판단력에 심각한 손상이 가해지는 치매 상태, 대인관계와 사회적응에 어려움을 겪는 인격장애를 비롯해서 자폐증과 같은 고질적인 소아정신장애도 모두 정신의학적 치료 대상에 포함되기 때문이다. 따라서 적절한 약물치료뿐 아니라 다양한 형태의 정신치료 및 인지행동치료, 정신사회적 도움도 필요하게 되었다.

인간의 정신상태는 우리가 믿고 싶어 하는 만큼 그렇게 튼튼하지 못한 것이 사실이다. 헝가리 태생의 유대인 작가 아서 쾨슬러의 저서 《기계 속의 유령(The Ghost in the Machine)》이라는 제목은 영국의 철학자 길버트 라일이 데카르트의 심신 이원론을 반박하기 위해 사용한 용어를 차용한 것으로, 쾨슬러는 인간 정신의 불완전성과 자기파괴적 성향이 불완전한 뇌의 진화과정에서 비롯된 결과로 보고 결국에는 생물학적 수단에 의해 도움을 받을 수밖에 없다고 봤는데, 실제로 그 책이 출간된 이후부터 정신약물학의 발전에 급진전이 이루어지게 되었다.

정신의학의 역사가 그다지 오래 되지 못했기에 인류역사에서 정신질환의 존재가 어느 정도 심각했는지 유무를 판정하기 매우 어려운 일임에 틀림없지만, 그럼에도 우리는 오늘날의 진단 기준에 따라 역사적 기록에 남겨진 인물들의 정신건강 문제를 부분적으로나마 추정해 볼 수는 있을 것이다. 물론 직접 관찰한 내용이 아니기 때문에 정확한 진단이라고 내세우기 어려운 것도 사실이나, 그렇다고 해서 전혀 근거 없는 주장도 아닐 것이다.

저자가 이 책에서 정신의학적 진단기준으로 삼은 것은 대체로 세계보건기구(WHO)가 정한 진단분류 체계를 따랐으나, 부분적으로는 대중에게 비교적 잘 알려진 진단명을 그대로 사용했다. 히스테리와 같은 진단명이 단적인 예라 할 수 있다. 또한 공식적인 진단 범주에 들어가 있으나 이 책에서 빠진 부분은 불안장애와 공황장애 및 섭식장애라 할 수 있는데, 불안장애는 워낙 보편적인 현상이라 제외했고, 섭식장애는 해당 인물이 워낙 적어 제외했다. 공황장애는 그런 병명이 존재하지도 않았던 역사적 기록에서 찾아내기에 많은 어려움이 있어 이 책에서는 다루지 않았다.

또한 정신의학에서 말하는 인격장애는 대인관계 형성이나 사회생활 적응에 상당한 장애를 겪는 경우를 말하는 것이지만, 이 책에서는 인격장애에 속한다고 단정하기보다는 그런 인격 특성에 가까운 성향을 보인 경우가 대부분이라 굳이 장애라는 용어는 사용하지 않았다. 그리고 동성애는 역사적으로 많은 인물이 존재함에도 불구하고 공식 진단 분류에서 삭제되었기 때문에 아쉽지만 이 책에서 제외시켰다.

이 책에서 소개하는 인물의 대다수는 그나마 역사적 기록에 남겨진 사람들이다. 그중에는 권력자나 군인도 있고 종교인, 혁명가, 학자, 사상가, 예술가, 연예인 및 운동선수도 있다. 물론 일부 독자들에게는 연예인이나 운동선수도 역사적 인물로 간주할 수 있겠는가 하는 의문이 들 수도 있겠지만, 대중문화의 역사라는 차원에서 보자면 안 될 것도 없다고 본다. 그런 점에서 독자들의 양해를 구한다.

저자가 이 책을 쓴 이유는 간단하다. 아무리 어려운 곤경에 처하더라도 용기를 잃지 말고 견디어 낼 수 있는 힘을 키우자는 뜻에서이다. 더군다나 과거 오래전의 인물들은 적절한 치료 혜택조차 제대로 받지 못한 상태에서 일생을 보낸 사람들이었으니 그 고통이 얼마나 컸겠는가. 하지만 오늘날에 와서는 사정이 매우 달라졌다. 정신의학의 발달과 다양한 치료방법의 등장으로 얼마든지 그런 시련을 뚫고 나갈 수 있는 여지가 많아졌기 때문이다. 그런 점에서 우리는 더욱 용기를 내어 앞으로 나아가야 하겠다.

이 책의 제목을 '세상에 완벽한 사람은 없다'로 정한 것은 단순히 정신질환의 존재를 감싸거나 변명의 구실을 주고자 하는 의도는 아니다. 물론 오늘날에 이르러 현실 판단력을 상실한 정신병 수준의 환자는 법적 차원의 제재나 보호를 받고 있기도 하지만, 정신적 문제나 갈등 때문에 벌어지는 개인적 고통과 그로 인해 벌어지는 실로 다양한 파급효과를 고려한다면, 세상에 완벽한 사람이 없다는 말처럼 중요한 화두도 없을 것이다. 왜냐하면 그런 화두의 이해를 통해 본인 당사자나 주위사람들 모두 왜곡된 편견과 선입견에서 벗어나 있는 그대로의 모습을 인정하고 수용할 수 있는 여지가 생길 수 있기 때문이다. 다만 그렇다고 해서 온갖 범죄행위를 일삼는 반사회적 인간에게까지 면죄부가 주어지는 것은 결코 아닐 것이며, 더 나아가 위대한 업적을 남긴 인물일 경우에도 극히 지엽적인 문제를 다룸으로써 그들이 이룩한 업적까지 그 가치를 떨어트리는 우를 범해서는 안 될 것이다.

　프로이트는 무의식의 존재와 갈등에서 비롯한 노이로제 현상을 집중적으로 탐구함으로써 일부 비판자들로부터 인류 전체를 환자로 만들었다는 비난을 감수해야만 했다. 하지만 그런 무책임한 비난은 인간의 갈등 해결에 아무런 도움도 되지 못할뿐더러 오히려 인간 심리의 모순된 현상을 고착시키는 동어반복적 악순환의 고리에 빠트리는 우를 범할 뿐이다. 그런 점에서 인간은 누구나 갈등을 지니고 있으며 어느 정도씩은 신경증적이라고 했던 프로이트의 말은 진실에 가깝다. 그리고 그의 말은 이 책의 제목과도 일맥상통한다고 볼 수 있다. 끝으로 부족한 점이 많은 내용을 책으로 펴내는 데 흔쾌히 허락해 주신 학지사 김진환 사장님과 그동안 수고하신 편집부 직원들께 감사 인사의 말씀 드린다.

이병욱

목차

망상의 세계에 갇힌
정신분열병

　　정신분열병(schizophrenia)은 수많은 정신질환 가운데 가장 고질적인 난치성 정신병으로, 그런 이유 때문에 그동안 비유적인 표현으로 정신적 악성 종양(mental carcinoma)에 견주기도 했다. 우리나라에서는 보다 완곡한 표현에 생물학적 원인을 강조한다는 의미에서 조현병(調絃病)이라는 용어를 사용하고 있으나, 국제적으로 통용되는 진단명은 아니다.

　　'조현(調絃)'의 뜻은 현악기 줄을 조율한다는 의미로, 조현병을 영어로 굳이 표기하자면 string tuning disorder가 되겠지만, 이것만으로는 무슨 상태를 말하는 것인지 도저히 감이 잡히지 않는다. 물론 그런 표현의 배경에는 뇌신경전달물질의 부조화로 인한 발병이라는 의미가 담겨 있다고 본다. 원

정신분열병(조현병)

1. 특징
- 인격 기능의 전반적인 붕괴를 보인다.
- 현실 판단력을 상실한다.
- 사회적응에 실패를 보인다.
- 자립 능력이 상실된다.
- 인구 1,000명당 5명이라는 유병률을 보인다.

2. 증상 및 진단 기준
- 망상과 환청이 나타난다.
- 극심한 퇴행을 보인다.
- 정서적 둔마가 나타난다.
- 기이한 말과 행동을 한다.
- 대인기피증이 있다.

래 정신분열병이라는 병명은 20세기 초 스위스의 정신과의사 오이겐 블로일러가 명명한 것으로 지금도 전 세계적으로 통용되고 있는 진단명이기 때문에 여기서도 그에 따라 사용했다.

정신분열병 환자는 망상과 환청, 인격기능의 심각한 붕괴, 현실 판단력 상실, 정서적 둔마, 사회적 고립과 철폐, 대인관계 형성 및 의사소통의 어려움, 신조어 사용, 극심한 유아적 퇴행과 기이한 행동, 충동조절의 실패, 사회적응 능력의 저하 등을 위주로 한 여러 증상으로 인해 일상적인 사회생활을 누리지 못하고 자기 관리에도 미숙한 모습을 보이기 마련이다.

가장 중요하고 심각한 증상으로는 망상(delusion)을 들 수 있는데, 피해망상, 관계망상, 과대망상, 조종망상, 추적망상, 애정망상, 질투망상, 종교망상, 족보망상, 우울망상, 자책망상, 허무망상, 신체망상, 빙의망상 등 실로 다양한 유형의 망상이 존재한다. 피해망상은 누군가 자신을 감시하고 해치려 든다는 내용으로 그런 이유 때문에 집안에 몰래 카메라 장치나 전화 도청장치가 있다고 믿으며, 심지어는 방안에 독가스를 흘려보내거나 음식에 독을 탔다고 의심하기도 한다. 누군가 자신을 미행한다고 믿는 추적망상이 동반되는 경우가 많다.

관계망상은 자신과 무관한 일임에도 불구하고 주변의 모든 상황이 자신과 관련된 것으로 착각하는 사고내용이다. 예를 들어, 신문기사나 TV 방송 내용이 자신과 관련된 내용을 퍼뜨리는 것으로 여기거나 지나가던 사람이 웃는 것도 자신을 비웃은 것으로 판단해 시비를 벌일 수도 있다. 신체망상은 기괴한 내용이 많은 편으로, 자신의 몸에 뇌 또는 내장이 없거나 혈액이 없다고 믿기도 하고 뱃속에 벌레가 기어 다니며 말을 건다고 주장하기도 한다.

과대망상은 조증의 주된 증상이기도 하지만, 정신분열병에서는 매우 기괴한 형태로 나타나는 수가 많다. 자신이 재림한 예수라거나 대통령이라 주장하기도 하며, 때로는 세상에서 제일 돈이 많은 부자라거나 세상의 종말을 막고 인류를 구원할 힘이 자신에게 있다고 큰소리치기도 한다. 그런 과대망상이 종교망상과 맞물린 경우에는 일부 신도들에게 강력한 영향력을 행사할 수도 있다.

자신의 출생에 비밀이 있으며, 현재 가족이라고 알고 있는 부모가 친부모가 아니라는 족보망상도 있다. 더 나아가 자신이 재벌의 아들이거나 왕손이지만 그 어떤 음모에 의해 현재의 성씨를 지니게 되었다고 믿기도 한다. 애정망상은 유명 연예인 또는 정치인 등이 자신을 짝사랑하고 쫓아다닌다는 망상이며, 조종망상은 누군가 자신의 머릿속이나 배후에서 자신의 행동을 지시하고 조종한다는 망상으로 빙의망상과 유사하다.

하지만 빙의망상의 경우 환자 스스로가 귀신이나 동물임을 굳게 믿고 행동할 뿐만 아니라 현실감각을 완전히 상실하게 된다는 점에서 일시적인 해리상태에서 보이는 귀신들림 현상과는 질적으로 다르다고 할 수 있다. 단순히 귀신들린 상태에서는 그래도 현실과의 소통이 완전히 단절되지는 않기 때문이다. 그런 점에서 과거 동서양 민담의 소재로 자주 등장하던 늑대빙의(lycanthropy)나 여우로 둔갑한 처녀귀신 이야기는 단순히 상상의 산물이 아니라 실제로 그와 유사한 환자들의 사례가 있었기 때문에 만들어진 내용이기 쉽다. 결국 그런 믿음 때문에 중세 마녀사냥의 비극도 벌어진 것으로 보이지만, 문제는 악령에 대한 믿음이 현대사회에 와서도 여전히 기승을 떨고 있다는 점이다.

환각증상으로는 환청, 환시, 환촉 등을 들 수 있으나, 정신분열병에서는 환청이 주된 증상으로 나타나며, 환시나 환촉은 드문 편이다. 혼자 대화를 나누며 중얼거리는 환자일 경우 대부분 환청 내용과 관련된 행동이기 쉬우며, 너무도 생생하게 들리기 때문에 환자는 그 내용을 사실로 굳게 믿는다. 따라서 욕을 퍼붓고 비난하는 음성이 들릴 경우에는 화를 내거나 공격적인 행동을 보이기 쉽다. 가장 심각한 경우에는 죽어버리라고 지시하는 환청 내용을 사실로 믿고 자살을 시도할 수도 있다.

정신분열병 환자는 정서적으로도 매우 고갈된 상태일 뿐 아니라 전반적으로 인격기능의 황폐화를 보이기 때문에 적절한 대인관계를 맺지 못하며, 따라서 사회적응에도 실패하기 마련이다. 대화 자체도 지리멸렬해서 알아듣기 힘들며, 엉뚱하고 기괴한 양상을 띠고 있어서 사람들이 이해하기 힘든 내용들로 가득 차 있다. 또한 행동 자체도 매우 유아적이고 퇴행된 모습을 보여 어린아이처럼 떼쓰거나 충동적인 성향을 보이기도 한다.

가장 극심한 형태로는 마치 죽은 사람처럼 하루 종일 꼼짝도 하지 않고 눈도 깜박이지 않은 채 누워 지내며 음식도 거부하고 대소변도 가리지 못하는 긴장형 혼수(catatonic stupor) 상태를 들 수 있는데, 그러다가도 느닷없이 발작적인 흥분상태로 돌변해서 매우 난폭하고 공격적인 행동을 보이는 긴장형 흥분(catatonic excitement) 상태에 빠지기도 한다. 하지만 이런 긴장형은 임상적으로 매우 드문 편에 속한다.

과거 오랜 세월에 걸쳐 정신분열병은 치료방법이 없는 불치병으로 여겨졌으나 오늘날에 와서는 항정신병 약물의 개발로 증상 완화에 큰 도움이 되고 있다. 물론 그것은 정신분열병의 원인으로 지목된 뇌신경전달물질에 대한 연구 업적의 결과로 보이기도 하지만, 사회적 인식의 변화와 더불어 다양한 치료기법의 병행으로 환자들의 재활을 도운 결과이기도 하다. 중요한 점은 발병 초기에 적절한 치료를 통해서 고질적인 만성화를 방지하는 길일 것이다.

역사적 기록에 남겨진 가장 최초의 망상 환자는 구약성서 다니엘서에 나오는 고대 바빌론 제국의 폭군 **느부갓네살 2세**(Nebuchadnezzar II, BC 605-562)라 할 수 있는데, 그는 자신이 소라고 믿는 매우 특이한 망상(boanthropy)에 사로잡힌 것으로 알려졌다. 또한 중세 이란의 부이드 왕조 지배자였던 **마즈 알 다울라**(Majd al-Dawla, 997-1029) 역시 자신이 암소라는 망상에 빠졌다가 당대 최고의 명의 아비센나의 치료를 받고 완치되었다는 말도 있지만, 단지 페르시아 전설을 통해 알려진 내용일 뿐 사실로 믿기 어려운 내용이며 망상을 지녔다고 해서 반드시 정신분열병이라고 단언하기도 어렵다.

따라서 기록으로 분명히 남겨진 가장 최초의 정신분열병 환자는 미친 왕으로 알려진 프랑스 국왕 **샤를 6세**(Charles VI, 1368-1422)라 할 수 있다. 조선 왕조 2대 임금 태종과 같은 해에 비슷한 나이로 죽은 그는 자신의 몸이 유리로 만들어졌다는 매우 희귀한 신체망상의 소유

샤를 6세

자로, 그런 유리 망상 때문에 다른 사람과 접촉했을 때 자신의 몸이 부서지거나 깨지지 않도록 항상 쇠막대로 옷을 꿰매 입었다고 한다.

20대 중반에 이미 정신병 증세가 발병한 그는 때때로 자신의 이름을 기억하지 못하거나 자신이 왕이라는 사실조차 모르는 경우도 있었으며, 심지어는 자신의 부인이나 아이들조차 알아보지 못했다고 한다. 그는 자신이 성 조지라고 주장하는가 하면, 때로는 궁궐 복도를 미친 듯이 달리며 모든 방문을 봉쇄하기도 했는데, 극심한 피해망상의 결과로 보인다. 그래서인지 반년 가까이 목욕도 거부하고 옷을 바꿔 입지도 않으려고 했다.

그럼에도 불구하고 샤를 6세는 죽을 때까지 왕위에 머물렀는데, 그의 아들 샤를 7세는 잔 다르크의 도움이 아니었으면 왕위에 오르지도 못했을 것이다. 처음에 잔 다르크가 자신을 돕겠다고 나섰을 때 신하들이 그녀의 정체가 정신병자나 마녀일지 모른다고 이구동성으로 반대했으나, 샤를 7세가 그런 반대를 물리치고 그녀의 말을 굳게 믿은 것은 어려서부터 부왕의 정신병 상태에 대해 너무도 잘 알고 있었던 아들의 입장에서 나름대로 정신병리 상태를 감별할 수 있는 능력이 자신에게 있다고 스스로 자부하고 있었기 때문일 것이다.

그런데 샤를 6세의 외손자이기도 했던 영국의 **헨리 6세**(Henry VI, 1421-1471) 역시 비정상적인 망상과 기이한 행동으로 알려져 있어서 모계 혈통을 통한 정신병의 유전 가능성을 의심케 한다. 헨리 6세의 어머니는 샤를 6세의 딸 카트린으로 샤를 7세의 누나이기도 하다. 헨리 6세 역시 정서적으로 매우 불안정하고 무기력한 상태를 보였으며, 샤를 6세처럼 사람들을 제대로 알아보지 못하고 아무런 반응도 보이지 않았다고 한다. 일종의 긴장형 정신분열병 상태로 보이는데, 그런 이유로 폐위되어 런던탑에 갇혀 지내다가 숨을 거두었다.

적절한 치료 약물도 없던 시절에 정신분열병의 진행 과정과 증상의 실체를 가장 최초로 상세히 밝힌 인물은 정신과의사가 아니라 오스트리아의 저명한 판사 출신 환자 **다니엘 파울 슈레버**(Daniel Paul Schreber, 1842-1911)였 다. 프로이트가 슈레버 증례로 세상에 널리 소개하기도 했던 그는 비록 망상과 환청에 시달린 정신분열병 상태 에서 일생 동안 정신병원을 전전하며 지낸 환자였음에 도 불구하고 자신의 병적 상태를 소상히 밝힌 회상록을

다니엘 파울 슈레버

썼다는 점에서 당시로서는 매우 용기 있는 결단을 보인 인물이다. 물론 그 의 진정한 의도는 정신병을 치료하는 정신과의사들의 무능과 독단을 폭로 하는 데 있었을 수도 있겠으나, 의도가 어디에 있었든지 간에 자신의 치부 를 공개적으로 과감하게 드러낼 수 있었던 용기는 참으로 높이 살 일이다.

당시 슈레버를 치료했던 정신과의사들은 그의 병적 상태가 뇌신경 기능 의 혼란에서 비롯된 것임을 믿어 의심치 않았다. 하지만 그가 스스로 밝힌 기괴한 망상 내용이나 환청, 환시 등의 증상을 토대로 본다면 정신분열병 진단도 충분히 가능했을 것으로 보인다. 회상록을 통해 드러난 슈레버의 증 상은 실로 괴이하다고 할 수 있다. 그는 주장하기를, 인간은 육체와 신경으 로 이루어져 있는 반면에, 신은 육체가 없이 오로지 신경으로만 이루어진 존재라고 설명하면서 남자의 정액에는 아버지의 신경이 들어 있으며, 그것 은 어머니의 몸에서 나온 신경과 결합되어 새로운 개체를 만든다는 것이다. 더 나아가 그는 신에게 유일하게 선택된 자기만이 신의 신경을 흡수하여 여 성으로 변할 것이라는 믿음을 지니고 있었으니 실로 기이한 신체망상, 과대 망상이 아닐 수 없다.

또한 슈레버가 신에게서 흡수한 신경들은 그의 몸 안에서 여자의 관능신 경이 됨으로써 자신의 피부 역시 여성의 피부처럼 부드러워졌다는 것인데,

여기서 그가 말하는 신경이란 해부학적 용어도 아니고 심리적인 용어도 아니라는 점이 분명해진다. 그것은 오히려 영혼을 지칭하는 슈레버식 신조어(neologism)에 가깝다. 결국 그는 자신의 병이 뇌의 이상에 의한 것도 아니고 정신적 질환도 아니며 일반인들은 알지 못하는 오로지 영적인 차원의 병이었음을 말한 셈이다. 따라서 그는 자신의 병이 세속적인 차원의 것이 아님을 세상에 증명하기 위해 회상록을 쓴 것으로 보이기도 한다.

그의 주된 망상은 우선 두 가지로 요약될 수 있는데, 첫째는 자신이 세상을 구원한다는 과대망상이요, 둘째는 자신이 여자로 변할 수밖에 없다는 기이한 믿음이다. 그 외에도 신이 자신을 박해하기 위해서 음모를 꾸민다는 피해망상과 오랜 기간 그를 괴롭힌 환각 증상 및 자신의 신체 장기가 뒤바뀌고 사라졌다는 신체망상 등으로 고통을 받았다. 그는 시종일관 자신을 괴롭힌 주체가 주치의 플렉지히 박사와 신의 존재라고 주장했지만, 정작 어린 시절 그 자신을 무척이나 괴롭혔던 장본인인 아버지에 대해서는 일체 언급하지 않았다.

슈레버의 망상 단계를 퇴행의 관점에서 정리하자면 다음과 같이 요약할 수 있겠다. 우선 그가 신에게 접촉함으로써 타인들이 자신의 영혼을 살해하려 든다는 망상, 그리고 신이 적들과 결탁하지만 결국에는 자신이 신에게 선택된 인간이 된다는 망상, 그 후 자신이 여성으로 변하게 되면서 신인류의 탄생을 돕는다는 망상 등이다. 그런 점에서 슈레버의 초기 증세로 나타난 난쟁이에 대한 환각은 그 후 여성으로 변할지도 모른다는 망상과 밀접한 관련이 있음을 알 수 있다.

어느 날 밤 슈레버는 잠에서 깨어나 상상하기를, 자신이 성교할 때 여자가 된다면 얼마나 좋을까라는 공상을 했는데, 그런 이후 곧바로 난쟁이에 대한 환각을 경험했다는 것이다. 그것은 슈레버 자신의 몸이 난쟁이처럼 줄어든다는 망상적 사고와도 관련이 있는 것으로, 이는 곧 남근의 발기와 직결된 거세공포(castration fear)에 대해 퇴행적인 방어를 한 것으로 볼 수 있으며, 난쟁이처럼 자신의 몸과 성기의 축소를 통해 아버지의 거세 위협을 사전에 차단하려는 무의식적 의도가 숨어 있는 것이다. 따라서 난쟁이로 상징되는 축소된 성기는 신적인 존재인 아버지로부터 거세를 당하기 전에 미리스스로 거세함으로써 자신이 아버지의 경쟁자가 아님을 알리기 위한 것으로 해석할 수 있다.

결국 그를 위협하는 신은 거세를 위협하는 아버지인 동시에 자신의 남성성을 거부하고 순종적인 여성으로 바꿔 버리고자 하는 아버지를 상징하는 것이기도 하다. 다시 말해, 슈레버 자신이 스스로 여성으로 바뀌게 되면 아버지는 아들의 근친상간적 욕구를 의심할 필요가 없어지게 되며 당연히 거세의 위협도 사라지기 때문이다. 하지만 정신병적 붕괴의 원인을 이처럼 오이디푸스 갈등에서만 찾는다는 것은 무리임에 틀림없다. 왜냐하면 정신병적 상태는 전적으로 심리적 원인에 의해서만 발병하는 현상이 아니라, 뇌의 생화학적 변화가 주된 원인이기 때문에 성급한 결론은 금물이다.

볼셰비키 혁명으로 소비에트 정부가 수립된 직후 1918년 소련 공산당이 서둘러 니콜라이 2세 황제 일가를 총살시킨 지 4년의 세월이 지났을 때, 당시 독일의 한 정신병원에 수용되어 있던 **안나 앤더슨**(Anna Anderson, 1896-1984)이라는 여인이 생존한 아나스타샤 공주임에 틀림없다는 주장이 제기되면서 세상의 이목을 끌기 시작했다. 비록 그녀는 88세 나이로 죽을 때까지 자신이 아나스타샤 공주라고 굳게 믿었지만, 그녀가 사망한 지 7년 뒤에 황제 일가의 시신이 발견되었으며, 2007년도에 이루어진 유전자 감식 결과에서도 그녀의 주장이 사실무근임은 물론, 폴란드 출신의 정신병 환자 프란치스카 샨츠코프스카와 동일인물인 것으로 최종 확인되었다.

문제의 발단은 1922년 독일의 달도르프 정신병원에서 퇴원한 환자가 자

왼쪽은 안나 앤더슨, 오른쪽은 아나스타샤

신과 함께 입원해 있던 여성 환자 한 명이 러시아 황제의 딸 타티아나임을 밝히면서부터였다. 자신이 누구인지도 모르는 그 여성은 자살을 기도했다가 경찰에 구조되어 입원한 환자로 이름조차 없는 상태였다. 하지만 그녀는 자신이 타티아나가 아니라 아나스타샤라고 주장했는데, 그녀에 대한 소문이 퍼지자 독일에 망명 중이던 러시아 귀족들은 서로 앞을 다투어 그녀를 찾아가 신분을 확인하려 했으나 횡설수설하는 그녀의 모습에 실망을 금치 못하고 정신병자의 헛소리로 돌리거나 심지어는 사기꾼으로 매도하는 사람까지 생겼다. 그러나 일부 증인들은 아나스타샤 공주임에 틀림없다고 확신하는 바람에 찬반양론이 엇갈리면서 치열한 논쟁이 벌어지는 희한한 상황이 벌어지고 말았다.

더욱이 황제가 해외로 몰래 빼돌린 재산이 있다는 그녀의 말을 믿고 많은 후원자가 나타나 오랜 기간 법정소송 문제로까지 번지게 되었는데, 그중에는 개인적인 야심을 품고 접근하는 사람들도 있었다. 그러나 당시 러시아 황족의 의뢰로 그녀의 뒤를 캐던 사설탐정 마르틴 크노프는 그녀의 신분이 폴란드의 여공 프란치스카임을 이미 밝혀냈을 뿐만 아니라 그녀의 가족과 대면시켜 신분확인까지 끝낸 상태였다. 더 나아가 그는 그녀가 공장에서 일할 때 제1차 세계대전에 참전한 약혼자가 전사했다는 소식을 들은 후 그 충격으로 정신상태가 이상해져 1916년부터 이미 정신병원을 전전하고 있었다는 사실도 알아냈다. 하지만 당시 나치 당국은 그녀의 정체가 사실로 밝혀질 경우 감옥에 갈 수도 있음을 암시했기 때문에 가족들은 그녀가 실종된 자신들의 가족임을 입증하지 않았다.

결국 이리저리 끌려 다니느라 지친 그녀는 오랜 기간 후견인을 자처했던 보트킨의 권유에 따라 미국으로 건너갔는데, 그때부터 안나 앤더슨이라는 이름으로 행세했다. 하지만 그녀의 정신상태는 여전히 좋지 않아서 수시로 정신병원 신세를 져야만 했으며, 보트킨의 소개로 만난 괴짜 교수 잭 마나한과 결혼까지 했으나 그것은 명목상의 혼인이었을 뿐이었다. 잭 마나한은 그녀를 사랑해서가 아니라 그녀의 유명세에 힘입어 자신도 덩달아 유명해지고 싶어서 한 결혼이었는데, 그는 러시아 황실의 사위로 행세하며 다니기를 즐겼다.

말년에 이르러 그녀는 장암 수술을 받고 다시 상태가 악화되어 정신병원에 들어갔으나, 남편인 잭 마나한은 기력이 떨어진 그녀를 병원에서 빼돌려 납치한 후 여기저기를 돌아다니다가 수색에 나선 경찰에 발견되자 마지못해 그녀를 넘겨주는 기이한 행동을 보이기도 했다. 결국 그녀는 병원에 돌아간 후 얼마 가지 않아 뇌졸중과 폐렴으로 쓰러져 세상을 뜨고 말았으니 참으로 기구한 운명이 아닐 수 없다. 사족 한마디 곁들인다면, 그녀가 자신을 아나스타샤 공주라고 철석같이 믿은 것은 정신의학적으로 족보망상에 속하는 것으로, 다른 말로는 미뇽망상(Mignon delusion)이라고도 불린다. 자신의 비참한 현실을 부정하고 스스로 고귀한 신분의 가문 출신이라고 믿는 망상의 일종인데, 정신분열병 환자에서 볼 수 있는 증상이다.

이슬람교의 창시자 무함마드의 직계 후손임을 자처하는 하심가 출신으로 후세인 1세의 아버지이기도 한 요르단의 2대 국왕 **탈랄 1세**(Talal of Jordan, 1909-1972)는 1951년 압둘라 1세의 뒤를 이어 왕위에 올랐으나, 고질적인 정신분열병 증세로 인해 불과 1년 만에 아들 후세인 왕자에게 대리청정을 맡긴 후 곧바로 의회 결정에 따라 강제 퇴위당하면서 장기간 요양소 신세로 전락하고 말았다.

탈랄 1세는 부왕인 압둘라 1세가 예루살렘에서 암살당한 직후 왕으로 즉

탈랄 1세

위했지만, 피해망상을 동반한 공격적인 행동과 충동조절의 어려움을 보이면서 왕비를 칼로 위협하고 어린 자녀들을 살해하려는 광기를 보이자 다급해진 왕비가 영국 대사관에 은신처를 알아봄으로써 국왕의 정신상태에 대한 소문이 정가에 나돌기 시작했다.

결국 아부 알후다 총리가 왕의 퇴진을 건의했으나 탈랄 1세는 그럴 의사가 전혀 없음을 밝히고 오히려 총리를 엄중 문책했을 뿐만 아니라 더 나아가 내각을 와해시키려는 기미까지 보였다. 이에 다급해진 총리는 긴급 각의를 열고 국왕의 상태가 돌이킬 수 없는 정신분열병 상태임을 확인하고 의회 역시 만장일치로 국왕의 퇴진을 의결한 것이다.

하지만 요르단 군부에서는 이런 결정에 대해 모종의 음모가 개입된 것이 아닌지 강한 의문을 품고 국왕의 최측근인 시종무관 아스푸르에게 왕의 건강상태에 대해 문의했으나, 돌아온 답변은 역시 정신적으로 정상이 아닌 상태라는 것이었다. 결국 아부 알후다 총리는 후세인 왕자가 국왕에 즉위하기까지 13개월간 요르단을 지배하며 혼란된 국정을 안정시켰으며, 졸지에 왕위를 박탈당한 탈랄 1세는 20년에 걸친 기나긴 여생을 터키 이스탄불의 한 요양소에서 보낸 후 그곳에서 죽었다.

고종이 승하했을 당시 일곱 살에 불과했던 고명딸 **덕혜옹주**(德惠翁主, 1912-1989)는 후궁 중의 한 사람이었던 귀인 양씨의 소생으로 한일합방 이후 덕수궁에서 태어나 복녕당 아기씨로 불리며 고종의 각별한 사랑을 받았으나, 부친상을 당하는 순간 그때부터 망국의 한을 대표하는 상징적 인물이 되어 불행한 삶을 살기 시작했다. 13세 때 강제로 일본 유학을 떠난 그녀는 이듬해 순종의 장례식 참석을 거절당했으며, 심지어 17세 때 생모인 귀인 양씨가 유방암으로 사망했을 때도 어머니가 귀족이 아니라는 이유로 복상하지 못하고 그대로 일본으로 돌아가야 했다.

덕혜옹주

이처럼 어린 나이에 부모를 모두 잃고 천애고아로 내버려진 그녀는 점차 정신분열 증세를 보이기 시작해 19세 때에는 모든 사람 접촉을 기피하고 말을 하지 않는 함구증을 보이는 상태임에도 불구하고 일제의 강요에 의해 대마도의 백작 소 다케유키와 정략결혼한 후 이듬해 딸 마사에를 낳았는데, 그 이후로 정신착란 증세가 더욱 악화되기 시작했다. 하기야 그런 말도 되지 않는 상황에서 그녀가 선택할 수 있는 유일한 길은 미치는 방법밖에 없었을 것이다.

결국 일본이 패망한 직후인 34세가 되어서야 비로소 마쓰자와 정신병원에 입원했으나 호전될 기미를 보이지 않고 입원이 장기화되자 43세인 1955년 일방적으로 이혼당하고 말았으며, 설상가상으로 이듬해에는 딸 마사에가 산에서 자살하겠다는 유서를 남긴 채 실종되는 일까지 벌어졌다. 이토록 참담한 신세로 전락한 그녀의 소식을 전해 들은 당시 국가재건최고회의 의장 박정희 소장의 결단에 의해 비로소 그녀는 귀국길에 오르게 되었다.

1962년 마침내 15년에 걸친 오랜 정신병원 입원생활을 마치고 나이 50세가 되어 고국의 품으로 돌아온 덕혜옹주는 곧바로 서울대학병원에 입원했으며, 당시 대한제국 황실에 동정심을 지니고 있던 박정희 의장의 뜻에 따라 그녀에 대한 생계비와 치료비를 국비로 지급하기 시작했다. 5년 만에 다소 안정된 상태로 퇴원한 덕혜옹주는 그 후 20년 이상 창덕궁 낙선재에 머물며 여생을 보내다가 1989년 77세를 일기로 한 많은 생을 마감했는데, 그녀가 숨진 지 9일 뒤에 영친왕의 일본인 부인 이방자 여사도 낙선재에서 숨을 거두었다.

존 내시와 아내 앨리샤

영화 〈뷰티풀 마인드〉의 실제 모델로 알려진 미국의 천재 수학자 **존 내시**(John Forbes Nash Jr., 1928-2015)는 오랜 기간 정신분열병을 앓았음에도 불구하고 1994년 노벨 경제학상을 수상한 매우 이례적인 인물로, 미국 수학계에서는 전설적인 존재가 된 지 이미 오래다. 13세 어린 나이에 대학에 입학할 정도로 신동 소리를 들은 그는 21세 때 프린스턴 대학에서 박사학위를 받았다. 그 후 MIT에서 강사로 근무하던 중에 자신을 돌봐주던 간호사 엘리너 스티어와 관계를 맺었으나 그녀가 임신한 사실을 알고 곧바로 헤어지고 말았는데, 그녀는 미혼모 상태로 사생아 아들을 힘겹게 키웠다. 당시 주위에서는 성공과 명성에 집착한 내시가 사회적 신분이 낮다는 이유로 그녀를 버린 것이라며 말들이 많았는데, 영화 〈뷰티풀 마인드〉에서는 이 부분을 전혀 다루지 않아 일부 평자들의 비난을 사기도 했다.

엘리너와 헤어진 후 엘살바도르 출신의 제자 앨리샤 라드와 결혼했지만, 당시 수학계의 노벨상으로 불리는 필즈상 수상 후보에 올랐다가 탈락하고 아내가 임신하게 되면서 정신건강에 적신호가 켜진 그는 30대에 접어들면서부터 극심한 피해망상을 동반한 정신분열병 진단을 받고 그 후 30년 넘게 정신병원을 드나들게 되었다. 당시 그는 냉전시대 분위기와 매카시즘 광풍의 영향으로 공산주의에 대한 피해망상을 보여 붉은 넥타이를 맨 사람은 무조건 공산주의자로 여기고, 워싱턴 당국에 그들의 정부 장악 음모에 대한 서한을 보내기도 했다. 그는 한때 미 국방성 소속 연구소에서 국제사회의 게임 전략 전문가로 초빙되어 일한 적이 있었으나, 동성애 혐의로 문제를 일으켜 경찰에 체포되는 일이 생기면서 연구소에서 극비정보 접근이 불허된 후 해고된 적도 있었다. 당시 그의 강연 내용을 들은 학자들도 이해할 수 없는 말을 늘어놓는 내시의 정신상태에 대해 의구심을 지니게 되었다고 한다.

비록 그는 오랜 기간 정신과 치료를 받았으나 처방된 약을 꾸준히 복용하진 않았으며, 1970년 이후로는 완전히 복용을 중단했다. 물론 영화 〈뷰티풀 마인드〉에서는 마치 그가 약을 잘 복용하고 있는 것처럼 묘사하기도 했으나, 이는 사실과 다르며 다른 환자들의 약물치료에 대한 역효과를 우려해 각본가가 내용을 수정한 것으로 보인다. 한때 아내와 이혼까지 했다가 다시 재결합한 그는 다행히 노년에 접어들면서 점차 회복세를 보이기 시작했으나, 86세에 이르러 그에게 아벨상을 수여한 노르웨이 방문을 마치고 공항에서 아내와 함께 택시를 타고 집으로 가던 중 교통사고를 당해 부부가 함께 사망했다. 당시 부부는 안전벨트를 착용하지 않은 상태였다고 한다. 하지만 공교롭게도 그들 사이에서 태어난 아들 존 찰스 마틴 내시 역시 정신분열병을 앓고 있어 사람들의 마음을 더욱 안타깝게 만들고 있다.

네덜란드의 천재 화가 **빈센트 반 고흐**(Vincent van Gogh, 1853-1890)는 생전에는 전혀 인정받지 못하고 극도의 가난과 광기에 시달리며 불행한 삶을 살다가 결국에는 총기 자살로 37세라는 아까운 나이에 생을 마감한 비운의 화가였다. 목사의 아들로 태어나 한때는 아버지처럼 목사가 될 꿈을 키우기도 했으나, 신학교를 중퇴하고 화가의 길을 선택한 그는 젊은 시절 한때는 나이든 술주정뱅이 창녀와 동거생활을 하는 등 상식적으로 이해하기 힘든 행동을 보이기도 했다.

빈센트 반 고흐

비록 그는 프랑스 남부 아를에서 잠시나마 고갱과 함께 지내기도 했지만, 당시 이미 광기의 기미를 보이기 시작한 고흐는 수시로 고갱과 부딪치며 불화를 보였는데, 심한 언쟁 끝에 이를 참다못한 고갱이 짐을 꾸려 떠나겠다고 선언하자 이에 극도로 흥분한 고흐가 면도칼로 고갱을 위협했지만 매정하게도 고갱은 그 집을 나가버렸다. 결국 고흐는 발작을 일으킨 나머지 자신의 귀를 면도칼로 자른 뒤 그것을 신문지에 싸서 사창가로 달려가 한 매춘부에게 잘 보관하라고 맡기는 등 광기어린 행동을 보였다.

매춘부의 신고로 출동한 경찰에 의해 곧바로 정신병원에 입원한 고흐는 혼자 자는 것을 거부하고 다른 환자들과 함께 잠을 자겠다고 떼를 쓰거나 간호사의 뒤를 쫓아다니며 어린애처럼 조르기도 하는 등 매우 퇴행적인 행동을 보였는데, 때로는 마치 종교적인 속죄의식을 치르듯이 병동에 놓인 석탄 양동이를 씻는 이상한 행동을 자주 보이기도 했다.

정신병원에서 퇴원한 후 잠시 생 레미에 있는 수도원 자리에 거처를 마련한 고흐는 여전히 그림을 계속 그렸지만, 그의 광기는 충분히 가라앉지 않은 상태였다. 극도의 피해망상과 환각 증세에 시달린 고흐는 편집증적 의심에 가득 찬 상태로 심지어는 자신을 헌신적으로 돌봐준 동생 테오마저 자신을 이용해 돈을 벌려고 든다며 의심하기까지 했다. 그럼에도 정신착란에 빠진 형을 군소리 없이 돌봤던 테오는 형이 자살한 후 불과 6개월 만에 형의 뒤를 이어 숨을 거두고 형의 무덤 곁에 나란히 묻혔다.

로댕의 연인으로 알려진 프랑스의 조각가 **카미유 클로델**(Camille Claudel, 1864-1943)은 시인 폴 클로델의 누나로 18세 때 로댕의 조수로 들어가 조각을 배우면서 로댕과 연인관계로 발전했는데, 당시 유부남이었던 로댕은 자신의 아이를 임신했다는 카미유 클로델의 말에 겁을 집어먹고 마음이 돌아서고 말았다. 이에 낙담한 그녀는 아기를 유산시키고 로댕의 곁을 떠나 조각가로서 독자 노선을 걷기 시작했다.

하지만 로댕의 그늘에 가려 그녀의 작품은 빛을 보지
못했으며, 더군다나 당시 엄격한 가톨릭 사회였던 프랑
스에서 그녀는 불륜과 낙태를 저지른 장본인으로 주위
의 따가운 시선과 냉대 속에 극심한 정신적 고통에 휘
말릴 수밖에 없었다. 가족들조차 외면한 상태에서 세상
과 철저히 고립된 그녀는 점차 피해망상 증세를 보이기
시작하면서 로댕이 자신의 아이디어를 훔쳤을 뿐만 아
니라 더 나아가 자신을 죽이려고 음모를 꾸민다는 망상

카미유 클로델

에 사로잡혔는데, 자신의 작품들을 모조리 때려 부수고 한동안 종적을 감춰
버리는 등 이상한 행동을 거듭함으로써 결국에는 정신병원에 수용되기에
이르렀다.

입원 중에 그녀는 계속 망상에 시달렸으나 그림을 그릴 때만큼은 매우
차분한 모습을 보였다고 한다. 그녀의 상태가 어느 정도 안정된 모습을 보
이자 담당 주치의는 여러 차례 퇴원을 권유하기도 했지만, 그녀의 어머니는
집안 망신을 시킨 딸을 영구적으로 격리시킬 의도로 그런 제안을 받아들이
지 않았으며, 남동생 폴 클로델 이외의 그 어떤 사람과도 접촉하지 못하게
금지시켰다. 따라서 그녀는 아버지 장례식에조차 참석할 수 없었다.

사람들이 그녀를 면회할 수 있게 된 것은 어머니가 세상을 뜬 후부터로,
카미유 클로델의 나이 65세가 되어서였다. 그렇게 무려 30년간 정신병원에
갇혀 지내다가 제2차 세계대전 도중에 79세를 일기로 생을 마감한 그녀는
두 차례의 세계대전을 모두 정신병원에서 맞이한 셈인데, 다른 무엇보다 안
타까운 사실은 천재적인 재능을 충분히 발휘하지도 못하고 정신병원에서
반생을 보내야 했다는 점이다.

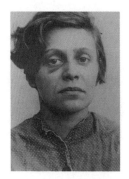

엘프리데 로제-벡틀러

독일의 여류화가 **엘프리데 로제-벡틀러**(Elfriede Lohse-Wächtler, 1899-1940)는 아방가르드적인 표현주의 작품으로 명성을 날렸으나 나치에 의해 퇴폐적인 예술로 간주되어 배척을 받았으며, 일부 작품은 파손되기도 했다. 정신분열병에 시달린 그녀는 정신병원에 수용되어서도 한동안 작품 활동을 계속했으나 정신질환자에 대해 단종을 시행한다는 나치 독일의 정책에 따라 강제적으로 불임수술을 받은 이후로는 실의에 빠진 나머지 모든 창작활동을 중단했다.

독일 드레스덴의 중산층 가정에서 태어난 그녀는 22세 때 동료화가인 쿠르트 로제와 결혼해 함부르크로 이주했으나 그 관계는 순탄치가 않아서 여러 차례 별거를 반복하는 우여곡절을 겪었다. 더욱이 30세 때 발병한 정신분열병으로 그녀는 함부르크의 정신병원에 입원해 치료를 받았는데, 그곳에서 자신의 자화상을 포함해 다른 환자들의 초상화를 주로 그렸다. 당시 그녀가 그린 자화상을 보면 아무런 감정표현도 없는 멍한 상태로 초점을 잃은 듯한 눈빛이 누가 보더라도 정신병자의 모습을 하고 있어 보는 이의 가슴을 아프게 만들기도 하지만, 그래도 증세가 일단 회복되자 그녀는 남편과 별거한 상태에서 매우 의욕적인 활동을 보이기도 했다.

경제적으로 몹시 힘겨운 시절을 보내야 했던 그녀는 가난뿐 아니라 사회적으로도 몹시 고립되기 시작해서 어쩔 수 없이 자신의 고향 드레스덴으로 돌아갔으나, 그녀의 병세는 더욱 악화되기만 해서 결국 1932년 아버지에 의해 다시 정신병원에 입원하게 되었다. 비록 그녀는 입원 중에도 계속 그림을 그렸지만, 1935년 남편과 이혼하게 되면서부터는 더욱 무기력해지기 시작했다.

더군다나 당시 나치 정책에 따라 강제로 불임수술을 받게 되었는데, 이에 충격을 받은 그녀는 두 번 다시 그림에 손을 대지 않았다. 1940년 피르나의 존넨슈타인 정신요양원으로 이송된 그녀는 그해 여름 다른 환자들과 함께 집단 살해되고 말았다. 1940년에서 1941년에 이르는 기간 동안에 당시 독일에서는 13,720명에 달하는 정신질환자들이 집단적으로 살해당했는데, 그녀도 그런 희생양 가운데 한 사람이었다.

가난과 질병에 시달리며 불행하고 비극적인 삶을 살다 40세라는 젊은 나이로 세상을 등진 비운의 화가 **이중섭**(李仲燮, 1916-1956)은 피해망상을 동반한 함구증과 대인기피증, 관계망상과 자책망상에 따른 거식증을 중심으로 극심한 퇴행상태에 빠진 정신분열병을 앓은 것으로 알려졌는데, 정확한 발병 시점은 분명치가 않다. 다만 휴전협정이 이루어지던 1953년 전후에 이미 피해망상 증세를 보인 것으로 추정된다. 빨갱이 시비로 술자

이중섭

리에서 동료와 한바탕 난투극을 벌인 후 파출소로 달려가 자신이 빨갱이가 아님을 증명해 달라고 떼를 쓴 사건이 벌어진 것도 바로 그 무렵이었다. 당시 그는 누군가 자신을 미행하고 감시한다며 불안해하고, 심지어는 자신을 돌봐주는 친구조차도 의심했으며, 걸핏하면 누군가 자신을 죽이러 온다며 경찰서로 피신하기 일쑤였다.

일제강점기에 평안도 지주 집안의 아들로 태어나 일찌감치 일본 유학을 다녀왔고 일본인 여성과 결혼까지 했던 그는 그때까지만 해도 별다른 어려움을 모르고 지냈으나, 광복을 맞이하면서부터 북한에서 지주계급 출신 및 친일파라는 따가운 눈총을 받았으며, 사상적으로도 의심을 받아 인민의 적으로 비난받아야 했다. 결국 그는 오로지 표현의 자유를 얻기 위해 월남했지만, 설상가상으로 한국전쟁이 발발하면서 아내 마사코가 어린 두 아들을 데리고 일본으로 떠나는 바람에 고립무원의 상태에 빠지고 말았다. 그렇지

않아도 심약하고 상처받기 쉬운 그의 정신세계는 결국 살벌한 세상 분위기에 적응하지 못하고 망상과 유아적 환상의 세계로 도피할 수밖에 없었던 것으로 보인다.

이처럼 매우 자폐적이고도 심각한 퇴행의 길로 접어든 그는 자책망상에 따른 극심한 거식증으로 인해 집요할 정도로 식사를 거부했으며, 그림도 뼈와 가죽만 앙상하게 남은 굶주린 황소에 강한 집착을 보였다. 실제로 그는 자신이 그동안 쓸데없는 그림만 그렸을 뿐 세상을 위해 아무 일도 한 게 없다는 자책망상에 사로잡혀 식사를 완강히 거부하곤 했는데, 예외적으로 여성이 부드러운 말로 달래며 음식을 떠 넣어주면 잘 받아먹었다. 그런 자학과 자책은 더럽고 부패한 것을 깨끗이 한다는 점에서 일종의 속죄의식 또는 정화의식과 결부되어 누가 시키지도 않는 여관의 청소나 빨래를 도맡아 하는 등 이상한 행동으로 나타나기도 했다. 심지어 그는 자신의 성기에 소금을 뿌리는 이상한 행동까지 보였는데, 부패를 방지한다는 점에서 자신을 정화시킨다는 의미가 컸다고 할 수 있다.

하지만 이처럼 기이한 행동은 이미 부산 피난시절에 나타난 것으로, 그가 범일동 판잣집에 있을 때 그런 행동을 목격한 친구가 제지시키자 그는 성기가 썩지 않으려면 소금에 잘 절여 두어야 한다고 대꾸했던 것이다. 오래 사용하지 않으면 성기가 썩을 것이며 부패를 방지하려면 소금에 절여야 한다는 매우 미술적이고도 구체적 사고 유형을 보인 것인데, 그의 이런 특이한 사고 경향은 대구에 머물 때부터 더욱 기괴한 양상으로 발전하기 시작했다. 한번은 그가 친구에게 죽은 사람의 해골을 구해달라고 부탁하기도 했는데, 그것을 삶아 먹으면 정신이상에 특효라는 것이었다. 그리고 여러 장의 해골그림을 그려놓고 뚫어지게 바라보기도 했다. 친구가 놀라서 황급히 대구 성가병원에 입원시킨 것도 무리가 아니었다.

대구에서 상경한 직후 이중섭은 머리를 박박 깎고 엄지손가락을 계속 문질러서 피까지 날 정도로 그 동작을 반복하곤 했다. 아무리 말려도 듣지 않았다. 더 나아가 그는 아내가 미워서 그녀를 죽여야 한다고 중얼거리는가 하면, 거지 같은 화가나 시인들을 모두 죽여야 한다고 말하기도 했다. 정신 병동에서 퇴원한 후 한동안 정릉에서 친구와 함께 지내던 이중섭은 심한 영양실조와 간염으로 서대문 적십자병원에서 숨을 거두었는데, 사망 당시 그는 무연고자로 취급되어 사흘간 시체실에 방치되었다가 병원을 찾아온 친구에 의해 겨우 신원이 확인되어 화장한 후 그 재를 산에 뿌리고 일부는 미아리 공동묘지에 묻었으며, 나머지는 시인 구상이 일본에 가는 길에 부인 마사코를 방문해 전달했다고 한다.

러시아가 낳은 불세출의 무용가 **니진스키**(Vaslav Nijinsky, 1890-1950)는 서양 발레의 역사에서 전설적인 존재로 알려졌으며, 특히 누구도 감히 넘볼 수 없는 경이로운 도약 솜씨로 사람들을 놀라게 했지만, 정신분열병에 걸린 나머지 생의 절반을 정신병원에서 보내야 했던 가혹한 운명의 주인공이기도 하다. 그의 뛰어난 발레 솜씨는 당시 러시아 무용계의 황제로 군림하던 디

니진스키

아길레프와의 만남을 통해 더욱 빛을 발하기 시작했는데, 공교롭게도 디아 길레프는 동성애자였으며, 그와 니진스키는 곧 연인 사이로 발전했다.

하지만 그것은 자신의 출세와 성공을 위해 마지못해 응했던 불가피한 선택으로 보이기도 하는데, 왜냐하면 1913년 남미 순회공연 길에 선상에서 우연히 만난 헝가리 여성 로몰라의 적극적인 구애에 이끌린 니진스키는 현지에 도착하자마자 그녀와 전격적으로 결혼식을 치렀기 때문이다. 디아길레프의 손길을 벗어나기 위해 결혼으로 도피한 셈이다. 당시 디아길레프는 항해를 두려워해서 일행에 동참하지 않았는데, 니진스키의 결혼 소식을 전해 듣고 배신감에 치를 떤 디아길레프는 곧바로 니진스키를 해고했을 뿐만 아니라 복수심에 불타오른 나머지 그 후 독립을 선언한 니진스키의 앞길을 가로막는 데 혈안이 되었다. 그리고 실제로 디아길레프와 결별한 이후 니진스키는 점차 몰락의 길을 걷기 시작했다.

그리스 조각을 빚어놓은 것처럼 아름다운 외모와 몸매를 지니고 있던 니진스키는 결국 1916년 이후 무대에서 완전히 자취를 감추고 말았는데, 그무렵에 이미 정신분열병 증세를 보이기 시작했기 때문이다. 갈수록 증세가 심해지자 그는 당대 최고의 명의로 알려진 스위스의 정신과의사 블로일러에게 치료를 받았으나 아무런 소용도 없었다. 블로일러는 정신분열병이라는 병명을 만든 장본인으로 정신의학계에서는 세계적인 명성을 지닌 학자이기도 했지만, 당시만 해도 적절한 치료약이 존재하지 않던 시절이라 아무리 대가로 소문난 블로일러라 할지라도 치료에는 별다른 묘책이 있을 수 없었다. 정신분열병 치료에 특효를 보인 클로르프로마진이 발명된 것은 니진스키가 죽고 난 직후였다.

증세의 차도를 전혀 보이지 않아 여기저기 정신병원을 전전해야 했던 그는 자신이 신이라고 주장하는 과대망상을 보이는가 하면, 신의 음성을 직접 듣는 환청 증세와 더불어 주변에서 들리는 작은 소음이나 전화 벨소리, 발소리, 대화소리 등도 모두 자신과 관련된 것으로 인식하는 관계망상에 시달렸다. 그는 스스로를 신으로 규정하되 감정적으로만 신이라고 주장했는데, 감정과 사고의 분리를 엿볼 수 있는 부분이기도 하다.

더욱이 그는 온종일 꼼짝도 하지 않는 거부증(negativism)도 보였는데, 이는 긴장형 정신분열병의 주된 특징이기도 하다. 긴장형의 특징은 하루 종일 꼼짝도 하지 않는 것이 주된 증상으로, 말도 하지 않을 뿐 아니라 먹지도 않고 심한 경우에는 대소변을 흘리며 눈도 깜박이지 않는 극단적인 거부증을 보이는 것이 특징이다. 마치 죽은 사람처럼 꼼짝도 않는 것이다. 이는 곧 극도로 두려움에 휩싸인 심리상태임을 반영하는 것으로, 새처럼 무대 위를 펄펄 날아오르던 그가 마치 날개 꺾인 새처럼 부동의 상태에 빠졌다는 사실은 실로 아이러니가 아닐 수 없다.

그가 무대 위에서 완전히 모습을 감춘 것은 그의 나이 30세 때였으니 그후 30년간 죽을 때까지 단 한 차례도 춤을 출 수 없었다. 결국 니진스키는 생후 10년간은 무용을 배우고, 그 후 10년간 전설적인 무용수로 명성을 날리다가 나머지 30년은 정신병원을 전전하며 생을 허비하고 만 것이다. 평소 매우 소심하고 내성적인 성격의 소유자로 조그만 일에도 쉽게 상처받는 매우 유약한 인물이었던 니진스키는 결국 그렇게 망상의 세계로 숨어들어 세상과 영원히 담을 쌓고 만 것이다.

스웨덴 국적의 여류시인으로 1966년 유대인 작가 슈무엘 요세프 아그논과 함께 노벨 문학상을 공동수상한 **넬리 작스**(Nelly Sachs, 1891-1970)는 원래 독일 태생의 유대인이다. 독신을 고집하며 늙은 노모와 함께 살던 그녀는 히틀러의 집권으로 유대인 박해가 노골화되자 신변의 위협을 느끼고 스웨덴의 작가 라게를뢰프에게 도움을 요청하여 결국 그녀의 도움으로 1940년 어머니와 함께 스웨덴으로 도피할 수 있었다.

넬리 작스

하지만 스톡홀름의 작은 아파트에서 홀로 늙은 노모를 돌보며 집필에 몰두한 넬리 작스는 어머니가 세상을 떠나자 그 충격을 이기지 못하고 극심한 편집중적 피해망상과 환각 증세를 보여 수년간 정신병원 신세를 져야만 했다. 물론 그녀의 망상은 나치의 위협에 대한 피해망상이 주를 이룬 것이었다. 그러나 입원 중에도 그녀는 집필활동만은 멈추지 않았다.

충분히 회복된 후에도 그녀는 여전히 매우 신경이 예민한 상태에 있었으며, 특히 독일어에 과민반응을 보이기도 했다. 도망자 신분에서 시를 쓴 그녀는 자신과 같은 망명자 신세였던 프랑스의 유대계 시인 폴 셀랑과 깊은 유대관계를 맺기도 했는데, 폴 셀랑은 부모를 나치수용소에서 모두 잃은 홀로코스트 생존자였다. 하지만 두 사람 모두 피해망상을 지닌 상태였기 때문에 그녀에게는 오히려 역효과를 낳는 결과를 초래하고 말았다.

그녀는 자신의 희곡 〈엘리 이스라엘 수난의 신비극〉에 곡을 붙인 핀란드의 유대계 작곡가 페르가멘트와 불화를 일으켰는데, 그것은 자신의 피해망상 내용을 그가 사실로 믿어주지 않는다는 이유에서였다. 그러나 폴 셀랑만은 그녀의 망상 내용을 믿어주고 서로 공유한 것이다. 결국 폴 셀랑을 만난 직후 망상이 더욱 심해지면서 정신병원에 입원하게 되었다. 두 사람은 공교롭게도 같은 해에 세상을 떠났는데, 넬리 작스는 장암으로, 그리고 셀랑은 투신자살로 각기 생을 마감했으며, 요세프 아그논도 바로 그 해에 나란히 세상을 떠났다.

중국계 미국인 여성으로 남경대학살의 참상을 고발한 베스트셀러 《난징의 강간》의 저자 **아이리스 장**(Iris Chang, 1968-2004)은 대만에서 미국으로 이주한 중국인 부모 밑에서 태어나 일리노이 대학에서 신문 방송학을 공부한 후 프리랜서 작가로 활동했으며, 중일 전쟁 당시 남경대학살을 피해 대만으로 이주한 조부모의 이야기에서 영감을 얻어 쓴 《난징의 강간》으로 세계적인 주목을 끌었다. 하지만 그 책이 출간된 이후에도 남경대학살의 존재 자체를 계속 부인하는 일본 정부를 상대로 전쟁범죄 행위에 대한 사과와 학살 희생자들에 대한 보상을 요구하는 캠페인을 벌여 일본 극우세력들

아이리스 장

로부터 수시로 목숨까지 위협하는 협박을 받으면서 극심한 공포심과 신경과민 상태에 빠지고 말았다.

그동안 대학 시절에 만난 미국인 브레튼 더글라스와 결혼해 아들까지 낳은 그녀는 태평양전쟁 당시 필리핀 바탄에서 벌어진 죽음의 행진에 관한 저서를 쓰기 위해 자료 수집을 모으러 다니던 중에 더욱 극심한 탈진상태에 빠졌으며, 그녀의 작업을 돕던 한 퇴역군인에 의해 켄터키 주의 루이빌에 있는 정신병원에 잠시 입원하게 되었는데, 그곳에서 정신병 진단을 받은 그녀는 며칠 만에 퇴원해 부모에게 인계되었으나 상태는 더욱 심해졌으며, 과도한 약물처방의 부작용으로 힘겨워했다.

당시 그녀는 자신이 취재하고 있던 일본군의 만행에 대한 주제에 압도되어 몹시 혼란스러운 상태에 빠졌으며, 결국 캘리포니아의 국도에 세워 둔 차 안에서 권총을 입에 물고 자살한 모습으로 발견되었다. 부검 결과 그녀의 몸에서는 기분조절제인 데파코트와 항정신병 약물인 리스페리돈이 검출되었는데, 현장에서 발견된 자살 노트에는 의사의 지시에 따라 약을 잘 먹겠으며 결코 자살하지 않겠다는 다짐뿐 아니라 자신이 미행과 감시를 당하고 있으며, 자신의 우편함에 협박편지가 도착하고 그녀가 정신병원에 입원한 것도 자신을 해치려는 정부의 개입 때문이라는 매우 피해망상적인 내

용이 적혀 있었다. 결국 그녀는 극도의 편집증적 불안상태를 견디지 못하고 죽음을 선택한 것이다.

브로드스키

마지막으로 한 가지 짚고 넘어가고 싶은 점은 정신분열병의 진단이 단순히 의학적 오진의 문제가 아니라 체제 이념의 도구로 전락하는 사회적 병폐에 관해서다. 우리는 그런 병폐의 가장 단적인 예를 러시아 태생의 망명 시인 **브로드스키**(Joseph Brodsky, 1940-1996)에서 찾아볼 수 있다. 그는 독소전이 한창이던 1940년 레닌그라드의 유대인 가정에서 태어났으나, 그의 가족은 900일간에 걸쳐 벌어진 독일군의 포위공격으로 거의 아사 직전 상태에 몰렸으며, 실제로 그의 많은 친척이 굶어 죽었다. 당시 모유를 먹고 있던 젖먹이로 극도의 영양실조 상태에 빠진 그는 그런 여파 때문에 일생 동안 매우 허약한 체질로 고생해야만 했다.

이처럼 용케 살아남은 그는 오로지 독학으로 문학, 철학 등을 공부하며 틈틈이 시를 썼는데, 아무런 정치적 색채도 없는 그의 순수시는 오히려 체제에 반하는 매우 불순한 반동적인 시로 취급되어 그의 모든 작품이 당국에 압수당하는 수모를 겪어야 했다. 당시 그는 젊은 화가 마리나 바스마노바와 사랑에 빠진 상태였으나, 당국에 체포되어 비밀재판에 회부된 그는 사회에 불필요한 기생충이며 불온사상을 지닌 사이비 시인으로 간주되어 5년간의 강제노동형에 처해졌다. 졸지에 사회적 기생충으로 분류된 그는 북극권에 위치한 유형지에서 지내야 했는데, 원래 허약한 체질의 그로서는 혹한과 중노동으로 언제 어떻게 죽을지도 모르는 그런 상황이었다. 하지만 그곳에서 추위와 굶주림, 중노동에 시달리면서도 그는 계속해서 시를 써내려갔다. 종이가 없으면 나무토막에도 썼다.

이처럼 순수하고 여린 마음을 지닌 시인을 기생충으로 취급하고 혹한지에 처박아 둔 공산당은 이미 서구사회에 널리 알려진 국제적인 명성과 그의 방면을 호소한 동료들의 구명운동으로 인해 더 이상 그를 극한지역에 붙들어 둘 수 없게 되자 결국 국제적 위신을 고려한 나머지 사면령을 내리고 고향으로 돌려보냈다. 하지만 가까스로 고향에 돌아온 그는 자신의 아들까지 낳은 마리나와 눈물을 머금고 헤어져야만 했는데, 이미 반동분자의 낙인이 찍힌 그로서는 이들 모자의 신변보장을 위해서라도 어쩔 수 없는 일이었다.

하지만 소련 당국은 그래도 안심할 수 없었던지 당시 반체제인사를 무조건 정신병으로 몰아 영구적으로 정신병원에 가둔 주모자로 악명이 자자했던 정신과의사 스네즈네프스키에게 정신감정을 의뢰했는데, 다행히 그는 브로드스키를 정신분열병으로 진단하고도 워낙 구제불능의 인간이기 때문에 그대로 내버려두는 게 상책일 것이라는 의견을 제시했다. 당시 소련은 반체제인사들을 무조건 강제수용소로 보내거나 정신병자로 몰아 정신병원에 감금시켰는데, 이처럼 정신병 진단을 정치적 목적으로 악용한 점은 민주사회에서 상상도 할 수 없는 일이라 하겠다. 더욱이 그는 단지 자연을 노래한 서정시인이었을 뿐인데, 그런 사람을 구제불능의 정신병자로 몰고 간 소비에트사회야말로 구제불능의 정신병 집단이 아니고 무엇이겠는가.

소련 당국에 눈엣가시 같은 존재였던 그는 창작활동의 제약에도 불구하고 소련에 계속 머물러 살기를 원했으나, 결국 당국에 의해 1972년 강제로 비행기에 태워져 국외추방을 당하고 말았으며, 그 후 미국으로 건너가 수많은 시집을 발간함으로써 마침내 1987년 노벨 문학상 수상의 영예를 안았다. 그는 러시아가 민주화를 이룬 후에도 두 번 다시 그 땅에 돌아가지 않았는데, 북극에서 지낸 강제 유형과 정신병원의 악몽이 좀처럼 가시지 않았던 모양이다.

양극단의 기분 변화에 시달리는
조울병

　　조울병(manic-depressive disorder)은 기분이 들뜨는 조
증 상태와 반대로 기분이 가라앉는 우울 상태가 반복되는 기분장애로, 그런
이유 때문에 오늘날에 와서는 양극성장애(bipolar disorder)라는 용어로 사용
된다. 전혀 상반되는 양극단의 기분상태가 교대로 나타나기 때문이다. 환
자가 일단 조증 상태에 접어들게 되면 갑자기 과도한 행동 양상을 보이며
말이 많아지고 이유 없이 기분이 들뜨게 되면서 근거 없는 과대망상에 사로
잡히게 된다.

　조증 상태가 심해지면 아무도 제지할 수 없을 정도로 극심한 흥분 상태
에 빠지게 되며, 잠을 자지도 않고 밤새 돌아다니며 술을 마시거나 무모한
행동으로 사고를 일으키는 수가 많다. 심지어 길에 돈을 뿌리고 다니거나

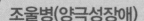

조울병(양극성장애)

1. 특징
- 극심한 기분 변화가 교대로 나타난다.
- 정신병 상태로 간주된다.
- 말로 설득이 되지 않는다.
- 일상생활의 균형이 무너진다.
- 기분조절제로 치료가 가능하다.

2. 증상 및 진단 기준
- 조증 삽화와 우울 삽화가 주기적으로 번갈아 나타난다.
- 조증 상태에서 고양감, 전지전능감, 우월감에 빠져 기고만장한다.
- 과대망상과 더불어 사고의 비약과 사고의 진행이 매우 빠르다.
- 말이 많아지고 빠르며 행동과다로 사방을 돌아다니며 문제를 일으킨다.
- 우울 상태에서는 반대로 무기력해지며 식음을 전폐하고 두문불출한다.

무리한 투자로 재산을 탕진하는 수도 있다. 종교적 망상에 빠질 경우에는 자신이 세상을 구할 메시아라며 사람들을 선동하고 다니기도 한다. 전지전능감에 빠진 나머지 황홀경을 느끼기도 하며, 자신의 행동을 제지하려 들면 매우 공격적인 태도로 돌변하기도 한다.

이와 반대로 우울 상태에 접어들면 식음을 전폐하고 누워 지내거나 극도의 죄책감, 자책감에 빠져 자살사고에 몰두하며, 실제로 자살을 시도하기도 한다. 삶에 대한 의욕을 잃고 모든 것이 무의미하다고 여기며, 심할 경우에는 빈곤망상, 허무망상, 자책망상에 시달리기도 하는데 이는 말로 설득이 되지 않는다. 빈곤망상은 집안이 망하게 되었다는 믿음이며, 허무망상에서는 지구에 종말이 온다거나 모든 인류가 죽고 자신만 혼자 살아남는다는 기이한 믿음을 보이기도 한다.

조증 상태는 리튬 등 기분조절제로 가라앉힐 수 있으며, 항정신병 약물도 병용하는 수가 많다. 우울 상태는 항우울제 사용으로 회복이 가능하지만, 환자 자신이 그런 상태에서 벗어나기를 원하지 않는 경우도 많기 때문에 그럴 경우에는 부득이하게 강제 입원시키는 수밖에 없다. 중요한 점은 발병 초기에 가족이 적절한 치료적 개입의 필요성을 느끼는 것이며, 시간이 지나면 저절로 나을 것이라는 안이한 태도로 인해 적절한 치료시기를 놓치는 경우도 많다. 조울병 치료제는 항정신병 약물과 마찬가지로 20세기 중반 이후에 개발되었기 때문에 그 이전에는 사실상 사회적 격리 외에는 별다른 대책이 없었다고 할 수 있다.

조지 3세

프랑스 대혁명과 나폴레옹전쟁, 미 독립전쟁, 아편전쟁 등 격동의 시대를 겪으면서도 역대 영국 국왕 중에서 가장 오랜 재위 기간이라 할 수 있는 60년에 걸쳐 왕좌를 지킨 **조지 3세**(George III, 1738-1820)는 말년에 이르러 극심한 광기 상태에 빠져들었는데, 깜깜한 새벽에 갑자기 일어나 시종들을 깨우고 잠옷차림으로 아무 데나 돌아다니며 떠들어대는가 하면, 심지어는 시녀의 방에 뛰어들어 만세를 외치며 소변을 보기도 하고, 궁정 연주회에서는 느닷없이 나서서 자신이 직접 지휘하기도 했다.

한마디로 고삐 풀린 망아지처럼 날뛰는 그런 모습은 여지없이 조증 상태로 보이는데, 오늘날 일부 의학자들은 조울병 증세라기보다는 일종의 내과적 대사장애에 속하는 급성 포르피리아에 의한 정신이상 증세였을 것으로 추정하기도 하지만 입증된 사실은 아니며, 정확한 원인은 알 길이 없다. 다만 드러난 증세로만 봐서는 조증 상태로 간주해도 결코 무리가 아닐 것이다. 그런 왕의 모습은 니콜라스 하이트너 감독의 1994년 영화 〈조지왕의 광기)에서 실감나게 묘사되기도 했다.

조지 3세는 50세 때에도 마치 방언을 하듯이 쉴 새 없이 말을 쏟아내는 병적 다변증(logorrhea)을 보였는데, 이 역시 조증 상태에서 보이는 현상과 비슷하다. 더욱이 70대 노년에 이르러 그는 백내장으로 거의 실명 상태인데다 류머티즘으로 심한 통증에 시달렸는데, 설상가상으로 그가 가장 총애했던 딸 아멜리아 공주가 죽자 극심한 우울증에 빠져 식음을 전폐하고 매일 울부짖었다고 한다.

따라서 공주의 죽음으로 그동안 수차례 일으켰던 발작 증세가 다시 재발되었는데, 그 후로는 예전처럼 상태의 호전을 보지 못하고 장남 조지 4세에게 대리청정을 맡긴 후 윈저 성에 은신하다 81세 나이로 세상을 떠났다. 말년에 그는 치매 증세까지 보여 자신이 왕이었다는 사실마저 알지 못했으며, 왕비가 이미 죽은 사실도 깨닫지 못했다고 한다. 그의 죽음으로 조지 4세와 윌리엄 4세가 왕위를 이었으나 그들 모두 후손 없이 사망함으로써 마침내 빅토리아 여왕이 즉위하고 하노버 왕가는 종말을 고했다.

줄리언 헉슬리

20세기 과학의 대중화에 크게 기여한 영국의 저명한 생물학자 **줄리언 헉슬리**(Julian Huxley, 1887-1975)는 영국 명문가인 헉슬리가의 일원으로, 소설가 올더스 헉슬리의 친형이며, 조부는 찰스 다윈과 친구였던 저명한 생물학자 토머스 헨리 헉슬리다. 그의 이복동생 앤드루 헉슬리도 생물학자로 1963년 노벨 생리의학상을 받았다. 비록 줄리언 헉슬리는 노벨상을 타지는 못했으나, 과학의 대중화에 대한 공로로 칼링가 상을, 왕립학회와 린네학회에서 수여하는 메달을 받았으며, 1958년에는 영국 왕실로부터 기사 작위까지 받았다.

줄리언 헉슬리는 다윈 진화론의 열렬한 옹호자로 조부의 뒤를 이어 세계적인 생물학자로 성공했으며, 런던 킹스 칼리지 동물학 교수를 지냈고, 제2차 세계대전이 끝난 후에는 유네스코 창설에 앞장서 초대 사무총장을 지낸 박애주의자였다. 또한 영국 왕립유전학회 및 인도주의협회, 영국 우생학회 회장을 역임했을 뿐만 아니라 수많은 강연과 라디오, TV 출연 등 눈코 뜰 새 없이 분주한 나날을 보내는 가운데서도 50여 권에 이르는 저서를 출간함으로써 그야말로 초인적인 활동을 보인 특이한 인물이다.

다만 이처럼 놀랍고도 초인적인 활동의 이면에는 그가 앓았던 조울병이 작용한 것으로 보인다. 가벼운 조증 상태에서는 남달리 분주한 활동을 보이기 때문이다. 실제로 그 자신도 조울병을 앓은 것으로 인정한 바 있으며, 그의 아내 줄리엣 역시 자서전에서 그런 사실을 고백하기도 했다. 그의 첫 발병은 캐슬린 포드햄과의 약혼이 깨지면서 우울증에 빠졌던 20대 중반 무렵으로, 당시 그는 요양소에 입원까지 할 정도로 극심한 우울증 상태였는데, 그의 동생 노엘도 같은 해에 같은 요양소에 우울증으로 입원했다가 그곳에서 자살한 사실을 보면 유전적 요인이 매우 강한 것으로 볼 수 있다. 줄리언 헉슬리는 50대 중반이었던 제2차 세계대전 기간 중에도 정신상태의 악화로 아무 일도 할 수 없었으며, 정신병원에서 전기치료를 받고 일 년 만에 간신히 회복되기도 했다.

비록 그는 탁월한 업적으로 기사 작위까지 받았지만, 그의 생애에서 돌이킬 수 없는 오점 한 가지를 남겼다면, 우생학을 적극 지지했다는 사실에 있을 것이다. 그는 야생동물 보호운동에 그토록 헌신적인 활동을 벌이면서도 정작 인종차별적인 우생학을 지지함으로써 인도주의자를 자처한 자신의 입장과는 모순된 행적을 보이기도 했다. 그는 사회적으로 저급한 계층은 유전적으로 열등한 존재이며 어차피 도태되기 마련이라고 주장했는데, 동시대 나치의 우생학적 방침에 따라 열등한 인간에 대한 강제불임정책이 시

행되는 현실을 목격한 후로는 인종이라는 용어 대신 민족그룹이라는 용어
로 바꿔 쓰자고 제안하기도 했지만, 그렇다고 해서 우생학의 가치나 의미
자체를 부정한 것은 결코 아니었다.

필 그레이엄

1930년대 경제 대공황 시기에 이스트먼 코닥 회사의
창설자 조지 이스트먼의 자살로 큰 충격을 받은 미국
재계는 1960년대에 들어 이번에는 워싱턴 포스트 사장
필 그레이엄(Phil Graham, 1915-1963)의 자살로 다시 한번
경악을 금치 못했다. 20년 가까이 워싱턴 포스트 사장
을 지내며 저명한 언론 사업가로 활동한 그는 케네디
형제를 정치적으로 지원하기도 했으며, 워싱턴 포스트
신문의 소유주였던 유진 마이어의 딸 캐서린과 결혼해
한창 출세 가도를 달리고 있던 시기였기 때문에 그 놀라움은 더욱 컸다.

하지만 당시 조울병을 앓았던 그는 주기적으로 반복되는 조증과 우울증
에 시달렸으며, 불행히도 당시에는 적절한 치료약이 없던 시절이라 전혀 손
을 쓰지 못했다. 마침내 그는 호주 출신의 기자 로빈 웹과 눈이 맞아 그녀와
함께 애리조나로 날아간 후 그곳에서 개최된 출판인 대회장에 나타나 술에
취한 상태에서 마이크를 붙잡고 황설수설하기 시작했는데, 케네디 대통령
의 스캔들 사실을 폭로하는 등 매우 도발적인 행동을 보였다.

결국 그의 주치의가 그곳까지 전용기를 타고 날아가 그를 진정시킨 후 강
제로 포박한 채 워싱턴으로 후송했으며, 곧바로 정신병원에 입원시켰는데,
가까스로 안정을 되찾고 며칠 만에 퇴원한 그는 얼마 가지 않아 극심한 우울
증에 빠지고 말았다. 어쩔 수 없이 정신병원에 다시 입원한 그는 그곳에서
조울병 진단을 받고 정신치료까지 받았는데, 사실 조울병에는 정신치료가
아무런 효과도 발휘하지 못한다는 점에서 납득하기 어려운 조치라 하겠다.

하지만 입원 중에 그는 자신의 상태가 많이 좋아졌다며 주치의를 졸라 외박을 나간 상태에서 권총으로 자살하고 말았으며, 그가 남긴 유서의 법적 효력 때문에 한때 치열한 공방전이 벌어지기도 했다. 그런 비극적 사건에도 불구하고 그의 뒤를 이어 사장을 맡은 아내 캐서린은 여장부답게 그 후 닉슨 대통령의 워터게이트 사건을 폭로해 유명해졌으며, 1998년에는 자신의 회상록으로 퓰리처상까지 타는 등 승승장구하다가 2001년 84세 나이로 타계했다.

프랑스의 저명한 마르크스주의 철학자요 사상가로 알려진 **루이 알튀세르**(Louis Pierre Althusser, 1918-1990)는 프랑스에서 진보적 학생운동이 극에 달했던 1960년대와 1970년대에 걸쳐 좌파 지식인의 선봉에 서서 사상적 토대를 마련한 인물로, 비록 소련이 붕괴하면서 공산주의가 몰락한 후로는 사르트르와 마찬가지로 사람들의 관심 밖으로 밀려난 존재가 되기도 했지만, 이미 그 이전에 개인적으로 충격적인 사건을 일으켜 정신병원에

루이 알튀세르

수용되면서부터 그의 존재는 완전히 몰락의 길을 걷기 시작했다.

1980년 11월 16일 새벽, 당시 62세의 노령에 접어든 철학자 알튀세르는 자신의 아파트 침대 위에서 부인 엘렌의 목을 졸라 살해함으로써 프랑스 국민뿐 아니라 전 세계 지식인들을 충격에 빠트리고 말았는데, 이미 오래 전부터 조울병에 시달려왔던 그는 법원의 명령에 따라 곧바로 정신병원에 수용되었지만, 당시 세계적인 명성을 날리며 세상에서 존경받던 철학자가 자신의 생의 반려자를 무참하게 목 졸라 살해한 행위는 그 누구도 상식적으로 손쉽게 납득할 수 없는 미궁의 수수께끼요 미스터리가 아닐 수 없었다.

그 후 사람들은 마치 약속이라도 한 듯 알튀세르의 살인사건에 대해 입

을 다물고 침묵했으며, 그에 대한 화제는 유럽 지식인사회에서 결코 입에 올려서는 안 될 일종의 금기처럼 되다시피 했다. 하지만 세상뿐 아니라 정신병원에 갇힌 알튀세르 자신도 굳게 입을 다물어 버렸다. 하기야 본인도 자신의 돌발적인 행동에 스스로 놀라기도 했겠지만, 저명한 철학교수라는 신분에 더해 라캉파 분석가로부터 오랜 기간 정신분석을 받은 인물이었다는 점에서 충격의 여파는 더욱 클 수밖에 없었다. 그러나 조울병 환자를 대상으로 정신분석을 시행했다는 사실 자체부터가 애당초 어불성설이었다.

그런데 살인사건 이후 10년의 세월이 지난 뒤에 사람들의 뇌리에서 그에 대한 기억이 희미해져 갈 무렵, 세상을 발칵 뒤집어놓은 사건이 또다시 일어났다. 알튀세르가 사망한 지 2년 후인 1992년, 그가 유작으로 남긴 자서전《미래는 오래 지속된다》가 발간된 것이다. 이 저서는 통상적인 자서전이나 고백록과는 달리 자기 자신에 대해 치밀한 분석을 시도한 것으로, 그토록 치열하게 자신을 분석하고 해부한 경우는 그야말로 전무후무한 일이라 할 수 있으며, 그런 점에서 그는 죽어서도 또 다른 충격을 세상에 안겨준 셈이다. 차라리 처절한 절규에 가까운 그의 자서전은 비록 자신의 삶에 대한 개인적 통찰을 담고 있기는 하나 유감스럽게도 아내 살해의 동기에 대해서는 끝내 언급하지 않았다.

찰스 램과 메리 램

영국의 여성작가 **메리 램**(Mary Lamb, 1764-1847)은《엘리아 수필집》으로 유명한 **찰스 램**(Charles Lamb, 1775-1834)의 누나로, 남매가 함께 아동을 위해 쓴 저서《셰익스피어 이야기》의 공동저자이기도 하다. 제대로 된 정규교육을 받지 못한 그녀는 재봉사로 일하면서 집안일을 도맡아 힘겨운 시절을 보내고 있던 1796년에 당시 뇌졸중을 앓던 아버지와 극심한 관절통으로 거동조차 힘겨운 어머니를 돌보는 일로 지쳐있는 데다 급성 조증 발작까지 겹치면서 급기야는 극도의 흥분상태에서 어머니를 충동적으로 살해하는 광기를 보인 끝에 결국 정신요양소에 갇히는 신세가 되고 말았다. 당시 그 사건은 즉각 신문에 보도되어 세상을 놀라게 하기도 했다.

그런 끔찍스러운 사고가 생기기 바로 한 해 전에는 동생인 찰스 램 역시 신경쇠약 증세로 요양소 신세를 지고 나온 적이 있었는데, 얼마 가지 않아 누나가 가족이 보는 앞에서 어머니의 가슴을 칼로 찔러 숨지게 하는 장면을 목격했을 뿐만 아니라 자신이 직접 누나의 손에서 칼을 빼앗아야 했으니 그렇지 않아도 심약한 찰스 램이 받은 충격은 이루 말할 수 없었을 것이다. 물론 메리는 나중에 제정신으로 돌아온 후에 자신이 저지른 행동에 대해 심한 죄책감을 지니게 되었지만, 동생인 찰스는 죄책감에 더해 정신적으로 온전치 못한 누나를 보살펴야 한다는 과도한 책임감으로 엄청난 스트레스에 짓눌려 살아야만 했다.

그 후 3년이 지나 아버지마저 세상을 뜨게 되자 찰스 램은 열 살이나 연상인 누나 메리와 함께 지내며 그녀를 돌보기 시작했는데, 당시 남매는 두 사람 다 결혼하지 않고 죽을 때까지 함께 살기로 굳게 다짐했다. 원래 이들 남매는 사이가 좋았지만, 부모의 죽음 이후로 더욱 각별한 사이가 되어 일생을 함께하는 동반자 관계로 발전했으며, 이는 마치 서로에게 아버지와 어머니 노릇을 대신하는 의미로 이해될 수도 있겠다. 비록 찰스는 40대 중반에 잠시 미모의 여배우에 빠져들어 프러포즈를 하기도 했으나 보기 좋게 거절당한 이후로는 죽을 때까지 총각으로 지냈다.

하지만 메리는 그 후에도 여러 차례 극심한 감정 기복을 보여 정신요양소 신세를 져야만 했는데, 오늘날의 기준으로 보자면 조울병 상태였던 것으로 보인다. 그럼에도 불구하고 이들 남매는 쿨리지, 워즈워스 등 쟁쟁한 시인들이 참여한 문학 서클을 만들어 활동하는 한편, 서로 힘을 합쳐 아동용 저서를 출간하기도 했다. 문제는 30년 넘게 함께 지내는 동안 동생 찰스의 음주벽이 더욱 심해졌다는 사실이다. 물론 그녀는 술에 취한 동생을 탓하지 않고 잠자코 지켜보기만 했으며, 동생 역시 술 마시며 물끄러미 누나를 쳐다보기만 했는데, 그동안에 서로 무슨 생각들을 했는지는 알 수가 없다. 참으로 기묘한 남매의 모습이 아닐 수 없다.

메리와 찰스는 한동안 어린 소녀 엠마를 입양해 셋이 함께 살기도 했으나, 메리의 상태가 점차 악화되어 우울증뿐 아니라 치매 증세까지 보인 데다 찰스 역시 건강이 나빠지는 바람에 세 식구의 행복한 생활은 5년 만에 막을 내리고 말았다. 결국 메리가 다시 정신요양소에 들어간 이듬해에 동생 찰스는 59세 나이로 숨을 거두었는데, 치매 상태에 빠진 누나 메리는 동생의 죽음을 애도할 능력조차 없을 정도로 정신적으로 이미 황폐해진 상태였다. 그녀는 동생보다 12년을 더 살다 82세 나이로 세상을 떠났으며, 사랑하는 동생 곁에 묻혔다.

찰스 디킨스

19세기 영국 문학을 대표하는 소설가 **찰스 디킨스** (Charles Dickens, 1812-1870)는 생전에 작가로서의 명성과 부를 모두 누리는 행운을 얻었지만, 그 자신은 주기적으로 다가오는 우울증에 시달리며 상당한 고통을 겪어야만 했다. 특히 30대 초반 《크리스마스 캐롤》을 쓸 때부터 그는 단 한 줄의 글조차 쓸 수 없는 극심한 무기력 상태에 빠져 헤어 나오지 못하는 엄청난 고통을 겪곤 했는데, 그런 상태에서 벗어나게 되면 언제 그랬냐 싶게 왕성한 정력으로 집필에 몰두하기도 했다.

그는 20대 중반에 스코틀랜드 출신의 캐서린 호가드와 혼인해 무려 10명의 자녀를 낳았지만, 처제인 메리에게 유달리 강한 집착을 보여 그녀가 병으로 일찍 죽게 되자 극심한 우울증에 빠진 나머지 집필 중이던《올리버 트위스트》의 탈고를 상당 기간 뒤로 연기해야 할 정도였다. 당시 그는 친구의 약혼녀인 엘리너 피켄에게 정신이 팔려 그녀와 함께 바다에 뛰어들어 죽으려고까지 한 적도 있었다.

그뿐만이 아니었다. 그는 45세 때 당시 18세에 불과한 미모의 여배우 엘렌 터난에게 빠져들어 아내와 별거한 상태에서 죽을 때까지 연인관계를 유지했으며, 세간의 비난을 의식해서인지 엘렌과의 관계를 비밀에 부쳤는데, 일부 평자들에 의하면《위대한 유산》의 에스텔라와《두 도시 이야기》의 루시는 엘렌을 모델로 한 것으로 보고 있다. 58세 때 찰스 디킨스는 갑자기 뇌졸중으로 쓰러져 세상을 뜨고 말았지만, 죽기 직전 아내를 대신해서 자신의 자녀들을 키워준 처제 조지나에게 유산을 물려준다는 유언을 남기기도 했다.

이처럼 기분 변화에 따라 숱한 우여곡절을 겪은 찰스 디킨스에 대해 일부 전문가들은 그가 조울병을 앓은 것으로 보고 있는데, 평소에 매우 정력적이고 자신감에 차 있을 때 수많은 걸작들이 나온 반면에 우울증 상태에서는 창작활동을 아예 포기할 정도로 지독한 자기혐오에 빠져 지냈다는 점에서 볼 때, 그가 조울병에 시달렸다는 주장이 단순한 억측에 불과한 것이 아니라는 심증을 갖게 한다.

그런 반면에 강박적인 특성도 함께 지녀서 항상 머리 빗질을 하루에도 수백 번씩 반복했으며, 집안의 가구 위치를 수시로 바꾸기도 하고, 글을 쓸 때도 항상 북쪽을 마주하고 앉아 썼는데, 그렇게 해야 좋은 작품이 나온다는 믿음 때문이었다. 심지어 그는 잠을 잘 때도 북쪽을 바라본 상태에서 양팔을 뻗고 잤는데, 그것도 침대 가장자리로부터 똑같은 거리를 유지한 자세였다고 하니 참으로 피곤한 삶을 살았던 작가가 아닐 수 없다.

버지니아 울프

20세기 영국 문단에서 가장 독보적인 위치를 차지했던 소설가 **버지니아 울프**(Virginia Woolf, 1882-1941)는 의식의 흐름 기법을 이용한 문제작을 계속 발표하여 세계적인 명성을 얻었으며 평론에도 일가견이 있었다. 하지만 불행히도 그녀는 고질적인 조울병을 극복하지 못하고 수시로 망상과 환청에 시달렸으며, 여러 차례 자살을 시도한 끝에 결국에는 헌신적인 남편 레너드의 지극한 정성과 보살핌에도 불구하고 59세 나이로 우즈 강에 투신해 생을 마감하고 말았다.

그녀가 자살하기 직전의 정신상태는 우울과 피해망상, 그리고 환청으로 혼란이 극에 달한 시기로 그녀는 자신의 광기를 스스로 잘 알고 있었으며, 끝이 보이지 않는 증세의 악화에 대해 극도의 공포심을 지니고 있었다. 더욱이 그녀는 자신을 위해 곁에서 변함없는 애정으로 희생적인 봉사를 다해 온 남편 레너드의 존재에 고마움을 느끼고 있었으며, 동시에 정신병 증세의 악화 및 히틀러의 침공으로 언제 벌어질지도 모르는 끔찍스러운 재앙에 대한 두려움에 전율했다. 남편 레너드가 유대인이었기 때문에 특히 그런 두려움이 더했다.

물론 그녀는 결혼하기 이전에도 수시로 정신병적 발작을 일으켰으며, 그럴 때마다 주체할 수 없는 자살충동에 시달리기도 했다. 그런 경향은 아버지 레슬리 스티븐도 마찬가지였는데, 이미 명망 있는 전기 작가로 알려진 그녀의 아버지 역시 심각한 우울증과 자살충동에 시달렸던 사실을 감안한다면, 스티븐 일가에 전해지는 유전적 가족력이 있었던 것으로 보인다. 비록 어릴 적 의붓오빠들로부터 성추행을 당한 적도 있었지만, 그런 사실이 조울병 발병과 직접적인 관련은 있어 보이지 않는다.

더욱이 그녀가 자살할 당시의 상황은 시기적으로도 매우 좋지 않았다.

블룸스베리에 있던 그녀의 옛집은 독일 공군의 폭격으로 이미 잿더미가 되었으며, 더군다나 나치 독일의 영국침공 소문은 유대인이었던 남편 레너드의 입지마저 몹시 불안정하게 만드는 요인이었다. 울프 부부는 히틀러의 군대가 영국 본토에 상륙하게 되는 최악의 상황이 오면 함께 동반 자살하기로 이미 약속한 터이기도 했다. 극도로 신경이 과민해진 버지니아 울프는 마침내 피해망상과 더불어 환청 증세까지 나타날 정도로 상태가 악화되고 말았다. 두려움에 사로잡힌 그녀에게는 달리 선택의 여지가 없었던 것으로 보인다.

미국이 자랑하는 세계적인 명성의 소설가 **헤밍웨이**(Ernest Hemingway, 1899-1961)는 미국 문단에서 소위 '잃어버린 세대'를 대표하는 작가로 1954년 노벨 문학상을 받았다. 《해는 다시 떠오른다》, 《무기여 잘 있거라》, 《킬리만자로의 눈》, 《누구를 위하여 종은 울리나》, 《노인과 바다》 등 그의 대표적인 걸작

헤밍웨이

들 대부분이 미국이 아닌 유럽이나 아프리카, 중남미를 무대로 하고 있듯이 일찍부터 미국 문화에 환멸을 느낀 그는 유럽과 쿠바, 아프리카 등지를 전전하며 사냥과 투우, 낚시 등에 몰두했으며, 결혼도 다섯 차례나 하는 등 정서적으로 매우 불안정한 모습을 보이기도 했다.

1952년 《노인과 바다》를 발표한 직후 아프리카로 사파리 여행을 떠난 헤밍웨이는 그곳에서 두 차례나 비행기 사고를 당해 머리에 치명적인 부상을 입은 후로는 오랜 침체기에 접어들기 시작해 노벨 문학상 수상식에도 참석하지 못할 정도로 기력이 떨어지고 말았다. 더군다나 그의 몸은 이미 오래 전 이탈리아 전선에서 입은 부상의 흔적으로 온몸이 흉터투성이였다. 평소

에 스스로 완벽한 남자임을 자부하며 남성다움의 화신으로 여기고 있던 그는 흉물스럽게 변한 자신의 육체에도 엄청난 환멸감을 느꼈으며, 갈수록 우울증이 깊어지면서 FBI가 자신의 행적에 대한 조사를 계속하고 있다는 피해망상까지 보였다.

정신병원에 입원한 그는 15회에 걸쳐 전기치료까지 받고 회복되어 퇴원했으나, 수개월 후 엽총을 만지작거리는 모습에 놀란 아내가 의사를 불러 진정시킨 후 곧바로 재입원시켰는데, 추가적으로 전기치료를 받고 다소 호전된 모습을 보여 퇴원했지만 불과 이틀 만에 엽총으로 자살하고 말았다. 공교롭게도 그의 아버지 역시 사냥용 엽총으로 자살했으며, 헤밍웨이는 아버지가 자살한 직후 소설《무기여 잘 있거라》를 쓰기도 했는데, 제목 자체가 매우 의미심장하다고 할 수 있다. 마치 총으로 자살한 사람이 마지막으로 무기와 작별을 고하면서 남긴 유언처럼 들리기 때문이다. 의사였던 아버지는 어린 아들에게 사냥을 가르치며 남성다운 기백을 심어주기도 했으나, 결국 이들 부자는 똑같이 엽총으로 자살한 것이다.

그의 가계에는 유달리 자살로 생을 마친 인물들이 많은 게 사실이다. 그의 아버지를 비롯해 누이동생 어슐라와 남동생 레스터 역시 자살로 생을 마감했으며, 전처와의 사이에서 낳은 두 아들 패트릭과 그레고리 역시 정신병원에 입원해 전기치료를 받은 것으로 알려졌다. 또한 손녀딸인 여배우 마고 헤밍웨이(Margaux Hemingway, 1954-1996)마저 조울병으로 자살했으니 이처럼 4대에 걸쳐 자살이 계속 이어진 헤밍웨이 일가에는 분명 유전적 소인을 가진 조울병의 전통이 있었던 것으로 보인다.

현대 영국의 소설가이자 극작가 **그레이엄 그린**(Graham Greene, 1904-1991)은 대표작《권력과 영광》,《제3의 사나이》에서 보듯이 항상 누군가에게 쫓기는 자의 불안을 통해 악의 실체를 탐구함으로써 역설적으로 신의 사랑을 입증해 보이고자 애쓴 작가라 할 수 있다. 따라서 쫓고 쫓기는 자들 사이에 감도는 긴장감으로 인해 스릴러 소설의 대가로 꼽히기도 하지만, 단순히 극적 재미만을 추구한 것은 아니며 가톨릭 신앙을 밑바탕에 깔면서 신과 인간의 대결과 갈등에 초점을 맞추어 인간의 구원문제를 부각시킨 점이 특징이라 할 수 있다.

그레이엄 그린

하지만 그는 어려서부터 매우 감수성이 예민한 성격으로 학교 친구들로부터 괴롭힘을 당한 끝에 우울증에 빠진 나머지 여러 차례 자살을 시도하기도 했는데, 위험한 러시안 룰렛 게임이나 약을 먹고 수영을 하는 방법 등을 동원해 죽으려고까지 했다. 결국 16세 때 6개월간 정신치료를 받고 다소 안정된 모습을 되찾기도 했지만, 그의 불안정한 기분상태는 일생을 두고 그를 괴롭힌 주범이 되었다.

그는 옥스퍼드 대학 시절에도 주기적인 우울증에 시달렸으며, 한때는 영국 공산당에 가입해 소련을 이상향으로 여기기도 했다. 하지만 대학을 졸업한 후에는 180도 태도를 바꾸어 가톨릭으로 전향하고 세례까지 받았으며, 신문기자로 일하면서 몇 편의 소설을 발표했지만 처음에는 별다른 주목을 받지 못하다가, 타락한 신부의 도피와 고뇌를 통해 정치와 신앙의 대결구도를 묘사한 소설 《권력과 영광》이 크게 성공하면서 영국문단의 총아로 떠오르기 시작했다. 비록 교황청의 종교 재판소는 성직자의 명예를 훼손하는 것으로 이 소설을 비난했지만, 당시 교황 바오로 6세는 사적인 자리에서 그린을 만나 자신은 그런 비난에 신경 쓰지 않는다고 말했다고 한다.

물론 그린이 가톨릭으로 개종한 것은 비비안과 결혼하기 위한 편법에서 비롯된 결과로, 사실 그의 신앙심은 그리 돈독한 편이 아니었으며, 본인 스스로도 가톨릭 불가지론자임을 자처했듯이 확고한 신념을 지닌 상태도 아니었다. 따라서 가톨릭 신앙도 그의 불안정한 기분상태를 극복하기에는 역

부족이었던 것으로 보인다. 한때 영국정보국의 첩보원 활동까지 했던 그는 쿠바 혁명을 성공시킨 카스트로를 존경하고 은밀히 지원까지 했으며, 그런 반면에 아이티의 독재자 뒤발리에와 비밀경찰 통통의 만행을 고발한 소설 《코미디언》을 발표하는 등 일관성 없는 태도를 보이기도 했다.

더구나 그의 결혼생활은 결코 행복하지 못했으며, 수시로 솟구치는 충동에 굴복해 여러 차례 불륜을 저지르는가 하면, 사창가를 드나들기도 했다. 결국 그는 40대에 이르러 처자식의 곁을 떠나 해외를 전전했으며, 이본느와 함께 스위스에 정착해 동거생활을 유지하다가 그곳에서 백혈병으로 세상을 떴다. 그의 아내 비비안은 가톨릭 교리를 내세워 끝까지 이혼을 수락하지 않았는데, 60년 가까이 홀로 집을 지키다가 99세 나이로 눈을 감았다. 생전에 그녀는 회고하기를, "그레이엄 그린은 결혼해서는 결코 안 될 사람이었다."라고 말하기도 했지만, 반면에 그레이엄 그린은 자신의 책들이 바로 자신의 자식들이라고 털어놓기도 했다. 결국 그는 자신의 작품들을 통해 구도자적인 모습을 보여 주긴 했으나 정작 그 자신은 진정한 구원의 길을 찾지는 못한 듯이 보이는데, 평생을 조울병에 쫓기며 좌충우돌하는 삶을 보냈던 그로서는 어쩔 수 없는 운명이었던 것 같다.

앤 섹스턴

자신의 개인적인 고뇌와 갈등을 고백시 형태로 표현한 미국의 여류시인 **앤 섹스턴**(Anne Sexton, 1928-1974)은 시집 《죽거나 아니면 살거나(Live or Die)》로 1967년 퓰리처상을 받았으며, 영국에서 자살한 미국의 여류시인 실비아 플라스처럼 자신을 화형에 처해지는 마녀로 표현하는 가운데 당시 사회에서 금기시되었던 성과 자살, 광기, 마약중독 등을 주제로 한 시들을 집중적으로 다루었을 뿐만 아니라 페미니즘 시각에서 여성의 육체와 임신, 낙태, 결혼문제 등을 과감하게 다루어 많은 독자에게 충격을 안겨주기도 했다.

하지만 원래 젊어서부터 조울병을 앓았던 그녀는 수시로 정신병원에 입원해 치료를 받았는데, 당시 주치의를 맡았던 정신과의사 마틴 온의 권유로 더욱 본격적인 시 창작에 몰두하기 시작했으며, 그렇게 해서 그녀만의 독창적인 고백시가 나오게 되었지만, 결국에는 자신의 정신적 결함을 극복하지 못하고 스스로 목숨을 끊고 말았다. 어머니의 낡은 코트를 걸치고 차 안에 앉아 계속 시동을 건 상태에서 일산화탄소에 질식되어 숨을 거둔 그녀의 비극적인 최후는 마치 가스 오븐에 머리를 들이밀고 자살한 실비아 플라스의 마지막 모습을 연상시킨다. 사후에 출간된 그녀의 마지막 작품 《하느님을 향한 서툰 배젓기》는 결국 그녀가 남긴 마지막 유언이 된 셈이다.

하지만 그녀가 죽은 후 밝혀진 사실에 의하면, 생전에 그녀는 어린 두 딸을 상대로 매우 폭력적인 아동학대를 자행했다는 것이다. 그런 사실은 나중에 장녀 린다의 자서전을 통해 세상에 알려지게 되었는데, 심지어 린다는 어머니로부터 성추행까지 당했다고 주장했다. 하기야 앤 섹스턴의 조증 상태가 처음 발병한 시점은 린다를 출산한 직후부터였으니 남편과 두 딸의 운명도 불행을 피해 가기 어려웠을 것이다.

첫 번째 발병 후 일 년이 지나 다시 두 번째 조증 발작이 덮치자 앤 섹스턴은 마침내 정신과의사 마틴 온의 치료를 받게 되었는데, 당시까지만 해도 기분조절제가 개발되기 이전이었기 때문에 최면술을 이용해 치료한 마틴 온 박사는 그녀의 어린 시절 과거를 회상시키는 일에 더욱 주력했지만, 사실 그런 시도는 조울병 치료에 아무런 도움도 되지 못했고 어떤 점에서는 상태를 더욱 악화시켰을 가능성이 더 높다고 할 수 있다. 물론 당시 치료자는 그녀의 상태를 히스테리로 잘못 진단하고 있었다.

그런데 문제는 거기서 끝나지 않았다. 앤 섹스턴의 전기를 쓴 작가 다이

앤 미들브룩에게 마틴 온 박사는 그동안 진행되었던 면담 내용의 녹음 기록을 모두 넘겨준 것이다. 이는 환자의 비밀을 보장한다는 의료윤리를 위배한 행위로 도저히 있을 수 없는 일이었기에 당시 《뉴욕 타임스》도 경악스러운 사태라는 서평까지 실을 정도였다. 더욱이 마틴 온 박사는 그녀가 자신의 뒤를 이은 두 번째 치료자와 모종의 관계를 맺었고 그런 문제가 결국 자살로 이끌었을 것이라고 주장함으로써 자신의 실수를 다른 치료자에게 떠넘기는 비열함까지 보였다. 어쨌든 정확한 진단과 적절한 치료가 얼마나 중요한 일인지 앤 섹스턴의 불행한 삶이 여지없이 깨닫게 해 주는 교훈이라 할 수 있겠다.

로베르트 슈만

독일의 작곡가이자 음악 평론가로 낭만주의 시대를 대표하는 음악가 **로베르트 슈만**(Robert Schumann, 1810-1856)은 스승의 딸 클라라와 사랑에 빠져 청혼했지만, 스승의 강력한 반대로 그녀가 성년이 될 때까지 기다려야 했는데, 우여곡절 끝에 결혼에 성공한 이들 부부는 8명의 자녀를 두었으며, 법정소송까지 제기하며 결혼에 반대했던 스승도 결국에는 혼인을 인정하고 더 이상 문제 삼지 않게 되었다.

하지만 20대 초반부터 우울증의 기미를 보이기 시작한 슈만은 형 율리우스와 형수가 콜레라로 사망한 직후 처음으로 자살을 기도했는데, 그 후에도 수차례 자살충동을 느낀 그는 34세 무렵 아내 클라라와 함께 러시아 여행을 다녀온 직후부터 환청 증세와 더불어 죽음에 대한 공포, 열쇠 등의 금속에 대해 병적으로 두려워하는 증세를 보이기 시작했다.

비록 그는 수시로 우울상태에 빠져 아무 일도 못하다가도 일단 그런 기분에서 벗어나면 언제 그랬냐는 듯이 말짱한 모습으로 작곡에 전념하기도 했으며, 갈수록 그 주기가 더욱 자주 반복된 것으로 보아 조울병을 앓은 것으로 추정된다. 더욱이 그는 귀에서 음악소리가 들리는 환청에 시달렸는데, 밤에 자다가도 벌떡 일어나 유령이 자신에게 알려준 멜로디를 오선지에 옮기는 행동을 보이기도 했으며, 그 결과로 나온 작품이 소위 〈유령 변주곡〉으로 알려진 피아노 소품이다.

40대 중반에 이르자 그의 증상은 더욱 심해지는 양상을 보였으며, 천사나 악마의 모습을 보는 환각 증세까지 나타났다. 결국 슈만은 추운 겨울날 라인강 다리 위에서 강물로 뛰어들어 자살을 시도했다가 행인들에 의해 간신히 구조된 후 정신병원으로 옮겨졌는데, 그의 누나 에밀리도 29세 나이로 강물에 투신해 자살한 점으로 보아 아무래도 조울병의 가족력이 있는 것으로 보인다.

면회가 금지된 상태에서 슈만은 죽기 이틀 전에 방문한 아내 클라라를 겨우 알아보기는 했으나 한마디 말도 할 수 없는 상태였다. 비록 당시 이루어진 슈만의 부검 결과에 따르면 뇌종양으로 밝혀지기는 했지만, 그가 평소에 보인 증세로 봐서는 조울병일 가능성이 높다고 하겠다. 슈만이 죽은 후 혼자 힘으로 많은 자녀를 키우느라 힘겨워하는 클라라를 헌신적으로 도운 것은 죽을 때까지 독신을 고수한 브람스였다.

영국의 낭만주의 작곡가 **에드워드 엘가**(Edward Elgar, 1857-1934)는 오랜 기간 조울병을 앓았으나, 그래도 그에게는 매우 헌신적인 아내 앨리스가 있었기에 운이 퍽 좋은 편이었다. 가난한 평민 출신인 엘가와는 달리 명망 있는 귀족 출신 장성의 딸이었던 그녀는 수시로 기분이 변하는 8년 연하의 남편을 어머니처럼 정성껏 돌봤는데, 음악가로 성공하겠다는 자신의 꿈을 접은 채

에드워드 엘가

그의 비서 및 매니저 역할에 전념하면서 오로지 남편의 창작열을 유지하는 일에 일생을 바쳤다.

엘가의 유명한 〈사랑의 인사〉는 그토록 헌신적인 아내에게 바친 곡이기도 하다. 비록 그는 〈위풍당당한 행진곡〉으로 영국인의 애국심을 고취시키기도 했지만, 아내의 적극적인 격려와 보호가 없었다면 과연 그토록 당당한 작품이 나올 수 있었을까싶다. 말년에 이르러 기사 작위까지 받은 엘가는 더 이상 바랄 것이 없는 영예를 누렸지만, 수시로 기분이 변하는 조울병 증세 때문에 그의 사생활만큼은 철저히 숨겨야만 했다.

특히 제1차 세계대전 기간 동안 엘가는 극도의 공포심과 우울감에 사로잡혀 대학살을 염려하기도 했는데, 전쟁이 끝나자 다시 원기를 회복하고 작곡을 재개했다. 그러나 아내 앨리스가 폐암으로 자신보다 먼저 세상을 떠나자 다시 우울증에 빠진 그는 모든 활동을 중단하고 아무에게도 알리지 않은 채 홀로 남미 아마존 밀림지대를 여행하기도 했다. 그 후 대장암으로 숨진 엘가는 사랑하는 아내 곁에 나란히 묻혔다.

오토 클렘페러

독일 태생의 유대계 지휘자 **오토 클렘페러**(Otto Klemperer, 1885-1973)는 20세기 최고의 지휘자 가운데 한 사람으로 꼽힌다. 특히 오페라 지휘자로 국제적인 명성을 날리던 그는 나치의 유대인 박해를 피해 미국 로스앤젤레스로 이주했으나, 조울병을 앓았던 그는 극심한 기분 변화로 현지 적응에 몹시 애를 먹어야 했다.

설상가상으로 1939년 뇌종양 수술을 받고부터 우울증 증세가 더욱 심해지자 정신병원에 입원까지 했으나 병원을 탈출한 그는 뉴저지의 한 술집에 숨어있다 발견되기도 했다. 당시 《뉴욕 타임스》는 그의 실종 사실을 커버스토리로 다루었으며, 《헤럴드 트리뷰》지는 술집에서 발견된 그의 사진을 보도하기까지 했다.

결국 그는 로스앤젤레스 교향악단 음악감독직을 잃었으며, 그 후에도 계속 주기적으로 나타난 조중 상태의 여러 돌출행동 등으로 인해 미국 각지의 교향악단으로부터도 기피 대상으로 낙인찍히고 말았다. 적어도 미국에서 그는 완전히 미친 사람 취급을 받은 셈이다. 어쩔 수 없이 그는 유럽으로 건너가 지휘활동을 계속해야만 했다.

당시 유럽은 제2차 세계대전이 끝난 직후여서 음악계에서도 인력난을 심하게 겪고 있던 참이었으며, 더군다나 지휘계의 황제로 군림하던 푸르트벵글러조차 나치 동조혐의로 도덕적 타격을 입고 침체기에 빠져 있던 시기라 그런 공백 덕분에 클렘페러는 유럽 각지에서 환영을 받았다.

하지만 1950년대 미국에 돌아온 그는 좌익사상 혐의로 도마 위에 올라 미국 이민국과 여권 갱신 문제로 극심한 마찰을 겪게 되자 결국 다시 유럽으로 돌아가 스위스에 정착했으며, 말년에 이르러서는 이스라엘에서 시민권을 얻고 활동하면서 유대교로 다시 개종까지 했다. 그 후 스위스로 다시 돌아온 그는 취리히에서 88세를 일기로 세상을 하직했다.

말콤 아놀드

영국의 작곡가이며 트럼펫 주자로 클래식과 대중음악을 접목시킨 독특한 작품을 남긴 **말콤 아놀드**(Malcolm Arnold, 1921-2006)는 영화 〈콰이강의 다리〉 주제곡을 작곡한 것으로만 알려져 있을 뿐 실제로 그가 작곡한 9개의 교향곡과 20개 협주곡 등 수많은 진지한 클래식 작품들은 그의 생전에 거의 연주되지 않았다. 물론 그런 배경에는 전통적인 영국 음악계의 보수성도 일부 책임이 있겠지만, 아놀드 자신의 정신건강 문제가 더욱 큰요인이 되었기 쉽다. 그는 고질적인 조울병과 알코올 중독, 수차례의 자살

시도 및 문란한 사생활, 불같이 화를 잘 내는 급한 성격 등으로 대인관계에서 많은 결함을 보였으며, 드높은 자존심으로 세상과 타협하는 데 미숙함을 보였기 때문이다.

영국 노댐턴에서 구두제조업자의 막내아들로 태어난 그는 어려서부터 피아노와 바이올린을 배웠으나, 한창 반항적이던 소년 시절에는 재즈음악에 몰두하다가 루이 암스트롱의 연주를 보고난 이후로 트럼펫의 매력에 이끌린 나머지 런던의 왕립음악대학에 가서도 트럼펫과 작곡을 주로 배웠다. 제2차 세계대전이 발발하면서 공군에 입대한 형이 전사하자 그때까지 반전주의자였던 그는 마음을 바꿔 군대에 자원해 독일군과 싸우고자 했으나 군 당국이 자신을 군악대에 편성시키자 이에 불만을 품고 자신의 발에 스스로 총을 쏘아 제대하고 말았다. 그의 충동적인 성향이 어느 정도인지 짐작케 해 주는 대목이다.

그렇게 제대한 후 런던 필하모니 오케스트라의 트럼펫 주자로 복귀했다가 작곡가의 길로 접어든 그는 교향곡과 영화음악 등 정력적인 창작활동을 펼쳤으나 극심한 기분 변화에 따른 알코올 중독과 여자문제 등 무절제한 생활로 인해 많은 문제를 일으키기 시작했다. 하지만 다른 한편으로는 자신의 증세 덕을 보기도 했는데, 조증 상태에서 일단 한번 기분이 들뜨게 되면 엄청나게 빠른 속도로 작품을 완성했으며, 영화 〈콰이강의 다리〉의 배경음악도 단 10일 만에 완성하는 놀라운 능력을 발휘했다.

하지만 50세 무렵부터 건강의 악화로 더욱 하향세로 접어든 그는 권위주의에 대한 반감과 좌파적인 정치성향뿐 아니라 알코올 중독 및 난잡한 사생활로 세상에서 따돌림 당한 데다 두 차례에 걸친 이혼으로 연이어 자살을 기도함으로써 마침내 1978년 본인 스스로 정신병원에 입원하기로 결정하게 되었으며, 이듬해에 다시 재입원해 치료를 받았다.

60대에 접어들어 조울병과 알코올 중독에서 회복되어 퇴원한 그는 한 여성 사회사업가의 배려로 그녀의 집에 얹혀살았으나, 그녀가 세상을 떠나자 오갈 데 없는 노숙자 신세로 전락하고 말았다. 길에서 지나가던 한 행인이 우연히 그를 알아보고 BBC 방송에 그 사실을 알렸는데, 다행히 노포크에 있는 한 병원에서 그를 입원시켜 보살펴 주었다. 원기를 회복한 그는 9번 교향곡을 작곡했으나 그에 대한 후원자들의 발길은 이미 모두 끊긴 상태였다. 비록 말년에 영국 왕실로부터 기사 작위를 받기도 했지만, 이미 노쇠한 그는 그런 영예를 누릴 만한 정신적 여유도 없었으며, 결국 노리치 대학병원에서 85세를 일기로 세상을 떴다.

미국의 현대화가 **잭슨 폴록**(Jackson Pollock, 1912-1956)은 소위 '액션 페인팅'으로 불리는 새롭고도 충격적인 기법을 통해 현대 추상표현주의 미술의 선구자로 꼽히는 인물이다. 그는 35세 무렵 마룻바닥에 펼쳐놓은 거대한 캔버스 위에 공업용 페인트를 끼얹거나 쏟아 붓는 기발한 화법을 사용해 일약 유명

잭슨 폴록

인사로 떠올랐는데, 사실 그런 기법은 이미 멕시코의 벽화가 다비드 시케이로스나 인디언 출신 화가들이 사용하던 기법으로, 그는 단지 그들의 기법에서 힌트를 얻어 차용한 것뿐이다.

하지만 평소에 수시로 기분이 변하는 조울병과 고질적인 알코올 중독에 시달린 그는 20대 중반부터 후반에 이르기까지 3년간 융 학파의 분석가 헨더슨 박사에게 치료를 받았으며, 그 후 30대 초반에는 라즐로 박사에게 2년에 걸쳐 치료를 받았는데, 특히 헨더슨 박사는 폴록에게 치료적인 목적으로 미술을 적극 권장했으며, 그런 영향으로 그의 작품에는 융의 핵심 이론과 원형 개념이 자주 드러난다. 하기야 융 자신도 생전에 탄트라 불교에 심취

되어 만다라를 이용한 미술요법을 환자치료에 사용하기도 했다.

그 후 즉흥적인 자동수기와 원시미술, 신지학 등에서 영감을 받아 전혀 새로운 추상미술을 개발한 잭슨 폴록은 1943년 첫 개인전을 통해 기존 화단에 큰 충격을 안겨주면서 한순간에 비평가들의 주목을 끌기 시작했다. 1945년 여류화가 리 크래스너와 결혼한 후에는 롱아일랜드에 정착해 본격적인 작업에 돌입했는데, 페인트뿐만 아니라 유리, 모래 등을 이용해 다양한 작품들을 그렸다. 온몸을 내던져 그리는 그의 독특한 기법은 그래서 그 이후부터 '액션 페인팅'으로 불리기 시작했다.

워낙 센세이셔널한 것을 즐기는 미국인들이긴 하지만, 폴록의 미술에 대해 전부가 그렇게 열광적이었던 것만은 결코 아니다. 일부 비평가들은 그의 작품에 대해 아무런 의미도 찾을 수 없는 돌발적인 충동의 폭발에 지나지 않는다거나 또는 그것은 그림이 아니라 단지 즉흥적인 이벤트에 불과한 것으로 기존의 모럴에서 벗어나고픈 일종의 해프닝적인 몸부림일 뿐이라고 혹평하기도 했다. 더 나아가 폴록의 그림은 미술이 아니라 그저 치기 어린 장난에 불과하다는 악평도 들어야 했다.

어쨌든 평소에도 변덕스럽기 그지없는 성격과 세상과의 접촉을 극도로 기피했던 그는 여전히 불안정한 기분상태나 알코올 문제에서 완전히 벗어나지 못한 상태였으며, 게다가 40대에 접어들어 자신의 창조적인 능력에 한계를 느끼면서부터는 더욱 술에만 의지하게 됨으로써 그 후로는 급격히 몰락의 길로 들어서고 말았다. 결국 그는 술에 만취된 상태에서 과속운전으로 차를 몰고 귀가하던 중에 충돌사고를 일으켜 44세라는 한창 나이로 숨지고 말았다. 그 사고로 함께 동승했던 여성 에딧 메처는 사망했으나 당시 26세의 젊은 화가로 폴록의 연인이기도 했던 루스 클리그만은 운 좋게 살아남았다.

미국의 저항가수 **필 옥스**(Phil Ochs, 1940-1976)는 월남
전에 반대하는 시위가 끊이지 않던 시절 반문화 운동의
기수로 혜성처럼 나타나 자신이 직접 만든 수백 곡의
노래로 수많은 팬을 열광시킨 장본인이다. 스스로 좌파
적 사회민주주의자임을 자처한 그는 노래하는 체 게바
라가 되고자 했으며, 칠레의 좌파 대통령 아옌데와 저
항가수 빅토르 하라를 직접 만나기도 했다. 이처럼 반
전과 인권보호를 외치며 기성문화에 계속 도전장을 던

필 옥스

진 그는 월남전이 끝나자 뉴욕 센트럴 파크에 모인 10만 명의 청중 앞에서
반전가수 존 바에즈와 함께 노래를 부르며 전쟁이 끝나고 평화가 왔음을 선
언하기도 했다.

하지만 1970년대에 접어들면서부터 이미 알코올 중독 및 조울병 증세로
인한 정신적 혼란상태에 빠진 나머지 점차 이상한 행동을 보이기 시작한 그
는 FBI와 CIA에 대해 횡설수설하는가 하면, 존 버틀러 트레인이라는 인물
이 자신을 죽이고 자기를 대신해 필 옥스 행세를 한다고 주장하기도 했다.
이처럼 기괴한 망상에 사로잡힌 그가 마침내 칼과 해머 등 무기를 소지하고
다니는 행동을 보이며 걸핏하면 사람들과 시비를 벌이는 일이 잦아지게 되
자 그의 가족과 동료들이 그를 정신과에 입원시키려 했으나 그는 말을 듣지
않고 오히려 길에서 노숙하는 생활로 접어들었다.

몇 달이 지나 트레인에 대한 망상이 사라지고 자기 자신으로 돌아온 그
는 이번에는 자살하겠다는 말을 수시로 반복했는데, 가족과 동료들은 그런
발작 기간이 지나면 저절로 가라앉으려니 생각하고 그대로 내버려 두었다.
그 후 뉴욕에 사는 누이와 함께 지내던 그는 점차 무기력 상태에 빠져 아무
일도 할 수 없게 되었으며, 결국 정신과 진찰을 받기에 이르렀는데, 조울병
이라는 진단하에 약 처방까지 받았으나 얼마 후 스스로 목을 매 자살하고

말았다.

비비언 리

조울병에 시달린 영화인들도 적지 않다. 영화 〈바람과 함께 사라지다〉의 히로인 스칼렛 오하라 역으로 아카데미 여우주연상을 수상하며 화려하게 은막에 등장한 **비비언 리**(Vivien Leigh, 1913-1967)는 만인의 사랑을 독차지하는 인기스타로 발돋움했으며, 연이어 출연한 〈애수〉 등의 성공으로 삶의 최전성기를 구가했으나 영화 〈욕망이라는 이름의 전차〉로 두 번째 아카데미 여우주연상을 받은 이후로는 내리막길을 걷기 시작했는데, 그 가장 주된 이유는 다른 무엇보다 고질적인 만성 결핵과 조울병이라는 이중고에 시달렸기 때문이다.

영화에 데뷔하기 이전에 그녀는 이미 뛰어난 연극배우로 특히 셰익스피어 연극 무대에서 명성이 자자했는데, 오필리아, 줄리엣, 맥베스 부인, 클레오파트라 등이 그녀가 맡은 단골 역이었다. 당시 함께 연기했던 로렌스 올리비에와 결혼한 그녀는 조울병에 의한 매우 불안정한 감정 기복과 더불어 편집증적 의부증까지 겹쳐 결국에는 1960년 이혼했으며, 그 후로는 스크린에서 아예 자취를 감추고 말았다. 남편과 헤어진 후 7년 뒤에 결국 폐결핵의 악화로 세상을 떴다. 향년 54세였다.

할리우드의 재능 있는 감독 **조슈아 로건**(Joshua Logan, 1908-1988)은 1950년대 영화 〈피크닉〉, 〈버스 정류장〉, 〈남태평양〉 등으로 삶의 최전성기를 맞았으나 불행히도 그 후 조울병에 시달리며 오랜 기간 정신과 치료를 받으면서 더 이상의 걸작을 만들지 못하고 말았다. 당시 그는 극심한 기분 변화 때문에 정신과의사 로널드 피브에게서 리튬 치료를 받았으며, 두 사람이 함께 TV 토크쇼에 출연해 리튬의 치료효과를 홍보하기도 했다. 그렇게 할리우드에서 모습을 감춘 그는 79세 나이로 뉴욕에서 생을 마쳤다.

아서 펜 감독의 영화 〈미러클 워커〉에서 헬렌 켈러 역을 맡아 놀라운 연기력을 발휘함으로써 16세라는 어린 나이에 아카데미 여우조연상을 수상한 **패티 듀크**(Patty Duke, 1946-2016)는 당시로서는 아카데미 영화제 사상 최연소 수상자라는 기록을 남기며 세상의 주목을 끌었으나, 십대 시절 내내 거식증에 시달렸으며, 20대 초에는 자살을 시도해 정신병원에 입원하기도 했다. 결국 30대에 이르러 조울병 진단을 받은 그녀는 리튬 치료를 통해 안정적인 기분을 되찾았지만 그동안 자신의 연기력을 발휘할 기회를 놓치고 말았다. 대신 그녀는 정신질환자의 복지를 위한 사회운동에 뛰어들어 활발한 로비 활동을 펼쳤으며, 자신의 투병 체험을 책으로 출간해 공개하는 용기를 보이기도 했다.

영화 〈미러클 워커〉에서 헬렌 켈러 역을 맡은 '패티 듀크'(오른쪽)의 모습

영화 〈슈퍼맨〉 시리즈에 출연해 큰 인기를 얻은 **마곳 키더**(Margot Kidder, 1948-2018)는 1990년 불의의 교통사고로 척추 손상을 입고 부분적 마비 증세를 보여 수년간 연기활동을 포기한 데다 그 후 조울병 상태까지 악

마곳 키더

화되면서 그동안 승승장구하던 연기생활에 치명타를 입고 말았다. 그녀는 교통사고를 당하기 이전에 이미 조울병 진단을 받았으나 자신의 병을 인정하지 않고 리튬 치료를 거부했었는데, 그 후 조증 상태에서 수일간 행방이 두절되기도 했다. 당시 주민 신고를 받고 출동한 경찰에 의해 정신과에 입원한 그녀는 비로소 자신의 병을 인정하고 제대로 치료를 받기 시작했다. 가까스로 회복된 그녀는 환경운동 및 반전운동가로 활동하는 가운데 주로 독립영화나 TV 프로에 출연하다가 결국 약물 및 알코올 과용에 의한 자살로 생을 마감하고 말았다.

조지 루카스 감독의 영화 〈스타워즈〉에서 레아 공주 역으로 출연한 **캐리 피셔**(Carrie Fisher, 1956-2016)는 가수 에디 피셔와 여배우 데비 레이놀즈 사이에서 태어난 딸로, 스타워즈 시리즈를 통해 일약 스타의 반열에 올랐으나 고질적인 조울병에 시달리는 바람에 배우 경력에 심각한 차질을 빚게 되었다. 하지만 그녀는 처음부터 정신과 치료를 거부하고 코카인과 진통제 사용으로 가라앉히려 했으며, 자신의 들뜬 가분상태를 로이, 침체된 기분상태에 팸이라는 닉네임을 붙여 부르기도 했다. 결국 상태가 더욱 악화된 그녀는 정신과에 입원해 전기치료와 약물치료를 받고 회복되었으나, 2014년 이후로는 치료를 중단했다.

영화 〈스타워즈〉에서 레아 공주 역을 맡은 '캐리 피셔'(가운데)의 모습

그 후 영화 홍보차 유럽 여행을 마치고 귀국하던 길에 LA 공항에 도착하기 직전 비행기 안에서 심장 발작을 일으킨 그녀는 결국 며칠 후에 숨지고 말았다. 당시 그녀의 몸에서는 코카인과 헤로인 성분이 검출되었다. 그런데 그녀가 숨진 다음날 가족이 그녀의 장례 절차를 논의하던 중에 딸의 죽음에 충격을 받은 어머니 데비 레이놀즈마저 뇌졸중으로 쓰러져 곧바로 숨지는 사태가 벌어져 팬들의 마음을 더욱 아프게 했다. 화장한 딸의 재는 어머니 무덤 곁에 나란히 안치됐다. 당시 딸의 나이 60세, 어머니는 84세였다.

웃음을 잃고 사는
우울증

        우울증의 핵심적인 화두는 슬픔과 상실이다. 물론 가벼운 우울증은 누구나 겪을 수 있는 매우 보편적인 현상이기도 하지만, 대부분 외부적 요인에 따른 심리적 위축 상태인 경우가 많은 반면에, 그 정도가 더욱 심각한 주요 우울증(major depression)일 경우는 단순히 심리적 원인에 의한다기보다 생리적 요인에 의한 내인성 우울증(endogenous depression)의 결과이기 쉽다. 이런 경우에는 항우울제 치료가 필수적이며, 그대로 방치했다가 자살의 위험성이 매우 높아질 수도 있다.

  우울증이 깊어지면 모든 것이 힘겨워지고 아무 일도 할 수 없게 된다. 일은 고사하고 식욕을 상실한 채 몸져눕게 되며, 잠도 이루지 못해 몸과 마음이 지치게 된다. 세상에 대한 관심을 잃고 모든 것이 무의미해지며, 온종일

우울증

1. 특징
- 정도가 심한 '주요 우울장애'와 비교적 상태가 가벼운 '기분부전장애'로 구분된다.
- '내인성 우울증'과 '외인성 우울증'으로 구분하기도 한다.
- 자살 가능성이 높은 편이다.
- 항우울제로 치료가 가능하다.
- 인구의 5% 정도가 주요 우울장애를 앓고 있으며, 기분부전장애는 훨씬 흔하다.

2. 증상 및 진단 기준
- 우울한 기분과 절망감, 죄의식, 자책감, 허무감, 무가치감이 든다.
- 흥미와 즐거움이 상실되고, 비관적인 사고와 집중력 저하가 나타난다.
- 불면, 식욕상실, 성욕저하, 행동 감소가 나타난다.
- 죽음이나 자살에 대한 사고를 한다.
- 일에 대한 의욕을 잃고 대화를 기피한다.

비관적인 생각과 기분에 빠져 지낸다. 상태가 더 심해지면 극도의 죄의식에 빠진 나머지 죽음에 대한 생각에만 골몰하다 자살을 시도하기도 한다. 따라서 이런 징후가 나타나면 지체 없이 입원시켜 치료를 받도록 해야만 한다.

역사적으로 우울증을 앓은 인물은 무수히 많다. 특히 정서적으로 매우 민감한 예술가들에서 우울증에 시달린 경우를 많이 찾아볼 수 있으며, 그중에는 상당수가 자살로 생을 마감했음을 알 수 있다. 미국 존스 홉킨스 대학의 정신과교수 케이 레드필드 재미슨 교수는 본인 자신이 조울병을 앓고 리튬 치료를 받은 여성으로, 그녀의 저서 《천재들의 광기》에서 미국인 예술가의 40% 정도가 우울증을 앓은 것으로 봤으며, 조사 결과에 따라 비록 차이가 크긴 하나 어떤 조사에 따르면 영국 시인의 25%가 우울증 환자였다고 한다.

한편 정종진 교수는 저서 《한국작가의 생태학》에서 다음과 같이 말한다.

"사실상 작가일 경우 누구나 우울증의 혐의가 있다. 그것을 다만 드러내지 않든지 사람들의 눈에 포착되지 않을 뿐이다. 행복을 느낄 때 위대한 작품은 산출되지 않는 법이다. 문학은 현실에 대한 일종의 고급한 저항이다. 우울은 저항의 출발점이 된다. 그러나 그 속에 위대한 사상을 탄생시키는 힘이 도사리고 있는 것이다." 우울증의 배경이 오히려 위대한 작품을 낳게 하는 원동력이 된다는 주장이 아니겠는가. 그런 점에서 앙드레 모로아가 "신경증은 예술을 낳고, 예술은 신경증을 낫게 한다."고 했던 말은 그야말로 핵심을 찌른 명언이 아닐 수 없다.

저자는 《위대한 환자들의 정신병리》와 《자살의 역사》 등의 저서를 통해 이미 많은 예술가의 우울증과 자살에 대해 소개한 바 있기에 적어도 예술가에 관해서만큼은 대표적인 사례만을 골라 아주 간략하게 언급하고 넘어가기로 한다. 다만 여기서 소개하는 우울증이 모두 심각한 경우라고 할 수만은 없으며, 환경적 요인에 따른 외인성 우울증도 포함되어 있음을 미리 밝혀둔다. 또한 그중에는 예외적으로 항우울제 치료를 받고 회복된 인물도 있으나, 그런 예외에 속한 사람들은 항우울제가 개발된 20세기 중반 이후에 혜택을 받은 것이니 당연히 소수일 수밖에 없다.

미국의 제6대 대통령 **존 퀸시 애덤스**(John Quincy Adams, 1767-1848)는 미국 건국의 주역이자 제2대 대통령을 지낸 존 애덤스의 아들로, 부자가 모두 대통령을 지낸 매우 드문 사례의 주인공이다. 하지만 독립전쟁이 한창일 때 아버지는 대륙회의에 참석하느라 가까이 접할 기회가 적었으며, 대신 어머니의 치마폭에서 자랐는데, 항상 아버지와 비교하며 지나친 기대를 강요하는 어머니 때문에 어릴 적부터 그는 매우 소심하고 주눅 든 상

존 퀸시 애덤스

태로 지냈다. 그래서인지 그는 수시로 자신을 괴롭히던 우울증이 어머니 탓이라 여기고 계속 그녀와 불편한 관계로 지냈다.

더욱이 외모에 대한 열등감이 컸던 그는 어머니의 반대에도 불구하고 루이저 존슨과 결혼을 강행하기도 했지만, 4남매 자식들 가운데 딸과 두 아들을 자신보다 먼저 저세상으로 보내는 아픔도 겪어야 했다. 평소 대중 앞에 나서기를 몹시 꺼려했던 인물이었지만, 그래도 그는 의회에서 노예해방에 대한 연설을 최초로 행한 의원이기도 했으며, 80세 고령에도 하원에 참석해 멕시코와의 전쟁에 반대하는 토론을 벌이던 중에 갑자기 뇌출혈로 쓰러져 숨을 거두었다. 그의 장례식에는 당시 신참 의원인 링컨도 참석했다.

에이브러햄 링컨

미국의 제16대 대통령 **에이브러햄 링컨**(Abraham Lincoln, 1809-1865) 역시 우울증에 시달린 것으로 알려졌다. 그는 아홉 살 때 일찍 어머니를 여의고, 그 후 10년 뒤에는 사랑하던 누나가 아기를 사산하고 죽는 바람에 매우 어둡고 침울한 성격의 소유자가 되었다. 그래도 열 살 때 아버지의 재혼으로 들어온 계모 사라를 엄마라고 부르며 잘 따랐다. 반면에 교육에는 관심 없고 오직 일만 시키는 아버지에 대해서는 강한 불만을 느끼고 점차 사이가 멀어지고 말았다.

장성한 후 독학으로 공부해 변호사가 된 링컨은 일리노이 주 의원에 당선되면서 본격적으로 정계에 입문한 후 결국에는 대통령의 자리에까지 오르는 성공가도를 달렸으나, 개인적으로는 몹시 불행한 가족사로 인해 우울한 나날을 보내야만 했다. 다른 무엇보다 그는 4명의 아들을 두었지만 그중에서 차남 에드워드와 3남 윌리엄은 어린 나이로 사망했는데, 아버지의 사랑을 받지 못한 것이 한이 되어 남달리 자상하게 아들들을 대했던 링컨으로서는 그런 자식들의 이른 죽음이 더욱 큰 아픔으로 다가왔을 것이다. 하지만 링컨이 암살당한 후에도 시련은 계속되어 막내아들 토머스가 18세 나이로 일찍 죽었으며, 가족의 연이은 죽음으로 큰 충격을 받은 미망인 메리 토드는 정신이상 증세까지 보여 정신병원 신세를 져야만 했으니 지하에 묻힌 링컨의 마음이 더욱 울적했을 것 같다.

캘빈 쿨리지

미국의 제30대 대통령 **캘빈 쿨리지**(Calvin Coolidge, 1872-1933)는 평소에 말이 없는 과묵한 대통령으로 정평이 나 있으며, 대중 앞에 나서는 일을 몹시 꺼린 내성적인 성격의 인물이기도 했다. 하딩 정권에서 부통령으로 재직하던 그는 하딩 대통령이 임기 중에 갑자기 사망하자 얼떨결에 대통령 자리를 승계했는데, 전기도 들어오지 않는 자기 고향 집에서 잠을 자고 있다가 대통령이 되었다는 소식을 듣고 아버지의 주재로 집안 거실에서 램프를 밝힌 상태에서 황급히 취임선서를 했다고 한다. 비록 그는 재선에 도전할 기회가 있었으나, 경제정책의 실패로 인해 재선을 포기하고 퇴임했으며, 그의 후임으로 후버 대통령이 취임해 경제 대공황을 수습하는 중책을 맞게 되었다.

쿨리지 대통령은 어릴 적 12세 때 어머니를 여의고, 그 후 누이동생마저 일찍 잃었는데, 그런 이유 때문에 더욱 말수가 적은 내성적인 성격으로 성장한 것으로 보이며, 그런 특성은 죽을 때까지 일생 동안 지속되었다. 하지만 그의 우울증이 겉으로 드러난 것은 대통령 재직 당시 16세였던 아들 캘빈 주니어가 백악관 테니스장에서 형과 함께 테니스 시합을 하던 중에 입은 상처가 도져 패혈증으로 급사한 후부터였다. 극심한 자책감에 빠진 쿨리지 대통령은 결국 미국 역사상 가장 무능한 대통령으로 낙인찍힌 채 스스로 백악관을 떠나고 말았다.

빅토리아 여왕

'해가 지지 않는 나라'로 불리며 대영제국의 깃발이 오대양을 누비던 황금기에 지구상에서 가장 넓은 영토를 거느렸던 **빅토리아 여왕**(Queen Victoria, 1819-1901)은 빅토리아 시대를 대표하는 상징적 인물로, 그녀가 낳은 대부분의 자녀들이 유럽의 많은 왕족과 혼인해 '유럽의 할머니'로 불리기도 했다. 하지만 그녀가 혈우병의 유전적 소인 보유자였기 때문에 그 유전자가 유럽의 왕가로 번지는 통에 많은 왕실이 혈우병으로 수난을 겪었으며, 그중에서 가장 큰 피해를 입은 왕실은 러시아의 로마노프 왕가로, 결국 혈우병 때문에 제정 러시아는 완전히 몰락하고 말았다.

빅토리아 여왕은 남편 앨버트 공을 깊이 사랑했으나, 그가 병으로 일찍 세상을 뜨자 큰 충격을 받고 우울증에 빠졌으며, 상당 기간 국정에서 손을 떼고 두문불출한 상태로 공개석상에 그 모습을 드러내지 않았다. 그녀는 남편에 대한 애도로 죽을 때까지 검은 상복 차림으로 지냈는데, 심적인 공허감을 먹는 것으로 해결함으로써 체중이 엄청나게 불고 말았다. 그런 이유 때문에 더욱 공적인 자리를 피하게 되었다고 한다.

그 후 시종인 존 브라운과 긴밀한 관계를 유지하면서 여왕과 시종이 사랑에 빠졌으며, 심지어 비밀리에 혼인까지 했다는 소문이 세간에 나돌기도 했다. 하지만 여왕이 임종 직전에 자신의 관 속에 남편의 유품과 함께 존 브라운의 머리카락과 사진, 반지 등도 넣어 달라고 당부한 점을 보면 단순한 루머만은 아닌 듯싶다. 여왕은 죽음을 맞이하고서야 비로소 검은 상복이 아니라 흰 드레스 차림으로 관에 안치되었는데, 그녀는 무려 63년간이나 왕위를 지킨 최장수 여왕이기도 했다.

독일의 정신과의사 **한스 베르거**(Hans Berger, 1873-1941)
는 뇌파 연구의 세계적인 권위자로 1924년 뇌파기를 발
명해 뇌 생리 연구 분야에 새로운 이정표를 세운 장본
인이다. 그는 세계 최초로 알파 리듬을 발견했을 뿐만
아니라 그의 업적에 힘입어 그 후 간질병 진단은 물론
다양한 뇌 질환을 연구하는 데 획기적인 변화를 이루게
되었다. 하지만 오늘날에 와서는 CT 및 MRI 등 보다 정
밀한 형태의 진단도구가 개발되어 뇌파에 대한 관심은
현저히 줄어들게 되었다.

한스 베르거

1897년 의사자격을 딴 후 당시 저명한 정신과의사였던 빈스방거의 후임으
로 예나 병원의 과장이 된 그는 뇌기능 연구에 몰두하다가 제1차 세계대전 시
에는 서부전선에서 정신과 군의관으로 복무했다. 그 후 1924년 처음으로 뇌
파기를 고안하고 인간의 뇌에 흐르는 전기파를 기록하는 데 성공한 그는 만
전을 기하기 위해 5년간에 걸쳐 실험을 반복했으며, 그 연구 결과를 1929년에
발표했다. 그러나 당시 독일 의학계는 그의 발견에 대해 믿을 수 없다는 반응
을 보였을 뿐만 아니라 심지어 조롱까지 보내는 사람마저 있었다.

이처럼 베르거의 업적은 독일에서 제대로 인정받지 못했으나 1930년대
에 들어 오히려 영국의 전기생리학자들에 의해 그 중요성이 거듭 확인되었
으며, 1938년에는 미국과 영국, 프랑스 등지에서 그의 뇌파기가 중요한 진
단도구로 널리 임상에 활용되기에 이르렀다. 하지만 당시 나치와 사이가 좋
지 못했던 베르거는 당국에 의해 은퇴를 강요당했으며, 뇌파에 대한 더 이
상의 연구도 완전히 금지된 상태였다. 물론 베르거는 그런 배경과는 무관하
게 이미 오랜 기간 우울증을 앓았으며, 제2차 세계대전이 한창인 1941년 스
스로 목을 매 자살했다.

조지 프라이스

미국의 유전학자 **조지 프라이스**(George Robert Price, 1922-1975)는 진화생물학에서 제기된 이기적 유전자 가설의 오류를 밝히고 이타적 유전자의 존재를 수학적 통계이론으로 입증하기 위해 애쓴 인물이다. 시카고 대학에서 화학을 전공한 그는 박사학위를 딴 후 하버드 대학에서 화학을 강의하는 가운데 과학 저널리스트로 활동하면서 초심리학의 허구성을 비판하는 논문을 발표하기도 했다. 하지만 1966년 갑상선암 진단으로 수술을 받으면서 상체에 부분적 마비가 오고 일생 동안 갑상선약을 복용해야 하는 시련이 닥치자 새로운 인생을 출발한다는 각오로 미국을 떠나 영국으로 건너갔다.

런던의 갤턴 연구소에 근무하면서 생존을 위해 이기적인 선택을 할 수밖에 없다는 진화생물학의 새로운 화두에 대항하기 위해 이타적 유전자 연구에 몰두한 그는 자신이 생각했던 대로 연구가 진척을 보이지 않게 되자 점차 우울증에 빠지기 시작했다. 그러던 중에 일종의 종교체험을 겪게 되면서 신약성서 연구에 몰두하게 되었으며, 원래 철저한 무신론자였던 그는 기독교에 입문해 이타주의를 실천하기 시작했는데, 런던 지역의 노숙자들을 자신의 집에까지 불러들여 살도록 하면서 자신은 연구소에서 잠을 자기도 했다. 하지만 그가 돕던 노숙자들 가운데 일부 알코올 중독자들은 오히려 그의 집에서 물건을 훔쳐 달아나기까지 해 그에게 더 큰 상처를 안겨 주었다.

이타주의에 대한 자신의 이론을 입증해 내지 못한 그는 날이 갈수록 우울해졌으며, 그것을 스스로에게 입증하기 위해 자신의 모든 것을 노숙자들을 돕는 일에 바치기까지 했으나 그 일마저 여의치 않게 되자 결국 스스로 목숨을 끊고 말았다. 그의 시신을 처음 발견한 것은 바로 그가 반박하고자 노력했던 이기적 유전자 이론의 선구자 윌리엄 해밀턴이었다. 그의 초라한 장례식에는 단지 소수의 동료들만 참석했을 뿐이었으며, 공동묘지에 안치된 그의 무덤에는 아무런 표식조차 없었다.

글링카의 뒤를 이어 19세기 러시아 국민악파의 지도자로 매우 정력적인 활동을 펼친 **발라키레프**(Mily Balaki-rev, 1837-1910)는 러시아 5인조를 주도했던 작곡가였으나, 30대 중반에 이르러 갑자기 모든 일에 의욕을 잃고 은둔생활로 들어갔으며, 그 후 5년간 음악활동도 중단했다. 결과적으로 5인조에 속했던 무소르그스키, 보로딘, 림스키코르사코프, 큐이 등은 뿔뿔이 흩어져 각자 독자적인 노선을 걷기 시작했다.

발라키레프

당시 발라키레프는 활기에 찬 이전 모습을 완전히 잃고 집안에 틀어박힌 채 말도 않고 무기력한 상태에 빠져 지냈는데, 극심한 우울증 상태였던 것으로 보인다. 그런 모습에 대해 보로딘은 그가 광기로 인해 고골리가 그랬던 것처럼 자신의 작품을 모조리 없애버리지나 않을까 걱정하기도 했다. 하지만 그는 음악에 대한 흥미를 잃고 친구들과 모든 접촉을 끊은 상태에서도 다행히 자신의 작품을 파기하지는 않고 집안 구석에 잘 보관하고 있었다.

10세 때 어머니를 여의고 외롭게 자란 상처 때문에 결혼도 포기한 채 평생을 독신으로 지낸 발라키레프는 원래 무신론자였으나 아버지가 세상을 떠난 시점을 전후해 수시로 점술가를 찾아 자신의 운명에 관심을 갖기 시작했다. 그런 모습에 대해 림스키코르사코프는 다음과 같이 평하기도 했다. "신을 믿지 않던 그가 대신 악마를 믿게 되었지만, 결국 악마에 대한 두려움이 그로 하여금 신을 믿게 만들었다." 우울증이 더욱 깊어지면서 발라키레프는 마침내 러시아 정교회 중에서도 가장 엄격하기로 소문난 종파에 가입해 개종했는데, 바로 그날은 어머니 사망 24주기 기념일이었다.

하지만 극단적인 금욕과 경건함으로 인해 발라키레프의 행동은 더욱 기이한 방향으로 나아갔다. 육식을 일체 금하고 벌레 한 마리조차 소중히 다루었던 그는 일례로 방안에서 벌레를 발견하면 조심스레 손으로 집어서 "가거라, 그대여, 주의 품으로!"라고 말하며 창밖으로 놓아주었다고 한다. 또한 그가 은거하던 집에는 온갖 성상들로 가득 채워져 있었으며, 동물을 끔찍이 사랑해서 여러 마리의 개와 고양이를 함께 키우기도 했다.

그런 반면에 아이러니하게도 극도의 외국인혐오증에 빠진 그는 특히 유대인을 증오했는데, 물론 그 이유는 그들이 예수를 살해한 장본인이기 때문이라는 것이었다. 그런 점에서 볼 때, 그가 볼셰비키 혁명이 일어나기 전에 죽은 것은 오히려 다행이었는지도 모른다. 왜냐하면 귀족 출신에 러시아 황실을 지지한 슬라브 민족주의자인 데다 반유대주의자였으니 소비에트사회에서 온전하게 살아남지 못했을 것이기 때문이다. 더군다나 그의 존재는 러시아의 새로운 젊은 세대 작곡가들로부터 구시대적 인물로 간주되어 무시를 당했으며, 따라서 그의 작품도 거의 연주되지 않고 있는 실정이다.

차이콥스키

19세기 러시아 낭만주의 음악의 대가 **차이콥스키**(Pyotr Ilyich Tchaikovsky, 1840-1893)는 우랄 지방의 오지 탄광촌에서 광산기사의 태어났으나, 원래 병약하고 냉담했던 어머니로부터 사랑을 제대로 받지 못하는 대신 매우 자상하고 자신을 끔찍이 아껴준 프랑스인 여자 가정교사를 무척 따르고 좋아했다. 하지만 그녀가 가정교사를 그만두고 떠나게 되자 이별의 충격으로 그 후부터는 말수가 줄어들고 우울한 성격으로 바뀌고 말았는데, 그 여파는 법률학교에 다닐 때까지 이어졌다.

원래 어려서부터 잔병치레가 많고 신경이 예민했던 그는 학교 기숙사에서도 시골뜨기 취급을 받아 이래저래 정신적으로 큰 고통을 겪어야 했다. 더군다나 이미 그때부터 동성애에 빠지기 시작한 그는 친구들과 제대로 어울리지 못하고 고립되었으며, 게다가 14세 무렵 어머니까지 콜레라로 사망하자 더욱 큰 충격에 빠져 우울한 나날을 보내야 했다. 가까스로 학교를 마치고 법무성 관리로 근무했으나 적성에 맞지 않아 곧 그만두고 음악원에 들어간 그는 자신의 외로움과 성적인 혼란을 오로지 음악에만 몰두함으로써 잊으려 했다.

당시만 해도 동성애는 큰 죄악으로 여겨졌기 때문에 자신의 동성애적 성향을 철저히 감추고 살아야만 했던 그는 자신이 정상인이라는 사실을 입증하기 위해 마음에도 없는 결혼까지 하기에 이르렀다. 모스크바 음악원 교수로 재직하던 시절에 자신을 연모했던 제자 안토니나 밀류코바가 끈질기게 따라다니자 처음에는 다른 애인이 있다고 정중히 거절했으나 그녀가 자신의 사랑을 거절하면 죽어버리겠다고 위협하자 마지못해 결혼을 승낙하고 말았다.

하지만 그 결혼은 불행을 알리는 신호탄에 불과했다. 격정적인 아내의 요구를 물리치고 잠자리를 계속 기피했던 그는 자신이 오히려 어린 소년들에게만 이끌린다는 사실에 더욱 큰 곤혹감을 느끼며 날이 갈수록 신경쇠약과 우울증에 빠져들게 되었다. 실제로 이들 부부 사이에서는 아이가 태어나지 않는데, 이런 사실로 인해 그가 동성애자라는 소문이 더욱 확산되었다. 설상가상으로 우크라이나에 살던 누이동생 집에서 휴가를 보내던 중 어린 조카에게 사랑을 느끼게 되면서 더욱 큰 죄책감과 자책감에 빠진 나머지 한동안 아무런 활동조차 하지 못할 정도로 극심한 우울증을 겪어야 했다.

그러던 중 자신의 열렬한 후원자인 부유한 미망인 메크 부인을 만나면서 그녀의 자금 지원에 힘입어 교수직을 그만두고 오로지 창작에만 몰두하게 된 그는 기력을 회복하고 숱한 걸작들을 작곡함으로써 승승장구하기 시작했다. 하지만 작곡가로서의 성공에도 불구하고 자신에 대한 주변의 따가운 시선과 메크 부인으로부터 갑자기 전해 받은 결별 통보로 인해 그는 큰 충격과 절망을 느끼고 다시 또 극심한 우울증 상태에 빠지고 말았다. 그 후 자신의 우울한 심경을 담은 〈비창 교향곡〉을 완성하고 자신이 직접 지휘하며 초연했으나 청중들의 반응은 매우 냉담했으며 심한 야유까지 보냈는데, 그렇지 않아도 타인들의 시선을 많이 의식하고 살았던 내성적인 성격의 그는 크게 낙담하고 말았다. 그 후 불과 일주일 만에 갑자기 콜레라로 세상을 뜨게 되자 자살했다는 소문이 나돌기도 했다.

라흐마니노프

러시아 태생의 작곡가이며 피아니스트인 **라흐마니노프**(Sergei Rachmaninoff, 1873-1943)는 귀족 가문에서 태어나 모스크바 음악원에서 피아노와 작곡을 공부했다. 피아노 연주 부문에서 그는 유달리 큰 손을 이용해 전설적인 기교로 명성을 날렸는데, 그가 다룰 수 있는 음역의 폭이 워낙 커서 다른 연주자들이 감히 따를 수 없을 정도였다.

네 살 때부터 어머니에게 피아노를 배운 그는 어린 나이에 이미 음악원에 들어갈 정도로 뛰어난 재능을 발휘했으나, 술꾼에다 도박에 미친 아버지는 항상 거짓말이나 늘어놓으며 여자들 뒤꽁무니 쫓아다니기에 바빠서 많은 재산을 탕진하며 돌아다니는 등 가정을 돌보지 않는 무책임한 인물로, 결국 그가 처음으로 음악원에 들어간 열 살 때 아예 집을 나가버렸다. 그 무렵 누이 소피아가 디프테리아에 걸려 죽고, 그 후 2년 뒤에는 누나 옐레나까지 악성 빈혈로 18세 꽃다운 나이에 세상을 뜨고 말았다.

이처럼 비극적인 가정사를 겪으면서도 19세 때 처음으로 자신이 작곡한 작품을 직접 연주하며 음악계에 데뷔한 그는 앞길이 매우 촉망되는 작곡가로 주목받으며 순탄한 출발을 보였으나, 24세 때 발표한 〈교향곡 1번〉은 참담한 실패로 끝나고 말았다. 초연 당시 지휘를 맡았던 글라주노프가 술에 잔뜩 취한 상태였다는 증언도 있었지만, 어쨌든 그 일로 크게 상심한 라흐마니노프는 그 후 극심한 우울증에 빠져 수년간 아무 일도 할 수 없게 되었다.

게다가 당시 그는 어릴 때부터 가까이 지내던 사촌 나탈리아 사티나와 약혼한 상태였으나 그녀의 부모와 러시아교회 당국이 그들의 결혼에 반대하는 바람에 그의 우울증은 더욱 깊어만 갔다. 결국 모스크바 의대를 졸업한 개업의 니콜라이 달의 집중적인 정신치료를 통해 가까스로 우울증에서 회복된 라흐마니노프는 그 후부터 고기가 물을 만난 듯 수많은 걸작들을 연이어 발표하기 시작했는데, 그렇게 해서 나온 걸작 〈피아노 협주곡 2번〉은 자신을 치료해 준 달에게 헌정되었다.

20세기 최고의 피아노 연주자로 꼽히는 **호로비츠** (Vladimir Horowitz, 1903-1989)는 러시아 태생의 유대계 피아니스트로, 어려서부터 어머니에게서 피아노를 배웠으며, 불과 9세 때 키에프 음악원에 들어가 천부적인 재능을 발휘하기 시작했다. 17세 때 처음 무대에 데뷔해 세상의 이목을 끌면서 전국 순회 연주에 들어간 그는 당시 러시아 혁명과 내전의 여파로 극도의 경제난에 처한 국내사정 때문에 돈 대신 빵으로 사례를 받는 어려움을 겪기도 했다.

호로비츠

러시아 혁명으로 모든 재산을 압수당한 그의 집안은 하루아침에 몰락했으며, 그런 가족을 돕기 위해 음악가로 성공할 야심에 불타있던 호로비츠는 러시아에서는 더 이상 희망이 없음을 깨닫고 홀로 국경을 넘어 독일로 건너 갔다. 베를린을 거쳐 런던과 파리에서 성공적인 데뷔를 통해 호평을 받았지만 나치의 등장으로 유럽도 안전하지 못하다고 여긴 그는 마침내 미국으로 건너가 세계적인 명지휘자 토스카니니의 인정을 받고 그의 적극적인 지원 아래 미국에서 확고한 기반을 얻기에 이르렀으며, 더 나아가 토스카니니의 딸 완다와 결혼해 딸 소냐까지 낳았다. 하지만 그 딸은 40대 초반에 음독자살하고 말았다.

그런데 문제는 그의 딸뿐만 아니라 호로비츠 자신도 수시로 우울증에 빠져 고통을 받았다는 점이며, 그 때문에 연주를 할 수 없는 경우가 많았다. 더군다나 그는 연주에 지장을 준다는 이유로 약물치료를 완강히 거부했기 때문에 아내 완다를 더욱 힘들게 만들었다. 물론 호로비츠의 우울증은 돌처럼 차갑고 고집 센 완다의 성격 때문에 생긴 결과라는 아르투르 루빈슈타인의 주장도 전혀 근거 없는 것으로 볼 수 없겠지만, 반드시 그녀의 탓만으로 돌릴 수만도 없다. 왜냐하면 호로비츠는 한때 자신의 동성애적 욕구 때문에 완다와 수년간 별거하기도 했으며, 그래서 한동안 그는 정신과의사를 만나 상담을 받기도 했지만, 결국 자신의 성 정체성 혼란 문제는 해결을 보지 못하고 말았다.

다만 말년에 이르러서야 비로소 우울증 치료에 적극적으로 나서게 되었는데, 70대에 이르러 전기치료를 받고 간신히 회복되었으며, 80대에 비로소 항우울제를 복용하기 시작했으나, 이미 노쇠한 호로비츠는 기력을 소진한 상태로 연주활동을 중단할 수밖에 없었다. 고르바초프의 개방정책이 발표된 직후였던 1986년 노구를 이끌고 60년 만에 고국인 러시아를 방문해 감회 어린 연주회를 마친 그는 그 후 3년 뒤에 86세를 일기로 눈을 감았다.

예술계에서 우울증이 가장 많은 비율을 차지한 분야는 역시 문학계라 할 수 있다. 하기야 삶에 만족하고 행복을 만끽하는 사람이 밤늦도록 그렇게 소설 창작에 매달릴 필요조차 없겠지만, 작가들 중에 그토록 우울증이 만연한 이유는 그만큼 이상과 현실 사이에서 커다란 괴리와 갈등을 느꼈기 때문이라고 본다. 프로이트는 《창조적 작가와 백일몽》에서 이르기를, "행복한 인간은 결코 공상하지 않는다. 오로지 만족을 느끼지 못하는 사람만이 공상에 빠진다."고 단언했는데, 이는 곧 작가들의 창작 동기에도 그대로 적용되는 말이 아닐까 한다.

우리는 그런 일면을 러시아 문학의 선구자로 알려진 소설가 **고골리**(Nikolai Gogol, 1809-1852)를 통해서도 엿볼 수 있다. 처음에 그는 주로 가볍고 재치 있는 문체로 당시의 부패한 관료주의 사회를 고발하고 비판했는데, 초기작에 속하는 《코》는 유머와 풍자가 뒤섞인 고골리의 특성을 잘 드러낸 작품이다. 그러나 1836년에 발표한 희곡 《검찰관》이 당국의 검열에 걸리면서 러시아를 떠날 수밖에 없었으며, 이후 12년에 걸쳐 타국을 전전하

고골리

며 지냈다. 그 사이에 고골리는 유명한 《외투》를 집필했는데, 이 작품은 도스토옙스키가 "우리 모두는 그의 외투에서 나왔다."고 말할 정도로 고골리의 문체와 스타일은 그 후 러시아 작가들에게 지대한 영향을 끼쳤다.

비록 웃음 속에 내재된 통렬한 비판과 독설로 당시 부패한 관료사회를 조롱함으로써 대중적 인기를 한 몸에 받았던 작가였지만, 고골리 자신의 내면은 항상 어둡고 침울하기 그지없었다. 그런 성향은 초기작인 《초상화》와 《광인일기》에서도 엿볼 수 있는데, 특히 《초상화》는 악마의 화신을 초상화로 그린 화가가 경건한 수도사가 되어 금식기도와 영혼의 정화를 통한 신앙의 힘으로 결국 악마를 물리치게 된다는 다소 통속적인 내용이지만, 말년에 이르러 오로지 신앙에만 몰두한 고골리 자신의 모습을 이미 예고한 작품으

로 보인다.

고골리는 42세 나이로 죽을 때까지 독신으로 지냈으며, 영혼의 경건함과 정화를 유지하기 위해 애쓰는 가운데 성지 예루살렘을 방문하기도 했다. 특히 영적인 스승 역할을 했던 수도원장 콘스탄티놉스키의 영향으로 영원한 지옥불에 떨어질 것을 몹시 두려워했던 그는 우울증과 죄의식에 사로잡힌 나머지 결국에는 모든 음식을 일체 거부한 상태에서 3부작으로 예정했던 《죽은 혼》의 제2부 원고를 불태운 직후 기진맥진한 상태로 극심한 정신적 고통 속에서 9일 만에 굶어 죽고 말았다.

허먼 멜빌

소설 《백경》으로 19세기 미국문학을 대표하는 위대한 작가로 손꼽히는 **허먼 멜빌**(Herman Melville, 1819-1891)은 그의 생존 당시에는 전혀 주목을 받지 못하고 오랜 기간 사람들의 기억에서 사라졌다가 20세기에 들어서 비로소 새롭게 그 가치를 인정받은 불운의 작가이기도 했다. 어려서부터 병약한 데다 집안이 파산하는 바람에 일찍부터 생활전선에 뛰어들어야 했던 그는 남태평양의 포경선을 타고 선원생활에 종사한 경험을 토대로 처녀작 《타이피 족》을 써서 대중적 인기를 얻었다.

처녀작을 발표한 이듬해 법관의 딸 엘리자베스 쇼와 결혼한 멜빌은 4남매를 낳고 순조로운 출발을 보였으나, 그 후 발표한 《백경》이 세상의 관심을 끌지 못하면서 점차 슬럼프에 빠져들기 시작했으며, 30대 후반에 마지막 장편소설을 쓴 이후로는 시를 쓰기도 했지만, 역시 결과는 마찬가지였다. 수입원이 끊긴 멜빌은 처가의 도움을 받아 뉴욕시 공무원으로 간신히 생계를 꾸려나가야 했는데, 작가로서의 명성을 잃게 된 그의 심경은 실로 참담하기 이를 데 없었다. 우울증에 빠져 모든 의욕을 잃기 시작한 그는 점차 알코올에 의존함으로써 자신의 괴로움을 떨쳐버리고자 했으나 좀처럼 슬럼프에서 벗어나지 못하고 말았다.

보다 못한 처가쪽 식구들이 그의 아내에게 이혼을 요구하고 그를 요양원에 보낼 것을 제안하기도 했지만, 그녀는 그런 제안을 단호히 거절하고 끝까지 멜빌을 헌신적으로 돌봤다. 그런 아내의 끈질긴 노력 끝에 멜빌은 마침내 술을 끊고 공무원 일을 상당 기간 지속해 나갔지만, 1867년 장남 말콤이 집에서 권총 자살하는 비극이 벌어지자 다시 또 우울증이 재발해 모든 일에서 완전히 손을 놓고 말았다. 그 후 차남 스탠윅마저 가출한 뒤 결핵으로 객사했으니 이래저래 그의 마음은 울적하기만 했다. 결국 그는 72세를 일기로 조용히 숨을 거두었는데, 당시 그의 사망기사를 실은 신문에는 그의 이름조차 헨리 멜빌로 잘못 표기될 정도로 그의 존재는 세상에서 까맣게 잊힌 상태였다.

가장 미국적인 작가로 알려진 **마크 트웨인**(Mark Twain, 1835-1910)은 미국인 특유의 낙천적인 기질과 유머 및 풍자정신을 유감없이 발휘한 소설가로, 같은 남부 출신의 작가 윌리엄 포크너는 마크 트웨인이야말로 진정한 미국 문학의 아버지라고 부르기도 했다. 일찌감치 고향을 떠나 여기저기를 전전하다 작가생활로 접어든 그는 1870년 올리비아를 만나 결혼한 후 《톰 소여의 모험》, 《허클베리 핀의 모험》, 《왕자와 거지》 등의 대표작을

마크 트웨인

계속 발표함으로써 19세기 미국문학을 대표하는 작가로 큰 성공을 거두었다. 하지만 출판 사업의 실패로 큰 빚을 지고 파산한 데다 설상가상으로 자신의 두 딸과 부인마저 일찍 사망하자 심각한 우울증에 빠진 나머지 말년에 이르러 매우 염세적인 경향을 보이기도 했다.

장녀 수지는 뇌막염으로, 막내딸 진은 간질병을 앓다 죽었으며, 두 딸 모두 20대 나이로 죽었다. 10년이나 연하였던 아내 올리비아는 어릴 때부터 결핵성 척수염을 앓아 원래 병약했는데, 미숙아로 태어난 아들이 출생 직후 사망했음에도 연이어 세 딸을 낳았지만, 차녀 클라라만 빼고 자식들을 모두 일찍 잃었으며, 그녀 역시 58세 나이로 남편보다 먼저 세상을 뜨고 말았다.

이처럼 가족과 재산을 모두 잃은 마크 트웨인은 매우 어둡고 우울한 말년을 보내며 상당히 반기독교적인 태도를 취하기도 했는데, "만약 예수께서 지금 여기 계시다면, 그분께서는 기독교인이 되려 하지 않으실 것이다."라고까지 하면서 문자적 해석에만 매달리는 기독교 근본주의를 맹렬히 비판했으며, 더 나아가 미국 정부의 식민주의 정책을 맹렬히 비난하고 러시아에서 일고 있는 혁명운동을 지지하기까지 했다.

사랑하던 아내까지 저 세상으로 보낸 후 극도의 외로움과 공허감에 사로잡힌 그는 손녀뻘에 해당하는 어린 십대 소녀들을 대상으로 팬클럽을 조직하고 서신교환은 물론 그녀들을 콘서트에 초청하고 게임도 함께 즐겼는데, 그런 순간이 그에게는 가장 큰 기쁨이었다고 고백하기도 했다. 이 세상에 홀로 남은 것으로 여긴 그에게 소녀들의 존재가 일종의 대리만족을 제공한 것으로 보인다. 마크 트웨인은 기묘하게도 자신의 죽음을 미리 예견했는데, 자신이 태어날 때 핼리 혜성이 나타났으니 75년 주기에 해당되는 1910년에 죽을 것이라는 예언이 적중해 실제로 그는 바로 그 해에 숨을 거두었다.

20세기를 대표하는 미국 최대의 국민시인 **로버트 프로스트**(Robert Frost, 1874-1963)는 뉴잉글랜드의 전원생활을 통해 아름다운 자연에서 삶의 의미와 세상의 이치를 찾고자 했던 시인이다. 그는 비록 노벨 문학상을 수상하진 못했으나 네 차례에 걸쳐 퓰리처상을 받음으로써 미국시인으로서는 매우 드물게도 대중과 비평가들로부터 모두 존경받는 인물이 되었으며, 대학

을 졸업하지 못했음에도 수많은 대학에서 명예박사학
위를 수여받을 정도로 미국인의 사랑을 독차지했다.

로버트 프로스트

이처럼 대중적인 사랑과 존경을 한 몸에 받았던 시인
이었지만, 개인적으로 그는 매우 힘겨운 시련을 겪어야
했다. 왜냐하면 그 어느 시인보다도 사랑하는 가족들의
연이은 죽음으로 인해 상실의 아픔과 비통함을 뼈저리
게 겪은 시인이었기 때문이다. 무엇보다도 우울증의 내
력이 있어 보이는 그의 집안에는 항상 죽음의 기운이
감돌고 있어서 프로스트 자신은 비록 89세까지 장수했지만, 일생 동안 수많
은 가족의 장례식을 치러야만 했다.

그는 어린 시절 아버지를 결핵으로 잃었으며, 청년 시절에는 우울증에
시달리던 어머니를 암으로 잃었다. 일찍 결혼해서 6남매를 두었지만, 그중
에서 넷이 일찍 죽었다. 어린 아들 엘리엇은 콜레라로 죽었고, 딸 베티나는
태어나자마자 사망했으며, 딸 머조리는 출산 후유증인 산욕열로 죽었다. 게
다가 아들 캐롤은 자살로 생을 마감했으며, 딸 얼머는 정신병원에서 죽었는
데, 그의 여동생 지니 역시 정신병원에서 죽었다. 그의 자녀 6남매 중 유일
하게 별 탈 없이 여생을 마친 인물은 84세까지 장수한 장녀 레슬리 뿐이었
다. 오랜 기간 심장병과 우울증에 시달렸던 아내 엘리너는 유방암으로 죽었
는데, 그의 어머니 역시 우울증에 시달렸다. 그리고 당연히 프로스트 자신
도 우울증을 앓았다.

그런 아픔과 슬픔에도 불구하고 그는 매우 소박하고도 투명한 언어로 삶
과 자연의 어두운 이면을 노래했는데, 조용하고 차분한 그의 시는 불가사의
한 인생의 참모습을 말없는 자연과 대비시켜 끝없는 탐구를 계속한다. 실제
로 그 자신이 전혀 예기치 못한 개인적인 불행을 연이어 겪었지만, 그 숱한
상실의 아픔과 비애에도 불구하고 그는 길 없는 숲속을 이리저리 거닐며 삶

의 지혜를 얻고자 끊임없이 자기 탐색을 시도한 것이다.

헤르만 헤세

1946년 노벨 문학상을 수상한 **헤르만 헤세**(Hermann Hesse, 1877-1962)는 비록 독일에서 태어났지만 생의 대부분을 스위스 알프스 계곡에서 은둔생활로 지내는 가운데 두 차례에 걸친 세계대전의 엄청난 충격과 변혁에도 불구하고 그런 시대적 격동기와는 무관히게 구도자적인 자세로 조용히 세상을 관조했던 20세기 최후의 낭만주의자이기도 했다.

헤세의 은둔생활은 거의 전 생애를 통하여 일관되게 유지되었는데, 소년시절에는 다니던 신학교를 도망쳐 나온 후 극도의 신경쇠약에 빠진 상태에서 자살까지 시도해 정신요양원 신세를 지기도 했다. 그 후 작가의 길로 들어선 그는 마리아 베르눌리와 결혼해 세 아들을 두었으나 아내 마리아가 정신분열병에 걸리고 아들 마르틴마저 우울증을 앓게 되면서 헤세 자신도 정신적으로 심각한 위기에 빠지게 되었다.

결국 그의 아내는 정신병원에 수용되었으며, 우울증에 시달린 헤세는 자식들마저 친척들에게 떠맡긴 채 독거에 들어갔다. 그 후 카를 융의 직계 제자였던 요제프 랑 박사에게 치료를 받게 되면서 안정을 되찾고 그 결과로 나온 작품이 1919년 에밀 싱클레어라는 익명으로 발표한 소설 《데미안》이었다. 헤세는 1921년 융에게 직접 분석을 받기도 했다.

그 후 첫 부인과 이혼하고 가수 루트 벵거와 재혼하지만, 3년 후에 헤어지고 말았다. 헤세로서는 극도의 혼란과 시련기였다고 할 수 있는데, 루트 벵거와 별거 중이던 시기에 다시 랑 박사의 치료를 받아야 했다. 헤세는 니논 돌빈과 재혼했으나 그녀가 유대인이었기 때문에 한동안 나치의 비난과 공격을 받기도 했다. 그럼에도 불구하고 헤세는 죽을 때까지 나치의 만행에 대해 일체 함구한 채 침묵을 유지했다.

미국 남부 문학을 대표하는 **윌리엄 포크너**(William Faulkner, 1897-1961)는 1949년 노벨 문학상을 수상한 미국 작가로, 그의 대표작《음향과 분노》,《압살롬, 압살롬》 등은 단순히 미국 남부의 역사에 대한 증언에 머문 것이 아니라 인간 존재의 근원을 다룬 매우 심오한 탐구 정신의 결과로 간주되기도 한다. 하지만 경제대공황의 여파 등으로 인해 그의 작품은 오랜 기간 세상의 주목을 이끌지 못하는 불운을 겪어야 했다.

윌리엄 포크너

어려서부터 몹시 총명했던 포크너는 학교에서 월반을 할 정도로 학업성적이 뛰어났지만, 점차 친구들과 잘 어울리지 못하는 조용하고 내성적인 성격으로 변해갔으며, 상급반으로 올라갈수록 학업을 등한시하고 시를 쓰는 일에만 몰두했는데, 대학에 진학해서도 영어에 D학점을 받을 정도로 공부에는 전혀 신경을 쓰지 않았다. 그런 인물이 나중에 미국을 대표하는 작가로 성공해 노벨 문학상까지 탔으니 세상일은 참으로 알다가도 모를 일이다.

몰락한 남부인의 음울한 내면세계를 묘사하는 데 일가견을 지닌 포크너는 그 자신 역시 우울증과 알코올 중독에 시달리면서도 이에 굴복하지 않고 끊임없이 창작열을 불태웠는데, 작품을 쓸 때만큼은 술을 마시지 않고 작품이 완성된 후에만 술을 입에 대었다고 한다. 그런 점에서 그는 남다른 인내심과 극기심을 발휘했다고 볼 수 있는데, 포크너의 문학적 성공은 우울증이 작가의 창의력을 감퇴시킨다는 속설을 뒤집는 대표적인 사례로 인용되기도 한다.

일본 데카당스 문학을 대표하는 소설《인간실격》으로 유명한 작가 **다자**

다자이 오사무

이 오사무(太宰 治, 1909-1948)는 부유한 대지주의 아들로 태어나 남부러울 것 없는 환경에서 자랐으나 유달리 감수성이 예민했던 그는 오히려 자신에게 주어진 그런 혜택에 대해 상당한 죄의식을 느끼며 살았다. 따라서 그는 매우 반항적이었던 고교시절부터 이미 술과 여자에 탐닉하면서 학업을 게을리했으며, 당시 유행하던 사회주의 사상에 몰두하는 한편, 자신의 가문을 지상에서 멸망해 사라져야 할 존재로 규정하기까지 했다.

이처럼 지독한 죄의식과 자기혐오에 빠진 그는 무려 다섯 번에 걸쳐 자살을 시도할 만큼 죽음에 강한 집착을 보였는데, 삶의 실패자요 무능력자임을 자처한 그에게는 어떻게 사느냐 하는 문제보다 어떻게 죽을 것이냐 하는 문제가 더욱 중요했던 것으로 보인다. 그는 고교 재학 중일 때 자신의 우상이었던 작가 아쿠타가와 류노스케가 자살하자 큰 충격을 받고 첫 번째 자살을 시도했으며, 그 후 공산주의 이념에 몰두해 있던 동경제국대학 시절에 방탕한 생활로 인해 집안에서 쫓겨나고 가족으로부터 의절한다는 소식을 통보받은 직후 카페 여급 다나베 시메코와 함께 투신자살을 기도했으나, 당시 애꿎은 시메코만 죽고 혼자 살아남은 그는 자살방조죄 혐의로 경찰에 체포되었다가 가족의 도움으로 가까스로 풀려났다.

우여곡절 끝에 고야마 하쓰요와 결혼한 후 소설 창작에 몰두한 그는 공산당과의 관련 혐의로 경찰에 다시 체포되었다가 형의 도움으로 풀려났으나, 그동안 등한시했던 학업으로 인해 대학 졸업이 어려워지게 되자 산에서 목을 매 세 번째 자살을 시도하게 된다. 더군다나 그는 맹장염 수술 합병증으로 생긴 복막염으로 중태에 빠졌다가 회복기에 이르러 진통제에 중독되고 말았는데, 당시 이미 폐결핵에 걸린 상태였다. 이듬해 약물중독 치료를 위해 정신병원에 수용된 그는 폐쇄병동 생활에서 더욱 큰 충격을 받고 엄청난 공포심에 사로잡힌 데다 설상가상으로 입원해 있는 사이에 아내 하쓰요가 자신의 친구와 불륜을 저지른 사건이 발생하자 그녀와 함께 동반 자살을 시도했다가 실패하고 결국 헤어지고 말았다.

그 후 교사 출신 이시하라 미치코와 결혼해 비로소 안정된 삶을 되찾았지만, 태평양전쟁의 광기로 가득 찬 세상에서 그의 존재는 더욱 고립될 수밖에 없었으며, 더욱이 패전 후의 일본은 그에게 더욱 큰 환멸과 분노만을 안겨 주었을 뿐이다. 날이 갈수록 우울과 자포자기에 빠진 그는 알코올 중독에 빠져 지냈으며, 자신의 열렬한 팬인 오다 시즈코와 깊은 관계를 맺고 딸까지 낳았다. 하지만 건강이 더욱 악화되자 그는 처자식도 내버리고 전쟁 미망인 야마자키 도미에와 함께 온천 휴양지 아타미로 가 그곳에서 소설 《인간실격》을 썼으며, 각혈 증세의 악화로 더이상 살 가망이 없음을 깨닫고 도미에와 함께 약을 먹은 뒤 운하에 투신함으로써 38년에 걸친 짧은 생에 종지부를 찍고 말았다.

유진 오닐, 윌리엄 인지와 더불어 현대 미국 남부 문학을 대표하는 극작가로 손꼽히는 **테네시 윌리엄스**(Tennessee Williams, 1911-1983)는 자전적 색채가 매우 강한 《유리동물원》으로 심리극의 한 전형을 제시함으로써 아서 밀러와 함께 전후 미국을 대표하는 최고의 극작가 반열에 올랐으며, 그 후 계속해서 《뜨거운 양철지붕 위의 고양이》, 《욕망이라는 이름의 전차》, 《장미의 문신》 등의 대표작을 발표함으로써 대중적인 인기를 크게 얻었다.

테네시 윌리엄스

하지만 매우 내성적인 성격을 지녔던 그는 고질적인 우울증과 약물 중독, 알코올 중독 등에 시달렸으며, 자신의 누이 로즈가 회복 불능의 정신분열병 상태로 생의 대부분을 정신병원에서 보낸 사실 때문에 항상 죄의식을 느끼며 살았다. 설상가상으로 14년간이나 동성애적 연인관계를 유지했던 프랭크 메를로가 1963년 암으로 사망하자 그로 인한 충격으로 극심한 우울증에 빠진 나머지 결국 1969년에는 정신병원에 입원까지 했다.

가까스로 우울증과 알코올 중독에서 벗어난 그는 1970년대부터 다시 재기에 성공해 몇몇 작품들을 남기기도 했지만, 과거 전성기 때 모습은 보여주지 못했다. 디욱이 1980년 어머니가 세상을 떠난 후에도 정신적 방황을 거듭하던 그는 1983년 뉴욕의 한 호텔 방에서 의문의 변사체로 발견되는 비극적 최후를 맞이하고 말았다. 경찰 조사에 따르면, 그는 약봉지를 뒤집어쓴 채 질식사한 것으로 보이며, 당시 심한 약물 중독 상태에 빠져 있었다고 한다.

실비아 플라스

미국 출신의 여류시인으로 31세라는 꽃다운 나이에 비극적인 자살로 생을 마감한 **실비아 플라스**(Sylvia Plath, 1932-1963)는 그녀 자신의 모순되고 혼란스러운 삶에서 비롯된 매우 도발적인 시뿐만 아니라 그녀가 선택한 끔찍스러운 자살 방법을 통해 세상에 큰 충격을 안기면서 오늘날에 와서는 수많은 페미니스트들의 우상으로 떠오르기도 했다.

미국 보스턴 근교에서 보스턴 대학 생물학 교수의 딸로 태어난 실비아 플라스는 어려서 갑자기 아버지를 잃고 난 후 큰 충격을 받고 이미 그때부터 자살을 시도하기 시작했는데, 그 후 대학에 가서도 우울증이 다시 재발해 두 번째 자살을 시도했으며, 정신병원에서 전기치료를 받은 후 다행히 호전되어 우수한 성적으로 학업을 마칠 수 있었다.

장학금으로 영국 유학을 떠난 그녀는 그곳에서 시인 테드 휴스를 만나

서로 첫눈에 반한 끝에 1956년 결혼식을 치르고 딸까지 낳았으나, 행복도 잠시일 뿐, 1962년 아들을 낳고부터 남편이 애시어 웨빌과 불륜관계에 있다는 사실을 알게 되자 심한 언쟁 끝에 별거를 선언하고 자녀들과 함께 런던에 거주하며 계속해서 시를 썼다. 하지만 극도의 우울증에 빠진 실비아는 정신적 고통을 이기지 못하고 결국에는 어린 남매가 자고 있는 사이에 가스 오븐에 머리를 처박고 자살해 버렸다.

그녀의 끔찍스러운 죽음으로 죽을 때까지 사람들의 따가운 눈총을 받으며 지내야 했던 남편 테드 휴스는 그 후 애시어 웨빌과 살면서 딸까지 낳았지만, 다시 외도를 시작하는 바람에 그녀 역시 실비아 플라스와 똑같은 방법으로 가스 오븐에 머리를 처박고 어린 딸과 함께 동반 자살하고 말았다. 실비아 플라스가 죽은 지 6년 후의 일이었다. 그런데 실비아 플라스의 아들 니콜라스 역시 우울증에 걸려 2009년 47세 나이로 자살하고 말았다. 자신의 외조부처럼 생물학자가 된 그는 알래스카에서 어류 연구에 몰두하던 중이었다.

의심과 불신의 늪에 빠진
편집증

        편집증(paranoia) 상태는 견고하고 체계적인 망상에 파묻히고 인격기능이 무너져 현실 판단력을 완전히 상실하는 정신분열병과는 달리, 사회생활을 그런대로 유지하는 가운데 병적으로 왜곡된 부분, 특히 극심한 피해의식에서 비롯된 불안과 두려움이 거의 망상적 수준에 가까운 상태로 나타난 경우를 말한다. 다만 정신분열병에서처럼 기괴한 내용의 망상이나 환청 증세는 나타나지 않는다.

    따라서 편집증 환자는 타인들이 항상 자신을 비난하고 해치려 든다는 의심과 불신에 사로잡혀 지내기 일쑤며, 사람들이 우연히 일어난 것으로 여기는 일도 뭔가 의도적인 음모나 사건의 결과로 간주하기 쉽다. 타인이 무심코 던진 말에도 항상 숨겨진 다른 뜻이나 악의가 담겨 있을 것으로 해석하

편집증

1. 특징
- 불행한 성장과정을 통해 분노를 억압한 경우가 많다.
- 대인관계에 어려움을 느낀다.
- 정서적으로 냉담하다.
- 의처증, 의부증으로 흔히 나타난다.
- 피해망상으로 진행할 수도 있다.

2. 증상 및 진단 기준
- 타인 및 배우자에 대한 의심과 불신이 있다.
- 피해의식, 음모론에 대한 맹신과 확신이 있다.
- 실패와 거절에 대한 과민성을 보인다.
- 지속적인 원한을 갖는다.
- 분노반응과 복수심을 보인다.

고 경계심을 품게 되며, 그런 확신이 깊어지면 상대에게 화를 내거나 복수를 다짐하기도 한다. 한마디로 이들의 사전에는 믿음이라는 단어가 없다고 할 수 있겠다. 내적 상황이 그러니 대인관계나 애정관계가 순탄할 리가 없다.

물론 편집증과 유사한 특성은 편집성 인격장애에서도 찾아볼 수 있는데, 사실 엄밀한 구분은 임상적으로도 매우 힘든 부분이다. 따라서 여기서는 이들을 한데 뭉뚱그려 편집증으로 소개하고자 한다. 편집증이나 편집성 인격장애 모두에서 공통적으로 발견할 수 있는 특성은 타인에 대한 불신과 의심, 피해의식과 불안, 경계심, 배우자를 의심하는 의처증과 의부증, 솔직한 대화의 어려움, 메마른 정서와 강한 집착, 분노와 공격성 등이며, 정도가 심하면 정신분열병으로 진행하기도 한다.

역사적으로 보면, 권력자들에서 흔히 편집적 특성을 찾아볼 수 있는데, 단적인 예로 중국 최초로 천하를 통일하고 만리장성을 세운 **진시황제**(秦始皇帝, BC 259-210)를 들 수 있다. 그는 장양왕 영자초의 아들로 태어났으나, 그의 생모는 원래 조나라의 거상 여불위가 데리고 있던 기녀 출신의 조희로, 진나라 공자 영자초가 조나라에 인질로 잡혀있을 때 여불위가 선물로 바친 여인이었다. 비록《사기》에는 조희가 여불위의 아이를 임신한

진시황제

상태에서 영자초의 아내가 되었다는 기록을 남기기도 했지만, 그 진위 여부는 알 수가 없다.

　진시황제는 어린 시절을 조나라에서 보내다가 10세 무렵 그의 아버지가 처자식과 여불위를 데리고 진나라로 돌아가 왕위에 올랐으나 불과 3년 뒤에 세상을 뜨고 말았다. 부왕의 뒤를 이어 13세라는 어린 나이에 왕위에 오른 시황제는 국사를 돌볼 능력이 없었기 때문에 5년간에 걸쳐 승상 여불위가 대신 섭정을 하며 무소불위의 권력을 휘두르게 되었다. 더욱이 시황제의 어머니 조희와도 각별한 사이였던 여불위는 한술 더 떠서 자신의 심복인 노애를 환관으로 위장시켜 조희의 처소에 들게 했는데, 그 결과 조희는 노애를 상대로 두 아들까지 낳게 되었다.

　조희는 그 후 노애와 함께 수도 함양에서 멀리 떨어진 곳에 거처하게 되었지만, 성인이 된 시황제가 친정을 맡아볼 나이에 도달하자 문제가 터지고 말았다. 성인식을 치르기 위해 시황제가 잠시 함양을 비운 사이에 노애가 반란을 일으킨 것이다. 그 소식을 들은 시황제는 곧바로 군대를 보내 반란을 진압하고 노애를 능지처참에 처했으며, 어머니 조희는 처소에 가두고 그녀가 낳은 노애의 두 아들은 무자비하게 살해했다. 그리고 승상의 자리에서 쫓겨난 여불위에게는 스스로 자진하도록 강요했다. 결국 여불위가 자결하

면서 마침내 시황제의 나이 22세에 진정한 친정시대로 접어들게 된 것이다.

이처럼 어머니로 인해 벌어진 불미스럽고도 치욕스러운 오명을 떨쳐버리기라도 하듯 시황제는 그 후 대규모 군사를 일으켜 주변국 정복에 나서기 시작했으며, 마침내 나이 38세에 이르러 중국 대륙을 통일하는 위업을 달성하기에 이르렀다. 하지만 비천한 출신에 행실까지 좋지 못했던 어머니에 대한 열등감과 편집증적 의심 때문에 바른말 잘하는 학자들을 유달리 미워하고 불신했던 그는 분서갱유를 통해 수많은 학자를 잡아들여 생매장시켰으며, 다른 한편으로는 북방 흉노족의 침입을 막기 위해 만리장성을 쌓도록 지시했는데, 당시에 동원된 인부의 수가 150만 명에 달했을 뿐 아니라 강제노역 중에 죽어간 사람들이 부지기수였다고 한다. 노역에 끌려간 후 소식이 끊긴 남편을 찾아 나선 맹강녀의 애달픈 전설도 그래서 생겨난 것으로 보인다. 하지만 사실 따지고 보면 인류 최대의 유산으로 알려진 만리장성의 존재는 피해망상에 사로잡힌 한 편집증 환자의 실로 어처구니없는 작품이라 할 수 있겠다.

시황제의 폭정은 그뿐만이 아니었다. 자신이 거처하는 궁이 비좁다 해서 호화롭기 그지없는 아방궁을 새로 짓도록 했으며, 수도 함양 부근의 야산 전체를 자신의 능묘로 삼아 대대적인 공사를 벌이도록 했는데, 여기에 동원된 인부만도 70만 명에 달했다고 하니 백성들의 원성이 자자할 수밖에 없었다. 진시황릉 인근에서 발견된 병마용갱은 수천 점에 달하는 실물 크기의 병사들로 장관을 이루고 있는데, 사후에도 자신을 호위할 병사들이 필요하다고 여겼기 때문으로 보인다. 그토록 의심이 많았던 시황제였기에 공사가 완성된 후에는 도굴을 염려한 나머지 동원된 인부들을 모두 죽이라고 명하기까지 했다. 이래저래 날이 갈수록 민심이 흉흉해지자 그는 백성들의 무기 소지를 엄격히 금지시키고 법을 어길 시에는 삼족을 멸할 뿐 아니라 그들이 속한 마을 전체를 몰살시킬 정도로 폭정을 일삼았으니 거리마다 끌려가는 죄인들의 행렬이 끊이질 않았다고 한다.

하지만 시황제의 편집증적 의심은 날이 갈수록 심해져서 전국을 순행할 때에도 똑같이 생긴 수레 다섯 개를 동시에 굴리도록 하고 자신은 그중 한 개의 수레에 몸을 숨길 정도로 암살에 대한 피해의식이 유달리 컸음을 알 수 있다. 마지막 순행에는 승상 이사, 환관 조고, 막내아들 호해와 동행했는데, 도중에 시황제의 병이 위독해지면서 환관 조고에게 유언장을 맡기고 숨을 거두었다. 하지만 간교한 환관 조고의 농간과 음모로 인해 진나라는 그 후 극도의 혼란에 빠져들었으며, 결국 시황제가 천하를 통일한 지 불과 15년 만에 대제국은 허망하게 멸망하고 말았다.

로마제국에 의해 유대의 지배자로 임명된 **헤롯 대왕** (Herod the Great, BC 73-4)은 예수가 활동하던 시기에 갈릴리 지방을 다스렸던 헤롯 안티파스의 아버지로, 예수와는 직접적인 관련이 없는 인물이나 그의 폭정으로 인해 수많은 유대인이 핍박을 받았다. 원래 편집증적 의심이 많았던 그는 첫 아내를 버리고 하스몬 왕가의 공주 마리암과 재혼했지만, 누이동생의 모함에 넘어가 마리암을 간통죄로 처형하고 그녀가 낳은 두 아들까지 죽이고

헤롯 대왕

말았는데, 그런 부당한 조치에 불만을 품은 장모가 그의 정신상태에 문제를 제기하며 항명을 보이자 그녀마저 처형해 버렸다.

비록 그는 유대인의 환심을 사기 위해 예루살렘 성전을 복구하는 등 많은 치적을 쌓기도 했지만, 개인적으로는 끝없는 의심과 정서적 불안정으로 바람 잘 날이 없는 굴곡진 세월을 보내야 했는데, 결혼도 다섯 차례나 했으며, 의처증으로 처자식을 거침없이 죽이는가 하면, 후계자 문제에 있어서도 수시로 유언을 번복하는 모습을 보이기도 했다. 신약성서에는 예수가 탄생

한 직후 후환을 두려워한 헤롯 대왕이 베들레헴의 모든 갓난아기들을 죽이라는 지시를 내렸으며, 천사의 계시를 받은 요셉과 마리아가 아기 예수를 데리고 이집트로 피난을 떠나 헤롯 대왕이 죽을 때까지 그곳에 머물렀다는 내용이 전해진다. 물론 그런 무자비한 영아 살해가 로마 총독의 허락 밑에 이루어진 것인지 여부는 확실치 않다.

헤롯 대왕은 나이가 들어 죽어가면서 더욱 광적인 양상으로 편집증이 심해졌는데, 자신에 대한 유대인의 증오심이 얼마나 큰지 잘 알고 있었기에 수천 명의 랍비들을 불러들여 체포한 후 자신이 숨을 거두면 그들을 모조리 살육할 심산이었다. 하지만 그의 유족들은 후환을 두려워한 나머지 대왕의 지시를 어기고 그들을 모두 풀어주었다. 헤롯 대왕의 말로는 정신적 문제뿐 아니라 신체적으로도 매우 심각한 상태에 놓여 있었다. 오랜 기간 만성 신장염에 시달린 그는 당뇨 합병증으로 성기 부위가 썩어가는 바람에 끔찍스러운 악취를 풍기는 상태로 죽어갔는데, 고통에 못 이겨 자살까지 시도했으나 주위의 만류로 실패했다고 한다.

후삼국 시대에 강원도 철원을 중심으로 후고구려를 건국하고 스스로 왕을 자처했던 **궁예**(弓裔, 869-918)는 원래 신라 왕가의 서족 출신 승려로, 신라 경문왕과 후궁 장씨 사이의 서자로 태어났는데, 그가 태어날 때 무지개를 닮은 흰 빛이 지붕 위에 나타나고, 기이하게도 날 때부터 이가 있었다고 한다. 하지만 이를 불길한 징조로 여긴 일관(日官)이 왕에게 아기를 죽여야 한다고 간함으로써 곧바로 왕명에 따라 궁예를 죽이러 온 관리가 갓난아기를 포대기에 싼 채 높은 누대에서 던져 버렸으나, 다행히 누대 아래로 떨어진 아기를 유모가 밑에서 받아내 목숨을 구했으며, 이때 유모의 손가락이 아기의 눈을 찌르는 바람에 그때부터 애꾸가 되었다고 한다.

유모는 궁예를 데리고 멀리 도망가 숨어 지내며 남몰래 길렀는데, 궁예가 10세 무렵이 되어 말썽만 일으키고 다니자 마침내 그녀는 궁예에게 그동안에 숨어 지낸 사연과 그에 관한 출생의 비밀을 알리며 그의 무분별한 행동을 타일렀다. 자신의 과거에 대한 자초지종을 알게 된 궁예는 슬피 울며 유모에게 사과하고, 곧바로 집을 나와 세달사(世達寺)에 몸을 기탁한 후 머리를 삭발하고 승려가 되었다.

하지만 말이 승려지 자신을 죽이려 했던 아버지에 대한 원한에 사로잡힌 그는 마치 아버지에게 복수라도 하듯이 신라 말기 극도의 혼란기를 틈타 사병을 모으고 호족이 된 후 스스로 왕이라 칭하고 후고구려를 건국했는데, 자신이 신라 왕족 출신이면서도 신라에서 귀순해오는 자들은 모조리 죽여버릴 정도로 신라에 대해 깊은 원한을 갖고 있었다. 국호를 후신라가 아니라 신라의 적국인 고구려의 이름을 따서 후고구려로 지은 것도 아버지에 대한 원망과 배신감이 그만큼 컸기 때문일 것이다.

후고구려를 건국한 후 국호를 마진, 태봉 등으로 변경하기도 했던 그는 당시 신라나 후백제보다 훨씬 넓은 영토를 다스리며 막강한 세력을 떨치기도 했지만, 자칭 미륵이라고 하면서 자신이 만민평등의 미륵세계를 이룩한다는 과대망상을 지녔던 인물로 자신의 두 아들도 보살로 호칭하게 했는데, 그가 직접 지었다는 불경을 보고 혹평한 승려를 철퇴로 때려죽일 정도로 성질 또한 포악했다.

더욱이 편집증적 의심으로 가득 찬 그는 자신이 관심법에 통달해 사람의 마음을 읽을 수 있다고 떠벌리며 여러 장수와 신하들을 역모죄로 몰아 죽이기도 했으며, 이를 보다 못한 왕후 강씨가 바른말로 진언하자 오히려 그녀가 간통을 저질렀다며 쇠꼬챙이로 왕후의 음부를 지져 죽이고 자신의 두 아들마저 죽이는 만행을 저질렀다. 결국 참다못한 신하들이 왕건을 추대하고 정변을 일으켜 궁예를 축출했으며, 궁에서 탈출한 궁예는 여기저기를 전전하다 비참한 최후를 맞이하고 말았다.

이반 뇌제

러시아의 폭군 **이반 뇌제**(Ivan IV Vasilyevich, 1530-1584)는 차르라는 호칭을 최초로 사용한 러시아의 통치자로, 어릴 때 모스크바 공국의 대공으로 즉위해 16세 때부터 러시아 제국을 직접 다스리며 카잔과 시베리아를 정복해 광대한 지역까지 영토를 확장시켰으며, 러시아 최초로 법전을 제정해 국가 체제를 완비했다. 하지만 편집증적인 성격에 몹시 포악하고 잔인한 성품으로 인해 온 백성이 두려움에 떨었으며, 그래서 폭군 이반(Ivan the Terrible)으로도 불린다.

그의 포악하고 의심 많은 성품은 어린 시절 겪었던 잔혹하고 혼란스러운 왕실 분위기에서 그 원인을 찾을 수 있다. 그가 3세 때 부왕이 죽자 그 후 5년간 어머니 엘레나 글린스카야가 대신 섭정을 맡았으나, 이반이 8세가 되었을 무렵 그녀는 28세라는 젊은 나이로 독살당하고 말았다. 당시 이반에게는 남동생 유리가 있었지만, 그는 듣지도 말하지도 못하는 농아였다. 그 후 이들 형제는 탑 속에 갇혀 굶주림과 온갖 수모에 시달려야 했는데, 귀족들로부터 이루 형언할 수 없는 천대와 굴욕을 당하며 지낸 경험 때문에 일찍부터 사람을 믿지 못하는 편집증 성향에 잔인하고 비뚤어진 특성까지 지니게 된 것으로 보인다.

이반은 5명의 왕비와 혼인하고 2명의 애첩을 두었는데, 첫 번째 왕비 아나스타샤는 6남매를 낳고 30세 때 일찍 죽었다. 그녀를 몹시 사랑했던 그는 자신의 왕비가 독살되었다고 믿고 많은 귀족을 고문하고 처형하기까지 했다. 말년에 이르러 더욱 포악해진 그는 검은 제복의 오프리치니나 근위대를 창설해 공포정치를 계속했으며, 1570년에는 일주일 사이에 무려 6만 명의 시민을 잔혹한 방법으로 참살한 노브고로드 대학살을 자행해 온 나라를 공포의 도가니로 만들었다. 당시 오프리치니나 대원들은 펄펄 끓는 물이나 가

마솥에 사람을 집어던져 죽이거나, 심지어는 항문에 말뚝을 박아 죽이는 등 끔찍스러운 방법으로 사람들을 죽이기까지 했다. 이처럼 잔혹했던 이반 4세는 일반 백성을 상대로 대량학살을 자행했을 뿐만 아니라 임신한 며느리가 유혹적인 옷을 입었다며 폭력을 휘둘러 유산까지 시켰으며, 이에 항의하던 아들 이반마저 들고 있던 쇠 지팡이로 때려 숨지게 했다. 그 후 자책에 빠진 나머지 수도원에 은거하며 회오의 나날을 보내던 그는 체스를 두던 도중에 갑자기 뇌출혈을 일으켜 53세를 일기로 숨을 거두었다.

부왕인 영조의 어명에 따라 뒤주에 갇혀 굶어죽은 **사도세자**(思悼世子, 1735-1762) 이야기는 조선왕조 500년 역사에서 가장 비극적인 사건이었다. 원래 왕위를 물려줄 마땅한 후손이 없어 애를 태우다 40세가 넘은 늦은 나이에 귀한 아들을 얻어 대단히 기뻐했던 영조는 즉각 그를 세자로 봉하고 10세가 되었을 무렵 혜경궁 홍씨와 혼인을 시켰는데, 50대 중반에 이른 영조가 세자에게 대리청정을 시켰을 때부터 부자간에 불화관계가 깊어지기 시작했다.

당시 노론은 부자 사이를 이간질해 갈등의 골을 더욱 깊게 했는데, 어려서부터 자신을 보필하던 나인들로부터 경종 독살설과 노론에 대한 부정적인 이야기를 듣고 자란 탓에 평소 부왕에 대해 부정적인 인상을 떨치지 못하고 있던 사도세자는 결국 병석에 누운 영조에게 약을 권하는 신하들의 요청을 거부함으로써 왕의 노여움을 사게 되었다.

하지만 사도세자는 평소에도 매우 비정상적인 행동을 보여 영조를 노하게 만들기 일쑤였다. 예를 들어, 부왕이 내린 금주령을 어기고 술을 마시는가 하면, 부왕의 꾸중에 화를 이기지 못하고 시종들에게 화풀이를 하다가 촛대를 쓰러트려 화재를 일으키기도 했다. 영조가 불러 호통을 치자 세자는 자신이 고의로 불을 지른 것처럼 말한 뒤 우물에 뛰어들어 죽겠다고 해서 시종들을 기겁하게 만들기도 했다.

어디 그뿐인가. 평소에도 그는 소리에 매우 민감해서 놀라기를 잘했으며, 또한 무명옷을 걸친 채 칼을 꽂아 만든 상장(喪杖)을 지니고 다니기도 하고, 심지어는 자신의 거처를 마치 빈소처럼 차려 놓고 상여 앞에 들고 가는 깃발을 세워 놓은 채 시체를 염하는 자세로 누워 잠을 자기도 했으니 누가 보더라도 이는 매우 불경한 행동이 아닐 수 없었다. 왜냐하면 그런 일련의 행동들은 상(喪)을 당한 상주의 모습을 흉내 낸 것으로 보일 수 있었으며, 더 나아가 마치 부왕의 죽음을 바라는 것처럼 오해받을 소지가 다분히 컸기 때문이다.

더군다나 세자는 갑자기 모르는 사람이 보인다고 주장하는가 하면, 외출 시에는 바깥 동정을 살피다가 옷을 바꿔 입기도 하고 비단 군복을 여러 벌 불에 태우기도 했다. 또한 울화가 치밀 때면 아무 데서나 상말을 내뱉기도 하고, 여승을 포함한 시녀들, 기생들을 불러모아 잔치를 벌이며 한데 엉키어 노는 등 수시로 잡된 행각을 보였다. 그렇게 세자의 행태가 날로 극심해지면서 죽어 나가는 내관 나인들도 부지기수였으며, 장님들을 불러들여 점을 치다가 그들이 말을 잘못하면 가차 없이 죽이고, 하루에도 시체를 대궐 밖으로 여러 명 쳐내는 일이 빈발하자 모두들 언제 죽을지 몰라 벌벌 떠는 일이 다반사였다.

물론 사도세자의 이런 모습은 편집증적 광기 상태임이 분명하지만, 다른 한편으로는 대리청정을 맡으면서 그가 추진했던 급진적인 개혁정책과 선대왕인 경종의 독살설에 동조하는 듯한 처신을 보인 것이 화근을 불러일으켰다는 주장도 만만치 않다. 당시 노론과 소론의 대립이 한창일 때 영조의 지지 세력인 노론을 압박하고 반대파인 소론과 손을 잡은 것이 특히 세자에게는 치명타가 되었다는 것이다.

결국 세자는 스스로 자기 무덤을 판 결과를 낳고 말았는데, 장희빈의 아들 경종과 최숙빈의 아들 영조가 왕위에 오르기까지 벌어진 피 튀기는 당쟁을 생각하면 당시 영조의 지나친 과민반응을 이해할 수 있을 것이다. 평소 경종 독살설에 휘말려 그렇지 않아도 자격지심을 갖고 있던 영조의 아킬레스건을 아들인 사도세자가 수시로 건드렸으니 아무리 마음이 여린 영조라 할지라도 왕권에 도전하는 불충을 보인 세자를 도저히 묵과할 수 없었을 것이다.

이처럼 부왕의 권위에 정면으로 도전하는 불충을 보인 사도세자는 결국 여드레 동안 뒤주 안에 갇혀 있다가 굶어죽고 말았는데, 도중에 뒤주 한 부분에 난 구멍을 통해 세자의 측근들이 음식과 옷가지를 건네준다는 밀고를 듣고 영조는 손수 구멍을 밀봉하는 행동을 보이기까지 했다. 고희를 바라보는 나이에 영조가 보인 행동은 평소 그답지 않은 모습으로, 원래 그는 눈물과 정이 유달리 많은 임금으로 알려져 왔기 때문이다. 하지만 영조는 세자가 뒤주 안에 갇혀 있는 동안 아들의 비호세력들을 모조리 색출하고 처벌했으며, 사도세자의 여승 출신 후궁도 참형에 처하는 단호함을 보였다. 그 후 영조는 82세까지 장수하며 무려 52년간 재위함으로써 조선의 역대 왕 가운데 가장 오랜 기간 나라를 다스린 인물로 기록되었다.

구한말 당시 고집 세고 유아독존적이며 두둑한 배짱에 거침이 없는 파행적인 행보로 유명한 **흥선대원군**(興宣大院君, 1820-1898)은 12세에 모친을, 17세에 부친을 여의고 고아가 된 인물로, 생계유지가 힘겨워 난초를 그려 팔기도 하고 세도가문을 찾아가 문전걸식도 마다하지 않는 등 객기를 부리기도 했는데, 당시 권력을 독점한 안동 김씨 세도가들은 가난한 왕족인 그를 몹시 무시하고 심한 조롱도 서슴지 않았다. 그런 홀대를 받으면서도 왕족이라는 자부심 하나로 온갖 수모를 견디어

흥선대원군

낸 그는 자신의 권력에 대한 야망과 복수심을 철저히 숨긴 채 은밀한 방식으로 서서히 자신의 계파를 형성해 갔으며, 그중에는 나중에 친일파가 되어 매국노로 지탄받은 이완용도 있었다.

이처럼 철저한 계산하에 기회만을 엿보던 대원군은 마침내 병약한 철종이 후손 없이 세상을 뜨고 그 뒤를 이어 자신의 차남 고종이 조선 26대 임금으로 즉위하자 당시 11세 어린 나이였던 고종을 대신해 10년간 섭정을 맡으면서 모든 실권을 장악하고 그동안 자신이 당한 수모를 앙갚음이라도 하듯이 안동 김씨 세력을 몰아내는 한편 노론의 일당 독재 체제도 타파했다. 하지만 편집증적 의심과 피해의식에 사로잡힌 그는 내부의 적뿐만 아니라 서양에 대한 지나친 경계심으로 쇄국정책을 고수하며 개화를 거부함으로써 국력의 쇠퇴를 초래해 망국의 토대를 마련했을 뿐만 아니라 천주교 탄압과 무리한 경복궁 중건 등 지나치게 독단적인 정책을 밀고 나감으로써 백성들의 원성을 사게 되었다.

또한 대원군은 안동 김씨와 풍양 조씨의 세도를 견제하기 위해 의도적으로 세도와는 거리가 먼 민씨 가문에서 그것도 아버지와 형제 등의 혈육이 없는 민자영을 며느리로 맞아들였다. 하지만 그것은 늑대를 물리치려다가 범을 불러들인 결과를 낳고 말았다. 민비를 등에 업고 민씨 일가가 득세하기 시작했기 때문이다. 이처럼 예기치 못한 상황에서 며느리와 시아버지 사이에 새로운 권력 다툼이 벌어지게 되었으나, 심약하고 우유부단한 고종은 그 중간에서 이러지도 저러지도 못하는 무능함을 드러내 보였다. 결국 민비와 대원군 사이에 벌어진 서로 한 치의 양보도 없는 치열한 권력 투쟁과 자중지란으로 인해 외세의 간섭을 불러들이는 결과를 초래함으로써 일본제국주의 야욕을 더욱 강화하는 결과를 낳고 말았다.

마침내 고종의 친정을 요구한 민비의 뜻에 밀려 어쩔 수 없이 섭정의 자리에서 물러나 운현궁에 칩거한 대원군은 뒤늦게 고종과 민비를 선택한 자신의 결정을 후회하고 어떻게든 고종을 폐위할 궁리에 몰두했는데, 당시 그가 염두에 둔 왕위 후계자는 자신의 장남 이재면의 아들 이준용이었으나, 그런 추대 음모가 실패로 돌아가자 이번에는 자신의 서자 이재선을 추대하려다 사전에 발각되면서 이재선은 유배 중에 사사당하고 말았다. 그럼에도 불구하고 대원군은 국왕의 생부라는 특권 때문에 자신의 신변을 안전하게 유지할 수 있었다.

권력에 대한 집착을 버리지 못한 대원군은 마침내 임오군란을 통해 민비를 제거하고 재집권을 노렸으나 궁녀로 변복하고 도주해 용케 살아남은 민비는 청나라에 도움을 청해 군란을 진압했으며, 불과 한 달 만에 실각한 대원군은 청나라에 끌려가 천진에서 억류생활을 하며 숱한 수모와 굴욕을 감수해야 했다. 4년간의 억류생활에서 풀려나 가까스로 귀국한 대원군은 마중 나온 아들 고종의 얼굴을 외면하고 돌아보지도 않았으며, 그 후에도 계속해서 고종과 민비에 대한 폐위 시도를 멈추지 않았다. 심지어는 동학의 전봉준과 내통해 자신의 손자 이준용을 옹립하려 했으나 동학운동이 실패로 돌아가자 대원군은 정계은퇴를 강요받고 사실상의 연금 상태에 놓이게 되었다.

하지만 대원군에게 그토록 눈엣가시와도 같은 존재였던 민비를 대신 제거해 준 것은 아이러니하게도 조선 침탈의 야욕을 지니고 있던 간교한 일제였다. 당시 민비는 일본의 야욕에 대한 저항으로 청국과 러시아라는 외세에 의존하고자 했기 때문에 일제의 입장에서는 민비야말로 자신들의 야욕에 가장 큰 걸림돌로 비칠 수밖에 없었다. 공동의 적이 민비였다는 점에서 대원군과 일제는 한 배를 탄 동지나 다름없었던 셈이다. 당시 새로 부임한 일본 공사 미우라는 민비시해 작전에 돌입하면서 대원군을 강제로 가마에 태워 경복궁으로 향하게 했는데, 그것은 마치 조선 조정의 내부적 문제인 것처럼 위장하기 위한 술수에 지나지 않았다. 이처럼 친위 쿠데타를 위장한 그 틈을 이용하여 일본 낭인들이 궁궐에 무단으로 난입해 민비를 무참하게 시해한 것이다. 당시 을미사변으로 더욱 궁지에 몰린 대원군은 유폐생활을 보내다가 2년 4개월 뒤에 세상을 떴는데, 아들인 고종은 그런 아버지에 대한 원망이 얼마나 컸던지 장례식에 참석조차 하지 않았다.

메리 베이커 에디

복음서에 기록된 예수 그리스도의 기적은 성령에 의한 놀라운 치유력을 통해 수많은 사람들에게 강한 믿음을 심어주는 계기가 되었음에 틀림없다. 그런 예수의 기적을 본받아 기독교 신앙과 의술을 하나로 결합시킨 **메리 베이커 에디**(Mary Baker Eddy, 1821-1910) 여사는 자신이 발견한 영적 치유법을 크리스천 사이언스라 명명하고 새로운 종교운동으로까지 발전시켰으며, 1908년에 그녀가 창간한 《크리스천 사이언스 모니터》지는 미국 유수의 일간지로 자리 잡아 지금까지도 미국사회에 막강한 영향력을 행사하고 있다.

그런데 그녀가 영성 치료에 몰두하게 된 직접적인 계기는 전적으로 자신의 병을 고치기 위한 시도에서 비롯된 것이었다. 어릴 때부터 병약했던 그녀는 이유를 알 수 없는 병으로 오랜 기간 고통을 받았는데, 8세 때 이미 환청을 경험했으며, 일종의 신경쇠약 증세로 신체적 통증에 시달리며 침대에 누워 지내는 생활이 많았다. 하지만 당시 의학수준으로는 그녀의 상태를 해결할 도리가 없었으며, 모든 수단을 동원해 봤으나 아무런 효험이 없게 되자 그녀는 오로지 성경책을 읽으며 기도의 힘에 의지해 고통을 견디어 나갔을 뿐이었다.

그런 상태였음에도 세 차례나 결혼한 그녀는 첫 남편과 사별하고 아기마저 잃어버리는 불행을 겪으면서 절망에 빠진 나머지 침대에 누워 지내는 날이 더 많아 모르핀에 의지해 겨우 하루하루를 지탱해 나갈 뿐이었다. 결국 그런 아내에게 지쳐버린 두 번째 남편과 별거에 들어간 후 그녀는 죽은 영혼과 연결시켜 주는 일종의 영매 노릇을 하며 지냈는데, 때로는 본인의 의지와 상관없이 자동수기(automatic writing)를 통해 글을 쓰기도 했다.

그러던 어느 날 그녀는 최면술사 큄비의 치료를 받고 상태가 호전되면서 약을 쓰지 않고도 영적인 방법만으로 얼마든지 치유의 길이 가능하다는 사실을 발견하고 그것을 크리스천 사이언스라 명명했다. 큄비가 죽은 후 그녀는 자신의 새로운 치유법을 알리는 저서를 출간해 명성을 날리면서 많은 제자들이 모여들기 시작했는데, 당시 사고로 척추 손상을 입은 그녀가 신앙의 힘으로 거뜬히 회복하는 모습을 보임으로써 사람들을 더욱 놀라게 했다.

하지만 문제가 없는 것도 아니었다. 무엇보다 크리스천 사이언스라는 용어를 이미 사용한 적이 있는 큄비의 치료법을 도용했다는 혐의가 제기되었고, 인도의 영성치료에서 영향을 받았다는 주장도 제기되었기 때문이다. 더군다나 제자들 가운데에는 그녀의 치료법에 의혹을 품는 사람도 있었는데, 그녀는 그런 제자를 가차 없이 추방해 버렸지만, 그들이 영적인 방법으로 보복하지나 않을까 하는 편집중적인 의심에 사로잡혀 전전긍긍하기도 했다. 그녀는 그것을 '정신적 암살'이라고 불렀는데, 공교롭게도 세 번째 남편이 갑자기 죽게 되자 그것 역시 사악한 배신자들이 꾸민 정신적 암살에 의한 것으로 믿었다.

그런데 그녀의 이런 주장은 오히려 제자들에게 악영향을 끼치고 말았는데, 정신적 암살에 대한 두려움 때문에 여러 명의 제자들이 자살해 버렸으며, 그런 사건으로 인해 그녀의 편집중이 더욱 심해져 나중에는 5만 명에 달하는 사람들이 사악한 생각을 통해 자신을 암살하려 든다고 믿기까지 했다. 그런 그녀에 대해 소설가 마크 트웨인은 매우 신랄하게 비판하기도 했으며, 말년에 이르러 법정 소송문제가 벌어지자 여러 명의 정신과의사들이 그녀의 정신상태를 감정하기도 했지만, 일치된 결론에 도달하진 못했다.

스탈린

소련의 독재자 **스탈린**(Iosif Stalin, 1878-1953)은 악명 높은 피의 대숙청을 통해 모든 정적들을 무자비하게 제거함으로써 모든 권력을 독점하고, 그 후 그에게 가장 큰 위기로 닥쳐 온 독소전에서도 승리함으로써 러시아 민족의 영웅으로 추앙되었을 뿐만 아니라 그동안 후진성을 면치 못하고 있던 러시아를 공업화로 이끌어 미국과 대등한 초강대국으로 만든 장본인으로, 한때는 러시아 민중들 사이에서 거의 신적인 존재로 우상화되며 숭배의 대상이 되기도 했던 인물이다.

하지만 대규모 숙청을 비롯해 종교 탄압과 유대인 박해, 무리한 강제이주정책, 우크라이나 대기근 등 그의 독단적인 지시로 희생된 사람들의 숫자가 히틀러에 의한 희생자들보다 훨씬 더 많다는 주장도 있을 만큼 악명이 자자한 인물이기도 했던 그는 더욱이 매우 편집적이며 잔혹한 성품에 변태적인 습성까지 겸비한 인물로도 정평이 나 있어 그에 대한 추문 또한 끝없이 이어졌다. 다른 무엇보다 그에 대해 가해지는 비판의 핵심은 무자비한 독재정치와 개인우상화에 있다고 할 수 있다.

비록 스탈린은 잔혹한 방법으로 수많은 정적을 처형하고 수백만 명을 강제노동수용소로 보낸 무자비하고 잔인한 독재자였지만, 대중들 앞에 나설 때는 한없이 어질고 선량한 모습으로 비치도록 처신함으로써 매우 거칠고 격정적인 모습으로 대중을 선동한 히틀러와는 묘한 대조를 이룬다. 하지만 음흉하고 포악하다는 점에서는 히틀러도 따라가기 힘들 정도로 이중적인 처신에 통달했던 스탈린도 속으로는 히틀러를 가장 두려워해서 히틀러가 자살한 후에도 그의 죽음을 믿지 못해서인지 반드시 시신을 확인하라는 특명까지 내렸다고 한다.

편집증적인 의심으로 그 누구도 믿지 않은 스탈린은 피의 대숙청을 통해 무려 1,200만 명에 달하는 인원을 희생시킨 것으로 알려졌는데, 만약 그것이 사실이라면 제2차 세계대전 기간 중에 희생된 소련군의 피해를 훨씬 웃도는 숫자가 아닐 수 없다. 스탈린이 벌인 끔찍하고 피비린내 나는 숙청과 살인적 만행의 행진은 독소전이 발발하면서 비로소 멈추게 되었는데, 무자비한 공포정치로 흉흉해진 민심은 독일의 소련 침공으로 오히려 스탈린에게 전화위복이 되었다. 국가적 존망이 달린 위기에 힘입어 스탈린은 애국심에 호소하여 등 돌린 민심을 규합하는 데 성공했기 때문이다. 그러나 이미 대숙청 기간 중에 군 고위직 장교의 80% 이상을 간첩혐의로 처형해 버렸으니 이후에 벌어진 독소전에서 소련군이 고전을 면치 못한 것은 당연한 결과였다.

소년 시절 한때 성직자가 되고자 했다가 신학교를 쫓겨난 인물이면서도 종교를 말살하고 10월 혁명을 주도한 동지들마저 무자비하게 대거 처형한 스탈린의 편집증적 잔혹성은 소련사회를 공포의 도가니로 변하게 만들었으며, 악명 높은 강제수용소 굴락은 넘쳐 나는 죄수들로 포화상태가 되었으니 이미 그때부터 비인간적 공산정권의 말로를 예고하고 있었는지도 모르겠다. 그렇게 짧은 기간에 그토록 많은 피를 흘린 체제가 그래도 70년이나 버틴 것이 경이로울 뿐이다. 그런 희생자들이 흘린 피의 대가로 황제를 능가하는 절대 권력을 누린 스탈린은 1953년 한국전쟁이 막바지에 접어들 무렵, 뇌출혈로 쓰러져 급사하고 말았다. 당시 그는 충분한 응급조치를 받지도 못한 채 숨을 거두었는데, 평소 독살에 대한 의심이 많았던 그는 자신의 주치의들조차 믿지 못해 멀리 추방한 상태에서 비밀 안가에 홀로 기거했기 때문에 적절한 조치를 받을 수 없었다고 한다. 스스로 자초한 죽음이었던 셈이다.

아돌프 히틀러

나치 독일의 카리스마적 지도자 **아돌프 히틀러**(Adolf Hiltler, 1889-1945)는 독일 국민뿐 아니라 전 인류를 끔찍스러운 재앙으로 몰고 갔던 편집증적 광기의 소유자로, 세계정복의 과대망상에 사로잡힌 나머지 제2차 세계대전을 일으켜 수천만 명의 군인과 민간인을 죽게 만들었을 뿐만 아니라 600만에 달하는 유대인을 집단적으로 대량 학살해 그야말로 전 세계를 지옥과 다름없는 아수라장으로 만들었던 장본인이다. 그런 정신적 괴물이 1939년 노벨 평화상 후보에 올랐다는 사실 또한 파시즘이 몰고 온 집단적 광란에 못지않은 20세기 최대의 미스터리라 하겠다.

젊은 시절 한때 화가를 꿈꾸기도 하고 일생 동안 바그너에 열광했던 낭만적인 기질도 보인 히틀러는 금연과 금주, 채식주의를 고집한 금욕적인 독신주의자인 동시에 어린이와 동물을 사랑한 자애로운 이미지로 독일 민중을 사로잡았으며, 강력한 카리스마와 뛰어난 연설 솜씨로 매우 사색적인 민족으로 정평이 나있던 독일민족의 이성을 마비시키는 놀라운 대중선동 능력을 유감없이 발휘했는데, 어떻게 그런 불가사의한 일이 벌어지게 된 것인지에 대해서는 오늘날에 와서도 여전히 미스터리로 남는 문제라 할 수 있다. 더욱이 열렬한 동물애호가였던 그가 어떻게 600만 명의 유대인을 포함해 수천만에 달하는 인명을 그토록 가볍게 여기고 무자비한 살상을 벌일 수 있었던 것인지에 대해서도 여전히 수수께끼로 남아 있다.

그런데 더욱 큰 문제는 위대한 영도력의 이면에 숨겨진 무서운 광기라 할 수 있다. 극도의 피해망상과 과대망상에 사로잡힌 히틀러의 광기는 세계정복에 대한 야망과 유대인 말살정책을 통해 걷잡을 수 없는 파국으로 치닫게 되었기 때문이다. 특히 피의 순수성에 병적으로 집착한 나머지 유대인을 상대로 인류역사에서 전무후무한 대규모 인종 말살정책을 자행한 것은 그가 저지른 광기어린 만행 가운데 가장 큰 오점으로 남는 부분이라 하겠다. 물론 그런 오류의 배경에는 히틀러 자신의 뿌리 깊은 열등감에서 비롯된 편집증적 피해의식이 자리 잡고 있었다고 볼 수 있다. 왜냐하면 그의 아버지는 사생아 출신의 비천한 신분이었으며, 어머니 또한 매우 순박한 여성이긴 했으나 하녀 출신이었기 때문이다. 더군다나 히틀러의 가계에 유대인의 피가 섞여 있다는 의혹까지 나돌게 되자 히틀러의 편집증은 날이 갈수록 심해졌다. 따라서 유대인 말살정책도 그런 의혹을 잠재우기 위해서였다는 주장까지 나오게 된 것도 결코 무리가 아니다.

더욱이 자신의 혈통에 그토록 민감하게 반응하도록 부추김으로써 히틀러의 편집증을 더욱 조장한 장본인은 당시 영국에 살던 이복형의 아들이자 조카였던 윌리엄 패트릭 히틀러로, 그는 삼촌인 히틀러에게 협박성 편지를 보내 나치 고위직을 요구하며 일종의 흥정을 벌인 것이다. 히틀러를 몹시 당혹스럽게 만든 편지 내용은 히틀러 일가의 수치스러운 내막을 폭로하겠다는 것으로, 그 내막이란 다름 아닌 아버지 알로이스의 어머니, 다시 말해 히틀러의 할머니는 그라츠에 있는 한 유대인 일가의 가정부로 일한 적이 있었는데, 그 집안의 열아홉 살 난 유대인 아들 레오폴드 프랑켄베르거가 알로이스의 친아버지라는 것이었다.

이처럼 자신의 아버지가 유대인 혈통을 이어받았다는 청천벽력과도 같은 내용을 접한 히틀러는 고심 끝에 나치 변호사인 한스 프랑크에게 특별 지시를 내려 자신의 가족 배경에 대해 극비리에 조사할 것을 명령했다. 한스 프랑크는 그런 주장이 전혀 근거 없는 내용이 아니라는 사실을 일부 확보했지만, 전후 뉘른베르크 법정에서는 히틀러가 아리안 계열임에 의심의 여지가 없다고 증언했다. 그리고 나치당국도 그동안 이런 사실을 극비에 부치고 있었다.

이런 뜬소문에 유달리 민감한 반응을 보였던 히틀러는 그것이 단순히 자신을 음해하려는 정적들의 간교한 술책이라고 여기면서도 다른 한편으로는 자신의 몸속에도 유대인의 피가 흐를지도 모른다는 편집증적 의심에 사로잡혀 유대인 말살정책에 더욱 광분했던 것으로 볼 수 있다. 비밀경찰에 철저한 보안을 지시해 놓기는 했지만, 그래도 마음이 놓이지 않았던 히틀러는 친위대장 히믈러에게 재조사를 명령했으나 아무런 성과도 없었다. 결국 히틀러의 할아버지에 대한 정확한 실체는 끝내 밝혀지지 못하고 말았다.

이처럼 자신의 집안 배경에 대해 뿌리 깊은 의혹과 열등감을 지니고 있던 히틀러는 사실이든 아니든 문제의 소지를 아예 없애 버리는 것이 가장 안전한 길임을 깨닫고 단순한 유대인 박해나 추방 차원이 아니라 근본적인 인종말살 정책으로 전환함으로써 마침내 1941년 가을 히틀러와 히믈러 사이에 독가스를 이용한 대규모 집단학살 방침으로 최종 합의가 이루어지게 되었는데, 그들은 그것을 '최종 해결책'이라고 불렀다. 그리고 그 합의 시점은 조카 윌리엄이 히틀러를 배신하고 미국으로 달아난 사실과 결코 무관치 않아 보인다.

1942년 1월 아이히만 등이 참석한 최종 해결책과 관련된 고위층 회의에서 히틀러는 참석자에게 "이제부터 우리는 유대인을 박멸함으로써 우리의 건강을 되찾게 될 것이다."라고 말한 것으로 알려졌는데, 그것은 곧 문제의 소지를 아예 없애 버림으로써 히틀러 자신의 피의 순수성을 되찾는 것을 의미한 말이기도 했다. 어쨌든 사생아 출신의 아버지는 죽은 후에도 두고두고 아들 히틀러에게 가장 큰 골칫거리를 제공한 장본인이 되었던 것이다.

20세기 현대시에 있어서 모더니즘 운동의 기수로 알려진 미국의 시인 **에즈라 파운드**(Ezra Pound, 1885-1972)는 소위 잃어버린 세대에 속한 작가로 특히 이미지즘에 입각한 그의 간결하고도 고도로 압축된 시는 20세기 초반 현대시에 일대 혁명을 불러일으켰다. 하지만 제2차 세계대전 당시 파시즘에 동조해 이탈리아에서 이적활동에 전념하다가 미군에 체포되어 10년 이상 정신병원에 수용되었던 그는 T. S. 엘리엇 등 동료문인들의 탄원으로 가까스로 풀려난 후 이탈리아로 건너가 그곳에서 생을 마쳤다.

에즈라 파운드

평소 무질서한 세상을 혐오하고 질서와 순수함, 그리고 간결함을 추구했던 그는 자본주의 미국사회에 실망을 느끼고 일찌감치 유럽으로 건너가 활동하던 중에 타락한 자본주의가 유대인에 의해 주도된다는 믿음에 사로잡힌 나머지 자신의 신념과 같은 파시즘에 기대를 걸고 히틀러와 무솔리니를 찬양하며 반유대주의를 널리 전파하기 시작했다. 당시 그는 유대인의 존재를 질병의 화신으로 간주하고, 세계정복의 야욕에 불타는 유대인의 음모를 경계해야 한다는 자신의 편집증적 피해망상을 널리 호소하며 전파했다. 무솔리니를 직접 만나기도 했던 그는 제2차 세계대전이 발발하자 목소리를 더욱 높여 로마 방송에도 진출했는데, 전쟁 기간 내내 파시즘을 찬양하고 유대인을 헐뜯는 방송을 계속했으며, 그 활동은 미군에 체포될 때에 이르러서야 비로소 멈추게 되었다.

이탈리아에 상륙한 미군에 체포된 그는 곧바로 본국으로 송환되어 정신병원에 수용되었는데, 병원에서도 그는 유대인 의사와 대화를 거부했으며, 방문자들에게 시온의정서를 읽어주는 등 유대인에 대한 혐오감과 편집증적 의심은 여전했다. 결국 의사들은 더 이상 파운드가 치료적인 목적으로 병원에 있어야 할 상태가 아님을 인정하고 그의 방면을 건의하기에 이르렀다. 12년에 걸친 정신병원 생활을 마치고 풀려난 그는 마침내 백발이 성성한 70세 노인이 되어 나폴리 공항에 도착했는데, 당시 그는 대기하고 있던 기자들 앞에서 파시스트식의 경례를 하며 미국 전체가 정신병원이라고 일갈하기도 했다. 말년에 치매 증세를 보인 그는 잠든 상태에서 87세를 일기로 조용히 눈을 감았다.

빌헬름 라이히

정신분석의 역사에서 성격무장(character armour) 이론으로 유명한 오스트리아 태생의 유대인 학자 **빌헬름 라이히**(Wilhelm Reich, 1897-1957)는 어린 시절 젊은 가정교사와 밀애를 나누던 어머니의 불륜 사실을 아버지에게 일러바친 후 궁지에 몰린 어머니가 견디다 못해 자살하는 사건이 벌어진 이래 평생을 두고 죄책감을 갖게 되었는데, 그런 배경 때문에 더욱 남녀평등과 성 문제에 남달리 강한 집착을 갖게 된 것으로 보인다. 빈 의대를 졸업한 후 특히 공산주의 사상과 정신분석에 큰 관심을 기울이게 된 것도 다른 무엇보다 그에게는 성과 남녀평등의 문제가 주된 관심의 대상이 되었기 때문이다.

따라서 그에게 평등문제는 공산주의가 해결해 주는 듯싶었고, 성 문제의 해결은 프로이트를 통해서 실마리가 풀리는 듯했다. 하지만 괴팍하고 좌충우돌하는 돈키호테식의 성격적 결함에다 편집증적 불신까지 지닌 특성으로 인간관계에 어려움을 보인 그는 정신분석뿐 아니라 나치와 공산당 모두에서 배척당하는 입장에 몰리게 되었다. 결국 그는 파시즘을 비난하는 명저 《파시즘의 대중심리》를 발표한 후 나치에 쫓기는 신세가 되었으며, 미국으로 망명한 뒤에는 스탈린의 독재정치를 비난하는 등 모든 유형의 전체주의에 대항하는 모습을 보였다.

한때 열렬한 공산주의자였던 그를 미국이 받아준 것은 매우 이례적인 일이기도 했지만, 미국 생활도 그에게는 안정을 가져다주지 못했다. 어렵게 정착한 미국에서 오르곤 연구소를 이끌며 후학들 교육에 정진하던 그는 1954년 자신이 발명한 오르곤 박스를 만병통치 의료기구라고 선전한 사실 때문에 사이비 의료행위 혐의로 FDA(미국식품의약국)에 의해 기소되어 2년형을 선고받고 미연방교도소에 수감, 복역 중에 심장마비를 일으켜 옥사하고 말았는데, 당시 그는 미국 정부가 자신의 연구 업적을 훔치려 든다는 극심한 피해망상 중세를 보인 것으로 알려졌다.

존 에드거 후버

미국 FBI의 종신 국장으로 공산주의자 색출과 범죄와의 전쟁에 일생을 바친 **존 에드거 후버**(John Edgar Hoover, 1895-1972)는 일생 동안 결혼도 하지 않고 독신으로 지내며 77세 나이로 죽을 때까지 무려 53년에 걸쳐 연방수사국 국장으로 있으면서 방대한 양의 정보 수집과 스파이 및 범죄자 적발로 명성을 날렸으며, 열렬한 반공주의자로서 특히 매카시 상원의원의 빨갱이 사냥을 적극 지원해 진보주의자들로부터 원성을 사기도 했는데, 매우 편집적인 성격의 후버는 자신의 운전기사가 운전 도중에 좌회전도 못하게 할 정도로 공산주의에 대해 강한 증오심을 지녔던 것으로 알려져 있다.

미국 내의 모든 정보를 독점한 그는 일부 정치인과 유명 인사들을 상대로 온갖 협박과 회유를 시도해 빈축을 사기도 했는데, 무정부주의자 엠마 골드만을 강제추방하고, 채플린, 헬렌 켈러 여사, 아인슈타인, 존 스타인벡 등을 공산주의자로 지목해 감시했으며, 인권운동을 전개한 마틴 루서 킹 목사의 섹스 스캔들을 폭로해 사회적 지탄을 받기도 했으나 마피아, 갱 조직을 상대로 범죄를 소탕함으로써 국내 치안을 확고히 다지는 공을 세우기도 했다. 어쨌든 그가 맡은 임무와 역할은 편집증적 성격이 아니었으면 그토록 성공적으로 완수하지 못했을 것으로 보인다.

조지프 매카시

후버의 전폭적인 지원 아래 1950년대 미국사회를 현대판 마녀사냥으로 몰고 간 매카시즘 광풍의 주인공 **조지프 매카시**(Joseph McCarthy, 1908-1957) 상원의원 역시 후버에 결코 뒤지지 않는 편집증적 인물로, 그가 불러일으킨 빨갱이 사냥으로 인해 수많은 저명인사를 사회적으로 매장시키고 말았으며, 그의 선동에 따라 일방적으로 작성된 블랙리스트의 여파는 전국을 강타하며 심각한 국론 분열 상태를 몰고 왔다.

평소 속이 좁고 의심이 많은 데다 열등감에 사로잡힌 그는 유명한 인물이 되고 싶다는 조급한 마음에서 반공과 애국심을 내세운 소위 매카시즘 돌풍을 일으키기 시작한 것인데, 1950년에 포문을 열기 시작한 국회 연설에서 그는 미국 전역에 공산주의자들이 암약하고 있으며, 자신이 그 명단도 갖고 있다고 호언장담했다. 그런 폭탄선언은 핵무기보다 더 큰 위력으로 전국을 강타하며 집단 공황상태로 몰고 가는 대혼란을 일으키고 말았는데, 그중에서도 가장 큰 피해를 입은 곳은 할리우드였다. 그런 유명세에 힘입어 그는 1952년 거뜬히 재선될 수 있었다.

전국을 쑥대밭으로 뒤집어놓으며 세상의 이목을 끌게 된 그는 더욱 의기양양해진 나머지 날이 갈수록 도를 넘어서기 시작해 심지어는 민주당과 공화당 지도부를 포함해 육군 장성들까지 공산주의자로 몰고 가게 되면서 사태는 걷잡을 수 없이 커지고 말았다. 하지만 국회 청문회에서 뚜렷한 증거를 대지도 못하고 상대측 변호사들의 집요한 추궁에 몹시 흥분한 상태로 비난만을 거듭하는 그의 모습을 생중계로 지켜본 국민들은 크게 실망하고 더 이상 그의 말에 귀를 기울이지 않게 되었다. 당시 같은 공화당 소속의 랠프 플랜더스 의원조차 매카시를 히틀러에 비유하며 맹비난을 퍼붓는 연설을 할 정도였다.

결국 희대의 선동꾼 매카시는 세상에 둘도 없는 비열한 거짓말쟁이로 낙인찍힌 채 사람들의 조롱거리로 전락하고 말았으며, 세상으로부터 미치광이 취급을 당하는 상황에 큰 상처를 받고 지독한 모멸감과 수치심을 이기지 못한 나머지 술과 마약에 의지한 채 몸을 망친 결과, 48세 나이로 생을 마감하고 말았다. 그에 대한 불신임 결의안이 국회에서 통과한 지 불과 3년 뒤의 일이었다. 물론 자본주의 사회인 미국에서 반공주의는 정당한 입장임에 틀림없겠지만, 공산주의에 대한 미국인의 두려움을 자극해 집단적 히스테리를 일으킨 점은 마치 반유대주의를 자극해 광적인 지지를 얻었던 히틀러의 분신을 보는 듯해 께름직할 따름이다.

완벽을 추구하는
강박증

　　　　　강박증은 엄밀히 말해서 강박사고와 행동을 동반한
강박장애 또는 강박신경증을 의미하지만, 반드시 강박성 인격장애의 소유
자에서만 나타나는 임상적 특성은 아니다. 다만 지나치게 엄격한 진단적 분
류에 집착하다 보면 문제가 더욱 복잡해지고 이해하기 힘들어질 가능성이
높기 때문에, 따라서 여기서는 그런 세밀한 진단기준을 적용하지 않고 다만
강박적 사고의 특성을 중심으로 광범위한 차원에서 강박증을 소개하고자
한다.

　강박사고(obsession)란 한 가지 생각이나 주제에 집착한 나머지 다른 생각
을 하지 못하게 되는 경우를 말하며, 강박행동(compulsion)은 그런 강박사고
의 영향으로 특이한 방식의 행동을 보이는 경우를 말한다. 예를 들어, 외출

강박증

1. 특징
- 강박장애와 강박성 인격장애로 구분한다.
- 애정관계와 대인관계에 미숙하다.
- 나무만 보고 전체 숲을 보지 못한다.
- 철학, 사상, 종교, 학문 등의 분야에서 성공할 수도 있다.
- 일중독자로 직장생활에서 인정받고 성공하는 수도 많다.

2. 증상 및 진단 기준
- 강박사고에 집착하고 의구심이 많다.
- 손씻기, 목욕, 정리정돈, 문단속 등 강박행동을 반복한다.
- 원칙주의, 완벽주의, 금욕주의, 완고함이 있다.
- 우유부단성, 정돈벽, 청결벽, 융통성의 결여가 나타난다.
- 감정 회피와 억제, 부드러운 감정표현에 인색하다.

할 때 방문 자물쇠가 제대로 잠겼는지 여러 차례 반복해서 확인하는 행동, 불길한 생각이 들어 사다리 밑을 피해 가기, 심지어는 머리카락 숫자를 세거나 밥알 숫자 세기 등의 불필요한 행동으로 나타난다. 또는 음란한 생각이 반복적으로 떠오르는 경우 그런 생각을 떨쳐내기 위해 손바닥으로 자신의 이마를 자주 때리기도 한다.

강박사고에 얽매이기 쉬운 강박성 인격의 특징은 지나치게 사변적이고, 높은 도덕성과 양심의 소유자인 동시에 정돈벽, 근검절약, 정확성, 원칙주의, 완벽주의, 결벽성, 주도면밀함, 감정 억제로 인한 감정 표현의 어려움, 금욕주의, 질서의 가치 존중, 미신적 사고, 마술적 사고, 의구심, 반복적인 확인, 낭비에 대한 두려움, 우유부단함, 융통성 결여, 고지식함, 완고함, 일중독 등을 특징으로 한다. 이처럼 강박적인 성향의 인간은 주로 종교인, 학자, 의사, 교육자, 공무원 등의 직종에서 능력을 인정받기 쉬우며, 특별한 재치와 순발력, 다양한 감정 표현 등이 요구되는 예능이나 스포츠에서는 적응에 어려움을 느껴 성공하기 힘들다.

역사적 인물 가운데 강박적 특성을 지닌 예로는 다른 누구보다 우선 우리나라의 세종대왕과 이순신 장군을 들 수 있다. **세종대왕**(世宗, 1397-1450)은 한국의 역대 왕들 가운데 광개토대왕과 더불어 유일하게 대왕 칭호를 받는 군주로, 집현전을 부활시켜 학문 활동을 크게 장려하는 가운데 훈민정음을 창제했을 뿐만 아니라 과학의 발전에 힘쓰는 한편, 김종서, 이종무 장군을 내세워 여진족과 대마도를 정벌하는 등 국방에도 소홀함이 없었다. 또한 억불정책도 완화시키는 등 모든 문물의 발전에 눈부신 업적을 낳은 성군이었다.

매우 총명하고 합리적이었던 세종대왕은 인재 등용에도 뛰어난 능력을 발휘했는데, 호인으로 소문난 황희 정승이 매관매직과 간통 혐의로 구설수에 오름에도 불구하고 끝까지 그를 중용했으며, 성삼문, 박팽년, 신숙주, 정인지 등의 우수한 인재들을 발굴해 한글 창제에 동원하고, 노비 출신의 장영실을 과감히 등용해 물시계와 해시계, 측우기 등을 발명하도록 했으며, 박연으로 하여금 아악을 정리하게 만들기도 했다. 말년에는 금슬 좋기로 소문났던 소헌왕후가 세상을 뜨면서 불교에도 귀의해 궁궐 내에 법당을 조성하고 법회에 참석하기도 해 유학자들의 거센 반발을 사기도 했다.

이처럼 놀라운 업적을 쌓은 그는 태종 이방원의 3남으로 태어나 어려서는 지독한 공부벌레, 성인이 되어서는 일중독으로 과로에 지치고 운동 부족과 비만까지 겹치는 바람에 건강을 크게 해치고 말았는데, 그런 특성은 강박적인 성격에 딱 들어맞는 전형적인 사례에 속한다고 할 수 있다. 여색에만 빠져 지낸 부왕과 충돌을 일으키고 세자 폐위까지 당한 맏형 양녕대군과는 달리 온종일 서책에만 매달려 있는 충녕대군의 모습을 보고 태종이 아들의 건강을 염려한 나머지 방에 있는 모든 책을 치우라는 지시까지 내릴 정도로 세종은 못 말리는 책벌레였는데, 책을 읽지 못해 크게 상심해 있다가 우연히 병풍 틈에 끼어있는 책자를 발견하고 기쁨에 겨워 그 책을 무려 천 번이나 읽었다는 일화도 전해진다.

다만 예외적으로 정력만큼은 대단히 왕성해서 31년간의 재위 기간 중에 소헌왕후에게서 8남 2녀를 낳고, 10명의 후궁에게서 10남 5녀를 낳음으로써 모두 합쳐 25명의 후손을 남겼는데, 평소 육식을 즐기는 대식가로 마지막 8년간은 당뇨와 중풍, 고혈압, 요로결석, 임질, 시력장애 등으로 거의 정사를 돌보기 어려울 정도로 건강이 악화된 상태였음을 감안해 볼 때, 40대 중반에 이르기까지 그토록 많은 후손을 낳은 것은 실로 대단한 정력의 소유자였음을 입증하는 사실이기도 하다. 이처럼 밤낮으로 온 정력을 소진한 세종대왕은 52세 나이로 일찍 승하했는데, 무위도식하며 일생을 한량처럼 지낸 맏형 양녕대군은 68세로, 그리고 불교에 심취한 둘째형 효령대군은 수많은 후손을 남기고 90세까지 천수를 누리고 죽었으니 같은 형제끼리도 삶의 질이 그렇게 다를 수가 있을까 싶기도 하다.

임진왜란 당시 풍전등화의 위기에 처한 나라와 민족을 구해냄으로써 구국의 영웅이 된 **이순신**(李舜臣, 1545-1598) 장군은 세계 해전사에서도 그 유례를 찾아보기 어려운 백전백승의 완벽한 승리를 이뤄낸 불세출의 전략가로, 영국의 넬슨 제독과 더불어 가장 뛰어난 명장으로 꼽히는 인물이기도 하다. 청렴결백하고 강직하기로 정평이 나 있는 그는 모든 일에 철저한 완벽주의자이기도 해서 임진왜란이 일어나기도 전에 이미 기발한 창의력을 발휘해 거북선을 건조함으로써 만반의 사태에 대비하는 주도면밀함을 보였으며, 전쟁이 발발한 후에도 압도적인 우세를 보인 왜군 함대를 맞아 치밀한 작전

계획으로 전투에 임하면서 연전연승하는 놀라운 위업을 쌓았다.

그는 무장임에도 불구하고 전쟁 기간 내내 난중일기를 쓰기도 해서 얼마나 꼼꼼한 성격의 소유자인지 알 수 있게 하는데, 셋째 아들 이면이 정유재란 당시 이순신에 대한 보복으로 아산을 습격한 왜군에 저항하던 중에 갓 스무 살의 나이로 전사했다는 소식을 듣고 자신의 비통한 심경을 일기에 적기도 했다. 그리고 그런 슬픔을 떨치고 불과 보름 뒤에 12척의 배를 이끌고 명량해전에 출전해 대승을 거두었으니 참으로 살아있는 신이라 해도 결코 과언이 아닐 것이다.

전투에 임하기 직전에도 '죽으려 하면 살 것이요, 살려고 하면 죽을 것(必死則生 必生則死)'이라는 비장한 각오의 말로 군사들의 사기를 높인 그는 전투에 나서서도 자신의 몸을 사리지 않고 선두에서 진두지휘를 마다하지 않았는데, 결국 퇴각하는 왜군을 계속 추격하다 적군의 총에 맞아 장렬히 전사하고 말았다. 숨을 거두기 전에도 그는 자신의 죽음을 알리지 말라는 유언을 남겨 마지막 순간까지 군사들이 동요하지 않도록 하는 면밀함도 보였다.

그런 영웅을 시기한 정적들의 모함으로 한때 한성으로 압송된 후 백의종군하면서도 그 누구도 원망하지 않았던 그의 올곧은 성품도 그렇지만, 수군통제사로 다시 복귀한 후에도 당시 남아 있던 불과 12척의 배로 수백 척의 왜선을 격파한 일은 거의 기적에 가까운 승리로, 이순신의 담대함과 용기, 배짱, 지략과 충성심이 아니었으면 불가능한 일이었을 것이다. 이처럼 노량해전을 끝으로 7년에 걸친 전쟁의 악몽은 막을 내렸지만, 조선은 최고의 명장 이순신을 잃었으며, 국난의 위기를 넘긴 이후에도 당쟁은 계속 멈추지 않았으니 참으로 통탄할 일이 아닐 수 없다.

서양에서 강박적 특성에 가장 잘 어울리는 사람을 꼽자면 단연 독일의 철학자 **칸트**(Immanuel Kant, 1724-1804)를 들 수 있겠다. 시계처럼 정확한 규칙

칸트

적인 생활로 유명해서 그가 산책하는 모습을 보고 길을 가던 시민들이 시계를 맞출 정도였다는 칸트는 팔십 평생 독신으로 살면서 가장 심오하고도 난해하기로 유명한 그 자신의 독특한 관념철학을 수립했는데, 매우 청교도적인 삶을 살았던 부모의 영향을 크게 입은 것으로 보인다. 매우 금욕적인 삶을 살았던 그에게 유일한 낙이 있었다면 그것은 커피와 담배뿐이었다.

프로이트가 인용하기도 했던 하이네의 시에 "취침모에 화장복을 걸치고서 조각난 세상의 틈을 막는다네."라는 구절은 바로 칸트를 겨냥해 독일 강단철학의 기만성을 조롱한 것으로 보이는데, 실제로 칸트는 잠옷 차림으로 앉아서 저술했다고 한다. 자신이 태어나 살았던 도시 쾨니히스베르크를 죽을 때까지 한 번도 떠나본 적이 없다는 이 대철학자에 대해 하이네가 비꼰 것은 결국 세상 물정에 대해 아무것도 모르는 주제에 무슨 여러 말로 그렇게 어렵게 세상에 대해 아는 척을 하느냐는 빈정거림이었을 것이다. 하기야 매우 사변적이고 강박적인 칸트와 열정적이고 반항적인 낭만주의자 하이네는 서로 상극임에 틀림없다.

칸트는 경건하고 금욕적인 삶의 태도와 규칙적이고 절제된 생활, 심오한 철학적 사유, 높은 도덕성과 양심, 결벽성과 청빈함, 감정에 흔들리지 않는 엄밀함 등의 특성이 강박적 인물의 전형이라 해도 결코 과언이 아닐 것이다. 다만 그런 강박적 특성은 독일인의 전반적인 성향과도 일치한다는 점에서 민족성 차원까지 확대될 수도 있을 것이다. 독일인만큼 유머 감각이 떨어지는 멋대가리 없는 민족도 사실 드물기 때문이다. 하지만 그들의 완벽주의와 엄밀함을 기반으로 타의 추종을 불허하는 철학과 수학, 논리학, 의학, 화학, 물리학, 기계공학 등 숱한 분야에서 세계적인 거장들을 계속 배출했으니 강박적인 특성이 학문의 발전에는 오히려 가장 중요한 밑거름이 된다는 점에서 반드시 나쁜 것만은 아니다.

프랑스 대혁명을 주도한 **로베스피에르**(Maximilien Robespierre, 1758-1794)는 변호사 출신의 정치인으로 당통, 마라와 함께 절대왕정을 무너뜨리고 한동안 민주 공화제를 이끌며 시민 정치의 초석을 쌓는 업적을 낳았다. 하지만 그는 내분을 수습하고 정적들을 제거하는 과정에서 잔혹한 피의 공포 정치를 자행함으로써 수많은 목숨들을 단두대의 이슬로 사라지게 한 장본인이기도 했다. 루이 16세와 마리 앙투아네트 왕비의 처형은

로베스피에르

물론 혁명 동지였던 당통, 세계적인 화학자 라부아지에 등을 위시해 수만 명을 참수시켜 전국을 공포의 도가니로 몰고 가면서도 눈 하나 깜작이지 않은 냉혈한 로베스피에르는 결국 그의 백색 테러 정치에 반발한 쿠데타 세력에 의해 그 자신도 단두대에 올라 참수되고 말았는데, 당시 그의 나이 불과 36세였다.

변호사의 아들로 태어난 그는 일찍이 여섯 살 때 어머니를 여읜 데다 아버지마저 가출해 고아나 다름없는 신세로 외가에 맡겨져 성장했는데, 그런 불행한 배경 때문에 매우 차갑고 냉담한 성격의 인물로 변해 갔다. 그는 학생 시절에도 술과 담배를 멀리했으며, 매우 도덕적이고도 금욕적인 태도로 일관해 불량기가 있는 친구들을 경멸하고 무시해 아예 상종조차 하지 않았다. 20대에 자신의 고향에서 가난한 서민층을 위한 인권변호사로 활동하며 명성을 날린 그는 30대에 접어들어 정계에 입문해 삼부회 대의원으로 선출되었으며, 자코뱅당의 실질적인 지도자가 되면서 왕당파와 손잡은 지롱드당을 상대로 투쟁을 벌여 나갔다. 당시 루소와 몽테스키외 등 계몽사상가의 영향을 받은 그는 한때 사형제도 폐지 법안을 제출하는 등 인도주의적 정책

수립에 앞장서기도 했으나, 혁명 정부를 이끌며 숱한 반대를 무릅쓰고 강행한 국왕 내외의 처형은 결국 피비린내 나는 공포 정치의 시작을 알리는 신호탄이 되었다.

로베스피에르는 그래도 처음에는 당통, 마라 등과 함께 힘을 합쳐 국왕및 왕당파 처형을 일사분란하게 밀고 나가면서 부정부패와 각종 범죄에 대해 극형으로 다스리는 등 강력한 정책을 펼쳐 나갔다. 또한 건전하고 올바른 시민 생활을 도모한다는 취지에서 매춘을 엄격히 단속하고, 미신을 조장한다는 이유로 점술도 금지시켰으며, 심지어 카드놀이와 경마, 투우, 투견등 일체의 오락행위마저 금지시킬 정도로 도덕적인 삶을 강조했다.

하지만 점차 냉혹한 독재자의 본색을 드러내기 시작해 자신에게 반대하는 사람들은 무조건 단두대로 보내기 시작한 그는 국왕을 처형한 지 불과1년 만에 17,000명에 달하는 사람들을 단두대에 올려 공개 처형했다. 물론그는 매우 청렴결백하고 검소한 생활로 일관한 인물로, 손수 빨래도 하고,누구에게나 항상 예의 바른 태도를 보였으며, 매일 아침저녁으로 기도를 올릴 만큼 독실한 신앙인이기도 했다. 술과 담배, 여성을 멀리하며 독신으로생을 마친 반면에 소심하고 우유부단하며 융통성이 결여된 고집불통의 고지식한 원칙주의자로도 알려진 그는 요즘 식으로 말하자면 매우 강박적인성격의 소유자라 할 수 있다.

소설 《보바리 부인》으로 유명한 프랑스 사실주의 작가 **플로베르**(Gustave Flaubert, 1821-1880)는 모파상의 문학적 스승으로도 알려져 있다. 그런 점에서 결혼의 비극적인 행태를 묘사한 《보바리 부인》이나 모파상의 《여자의일생》은 같은 연장선상에 놓인 작품이라 할 수 있다. 더군다나 스승인 플로베르나 제자인 모파상 모두 독신으

플로베르

로 살았으며, 똑같이 불치병인 매독에 걸려 죽었으니 한 배를 탄 동지나 다름없는 기묘한 인연을 맺은 사이다.

센강 하구에 위치한 루앙에서 외과의사의 아들로 태어난 플로베르는 어릴 때부터 이미 글을 쓰기 시작했으며, 파리로 가서 법학을 공부했으나 학업에 흥미를 느끼지 못했을 뿐만 아니라 당시 간질 발작 증세를 일으키는 바람에 법학 공부를 포기하고 작가의 길로 들어섰다. 그 무렵 아버지가 세상을 떴으나, 어머니의 지원에 힘입어 창작에 힘쓰는 한편, 그리스와 터키, 이집트, 중동 지역을 두루 여행하기도 했다.

하지만 30세 때 베이루트의 사창가에서 매독에 감염되고 말았는데, 과거 간질 발작 경험뿐 아니라 불치병인 매독에 걸리게 되면서 일생 동안 결혼도 포기하고 독신으로 지냈다. 비록 그는 자신이 결혼하지 않는 이유가 자식 낳기를 원하지 않기 때문이라고 말하기도 했지만, 자신의 불치병을 후손에게 물려줄지 모른다는 현실적인 두려움이 더욱 컸을 것으로 본다.

글을 쓸 때 적절한 단어 하나를 찾기 위해 오랜 시간을 허비할 정도로 매우 강박적인 성격의 소유자였던 그는 그런 이유 때문에 남긴 작품도 과작에 머물 수밖에 없었는데, 군더더기 없이 간결한 문체를 자랑하던 그가 도덕적으로 타락한 성병에 걸려 고생했다는 사실이 매우 아이러니하다. 하기야 강박적인 사람은 자신의 구두에 묻은 먼지를 털어내는 일에 몰두한 나머지 양탄자를 더럽힌다는 사실을 모르는 그런 이율배반적인 모순에 자주 빠지기도 하지 않는가.

그렇게 결혼을 회피한 채 독신으로 살면서도 자신이 사창가에 드나드는 일을 숨기지 않고 오히려 많은 서한과 기행문에서 공개적으로 밝히기까지 했던 그는 심지어 남창과 성관계를 맺은 사실까지 기록으로 남겼다. 이처럼 무절제한 성생활을 벌인 그는 그래도 제자 모파상이 뇌신경 매독으로 광기에 빠져 자살을 시도했다가 미수에 그치고 정신병원에서 생을 마친 것과는 달리 마지막 순간까지 소설 창작에 몰두했으니 실로 대단한 작가임에는 틀림없다.

정신분석의 창시자 **지그문트 프로이트**(Sigmund Freud, 1856-1939)만큼 오랜 기간을 두고 계속해서 숱한 논란의 대상이 된 인물도 드물 것이다. 특히 기독교사회에서 그의 존재는 타락한 범색론자, 무신론자, 사악한 이론의 창시자라는 오명을 뒤집어썼으며, 공산주의 사회에서는 자본주의에 봉사하는 부르주아적 반동 쇼비니스트로 내몰리고, 나치 독일로부터는 도덕적으로 타락한 이론의 유대인 학자로 간주되어 국외 추방되기도 했다.

지그문트 프로이트

하지만 프로이트만큼 세상과 일정한 거리를 유지하며 대중적 인기에 연연하지 않은 인물도 드물며, 오로지 학문적 연구에만 몰두한 그를 두고 악의에 찬 선동가로 몰고 가는 행태는 결코 성숙한 태도가 아닐 것이다.

매우 강박적인 성격의 소유자였던 프로이트는 집요할 정도로 자신의 원칙을 고집스레 밀고 나간 완벽주의자로 정평이 나 있으며, 하루 종일 환자를 분석하고 나면 자신의 서재에서 밤늦도록 연구와 집필 활동에 전념했던 일중독자이기도 했다. 어디 그뿐인가. 수요일마다 자신의 집에서 제자들과 만나는 정기 모임을 통해 시간 가는 줄 모르고 학술 토론에 집중하기도 했다. 하지만 자신의 이론에 반론을 제기하는 제자에 대해서는 단호한 태도로 대처했는데, 그런 비타협적인 태도는 고집불통의 노인이라는 인상을 심어주기에 충분했다.

비록 학문적으로 세상에서 인정받기를 크게 고대했으나, 대중적 인기에 결코 연연하지 않았던 그는 자신에 대한 학계의 무시와 비난에도 초연한 태도를 유지하는 가운데 좀처럼 자신의 감정을 드러내지 않았다. 특히 믿었던 제자들, 아들러나 융의 배신에도 결코 동요하지 않고 냉정함을 유지하는 초연한 태도를 보였는데, 물론 그것은 그 자신의 성격 탓이기도 했겠지만, 항상 박해와 추방에 익숙했던 매우 유대인다운 처신이기도 했다. 심지어 그는 동시대를 휩쓴 다양한 이념들, 파시즘이나 공산주의, 시오니즘, 반유대주의 등에 대해서도 그 어떤 관심조차 보이지 않았다. 오로지 인간 정신의 내면세계를 탐색하는 일에만 모든 관심을 집중했던 것이다.

평소 매우 검소했던 그는 삶을 즐기는 측면에서도 매우 강박적인 태도로 일관했는데, 특히 음악, 미술, 영화, 연극, 발레, 스포츠 등에는 거의 관심을 기울이지 않았다. 다만 문학에는 많은 관심을 기울여 셰익스피어, 도스토옙스키, 옌젠 등의 작품에 대한 논문을 쓰기도 했다. 그가 교류했던 인물들도 슈테판 츠바이크, 로맹 롤랑, 슈니츨러, 토마스 만 등, 문인들이 주를 이루었다. 대신 그는 와인과 담배를 즐겼으며, 특히 시가는 손에서 놓는 일이 거의 없었다. 그가 말년에 고생한 구강암도 과도한 흡연 탓이기 쉽다.

자신이 무신론자임을 공언했던 그는 그 어떤 종교와도 담을 쌓고 지냈다. 그런 이유로 특히 기독교 사회에서 배척당해야 했던 그는 종교 자체를 환상의 잔재로 보고 강박신경증의 일부로 간주했으니 당연한 결과였다. '신이 자신의 형상대로 인간을 창조한 것이 아니라 인간이 자신의 형상대로 신을 창조했다.'는 그의 말은 '신은 죽었다.'라는 니체의 선언보다 더 큰 충격을 기독교사회에 던졌을 것이다. 오죽하면 교황 비오 12세가 프로이트의 정신분석을 부도덕한 내용으로 가득 찬 타락한 학문이라고 공개적인 비난까지 가했겠는가.

일생 동안 줄곧 염세적인 태도를 유지하며 도덕적으로 몹시 완고했던 그는 초자아 개념을 소개한 장본인이기도 했지만, 그 자신이 매우 강한 자아 및 초자아의 소유자로, 자신을 해외로 추방한 나치에 대해서도 아무런 원망이나 분노의 표시조차 드러낸 적이 없으며, 프로이트가 창시한 정신분석을 유대심리학이라 매도하고 아리안심리학의 우월성을 강조한 융에 대해서도 아무런 내색조차 하지 않았다. 비록 그 자신은 나치에 의해 추방되어 런던에서 생을 마감했으나, 그의 네 누이동생들은 모두 나치 수용소에서 죽었다.

니콜라 테슬라

프로이트와 같은 해에 태어난 세르비아 출신 미국의 발명가 **니콜라 테슬라**(Nikola Tesla, 1856-1943)는 어릴 때부터 타고난 신동으로, 아버지는 정교회 사제였으며, 어머니는 손재주가 많은 여성이었다. 그가 다섯 살 때 형이 말에서 떨어져 죽은 사건 이후로 신체 접촉에 대한 병적인 두려움과 강박적 사고를 지니게 된 테슬라는 학교에 다니면서 비로소 전기 현상에 관심을 갖게 되었는데, 결국 그것이 그의 장래 운명을 결정짓고 말았다. 물론 아버지는 그를 신학교에 보내고 싶어 했으나, 아들이 콜레라에 걸려 사경을 헤매게 되자 자신의 뜻을 접고 기술학교에 보내기로 마음을 바꿨다.

그는 뛰어난 암기력과 기발한 상상력을 지닌 천재적인 두뇌의 소유자로, 대학에 진학해서도 잠을 자지 않고 휴일도 없이 공부만 파고들어 담당교수가 그러다 죽지나 않을까 염려할 정도로 지독한 공부벌레였으나, 어느 날 갑자기 수업도 빼먹고 연락이 두절된 상태로 도박에만 빠져 지내 아버지의 속을 태우기도 했다. 당시 신경쇠약에 빠진 그는 돈을 따는 재미를 통해 자신감을 얻었다고 하는데, 결국 그런 행적 때문에 대학을 졸업하지 못했다. 당시 그는 당구, 체스, 카드 게임 등에 몰두했으며, 어떨 때는 이틀 동안 계속해서 쉬지 않고 게임을 했다고 한다. 아버지가 사망한 후 미국으로 이주한 그는 한동안 에디슨 연구소에 몸담고 일하다가 독자 노선을 걷기 시작했으며, 미국 시민권을 따는 동시에 테슬라 코일을 발명해 특허를 내고 에디슨과 어깨를 나란히 하는 강력한 경쟁자로 떠올랐다.

일 중독자였던 그는 자신의 연구 활동에 방해가 된다고 해서 죽을 때까지 결혼도 하지 않고 독신을 고수했으나, 여성을 두려워하거나 혐오한 것은 결코 아니었다. 오히려 여성을 남성보다 우월한 존재로 여겼다. 그는 자신이 결혼하지 않는 이유로 순결을 유지하는 일이 자신의 과학적 연구 활동을 돕기 때문이라고 했는데, 그것은 다시 말해 자신의 모든 정력을 오로지 연구에만 기울이고 다른 엉뚱한 곳에 낭비하지 않겠다는 뜻으로도 해석된다. 물론 똑같은 이유로 사람들과의 접촉도 기피한 것으로 보인다. 그럼에도 항상 스마트한 매너를 보인 그에게 호감을 지니고 접근한 여성들도 있었지만, 그는 아무런 반응도 보이지 않았다. 다만 마른 체구를 유지했던 그는 유달리 뚱뚱한 사람들을 노골적으로 싫어했는데, 자신의 여비서가 뚱뚱하다는 이유로 해고한 적도 있으며, 옷차림에도 민감해서 여비서의 의상이 마음에 들지 않으면 집에 돌아가서 드레스를 바꿔 입고 오라고 시킬 정도였다.

그는 자신의 일에 한 번 몰두하기 시작하면 사람들과의 그 어떤 접촉도 일체 거부했으며, 잠도 거의 자지 않아서 하루 2시간 이상 잠을 잔 적이 없다고 한다. 경우에 따라서는 자신의 연구실에서 휴식 없이 84시간 동안이나 작업했다고 하니 그야말로 일 중독자임이 분명하다. 8개국 언어를 구사하고, 한 번 읽은 논문이나 책 내용을 완벽하게 기억해 내는 놀라운 암기력을 과시한 그는 자신의 발명품에 관한 내용을 구체적인 부분까지 세밀하게 시각적으로 떠올리는 능력까지 겸비했는데, 그런 특별한 회상능력은 이미 어릴 때부터 지니고 있었다고 한다.

평소 매우 꼼꼼하고 강박적인 성격을 지녔던 그는 시계처럼 정확한 규칙적인 생활과 항상 단정하고 깔끔한 옷차림으로 정평이 나 있으며, 그래서 저녁식사도 정확히 오후 8시 10분에 맞춰 항상 혼자 했다고 하는데, 그것도 육식을 피하고 채식 위주의 빵과 우유, 꿀, 야채주스만으로 살았다. 그는 매일 10km 이상 도보를 할 정도로 운동에도 열심이었으며, 밤마다 발가락 운동을 통해서 자신의 뇌세포를 자극하는 운동을 했다고 한다. 이처럼 뇌기능에 강한 집착을 보인 그는 텔레파시 현상을 믿지 않았으며, 세상의 모든 다양한 법칙들도 결국 하나의 법칙으로 통합될 것으로 믿었다. 단일한 원칙과 규칙을 굳게 믿은 전형적인 완벽주의자였던 셈이다.

특이한 점은 유달리 숫자 3에 강한 집착을 보여 3으로 나눠지지 않는 숫자들을 몹시 싫어했다고 하는데, 심지어 호텔에 묵을 때도 객실 번호가 3으로 나눠지는 방만 사용했으며, 식사할 때도 매번 냅킨 18장을 사용했다고 한다. 더군다나 일정한 거처도 없이 호텔을 전전하며 지내던 그는 호텔방에서 홀로 외롭게 숨지고 말았는데, 그것도 호텔 33층 객실 번호 3327호실이었다. 그의 사망 소식을 듣고 곧바로 출동한 FBI는 그의 유품을 모두 압수하고 조사했으나, 소문으로만 듣고 우려했던 '죽음의 광선'에 대한 연구 기록은 끝내 나오지 않았다고 한다.

토스카니니

19세기 말과 20세기 전반에 걸쳐 활동한 이탈리아 출신의 세계적인 지휘자 **토스카니니**(Arturo Toscanini, 1867-1957)는 가난한 노동자 계급 출신으로는 매우 드물게도 세계적인 명지휘자 반열에 오른 입지전적 인물이다. 그의 명성이 높아지게 되면서 당시 파시즘 지도자 무솔리니는 토스카니니를 세상에서 가장 위대한 지휘자라고 추켜세우기도 했지만, 정작 토스카니니 자신은 무솔리니의 파시즘에 지독한 환멸을 느끼고 스칼라 극장에 의무적으로 달게 되어 있는 무솔리니의 초상 게시를 거부함으로써 당국의 눈총을 샀다. 심지어 그는 공연장에 참석한 장관이 보는 앞에서도 파시스트 당가 연주를 거부해 검은 셔츠 단원들로부터 심한 모욕을 당하기도 했으나 끝내 자신의 고집을 꺾지 않았다.

이에 격분한 무솔리니는 그의 전화를 도청하며 계속 감시하도록 지시하고 여권까지 압수조치 했는데, 그런 부당한 조치에 대해 국제 여론이 악화되자 여권만은 마지못해 돌려주었다. 당시 무솔리니에 대한 혐오감이 얼마나 컸던지 그는 한 친구에게 "내가 만약 한 사람을 죽일 수 있다면 그건 무솔리니일 것이다."라고 말할 정도였다. 결국 파시즘 당국의 탄압을 견디지 못한 그는 미국으로 망명해 1954년 87세로 은퇴할 때까지 오랜 기간 NBC 교향악단을 지휘했으며, 3년 뒤에 뉴욕 자택에서 숨을 거두었다.

매우 다혈질이고 과격한 데다 고집 세고 깐깐하며 일체 타협할 줄 모르는 강박적인 성향의 토스카니니는 항상 완벽한 연주를 요구한 무대 위의 독재자로 정평이 나 있다. 그는 완벽한 소리를 내기 위해 단원들을 매우 혹독하게 다루었으며, 연습 도중에 연주가 마음에 들지 않으면 고성을 지르고 지휘봉을 꺾거나 심지어 자신의 셔츠를 찢기까지 했다. 그의 불같은 성격에 질린 단원들은 토스카니니를 '토스카노노'라는 별명으로 불렀는데, 연습 중에 항상 목쉰 음성으로 "아니야, 아니야(no, no)."라는 말을 입에 달고 지냈기 때문이다.

시력이 몹시 나빴던 그는 악보를 통째로 암기해 지휘함으로써 단원들을 놀라게 했는데, 원칙주의자이며 완벽주의자이기도 했던 토스카니니는 오로지 악보대로만 연주하기를 요구하고 그것이 작곡자에 대한 예의라고 여겼으며, 지휘자 나름대로 멋대로 곡을 해석해 연주하는 것에 반대했다. 심지어는 무솔리니 앞에서 푸치니의 미완성 작품 〈투란도트〉를 연주할 때도 공연 중에 지휘를 갑자기 중단하고 청중들에게 "오페라는 여기서 끝납니다. 작곡가가 이 부분에서 죽었기 때문이죠."라고 설명했다고 하는데, 이 문장은 그의 묘비명에도 새겨져 있다고 한다. 그야말로 융통성이라곤 한 치도 찾아볼 수 없는 지독한 강박적 외골수 원칙주의자였음을 알 수 있다. 그래도 생전에 그는 TV 코미디 프로만큼은 즐겨 봤다고 한다.

조르주 루오

독실한 기독교 신앙심에 바탕을 둔 어둡고 무거운 주제와 화풍으로 유명한 프랑스 화가 **조르주 루오**(Georges-Henri Rouault, 1871-1958)는 그 어떤 시류에도 영합하지 않고 오로지 자신만의 독특한 종교적 성상화를 계속해서 그렸는데, 좀처럼 작품의 완성을 인정하지 않을 정도로 매우 강박적인 성격의 완벽주의자였기 때문에 한 작품을 완성하는 데 많은 시간이 걸릴 수밖에 없었다고 한다.

눈에 보이지 않는 것은 그릴 수 없다는 사실주의 화가 쿠르베와는 정반대로 눈에 보이는 모든 것은 믿을 수 없다고 여긴 루오는 엄밀한 도덕성 추구와 영적인 차원의 종교적 심성을 추구하는 데 일생을 바친 화가였는데, 그런 이유 때문에 루오는 화단에서 오랜 기간 소외당할 수밖에 없었으며, 대중적인 인기와도 거리가 멀었다. 더군다나 루오는 비합리적인 세계에 대한 불신으로 사회비판적인 경향이 매우 강해서 부자나 권력자들에 대한 반감과 가난하고 학대받는 자들에 대한 연민과 동정심을 직설적으로 표현하기도 했다.

당연히 그가 즐겨 다룬 소재는 창녀, 서커스의 어릿광대, 예수 그리스도 등의 인물상과 도시의 빈민가를 대상으로 하고 있으며, 특히 슬픈 표정의 피에로를 많이 그렸다. 이처럼 구세주인 예수와 동일시한 듯이 보이는 그의 태도는 일생 동안 변함이 없었는데, 그리스도의 모습조차 매우 헐벗고 굶주린 인물처럼 묘사했으며, 검고 굵은 선의 사용, 빛과 어둠의 기묘한 조화는 루오 작품의 주된 특징이기도 하다. 따라서 영적인 구원에 몰두한 그에게 아름다운 자연의 풍광은 아무런 의미도 없다는 듯 그의 풍경화 역시 주로 어두운 밤을 무대로 한 것이 많으며, 그것도 성서를 배경으로 한 경우가 대부분이다.

37세 때 결혼해 네 자녀를 둔 루오는 지극히 평범한 삶을 지냈으며, 39세 때 비로소 처음으로 개인전을 열었으나 좀처럼 빛을 보지 못했다. 그럼에도 루오는 묵묵히 성상화 제작에만 전념했을 뿐이다. 그에게 작품 활동은 일종의 구도의 길로 나아가는 행위였기 때문일 것이다. 말년에 이르러 루오는 화상 볼라르가 소장하고 있던 자신의 작품 300여 점을 법정소송을 통해 모두 회수하여 불태워 버렸는데, 그 이유는 미완성작으로 간주한 자신의 작품들을 얼마 남지 않은 여생 동안에 모두 완성시킬 여력이 없다고 판단했기 때문이다. 그의 완벽주의적인 성격이 어느 정도인지 알 수 있는 행동이라 하겠다. 그토록 경건한 삶을 보내던 루오가 87세를 일기로 세상을 떠나자 프랑스 정부는 국장으로 그의 죽음을 애도하기도 했다.

아프리카의 오지에서 세속적인 욕심을 버리고 오로지 가난하고 헐벗은 원주민을 위해 일생을 바친 밀림의 성자 **슈바이처 박사**(Albert Schweitzer, 1875-1965)는 기독교 정신을 몸소 실천한 가장 대표적인 인물로 전 세계인으로부터 존경의 대상이 되고 있는 인도주의자다. 원래 독일 알자스 지방에서 독실한 목사의 아들로 태어난 그는 비록 허약한 체질로 부모의 걱정을 샀으나 어려서부터 마음이 여리고 정이 많아서 친구와 새잡이를 가서도

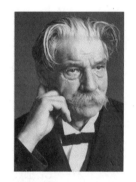

슈바이처

잡은 새를 도로 놓아주었다고 한다. 한번은 누이와 함께 카드놀이를 하다가 그녀가 속임수를 쓰자 분을 참지 못하고 누이의 따귀를 때린 사건이 있었는데, 그 후로는 자책감에 사로잡힌 나머지 일생 동안 두 번 다시 카드를 손에 대지 않았다고 한다. 매우 고지식하고 원칙주의적인 면모를 읽을 수 있는

대목이다.

　돈독한 신앙심과 도덕성을 추구한 그는 대학에 다니던 21세 무렵 어느 날 갑자기 자신에게 가족들과 함께 행복을 누릴 자격이 과연 있는지에 대해 심각하게 고민하기 시작하면서, 그때부터 30세까지만 학문과 연주활동에 정진하고 그 후부터는 인류를 위해 봉사하기로 작심하기에 이르렀다. 스트라스부르 대학에서 철학박사 및 신학박사 학위를 딴 후 목사가 된 그는 오르간 연주와 바흐 연구에도 일가견이 있었지만, 신학자와 연주자의 길을 과감히 접고 평소 자신의 뜻을 이루기 위해 30세에 이르러 의학공부를 새롭게 시작해 7년 후에 의사 자격을 땄으며, 그의 아내도 뜻을 같이해 간호사 자격을 땄다. 흥미로운 사실은 그의 학위 논문 제목이 〈예수의 정신의학적 연구〉였다는 점이다.

　물론 주위의 만류가 컸으며, 심지어는 허영심의 발로라고 헐뜯는 사람들까지 있었으나, 자신의 뜻을 굽히지 않은 그는 모든 준비를 마치고 1913년 마침내 부인과 함께 아프리카의 오지 랑바레네로 떠나 그곳에서 의료봉사에 착수했다. 그는 병원 운영 기금을 마련하기 위해 유럽을 순회하며 오르간 연주회를 갖기도 했지만, 때마침 제1차 세계대전이 발발하면서 독일인이라는 이유로 프랑스의 포로수용소에 갇혀 지내기도 했다. 당시 그의 마음을 가장 아프게 만든 사건은 어머니가 군인들의 말발굽에 치여 세상을 뜬 일이었다.

　독일이 패전한 이후 그의 고향 알자스가 프랑스 영토가 되면서 프랑스 국민이 된 슈바이처는 수년간 유럽 전역을 순회하며 모금운동을 벌이고 1924년 랑바레네로 돌아가 병원 규모를 대폭 늘렸는데, 세계 각지에서 그를 돕기 위해 몰려든 자원봉사자들 덕분에 나병환자들과 정신장애자들을 위한 시설까지 운영하게 되었다. 1952년 노벨 평화상을 받고 5년이 지나 90세를 일기로 바흐의 음악을 들으며 조용히 숨을 거둔 그는 먼저 세상을 뜬 아내 헬렌의 무덤 곁에 나란히 묻혔다. 그가 죽은 후 딸 레나가 아버지의 유지를 받들어 랑바레네 병원을 운영했다.

세계적인 명성을 날린 미국의 경제학자 **스콧 니어링**(Scott Nearing, 1883-1983)은 유복한 사업가 집안에서 태어났으나 성인이 되어서는 자신의 모든 기득권을 포기하고 사회주의자로 변신해 반자본주의 및 반전주의 노선을 밟으며 방대한 저술활동을 벌였다. 하지만 그동안에 스파이 혐의로 법정에 서기도 했으며, 위험분자로 낙인찍힌 나머지 교수직을 박탈당하고 강연도 취소되는 등 갖은 불이익을 감수해야만 했다.

스콧 니어링

마르크스와 톨스토이, 예수와 부처를 포함한 4대 성인, 위고와 로맹 롤랑, 데이비드 소로와 월트 휘트먼 등 다양한 인물들의 영향을 고루 받으며 일생 동안 매우 금욕적이고도 청빈한 삶을 유지했던 그는 100세 생일을 치른 후 숨을 거둘 때에도 그 어떤 흐트러짐도 없이 품위 있게 자신의 죽음을 맞이했는데, 신체적 고통을 줄이거나 생명을 연장하려는 모든 의학적 조치를 거부하고 물과 음식조차 끊은 상태에서 조용히 생을 마감했다. 그야말로 태어날 때처럼 오염되지 않고 순수한 몸과 마음 상태로 죽음을 맞이한 것이다.

세상의 모든 폭력과 살생에 반대하는 평화주의자로 일생 동안 채식을 고집하며 살았던 그는 불합리한 세상과의 타협을 거부하고 조용히 시골에 은거하며 오로지 자신의 도덕적 신념에 따라 마치 성자와도 같은 삶을 살았다. 그런 점에서 스콧 니어링은 완벽을 추구한 도덕주의자요, 오염된 세상과의 타협을 거부한 은둔자이며, 금욕과 청빈한 삶의 실천을 통해 가장 순수한 영혼에 도달하고자 했던 전형적인 강박적 성향의 인물이었다고 할 수 있다.

T. S. 엘리엇

20세기 주지주의 문학을 대표하는 현대 영시계의 거장 **T. S. 엘리엇**(Thomas Sterns Eliot, 1888-1965)은 1948년 노벨 문학상을 받음으로써 20세기 최고의 시인으로 추앙받기에 이르렀는데, 특히 그의 대표작 〈황무지〉는 제1차 세계대전 직후의 황폐된 세상과 현대인의 환멸, 소외 등을 대변하는 작품으로 평가되며 비평가들로부터 극찬을 받았다. 하지만 〈황무지〉가 그의 삶에서 가장 최악의 시점에 나온 작품이라는 점을 고려한다면, 시대적 위기뿐 아니라 시인 자신의 개인적 위기상황을 반영한 것일 수도 있다.

매우 소심하고 신경질적이며 강박적인 성격의 소유자였던 엘리엇은 원래 미국 태생이지만, 무질서하고 천박한 미국사회에 혐오감을 느낀 나머지 전통과 질서를 중시하는 영국으로 건너가 정착한 뒤 귀화해서 죽을 때까지 런던에서 살았다. 영국에서 비비안 헤이우드와 결혼하고 교편생활을 유지하던 그는 얼마 가지 않아 결혼과 직장 모두 끔찍스러운 재앙처럼 여기게 되었다. 변덕이 죽 끓듯 하는 아내의 히스테리와 적성에 맞지 않는 교사일이 시인으로 성공하는 데 가장 큰 걸림돌이 된다고 여긴 것이다. 실제로 그에게 가장 두려운 사실은 시간과 정력을 낭비하는 일이었는데, 그런 이유 때문에 극심한 신경쇠약에 걸린 나머지 스위스의 정신과의사 비토즈 박사에게 치료를 받고 가까스로 회복되기도 했다. 그 후 원기를 되찾은 그는 마침내 1922년 〈황무지〉를 완성해 발표함으로써 영국 시단에 일대 돌풍을 일으키게 된 것이다.

따라서 그가 〈황무지〉를 쓴 시점은 그의 삶에서 가장 고통스럽고 온갖 환멸과 스트레스로 가득 찬 시기로 부모의 반대를 무릅쓴 결혼, 미국으로 돌아가지 않고 부모와 결별한 사실, 학문적 경력으로 철학을 포기한 사실, 생계를 위해 어쩔 수 없이 교사 노릇을 한다는 점 등이 그로서는 실로 감당하기 어려운 정신적 부담이었다. 더군다나 히스테리적인 아내 비비안이 쉴 새 없이 쏟아내는 잔소리에 지칠 대로 지친 나머지 극심한 불안과 우울, 의욕상실에 빠져 두 번 다시 글을 쓸 수 없게 되면 어쩌나 하는 두려움에 사로잡히기도 했다.

이처럼 잘못된 결혼 때문에 완전히 낭비된 삶을 살고 있다는 자괴감에 빠진 엘리엇은 결국 그것이 불결하고 혐오스러운 성생활로 인한 정력 낭비는 물론, 비비안의 치료비를 포함한 생활비 버는 일에 자신의 아까운 재능을 모두 낭비하고 있기 때문이라고 여긴 것이다. 그런 점에서 당시 그에게 가장 고통스러운 단어가 있었다면 그것은 바로 낭비(waste)라는 어휘였을 것이다. 따라서 황무지란 바로 그렇게 온갖 낭비로 점철된 엘리엇 자신의 정신적 황무지를 상징하는 것이기도 하다. 낭비를 몹시 두려워한 엘리엇 입장에서 볼 때, 그의 〈The Waste Land〉는 황무지임과 동시에 낭비의 땅으로, 그것은 곧 황폐해진 자신의 고갈된 정신세계를 우회적인 방식으로 드러낸 것이다.

강박적인 성격의 사람들이 가장 두려워하는 시간낭비, 정력낭비, 재능낭비, 인생낭비, 이 모든 끔찍스러운 낭비의 쓰레기더미들이 한곳으로 결집된 낭비의 땅(waste land)이야말로 그에게는 지옥 그 자체였으며, 죽음의 땅이기도 했을 것이다. 지옥처럼 끔찍스러운 바로 그 시기에 나온 〈황무지〉는 결국 그 자신이 가장 두려워했던 낭비된 삶의 절망적 상황을 나타낸 것으로, 결국 그는 황무지처럼 황폐해진 불모의 정신세계에서 탈출하고자 〈황무지〉를 쓴 것이다. 엘리엇은 분명 결혼에 실패했으며, 성생활 역시 성공적이지 못했다. 그에게는 금욕생활이 오히려 축복이었다. 그래서인지 〈황무지〉 첫 머리부터 모든 생명이 움트는 4월이 가장 잔인한 달이라고 읊었나 보다. 따라서 그에게는 온갖 추억과 욕정이 움트는 봄보다 차라리 모든 것이 잠든 겨울이 더욱 따뜻했을 것이며, 오로지 감성을 배제한 지성만이 중요했기에 주지주의 문학의 대가로 우뚝 설 수 있게 된 것이 아니겠는가.

그는 악하지도 선하지도 않은 어중간한 상태보다는 차라리 악한 편이 낫다고 말하기도 했는데, 이는 마치 강력한 힘을 지닌 지배자 또는 가해자의 논리를 대변하는 듯이 들린다. 그는 분명 약하고 힘없는 사람들에 대한 연민의 정이나 동정심조차 느낄 수 없는 냉담한 성격의 소유자였음에 틀림없다. 그런 냉담성과 비정함은 아내 비비안이 1938년에 정신병원에 입원해서 1947년 숨을 거두기까지 10년 가까운 입원 기간 내내 단 한 번도 그녀를 방문하지 않았다는 사실을 통해서도 알 수 있다. 그리고 그녀가 숨을 거둔 이듬해 그는 생애 최대의 영예인 노벨 문학상을 수상했다.

가와바타 야스나리

일본 작가로서는 최초로 1968년 노벨 문학상을 수상함으로써 일본인의 자긍심을 크게 고무시켰던 **가와바타 야스나리**(川端 康成, 1899-1972)는 대표작 《설국》을 통해서도 알 수 있듯이 순수하고 섬세한 일본적인 미를 탁월한 예술적 감각으로 묘사한 소설가다. 그가 노벨상 수상식장에서 행한 연설의 제목 "아름다운 일본의 나─그 序說"에서 보듯이 그는 일본인의 곱고 아름다운 심성과 섬세한 미적 감수성을 세계에 널리 자랑하며 선전했는데, 그런 점에서 소설 《설국》의 주인공 시마무라는 결국 가와바타 자신의 분신이라고 할 수 있다.

설국은 눈이 많이 오는 곳을 가리킨다. 그러나 한편으로는 더럽고 불결한 오염으로부터 벗어난 곳이기도 하다. 아니 벗어났기보다 깨끗한 눈으로 덮인 곳이라는 표현이 더욱 적절할 듯싶다. 따라서 그곳은 적어도 겉으로 보기에는 청결과 순수로 이루어진 순백의 세계요, 후덥지근한 음란과 타락에서 격리된 장소인 동시에 작가 자신이 지향하는 이상적인 모습의 강박적인 세계를 상징하는 곳이기도 하다. 달리 말해서 설국은 가와바타 자신의 강박적인 결벽증과 완전벽, 그리고 나르시시즘이 한데 어우러진 이상적인 형태의 심리적 공간을 상징한다고 볼 수 있다.

어려서부터 연달아 이어진 부모의 죽음으로 졸지에 고아가 되어 외롭게 자랄 수밖에 없었던 가와바타는 일생 동안 미적 가치와 순수에 대한 매우 강박적인 집착을 보여 주었는데, 그런 성향은 항상 어둡고 을씨년스러운 어린 시절의 불행했던 기억과 관련이 있으며, 그를 키워 준 병든 할아버지와 함께 살았던 기억과도 무관치가 않을 것이다. 병마에 시달리는 늙고 추한 노인의 육체가 얼마나 불결하고 역겨운 존재인지에 대한 끔찍스러운 혐오감과 두려움은 가와바타의 실제 소년시절 일기였던 〈16세의 일기〉에 적나라하게 드러나 있기 때문이다.

말년에 73세 나이로 죽을 날을 코앞에 둔 시점에서 그는 늙고 병들어 추한 자신의 모습에 견딜 수 없는 혐오감을 느낀 나머지 어느 날 갑자기 가스관을 입에 문 채 자살해 버렸는데, 불과 4년 전에 노벨상 수상식장에서 백발을 휘날리며 일본의 미에 대하여 입에 침이 마르도록 찬미했던 인물이 그토록 아름다운 미의 나라를 마다하고 자살해 버렸으니, 그렇지 않아도 그가 아끼던 제자 미시마 유키오가 불과 1년 6개월 전에 자위대 본부에서 인질극을 벌이다 할복자살한 사실을 기억하고 있던 일본인들에게는 이중적인 상처를 남긴 셈이 되었다.

미국의 백만장자 **하워드 휴스**(Howard Hughes, 1905-1976)는 항공사업과 영화산업에서 독보적인 성공을 거둔 기업가로, 기이한 행적으로 유명할 뿐만 아니라 못 말리는 플레이보이이기도 했다. 사춘기 시절에 부모를 모두 잃고 졸지에 고아가 된 그는 대학마저 중퇴하고,

하워드 휴스

19세라는 어린 나이에 엘라 라이스와 결혼한 직후 영화계에 투신할 뜻을 품고 로스앤젤레스에 정착했다. 그는 사업가였던 아버지의 막대한 유산을 물려받아 먹고 살 걱정이 전혀 없었으나 특이한 성격적 결함과 예측할 수 없는 기분 변화, 기괴한 습성 때문에 괴짜 인간으로 소문이 자자했으며, 결국 아내는 결별을 선언하고 그의 곁을 떠나 버렸다.

그 후 수많은 여배우와 염문을 뿌리고 다니다가 나이 50대에 뒤늦게 여배우 진 피터스와 재혼했으나, 그녀의 연예 활동을 일체 금지하고 신변 보호라는 미명하에 그녀의 일거수일투족을 경호원들이 감시하고 일일이 보고하도록 지시했다. 그야말로 새장 안에 갇힌 새처럼 10여 년의 세월을 보낸 그녀는 결국 그런 감옥 생활을 견디지 못하고 이혼을 선언하고 말았다. 하지만 그것은 평소에 그가 보인 기괴한 모습에 비하면 차라리 애교에 가깝다.

매우 강박적인 성향을 보인 휴스는 비행기에 강한 집착을 보인 것으로 유명하지만, 사소한 것에도 집착해 매사에 융통성 없고 우유부단했던 것으로 알려졌다. 단적인 예로, 식사 중에도 완두콩을 크기에 따라 포크로 일일이 분류하는가 하면, 항상 초콜릿과 치킨만을 먹었으며, 우유 외에는 다른 음료를 절대 입에 대지 않았다. 또한 휴지 박스를 곁에 쌓아두고 정리정돈을 반복했으며, 항상 누드 상태로 의자에 앉아 홀로 영화를 감상했다고 한다. 어떤 경우에는 한 영화를 150번이나 봤다고 하니 그 집념이 얼마나 병적인지 알 만하다.

특히 세균과 먼지, 얼룩을 몹시 두려워한 그는 물건을 집을 때도 맨손을 사용하지 않고 항상 휴지를 사용했으며, 자신의 부하들에게 지시를 내릴 경우에도 직접 대면하지 않고 메모를 적어서 전달할 정도였다. 따라서 피가 날 때까지 손을 씻는 버릇과 불결한 화장실 문을 열지 못하고 누군가 문을 열 때까지 기다려야만 했음에도 불구하고 정작 그 자신은 매우 불결하기 그지없어서 수 주일간이나 목욕도 하지 않고 머리와 손톱도 깎지 않았다고 하니 참으로 모순이 아닐 수 없다. 심지어 그는 자신의 소변을 유리병에 담아 보관하기까지 했다.

말년에 이를수록 기이한 행적이 더욱 심해지자 결국 대중 앞에 나서기를 기피하고 은둔 생활로 들어갔으며, 멕시코 아카풀코에 있는 자신의 전용 주택에 머물다가 건강이 더욱 악화되자 비행기로 텍사스 휴스턴의 병원으로 이송 중에 기내에서 숨을 거두었다. 부검 결과 직접적인 사인은 신부전으로 밝혀졌으나 당시 그는 체중 40kg에 불과한 극심한 영양결핍 상태였으며, 머리와 수염, 손톱과 발톱 모두가 길게 자란 모습이었다고 하니 세상이 부러워하던 백만장자의 마지막치고는 참으로 딱한 최후가 아닐 수 없다.

소련의 현대 작곡가 **쇼스타코비치**(Dmitri Shostakovich, 1906-1975)는 15개의 교향곡을 포함해 다양한 장르에 걸쳐 수많은 걸작을 남긴 천재 음악가이다. 그러나 한때 소련정부와 불편한 관계를 유지했던 그는 개인적으로 수차례 위기를 겪기도 했다. 그럼에도 체제순응자라는 엇갈린 평가를 받기도 했던 그는 자신의 불편하고 혼란스러운 감정을 겉으로 내색하지 않고 오로지 작품을 통해서만 표출시킨 음악가였다.

쇼스타코비치

원래 쇼스타코비치는 매우 연약하고 소심하며 강박적인 성격의 소유자로 알려져 있는데, 그런 특성 때문에 우유부단하면서도 거절을 잘 하지 못한다는 말을 들었다. 그래서 공산당의 비판과 강압에 손쉽게 굴복한 것으로 보는 시각도 있다. 서방세계로 얼마든지 망명할 수 있는 기회가 있었음에도 그대로 소련에 눌러 앉아 산 것도 결정적인 순간에 그 어떤 결단도 내리지 못하는 그런 우유부단함 때문이었을 것이다. 마치 그 어떤 결정도 내리지 못하고 고민만 하다 비극적인 최후를 맞이하는 매우 강박적인 성격의 햄릿처럼 말이다. 이런 동질감 때문에 소련영화 〈햄릿〉의 음악을 맡아 작곡까지 했나 보다.

비록 그는 공산당에 가입하긴 했으나 철저한 사회주의자도 아니었으며, 그렇다고 반공주의자도 아니었다. 단지 음악을 통해 자신의 개인적 고뇌와 갈등을 묘사한 작곡가였을 뿐이다. 그의 강박적인 성격은 항상 청결을 유지하는 완벽주의에서 엿볼 수 있다. 매우 신경이 예민했던 그는 시간 관리에도 엄격했는데, 그가 살던 아파트에서는 수많은 시계가 반드시 동시에 울려 퍼져야 했으며, 뿐만 아니라 자신에게 우편물이 제대로 도착하는지 여부를 확인하기 위해 자기 자신에게 정기적으로 엽서를 보내기까지 했다.

타인의 비난에 특히 상처받기 쉬운 성격이었던 그는 '아니요'라고 부정하거나 거절을 제대로 할 수 없었는데, 그랬을 경우 상대방으로부터 어떤 보복을 당할지 두려웠기 때문이다. 그는 실제로 그런 피해의식 속에 일생을 보냈다. 그의 작품 가운데는 자신의 속내를 감춘 내용들이 많은 것으로 알려져 있는데, 두 번에 걸친 혹독한 당의 비판과 공개적인 자아비판을 통해 그런 경향은 더욱 두드러졌다. 살아남기 위해서는 어쩔 수 없었을 것이다.

항상 찡그린 표정의 쇼스타코비치는 자신의 분노와 좌절을 감추고 살아야 했지만, 그런 신경질적인 반응은 그의 음악을 통해서도 자주 표출된다. 하지만 정작 그 자신은 유머를 매우 좋아해서 채플린의 영화를 즐겨 보았으며, 고골리의 희화적인 소설 《코》를 오페라로 만들기도 했다. 50대에 접어들어 뒤늦게 소아마비에 걸린 그는 팔다리가 여의치 않음에도 불구하고 술과 담배에 의지해 지냈는데, 결국에는 폐암으로 세상을 떴다.

가슴으로 살아가는
히스테리

히스테리(hysterie)라고 하면 히스테리 부리며 짜증
내는 여성의 모습을 떠올리기 마련인데, 과거 1960년대 인기를 끌었던 가수
최희준의 노래 〈우리 애인은 올드미스〉에도 히스테리가 심한 여성을 희화
적으로 묘사하기도 했다. 하지만 히스테리 용어의 사용은 19세기 말까지 거
슬러 올라간다. 1895년 프로이트가 요제프 브로이어와 공저로 출간한 저서
의 제목도 《히스테리 연구》였으니 말이다.

당시 프로이트는 주로 히스테리 여성 환자들을 분석하면서 무의식의 강
력한 힘과 오이디푸스 콤플렉스의 이론적 단서를 발견해 냈기 때문에, 정신
분석의 탄생에 가장 큰 공헌을 남긴 장본인은 사실 히스테리 여성들이었다
고 할 수 있다. 대화치료라는 용어를 처음 소개한 것도, 그리고 억압된 기억

히스테리

1. 특징
- 여성에 많다.
- 사고능력보다 감정에 치우친다.
- 대인관계가 피상적이다.
- 깊은 정서적 유대관계 유지에 두려움이 있다.
- 감정 표현에 의존하는 예술활동이나 연예계에서 성공하는 수가 많다.

2. 증상 및 진단 기준
- 자기중심적으로 타인의 주의를 끌기 위해 애쓴다.
- 말과 행동이 화려하고 연극적이며 과장되어 있다.
- 정서적으로 불안정하다.
- 논리적·합리적 판단에 취약하다.
- 사소한 자극에 지나치게 민감한 반응을 보인다.

과 감정을 회상함으로써 심적 부담을 더는 환기(ventilation) 효과를 굴뚝청소에 비유한 것도 모두 히스테리 환자들이었기 때문이다.

프로이트가 소개한 히스테리 증세는 실로 다양하고 광범위한 것이어서 단순히 히스테리성 인격뿐 아니라 신체적 증상을 동반한 전환 히스테리(conversion hysteria)도 포함된 것으로, 여기에는 실어증, 일시적 난청과 시력 상실, 수족마비, 사경증(torticollis), 유사 간질 발작, 감각마비, 기억상실, 해리성 둔주와 다중인격 등을 모두 총망라한 것이었다. 물론 오늘날 의학적 지식의 보급으로 과거에 널리 유행했던 전형적인 증세는 찾아보기 힘들게 되었으나, 그럼에도 간간이 임상현장에서 발견되기도 한다.

이처럼 매우 극적인 형태로 나타나는 증세 때문에 고대 그리스인은 그 원인이 여성의 몸 내부에 제멋대로 돌아다니는 자궁 탓으로 생기는 현상이라고 이해했으며, 의학적으로는 자궁 방황설(wandering womb theory)이라고 부른다. 히스테리의 어원도 그리스어로 자궁을 뜻하는 히스테라(hystera)에서 비롯된 것으로, 따라서 히스테리 용어의 사용이 여성 폄하라는 오해를 불러일으킬 수 있다는 이유 때문에 20세기 후반에 와서는 정신의학 진단에서 완전히 삭제되고 대신 연극성 인격(histrionic personality)이라는 용어로 대체되었다.

히스테리 또는 연극성 인격의 특징은 지나치게 감정에 치우치고 경솔하며, 매우 자기중심적이어서 타인의 관심을 얻기 위해 항상 애쓰고 때로는 유혹적이다. 하지만 변덕이 워낙 심해서 대인관계를 꾸준히 이어가지 못하는 결함을 보이는 데다 자유분방한 기질로 인해 규칙적인 삶을 누리지 못한다. 깊이 생각하는 일과 기록에는 담을 쌓고 지내며 도덕성도 엷은 편이다. 하지만 성에 대한 두려움도 있어서 겉으로는 상대를 유혹해 놓고도 곧바로 거절하기도 하며 실제로 히스테리 여성에서 불감증도 많은 편이다. 이런 특성 때문에 이들 여성은 사무직이나 학자, 교육자보다는 자유로운 감정 표현을 요구하는 예능계로 나가는 것이 더욱 적합하다고 본다. 하지만 히스테리는 여성뿐 아니라 남성에도 존재하는 것으로 알려졌다.

고대 이집트의 여왕 **클레오파트라**(Cleopatra, BC 69-30)는 프랑스 철학자 파스칼이 말한 대로 그녀의 코가 조금만 낮았어도 세계역사가 달라졌을지 모르겠지만, 그녀의 매력은 단순히 뛰어난 미모에 있었다기보다는 오히려 상대를 압도하는 카리스마적인 태도와 음성, 매너에 있었다고 보는 주장도 있다.

비록 그녀는 이집트 원정에 나선 카이사르의 환심을 사서 여왕의 자리에 복귀할 수 있었으며, 당시 카이사르와 관계를 맺고 아들 카이사리온을 낳기도 했지만, 그 후 그녀의 든든한 후원자였던 카이사르가 암살당하자 그의 심복 안토니우스를 유혹해서 혼인까지 하고 3남매를 낳았다. 당시 안토니우스는 처자식이 있는 유부남이었으나 처남인 옥타비아누스를 배신하고 클레오파트라를 선택한 것이다.

하지만 옥타비아누스가 이집트에 선전포고하고 군대를 동원해 공격을 개시하자 안토니우스와 힘을 합쳐 로마군에 대항하던 클레오파트라는 악티움 해전에서 대패한 직후 독사에 물려 스스로 목숨을 끊고 말았으며, 그녀의 죽음을 알게 된 안토니우스 역시 그녀를 뒤따라 자살했다. 그리고 그녀가 낳은 카이사르의 아들 카이사리온은 도주하던 중에 로마군대에 붙들려 처형당하고 말았다.

클레오파트라는 분명 권력욕에 강한 집착을 지닌 여성으로 보인다. 그런 집념 때문에 자신의 남동생인 프톨레마이오스 13세와 혼인까지 하며 이집트를 공동 지배했으며, 자신에게 왕권을 되찾아 준 카이사르의 아이를 낳았을 뿐 아니라 안토니우스마저 유혹해 처자식을 버리도록 했으니, 사실 따지고 보면 당시 세계를 제패했던 강대국 로마제국과 그 지도자들을 상대로 마음껏 농락하고 이용하며 자신의 발 앞에 무릎 꿇게 만드는 놀라운 능력을 발휘한 유혹의 달인이었음에 틀림없다.

신약성서에 등장하는 여성 가운데 가장 요염하고 위험하기 그지없는 팜파탈로 알려진 **살로메**(Salome, 14-62)는 헤로디아의 딸로 당시 갈릴리의 영주였던 의붓아버지 헤롯 안티파스로 하여금 세례 요한의 목을 자르게 만든 장본인으로 알려져 있다. 그녀는 헤롯의 생일잔치에서 요염한 자태로 일곱 개의 베일 춤을 추어 헤롯을 기쁘게 했는데, 헤롯이 무슨 소원이든 들어주겠다고 말하자 어머니가 시킨 대로 세례 요한의 목을 원한다고 대답해 헤롯을 난처하게 만들었다. 그러나 약속은 약속이니만큼 어쩔 수 없이 부하를 시켜 감옥에 있던 요한의 목을 잘라 쟁반에 담아오게 했는데, 살로메는 그 목을 어머니에게 갖다 바쳤다.

　살로메의 어머니 헤로디아는 대제사장 시몬의 딸로 첫 번째 결혼에서 살로메를 낳은 후 나중에 남편과 형제간인 헤롯과 재혼했는데, 그녀가 요한을 그토록 미워한 이유는 헤롯과의 재혼을 부도덕한 근친혼으로 비난하며 강하게 반대했기 때문이다. 요한이 계속해서 민중을 선동하며 다니자 헤롯은 그를 감옥에 가두었지만 민중봉기가 두려워 감히 처단하진 못하고 있던 참이었는데, 살로메가 오히려 적절한 명분을 주었는지도 모른다.

　그 후 살로메는 트라코니티스의 영주 빌립보와 혼인했으나 그와 사별한 후 칼시스의 아리스토불루스와 재혼해 세 아들까지 두었지만, 얼어붙은 연못 위에서 놀다가 얼음이 깨지며 물속에 빠지면서 얼음에 목이 잘려 죽었다고 하는데, 그런 사실은 헤롯이 예루살렘의 빌라보 총독에게 보낸 편지에 소상히 기록되어 있다. 헤롯은 아내 헤로디아가 그렇게 잘린 딸의 목을 무릎 위에 올려놓고 깊은 슬픔에 빠진 것으로 보고하고 있는데, 그들이 요한의 목을 잘라 쟁반 위에 담았던 끔찍스러운 과거 행적을 떠올린다면 일종의 인과응보라는 느낌도 든다.

　루크레치아 보르자(Lucrezia Borgia, 1480-1519)는 가톨릭의 역사에서 가장 음탕하고 타락한 교황으로 알려진 알렉산더 6세의 딸로, 어머니 반노차 카타네이는 교황이 거느렸던 여러 정부 가운데 하나였다. 그녀의 형제로는 체사레와 후안, 조프레가 있었는데, 특히 오빠 체사레와는 비밀리에 근친상간적 관계를 맺고 있었다. 비록 그녀는 시대를 초월한 팜 파탈로 시인 바이런이 도서관에 진열된 그녀의 머리카락을 훔칠 정도로 일부 사람들

루크레치아 보르자

에게는 흠모의 대상이 되기도 했지만, 그녀의 가족들은 한결같이 성적인 추

문과 범죄, 그리고 정치적 음모로 가득 찬 도덕적 타락의 전형이기도 했다.

교황 알렉산더 6세와 그의 아들 체사레는 자신들의 정치적 야심을 이루기 위해 루크레치아를 십분 활용했는데, 세 번의 결혼 모두가 그런 정략적 차원에서 이루어진 혼인이었다. 특히 나폴리 국왕의 서자였던 두 번째 남편 알폰소는 정치적 이용 가치가 떨어지자 체사레에 의해 살해당했다. 십대 소녀시절 아버지에 의해 두 번씩이나 약혼이 깨진 적이 있던 그녀는 아버지가 교황에 오른 후 밀라노 공국의 실력자 콘스탄초 스포르차의 사생아였던 조반니와 결혼했는데, 성적으로 무능했던 남편에게 실망한 그녀는 아버지와 오빠 체사레를 통해 압력을 행사해 그 혼인을 무효화시켜 버렸다.

첫 결혼에서 실패한 루크레치아는 아라곤의 알폰소와 재혼해 만족을 느꼈으나 이번에는 오빠 체사레의 질투심 때문에 곤욕을 치러야 했다. 당시 매독을 앓았던 체사레는 흉터가 남은 얼굴을 가면으로 가리고 다녔는데, 이를 지적한 알폰소에게 앙심을 품고 밤중에 몰래 하인을 시켜 혼내 주었는데, 그에 대한 보복으로 알폰소의 하인이 체사레를 공격하는 일이 벌어지자 화가 치민 체사레는 아예 알폰소를 목 졸라 죽여 버렸다.

교황은 과부가 된 딸의 처지를 딱하게 여겨 페라라의 공작 알폰소 데스테와 세 번째 결혼을 시켰지만, 그녀의 바람기는 여전해서 다른 정부뿐 아니라 자신의 형제들과도 정사를 벌이다가 여덟 번째 아기 이사벨라를 출산한 직후 죽었는데, 당시 그녀의 나이 39세였다. 그녀의 시신은 비록 수녀원에 안장되었지만, 그토록 일탈된 삶을 살았던 여성으로 성소에 묻힐 수 있었던 것은 교황의 딸이라는 신분상의 특권 때문에 가능했을 것이다.

조선시대를 통틀어 가장 음란한 여인의 대명사로 악명이 자자했던 **어우동**(朴於宇同, 1430-1480)은 조선 성종 때 온갖 사회적 물의를 일으킨 기생으로, 원래는 양반 가문의 딸로 왕족의 후손과 혼인했으나 남편에게 버림받고 기녀가 된 이후 난잡한 성생활로 악명이 자자했으며, 수많은 고위 관료들과 섹스 스캔들을 일으켜 그녀의 처벌을 둘러싸고 찬반양론이 엇갈리는 큰 논란이 벌어지는 등 한동안 조정을 시끄럽게 만들었던 장본인이다.

충북 음성 태생인 그녀는 승문원 지사 박윤창의 딸로 태어나 왕손인 이동에게 시집갔으나, 아들을 낳지 못한다는 이유로 시댁의 냉대와 구박이 심했으며, 남편마저 기생에게 정신이 팔려 마음고생이 많았다. 결국 은그릇을 만드는 은장이와 정을 통했다는 혐의로 계집종과 함께 친정으로 쫓겨났는데, 친정에서조차 받아주지 않자 따로 집을 구해 지내게 되었으며, 그 후 기녀 수업을 받고 기생으로 활동하기 시작했다.

이혼당한 몸으로 거리낄 것이 없어진 그녀는 대담하고도 적극적인 태도로 남성들을 유혹하기 시작했는데, 지위고하를 막론하고 숱한 남성과 성관계를 맺었다. 특히 세종대왕의 서자 출신 손자 이난은 재색을 겸비한 어우동에 매료되어 자신의 팔뚝에 그녀의 이름을 먹물로 새기기까지 했는데, 그녀는 자기 마음에 드는 남자에게 자신의 이름을 문신하도록 요구했기 때문이다. 그래도 나중에 그녀를 끝까지 변호하고 선처를 호소한 인물은 이난밖에 없었다.

어우동에 대한 소문이 나돌자 수많은 선비와 유생들, 고관대작들이 그녀의 집을 드나들었으며, 찾아오는 손님들뿐만 아니라 그녀 자신이 길을 가다가 마음에 드는 남성이 있으면 스스로 다가가서 유혹해 정을 통할 정도로 그녀는 대범했는데, 이웃에 살던 남성과는 그의 조상을 모신 사당에서 정을 통할 정도였으니 당시 유교적 사회 분위기에서 볼 때, 그녀는 실로 위험하기 그지없는 폭발물과도 같은 존재였을 것이다. 그녀와 관계를 맺는 상대가 고위관직에까지 이르게 되고 그런 소문이 장안에 파다하게 퍼지게 되자 조정에서조차 그녀의 문란한 행실을 문제 삼기 시작해 결국 그녀는 의금부로 끌려가게 되었다.

어우동뿐 아니라 그녀와 관계한 남성들까지 문초를 당하게 되었는데, 이난을 제외한 모든 고관대작이 자신들의 혐의를 강하게 부인하고 나섰으며, 결국 그들은 나중에 모두 사면되거나 복직되고 어우동만 억울하게 처형되고 말았다. 성종도 처음에는 유배 정도에서 사건을 마무리할 생각이었으나, 조정 대신들이 들고 일어나 처형을 강력히 요구하는 바람에 어쩔 도리가 없었다. 사실 그녀는 당시 통용되던 간통죄 처벌 규정에 따르자면, 곤장 80대로 끝날 형벌이었음에도 불구하고 사형까지 시킨 것은 지나친 처사였음에 틀림없으며, 물론 그것은 그녀의 존재로 인해 양반사회의 위선이 적나라하게 드러나게 됨으로써 조정 대신들의 더욱 큰 반발을 불러일으켰기 때문일 것이다. 따라서 어우동은 장희빈, 장녹수, 문정왕후 등과 함께 조선시대의 대표적인 악녀 취급을 받아왔으나 어찌 보면 완고한 유교사회 체제의 희생양이 된 여성의 표본이라 할 수 있겠다.

박연폭포, 서경덕과 함께 송도 3대 명물로 꼽히는 **황진이**(黃眞伊, 1506-1567)는 조선 중기에 활동한 기생으로, 뛰어난 미모에 시가와 춤, 가야금 연주는 물론이고 학문적 지식도 해박해서 많은 선비, 문인들과 교류하며 전국을 유람하기도 했던 명기다. 그러나 당시 생불이라 불리며 존경을 받았던 지족선사를 파계시키고, 왕족인 벽계수의 콧대를 보기 좋게 꺾어 놓기도 하는 등 사대부와 종교계의 위신을 떨어트리는 행적으로 조선시대 내내 음탕한 기녀의 상징이 되어 그녀에 대한 언급이 금기시되었다. 그녀는 비록 화담 서경덕을 유혹해 굴복시키려다 실패하긴 했으나 오히려 그의 고결한 인품에 매료되어 사제지간을 맺고 그에게서 개인지도를 받기도 했다.

개성 출신인 황진이는 양반 가문의 서녀로 태어났는데, 어머니 역시 기생 출신으로 알려졌으며, 맹인이었다고 전해지기도 한다. 비록 홀어머니 밑에서 자랐지만 어려서부터 한학을 배우고 한시에도 재능을 보였다. 그녀가 기생이 된 이유는 분명치 않은데, 서출 신분을 비관해서 스스로 기녀가 되었다고도 하고, 그녀를 짝사랑하던 남자가 상사병에 걸려 죽은 사실을 알고 기생이 되었다는 말도 전해진다. 기생이 된 지 얼마 안 되어 그녀에 대한 소문이 조선 팔도에 퍼졌는데, 그 소문을 듣고 찾아든 일류 명사들과 정을 나누며 많은 시가와 그림들을 남겼으나 그 후 대부분 유실되고 말았다.

당대의 명창 이사종과 6년을 함께 살기도 했던 그녀는 그와 헤어진 뒤 지족선사를 다시 찾았으나 선사는 요지부동이었다. 그녀는 외로운 말년을 보내다 60세 전후 나이로 죽은 것으로 알려졌는데, 죽기 전에 자신의 과거를 돌이키며 관조차 쓰지 말 것을 당부했다고 한다. 젊었을 때는 매우 활달하고 호기에 충만해 많은 남성을 굴복시키며 사대부의 위선을 조롱까지 했던 그녀로서는 매우 쓸쓸하고도 초라한 말로였다.

불륜의 여왕으로 불리는 **마고**(Marguerite de Valois, 1552-1615)는 프랑스의 국왕 앙리 4세의 왕비로 여왕 마고(La Reine Margot)라는 호칭은 그녀에게 붙여진 별명일 뿐이다. 비록 그녀는 아름다운 외모와 뛰어난 재능의 소유자였으나 두 오빠와의 불륜 등 타락한 사생활 때문에 많은 비난의 대상이 되었던 여성이기도 하다. 그녀는 앙리 2세의 막내딸로 태어났는데, 어려서부터 마고라는 애칭으로 불리며 오빠들의 귀여움을 독차지했다.

마고

개신교를 신봉하는 앙리 드 기즈와 사랑에 빠진 그녀는 결혼을 간절히 바랐으나 어머니의 반대로 뜻을 이루지 못하고 결국 나중에 앙리 4세가 된 나바라 왕국의 후계자 앙리와 정략적인 혼인을 치르게 되지만 당연히 그것은 마음에도 없는 결혼이었다. 비록 어머니와 오빠인 샤를 9세의 강요에 의해 마지못해 치른 혼인이었으나 개신교도였던 시아버지가 갑자기 죽는 바람에 개신교와 가톨릭 사이에 이루어진 모처럼의 종교적 화해 분위기가 급변해 분쟁으로 치닫기 시작했다.

결국 혼인식이 치러진 지 불과 6일 뒤에 바르톨로메오 학살이 시작되었는데, 그 발단은 마고의 애인이었던 앙리 드 기즈 공작이 개신교도의 지도자였던 콜리니 제독을 살해한 데서 비롯된 것이다. 학살의 와중에서 간신히 위기를 모면한 마고는 샤를 9세가 갑자기 죽고 평소 마고와 사이가 좋지 않던 앙리 3세가 즉위하자 신변의 위협을 느낀 나머지 동생 알랑송과 함께 탈출에 성공했다. 알랑송은 그 후 반군 지도자가 되어 가톨릭 강경파를 이끌었던 앙리 드 기즈 공에 맞서 싸웠다.

마고는 비록 남편과 동거생활을 지속했지만 부부간에 정은 없었으며, 제각기 따로 연인들을 거느리고 방탕한 생활을 즐겼는데, 결국에는 그런 추문 때문에 앙리 3세에 의해 파리에서 추방되고 말았다. 더욱이 그녀의 충실한 추종자였던 동생 알랑송 공이 갑자기 죽게 되면서 마고는 고립무원의 상태에 빠지고 말았다. 결국 그녀는 과거 애인이었던 앙리 드 기즈 공과 손을 잡았으나 자신의 은둔지인 아쟁의 시민들이 그녀에게 반기를 들고 일어나자 그곳에서도 쫓겨나 달아났다가 앙리 3세에게 붙들려 감금당했으며, 그녀의 든든한 후원자였던 기즈 공마저 앙리 3세에 의해 암살당하면서 완전히 힘을 잃고 말았다.

하지만 앙리 3세가 암살당하면서 마고의 남편이 앙리 4세로 프랑스 왕위에 오르게 되자 이에 불만을 품은 가톨릭교도가 반란을 일으켜 내전이 벌어졌는데, 그녀는 오히려 그 반란에 동조해 남편의 왕위 계승을 저지시키려 애썼지만, 앙리 4세가 가톨릭으로 개종하고 낭트 칙령을 통해 정국을 안정시킨 후 그녀의 반역 혐의를 문제 삼아 이혼을 요구했으며, 왕비 자리에서 쫓겨난 그녀는 조용히 여생을 보내다가 63세 나이로 생을 마쳤다. 사후에 출간된 그녀의 회고록에서 자신의 두 오빠 샤를 9세, 앙리 3세와 가진 근친상간을 고백해 세상에 큰 충격을 안겨준 그녀는 그야말로 한 시대를 뒤흔든 불세출의 팜 파탈이었음에 틀림없다.

엠마 해밀턴(Emma Hamilton, 1765-1815)은 나폴레옹 전쟁 당시 트라팔가르 해전에서 전사한 영국 해군의 영웅 넬슨 제독과 동거한 내연의 처로, 넬슨과의 사이에서 딸 호레이시아를 낳았지만, 두 사람 모두 배우자가 있는 상태에서 공공연하게 동거를 했기 때문에 비난의 대상이 되기도 했다. 그러나 넬슨 제독이 워낙 국민적 영웅으로 추앙받았기 때문에 주된 비난은 과거 행실이 그다지 좋지 못했던 엠마 해밀턴에게 쏟아졌다.

엠마 해밀턴

당시 넬슨 제독은 프랜시스와 이미 혼인한 상태였으나 그들 사이에는 자식이 없었으며, 숱한 전투에 참여하느라 집에 붙어있는 날이 거의 없었다. 프랑스군이 나폴리를 침공했을 때 나폴리 왕가 구출작전에 참여한 그는 그곳에서 나폴리 주재 영국대사 윌리엄 해밀턴 경의 매력적인 젊은 아내 엠마 해밀턴과 사랑에 빠진 후부터 죽을 때까지 불륜관계를 유지했는데, 집으로 돌아오라는 아내의 간절한 애원도 뿌리친 채 엠마와의 사이에서 딸까지 낳았다. 결국 늙은 시아버지를 모시고 살던 아내 프랜시스는 그 후로 두 번 다시 남편을 만나보지도 못한 채 쓸쓸히 여생을 보내다 70세 나이로 죽었다.

그토록 넬슨 제독을 사로잡은 엠마 해밀턴은 자신보다 34년이나 연상인 윌리엄 해밀턴 경과 혼인함으로써 졸지에 귀족 신분이 되었는데, 결혼 당시 그녀는 26세였고, 남편은 60세였다. 하지만 그녀의 과거 경력은 매우 보잘 것 없는 것이었다. 영국의 시골마을 네스턴에서 대장장이의 딸로 태어난 그녀는 일찍 아버지를 여의고 교육도 제대로 받지 못했다. 그러나 매우 아름다운 용모를 지녔던 그녀는 12세 무렵부터 부잣집 하녀로 일하면서 춤과 노래를 익혀 배우가 될 꿈을 키웠다.

　15세 때 귀족인 해리 경의 집에서 일할 때에는 파티 때마다 초대 손님들 앞에서 연회장 테이블 위에 올라가 누드로 춤을 추기도 했다. 당시 그녀는 이미 해리 경의 아이를 임신하고 있었는데, 예기치 않은 임신에 화를 벌컥 내며 해리 경이 자신을 멀리하자 그녀는 손님들 가운데 한 사람이었던 찰스 그레빌에 접근해 그의 정부가 되었다. 그레빌과 결혼하기 위해 그녀는 자신이 낳은 아기를 다른 집에 양녀로 보낸 후 그레빌의 집으로 들어가 지냈으며, 그의 권유에 따라 이름도 엠마 하트로 바꿨다.

　하지만 부잣집 딸과 혼인할 뜻을 품었던 그레빌은 엠마의 존재를 거추장스럽게 여긴 나머지 그녀를 자신의 삼촌인 윌리엄 해밀턴 경에게 떠넘기려 했으며, 당시 늙은 홀아비였던 해밀턴 경은 그의 은밀한 제안을 흔쾌히 받아들여 나폴리로 그녀를 초대했다. 영문도 모르고 나폴리로 간 그녀는 나폴리에서 뛰어난 모델로 활동하며 인기가도를 달렸으며, 결국에는 윌리엄 해밀턴과 결혼까지 하기에 이르렀다. 졸지에 귀족 신분이 된 그녀는 나폴리 왕국의 왕비와도 친해지는 등 사교계의 꽃으로 떠오르며 나폴리의 저명인사가 되었다.

　그런 와중에 부상을 입고 나폴리에 나타난 넬슨 제독을 해밀턴 부부는 극진히 돌봤으며, 특히 엠마는 전설적인 영웅인 그를 간병하는 가운데 서로 깊이 사랑하게 되었다. 이미 나이가 든 해밀턴 경은 두 사람 사이를 모른 척 했지만, 그들의 염문설을 전해 들은 군 고위층에서는 그런 사실을 용납할 수 없었기 때문에 그녀와 떼어 놓기 위해 넬슨 제독을 다시 함대로 복귀시켜 버렸다.

　엠마와 넬슨 제독은 서로 깊은 사랑에 빠졌지만, 그들의 결합에 가장 큰 걸림돌은 역시 해밀턴 경이었다. 만약 그녀가 이혼하고 넬슨 제독과 재혼한다면 두 사람 모두 세상의 손가락질 대상이 될 것이 불 보듯 뻔한 일이었기 때문에 결국 그가 죽기만을 바랄 수밖에 없었다. 1803년 마침내 해밀턴 경이 죽고 엠마는 비로소 자유를 얻었지만, 넬슨 제독은 나폴레옹 전쟁으로 바다를 지켜야 했으며, 결국 2년 뒤에 전사하고 말았다.

그가 돌아오기만을 기다리던 엠마는 두 번째 아기를 임신 중이었는데, 출산 직후 아기가 죽자 정서적으로 매우 불안정한 상태가 되었으며, 넬슨 제독의 전사 소식을 듣고 충격을 받은 후로는 더욱 자포자기 심정에 빠져 도박으로 많은 돈을 탕진하고 빈털터리가 되어 빚쟁이들을 피해 숨어 지내야 했다. 결국 프랑스 칼레로 도주한 그녀는 술에만 의지해 살다가 간경화와 이질에 걸려 죽었다. 그녀의 딸 호레이시아는 결혼해 10남매를 낳고 80세까지 장수하며 잘 살았지만, 자신이 엠마 해밀턴의 딸이라는 사실만은 끝까지 숨기고 살았다.

베르타 파펜하임(Bertha Pappenheim, 1859-1936)은 오스트리아 태생의 유대계 사회사업가로 근대여성운동의 선구적인 인물로 평가받는 여걸이었다. 그녀가 사망했을 때, 유명한 철학자 마르틴 부버가 손수 추도문을 쓸 정도로 독일사회에서 대단한 명성을 누린 인물이었음을 생각해 본다면, 그녀가 과연 정신분석 최초의 환자로 기억되는 여성 '안나 O'였을까 믿기 어려울 정도다. 그녀의 존재는 프로이트와 브로이어 공저로 1895년에

베르타 파펜하임

출간된 저서 《히스테리 연구》에 처음으로 소개되었는데, 물론 '안나 O'라는 가명으로 알려졌지만, 환자 자신의 입장에서 볼 때는 몹시 수치스러운 일이었을 것이다.

처음에 그녀는 아버지를 간병하던 도중에 심한 전환 히스테리 증상을 보여 프로이트의 동료였던 브로이어에게 치료를 받았던 것인데, 그것은 오늘

날의 정통 분석기법이 아니라 일종의 카타르시스 요법에 가까운 대화요법이었다. 당시 그녀는 고통스러운 기억을 회상하면서 마음이 가벼워지는 경험을 굴뚝청소에 비유하기도 했다.

한동안 우여곡절 끝에 일시적으로 증상이 호전되기도 했지만, 어느 날 갑자기 안나의 배가 불러오기 시작한 데다 입덧 증세까지 보이게 되면서 일이 꼬이고 말았다. 예기치 못한 상황에 몹시 당황한 브로이어는 치료를 중단하고 황급히 아내와 함께 멀리 여행을 떠나버렸다. 공연한 오해를 살까 두려웠기 때문이다. 그렇게 일방적으로 치료를 중단하고 달아나 버린 브로이어에 대해 안나는 배신감에 사로잡힐 수밖에 없었다.

물론 안나의 증세는 심리적 원인에 의한 가성임신으로 판명되었지만, 그 후에도 그녀는 다른 정신병원을 전전하며 치료를 계속 받아야 했으며, 다행히 호전된 상태에서 자신의 여생을 정력적인 사회활동에 바쳐 불행한 여성들의 지위 향상을 위해 혼신의 힘을 기울이기도 했다. 그러나 '안나 O'라는 환자의 악몽에서 결코 자유롭지 못했던 것으로 보이며, 비록 가명으로 발표된 사례이긴 하지만 자신의 은밀한 내면이 세상에 공개된 사실로 인해 평생을 두고 분석가를 원망하고 증오했다.

그녀는 제2차 세계대전이 끝난 후 서독 정부가 발행한 기념우표에도 그 얼굴이 실릴 만큼 독일사회에서는 명성이 자자했던 여성으로 유대인여성연맹의 창설자일 뿐 아니라 여권운동에도 지대한 공헌을 남겼는데, 일생 동안 결혼도 하지 않고 오로지 고아들을 돌보고 창녀들의 재활을 위해 애쓰는 등 사회사업과 여성운동에 관여하면서 매우 희생적인 사회활동을 벌였다. 말년에 그녀는 암에 걸려 수술까지 받고 절친한 친구였던 한나 카르민스키의 극진한 보살핌 속에 조용히 눈을 감았다. 하지만 그녀가 세상을 떠난 후 나치 독일은 그녀의 집을 불태웠을 뿐만 아니라 한나 카르민스키도 아우슈비츠로 끌려가 그곳에서 죽었다.

19세기 말, 빼어난 미모와 지성으로 서구사회의 숱한 지식인들을 매료시켰던 **루 살로메**(Lou Andreas-Salomé, 1861-1937)는 러시아 태생의 독일 작가이자 정신분석학자로 특히 철학자 니체와 파울 레, 시인 릴케, 그리고 정신분석가 프로이트 등 당대 최고의 지식인들과 교류하며 그들에게 지대한 영향을 끼쳤던 여성이었지만, 그녀로 인해 니체가 한동안 자살을 꿈꿀 정도로 극심한 우울증에 빠졌으며, 철학자 파울 레와 분석가 타우스크

루 살로메

등은 실제로 자살해 버림으로써 그녀가 살던 괴팅겐에서는 남자를 잡아먹는 불길한 마녀라는 소문마저 돌기도 했다.

그런데 루 살로메에게 정신없이 빠져든 가장 최초의 남성은 그녀의 개인교사였던 길로트 목사였다. 유부남이었던 그는 당시 러시아에서 가장 명망 있던 장군의 딸 루 살로메에게 철학과 신학 등을 가르치다가 그녀의 매력에 빠져들어 이성을 잃은 나머지 이혼까지 각오하며 청혼을 했는데, 이에 기겁을 하고 놀란 어머니는 두 사람 사이를 떼어놓기 위해 그녀를 스위스로 유학을 보내 버렸다.

하지만 그곳에서마저 그녀는 파울 레, 니체 등과 삼각관계로 복잡하게 뒤엉킨 애정문제를 일으켰다. 그녀를 짝사랑하며 벙어리 냉가슴만 앓던 니체는 그녀가 자신의 청혼을 거절하자 마음에 큰 상처를 받았으며, 그 후 그녀가 파울 레와 동거에 들어가면서 더욱 큰 절망감에 빠지고 말았다. 당시 자살을 고려할 정도로 극심한 우울증에 시달렸던 니체는 대신《차라투스트라는 이렇게 말했다》완성에 미친 듯이 몰두함으로써 몹시 위태로운 시기를 가까스로 넘길 수 있었다. 하지만 그녀가 독일의 언어학 교수 카를 안드레아스와 결혼하자 그녀에게 버림을 받은 유대인 철학자 파울 레는 자신의 처지를 비관하고 절벽에서 뛰어내려 자살하고 말았다.

비록 그녀는 명망 있는 교수와 혼인했으나 성생활을 배제한 그 결혼은 정상적인 부부관계로 보기 어렵다고 할 수 있다. 당연히 그들 사이에는 아이가 없었는데, 유부녀임에도 불구하고 그녀는 주위의 시선조차 아랑곳하지 않고 자유분방한 애정행각을 계속함으로써 시대를 앞서간 팜 파탈의 면모를 유감없이 발휘했다. 그때 사귀게 된 시인 릴케는 그녀를 여신처럼 숭배했지만, 두 사람이 함께 떠난 러시아 여행 이후 15년이나 연하인 그에게서 따분함을 느낀 그녀는 릴케마저 저버리고 말았다.

50대에 접어든 그녀는 프로이트와 교류하며 그의 문하생이 되었지만, 프로이트의 제자였던 타우스크가 그녀를 짝사랑한 나머지 자살해 버리는 사건이 일어나자 루 살로메의 입장도 매우 난처해질 수밖에 없었다. 그럼에도 프로이트와는 죽을 때까지 학문적 동지관계를 유지해 나갔다. 하지만 보수적인 괴팅겐 시민들은 불미스러운 스캔들만 일으키고 다니는 그녀의 자유분방한 행적과 더불어 혐오스러운 유대인의 학문인 정신분석에 몰두하던 그녀의 존재를 달가워하지 않았다. 더군다나 그녀 때문에 지식인들의 자살이 줄을 잇게 되자 죽음을 몰고 다니는 마녀라는 이미지까지 생기게 되었는데, 요한의 목을 요구한 요부 살로메와 이름마저 같아서 더욱 그런 사악한 이미지가 덧붙여진 것으로 보인다.

1930년 남편 안드레아스 교수가 사망한 후 나치 독일의 게슈타포는 그녀의 동태를 예의주시하며 감시했는데, 물론 그것은 그녀가 유대인 작가들의 작품을 탐독하고 유대인 정신분석가들과 긴밀한 유대관계를 맺고 있었기 때문이다. 비록 나치는 그녀를 핀란드계 유대인이라 선전하며 악의적인 소문을 퍼뜨리기도 했지만, 이미 늙고 병든 그녀에게 직접적인 위해를 가하지는 않았다. 다만 그녀가 요독증으로 사망한 직후 그녀의 집을 수색해 모든 문헌과 서적들을 압수해 갔을 뿐이다.

프랑스의 여류화가 **수잔 발라동**(Suzanne Valadon, 1865-1938)은 파리 몽마르트에서 르누아르, 로트렉, 드가 등 동시대에 활동한 화가들의 모델 노릇을 하다가 어깨 너머로 배운 실력으로 그림을 그리기 시작한 매우 특이한 경력을 지닌 여성이지만, 다른 무엇보다 고루한 인습에 얽매이지 않는 자유분방한 삶을 구가하며 숱한 예술가와 염문을 뿌린 주인공으로 더욱 유명하다. 당연히 그녀는 르누아르와 드가의 연인이었으며, 작곡가 에릭 사

수잔 발라동

티를 한순간에 저버림으로써 실의에 빠지게 한 팜 파탈이기도 했다.

가난한 세탁부가 낳은 사생아로 태어나 불우한 어린 시절을 보내야 했던 그녀는 소녀 시절부터 여러 직업을 전전하며 스스로 생계를 꾸려나가야 했는데, 서커스단에 들어가 곡예사로 일하던 중에 공중그네에서 떨어져 부상을 입는 바람에 그 일도 그만두고 몽마르트에서 화가들의 모델로 활동하다가 본인 자신이 화가로 데뷔하게 되었으며, 특히 로트렉과 드가의 지도를 통해 한층 더 다채로운 색채감각을 익히고 당시 여성으로서는 매우 드물게도 누드화가로 그 실력을 인정받기에 이르렀다.

하지만 그런 와중에 그녀는 아버지가 누군지도 모르는 사생아 위트릴로를 낳게 되었는데, 당시 그녀의 나이 불과 18세였다. 당시 숱한 화가들과 문란한 사생활을 벌이던 그녀였으니 누가 아이의 아버지인지 본인으로서도 정확히 알 수 없었을 것이다. 그녀는 한때 연인관계였던 르누아르와 드가를 찾아가 자신이 낳은 아기를 직접 보여 주기까지 했지만, 그들은 펄쩍 뛰며 자신들이 아버지가 아니라고 잡아뗐었다.

지금 같으면 유전자 검사라도 했겠지만, 당시로서는 친부를 확인할 방도가 없었기에 어쩔 수 없이 그녀는 카페에서 우연히 마주친 스페인 출신 화가 미겔 위트릴로에게 친부 서명을 부탁해 가까스로 출생신고를 하게 되었

다. 사생아로 태어나 불우한 어린 시절을 보낸 발라동이 사생아를 낳은 것
은 어찌 보면 업보처럼 보일 수도 있겠지만, 정상적인 가정에서 자란 경험
이 없는 그녀로서는 숱한 남성편력을 통해 애정에 대한 굶주림을 해소하려
다 본의 아니게 사생아를 낳게 된 것이니 그녀를 탓할 수만도 없을 것이다.

그렇게 미혼모가 된 그녀는 그 후에도 애정생활에 만족을 느끼지 못하고
작곡가 에릭 사티와 내연관계를 맺기도 했지만, 두 사람의 동거생활은 6개
월로 끝나고 말았다. 무엇보다 남달리 뜨거운 열정에도 불구하고 곧바로 싫
증을 잘 내는 발라동과 매우 내성적인 은둔형의 성격을 지닌 사티는 애초부
터 어울릴 수 없는 커플이었다. 변덕이 심한 발라동이 뒤도 안 돌아보고 그
의 곁을 떠나 버리자 실의에 빠진 사티는 죽을 때까지 그녀를 잊지 못하고
독신으로 살다 결국에는 알코올 중독과 간경화로 세상을 뜨고 말았다.

사티와 헤어진 뒤에는 주식중개인 폴 무시와 결혼해 재정적인 도움을 받
기도 했으나 결국 그와도 헤어지고 나이 오십을 바라보는 나이에 20대의 젊
은 화가 앙드레 위테와 재혼해 살다가 말년에 이르러 다시 또 헤어지고 말
았다. 더군다나 위테는 아들 위트릴로의 친구였으니 그야말로 제멋대로인
삶을 마음껏 누리며 산 여성이었다. 이처럼 칠십 평생 숱한 우여곡절을 겪
으며 살았던 그녀는 그동안 정서적 불안정과 알코올 중독에 빠진 나머지 수
시로 정신병원을 드나들며 거의 폐인이 되다시피 했던 아들이 그나마 마음
을 잡고 나이 오십이 지나 뒤늦게 결혼하는 모습을 보고 비로소 안심한 듯
조용히 세상을 떴다.

세기적인 팜 파탈로 알려진 **마타 하리**(Mata Hari, 1876-1917)는 네덜란드 태
생의 댄서이며 고급 창녀로, 제1차 세계대전 기간에 파리에서 독일 스파이
로 활동하다 체포되어 처형당한 비운의 여성이었다. 그녀가 가명으로 사용
한 마타 하리는 인도네시아어로 '여명의 눈동자'라는 뜻인데, 그런 가명을

쓴 것은 어머니가 인도네시아 자바 섬 출신의 혼혈아인데다 네덜란드 군인이었던 남편과 함께 자바에서 살았던 적이 있었기 때문이다. 하지만 무엇보다도 자신이 자바에서 온 공주 출신인 것처럼 사람들을 속였기 때문에 그런 가명이 더욱 잘 어울렸는지도 모른다.

마타 하리

어린 시절 부모가 이혼하고 어머니마저 여의면서 몹시 불우한 성장기를 보낸 그녀는 자신의 대부였던 비세르와 함께 지내며 유치원 교사가 되기 위한 공부를 시작했으나, 교장이 추파를 던지며 추근대는 바람에 학업을 중단하고 헤이그에 사는 삼촌 집으로 달아나고 말았다. 그녀는 18세가 되자 신문에 난 구혼 광고를 우연히 보고 연락을 해 알게 된 매클로드 대위와 결혼해서 남편과 함께 인도네시아 말랑에 살면서 남매까지 낳았으나, 20년 연상의 남편은 술주정뱅이에 바람까지 피워 그 결혼은 초반부터 흔들리기 시작했다.

비록 남편의 행패가 심했지만 그래도 동양무용을 배우며 시련을 이겨내던 그녀는 어린 남매가 매독에 감염되어 치료를 받는 도중에 두 살짜리 아들이 사망하게 되자 마침내 이혼을 결심하게 되었다. 물론 남매의 매독 감염은 부모에게서 옮은 것이었다. 이혼 후 그녀는 딸의 양육을 맡았으나 그 딸도 매독 합병증으로 인해 오래 살지 못하고 마타 하리가 사형당한 지 2년 뒤인 1919년에 21세 나이로 죽었다.

결혼에 실패하고 아들까지 잃은 마타 하리는 1903년 파리로 가서 서커스단의 곡예사로 일했는데, 그 후에는 이국적인 동양 춤으로 명성을 날리기 시작했다. 이사도라 덩컨과 동시대에 활동한 그녀는 매우 난잡하고 유혹적인 몸짓으로 밤무대에서 큰 인기를 끌었으며, 당대에 백만장자로 알려진 사업가 에밀 귀메와 오랜 기간 연인관계를 유지하기도 했다. 그녀는 자신이 동양에서 온 왕족인 것처럼 위장하기 위해 숱한 거짓말을 유포시켜 자신에 대한 호기심과 신비감을 더욱 자극했는데, 동양적인 의상에 매우 도발적인 반라의 몸으로 동양식 춤까지 선보임으로써 파리 시민들을 매료시켰다.

하지만 그녀는 파리의 고급 창녀로 일하면서 수많은 장교와 정치인들을 유혹해 숱한 스캔들을 뿌리기도 했으며, 제1차 세계대전이 발발하자 독일 정보기관에 포섭되어 암호명 'H21호'로 활동하며 고위직 장교들을 유혹해 접근했다. 그렇게 해서 빼돌린 군사정보는 곧바로 독일군의 수중에 들어갔으며, 그녀는 그 대가로 엄청난 돈을 제공받았다. 그렇게 넘긴 군사기밀로 인해 수만 명의 목숨이 희생당하는 결과를 낳고 말았는데, 당시 영국 정보기관이 그녀의 정체를 알아내고 프랑스정부에 통보함으로써 결국 경찰에 체포된 마타 하리는 얼마가지 않아 총살형에 처해졌다. 당시 그녀 나이 41세였다.

물론 그녀가 실제로 스파이 활동을 한 것인지 아니면 평소 헛소문을 퍼뜨리기 잘하던 그녀의 말장난에 연합국 측 정보기관이 놀아난 것인지 여부에 대해서는 아직도 논란이 많다. 그녀는 끝까지 자신의 무고함을 강변했지만 그녀의 주장은 받아들여지지 않았다. 하여튼 진실이 무엇이든 간에 그녀의 존재는 세상에서 가장 사악한 팜 파탈의 전형으로, 뭇 남성들을 사로잡은 요부이자 간교한 여성의 상징이 되어 사람들의 입에 오르내리게 되었다. 항상 거짓말을 입에 달고 살았던 그녀로서는 결국 입이 화근이 되어 스스로 화를 입은 셈이다.

현대 무용의 선구적인 개척자로 불리는 **이사도라 덩컨**(Isadora Duncan, 1878-1927)은 파격적인 의상에 맨발로 춤추는 모습을 통해 20세기 초 무용계에 큰 충격을 던진 여성이다. 그녀의 도발적인 무용으로 인해 '덩커니즘'이라는 신조어까지 생겨날 정도로 그녀의 존재는 현대 무용의 역사에서 빠질 수 없는 신화적인 인물이 되었으며, 그래서 현대 무용의 어머니로 불리기까지 한다.

미국 샌프란시스코에서 은행가의 딸로 태어난 그녀는 아버지의 파산으로 집안이 몰락한데다 부모마저 일찍 이혼하는 바람에 홀어머니 밑에서 가난에 쪼들리며 자랐다. 더욱이 재혼한 아버지는 타고 가던 여객선이 침몰하면서 일가족 모두가 익사하고 말았다. 이처럼 불행한 과거를 지녔던 그녀는 일찍부터 결혼이라는 제도에 뿌리 깊은 거부감을 지니게 된 것으로 보이는데, 실

이사도라 덩컨

제로 그녀는 동거생활만을 고집하는 가운데 아이들을 낳았으며, 그런 점에서 그녀를 인습에 얽매이지 않는 미혼모의 효시로 보는 사람도 있다.

하지만 매우 불안정하고도 좌충우돌하는 모습으로 일관했던 그녀의 삶은 그녀 자신이 무대 위에서 펼쳐 보인 매우 도발적인 모습과 크게 다르지 않다는 점에서 전형적인 히스테리 여성의 모습 그 자체라 할 수 있다. 무분별한 스캔들로 얼룩진 그녀의 애정행각은 결국 비극적인 사고로 숨지는 결과를 초래하기도 했지만, 항해 도중 선상에서 새로 사귄 남자와 그 배의 화부가 그녀 때문에 서로 난투극을 벌이는 순간에도 술에 취한 상태로 그 장면을 즐기며 조용히 지켜보기만 했던 그녀의 모습은 세상 모든 남성에 대한 도전과 반항, 그리고 유혹이 혼재된 이율배반적인 태도를 반영한 것이기도 했다.

마치 한 편의 드라마에 견줄 수 있는 그녀의 무절제한 남성 편력은 바로 그녀 자신의 내적인 공허감을 드러낸 것으로 볼 수 있는데, 처음에는 그래도 예술인들이나 사회 저명인사를 상대로 했지만, 나이가 들어갈수록 점차 상대를 가리지 않고 닥치는 대로 관계를 가졌다. 결혼이라는 제도 자체를 경멸하고 혐오했던 그녀는 비록 두 아이를 낳아 키웠지만, 딸 데이다는 무대 디자이너 고든 크레이그와의 사이에서 낳은 자식이고, 아들 패트릭은 유

명한 재봉틀 회사 창업자인 아이작 싱어의 바람둥이 아들 패리스 싱어와의 사이에서 낳은 자식으로 아버지가 서로 달랐으며, 게다가 패리스 싱어는 유부남이었다.

그녀는 전설적인 무용가 니진스키에게도 유혹의 손길을 뻗쳤다가 그가 거절하자 자존심이 상한 나머지 홧김에 파리 출신의 피아니스트 앙드레 카펠레를 자기 집으로 끌어들여 정사를 벌이기도 했다. 그녀의 무분별한 정사가 멈출 기색이 없자 결국 패리스 싱어는 두 손을 들고 그녀의 곁을 떠나버렸는데, 그런 와중에 그녀의 두 아이가 자동차를 타고가다 강물에 익사하는 사고가 발생하고 말았다. 절망감에 빠진 그녀는 사고 직후 또 다른 남성과 관계를 가져 임신했지만 그 아기는 출생 직후 곧 숨졌다. 이처럼 연이은 불행으로 그녀의 삶은 더욱 흔들리기 시작했으며 때로는 자살을 시도하기도 했다. 무절제한 애정행각으로 그녀에 대한 세상의 평판이 나빠지면서 친구들마저 점차 그녀의 곁을 떠나기 시작했으며, 세상의 관심 밖으로 밀려난 그녀는 외로움을 잊기 위해 더욱 술에만 의존했다.

어느덧 나이 40대 중반에 들어설 무렵, 외로움에 지친 그녀 앞에 소련의 혁명시인 예세닌이 나타났다. 그녀보다 18년이나 연하였던 20대 중반의 예세닌은 당시 모든 것을 잃고 실의에 빠진 덩컨에게 새로운 희망으로 떠올랐는데, 그동안 전통적인 인습과 도덕에 경멸감을 표시하던 그녀도 결국 나이는 어쩔 수 없었던지 자신의 고집을 꺾고 마침내 예세닌과 결혼식을 올렸다. 하지만 그녀의 선택은 최악이었다. 알코올 중독자인 그는 술만 마시면 물불을 가리지 않고 폭력을 행사하는가 하면 그들이 머물던 호텔의 모든 가구를 때려 부수는 지독한 술주정뱅이였기 때문이다. 결국 그는 이듬해 모스크바로 돌아가 정신병원에 입원까지 했으나 퇴원 직후 자살하고 말았다.

이처럼 번지수를 잘못 짚은 그녀는 그 후에도 자신의 무모한 시행착오를 멈추지 않았는데, 이미 자포자기 심정에 빠진 그녀는 더욱 술에 의지하면서 무분별한 정사를 계속해 나갔으며, 그러던 중에 니스에서 어이없는 사고로 숨지고 만 것이다. 당시 그녀는 젊고 잘생긴 자동차 정비사 팔체토와 밀회를 즐기고 있었는데, 그가 운전하던 차에 오르기 전 친구들과 작별인사를 나누던 중 너무 성급하게 차가 출발하면서 목에 걸친 붉은 스카프가 차바퀴 사이에 걸려 넘어지는 바람에 현장에서 즉사하고 만 것이다. 어이없는 그녀의 죽음을 두고 작가 거트루드 스타인은 "잘난 척 뽐내다가 위험을 자초했다."며 신랄하게 비꼬기도 했다.

당시 그녀는 소련 국적을 지니고 있었는데, 비록 미국에서 태어났지만 생의 대부분을 유럽에서 보냈으며, 미국보다는 자신을 인정해 주는 소련에 더욱 큰 기대를 걸고 있었다. 왜냐하면 당시로서는 완벽하게 남녀평등이 이루어지고 고루한 결혼제도의 폐단을 일소했던 소비에트 사회야말로 그녀에게는 가장 큰 매력으로 다가왔기 때문이다. 하지만 그녀가 스탈린 치하의 소련에서 생을 마쳤더라면 단 하루도 자유롭게 숨을 쉬지 못하고 미쳐버렸을지도 모른다. 왜냐하면 그녀는 체질적으로 자유가 없는 사회에서는 생존이 불가능한 그야말로 자유로운 영혼의 히스테리 여성이었기 때문이다.

다양한 분야의 수많은 예술가와 교분을 나누는 가운데 3명의 위대한 예술가를 남편으로 맞이해 더욱 큰 화제의 주인공이 되었던 **알마 쉰들러**(Alma Maria Schindler, 1879-1964)는 유대인 출신의 대작곡가 구스타프 말러, 현대건축의 대가로 불리는 발터 그로피우스, 그리고 유대인 출신의 소설가 프란츠 베르펠의 아내로 살면서 대중적 관심의 대상이 되었으며 그런 배경을 등에 업고 한동안 사교계의 여왕으로 군림하며 살았던 예술계의 꽃이었다.

알마 쉰들러

하지만 그녀는 화려한 명성에 걸맞게 불륜과 스캔들

로 얼룩진 개인사로도 유명하다. 말러와 결혼 중에 이미 그로피우스와 불륜 관계를 맺은 그녀는 말러가 죽은 후로는 화가 코코슈카와 관계했으나 그가 전선에서 중상을 입자 그를 버리고 그로피우스와 재혼하는가 하면, 그 후에도 베르펠과 불륜 상태에서 아이를 낳았기 때문이다. 그로피우스는 한동안 그 아이가 자신의 소생이라고 믿고 지냈으니 참으로 복잡한 애정행각이 아닐 수 없다. 이처럼 그녀는 한시도 자신의 곁에 남자가 없으면 안 되었는데, 그만큼 그녀는 사랑에 매우 굶주린 존재인 동시에 인습에 얽매이지 않는 자유분방함도 보인 여성이었다.

알마 쉰들러는 오스트리아 화가 에밀 야콥 쉰들러와 오페라 가수 안나 베르겐의 딸로 태어났는데, 그녀의 한 살 아래인 여동생 그레테는 아버지가 출타 중에 어머니가 불륜을 일으켜 낳은 딸이었다. 당시 부모는 동료화가인 율리우스 베르거와 한 아파트에 기거하고 있었는데, 아버지가 건강문제로 잠시 자리를 비운 사이에 그만 사고가 벌어지고 만 것이다. 하지만 베르거와 관계를 끝낸 후에도 어머니의 바람기는 멈출 줄을 몰라서 은밀히 남편의 조수인 화가 카를 몰과 관계를 맺기 시작했다.

결국 알마 쉰들러가 13세 때 아버지가 세상을 뜨게 되자 이를 기다렸다는 듯이 어머니와 카를 몰이 얼마 후에 결혼해서 또 다른 의붓동생 마리아까지 태어났다. 한창 감수성이 예민할 나이였던 알마로서는 어머니와 계부에 대한 반감이 클 수밖에 없었을 것이다. 더군다나 불륜으로 얼룩진 어머니처럼 그녀 자신도 성인이 되어 불륜을 일삼았는데, 정신분석에서 말하는 자아 방어기제 가운데 적대적 동일시(hostile identification)에 해당하는 현상으로 볼 수 있다. 이상적으로 여기는 대상을 동일시하는 과정과는 정반대로 오히려 증오하고 경멸하는 대상을 동일시하는 경우를 가리키지만, 이는 결코 바람직한 현상이라 할 수 없다.

이처럼 불만에 가득 찬 알마는 어떻게든 집에서 벗어나기 위해 22세라는 이른 나이에 19년이나 연상인 유대인 출신의 작곡가 구스타프 말러와 서둘러 결혼하고 말았다. 하지만 일종의 도피성 경향이 농후한 그 결혼은 그녀에게 행복을 가져다주진 못했다. 왜냐하면 말러의 성격이 매우 강박적이고도 권위적인 데다 자신에 대한 내조에만 충실할 것을 요구했을 뿐만 아니라 그녀의 간절한 꿈이기도 했던 음악활동마저 금지시켰기 때문이다.

더욱이 첫딸 마리아가 열병에 걸려 다섯 살이라는 어린 나이로 죽게 되자 극심한 우울증에 빠진 그녀는 그때부터 4년 연하의 젊은 건축가 발터 그로피우스와 불륜관계를 맺기 시작했다. 그것은 마치 4년 연하인 카를 몰과 불륜에 빠진 어머니의 모습을 연상시키기도 한다. 다행히 차녀 안나는 잘 자라서 나중에 조각가로 성공했지만, 피는 속일 수 없었던지 어머니 알마처럼 애정 생활에 어려움을 보여 다섯 번이나 결혼하는 불행을 겪어야 했다.

당시 아내의 불륜 사실을 알게 된 말러는 정신분석의 대가 프로이트에게 도움을 청하고 그의 충고에 따라 알마의 음악활동을 허락하며 뒤늦게 사태 수습에 나섰으나 이미 때를 놓친 상태였다. 더욱이 말러는 심장병이 도져 건강이 좋지 못한 상태로 얼마 후에 나이 50세로 세상을 뜨고 말았다. 30대 초반의 한창나이에 과부가 된 알마는 그 후 7년 연하의 화가 오스카르 코코슈카와 뜨거운 사이가 되었으나, 그가 제1차 세계대전으로 군대에 징집되어 전선으로 끌려갔다가 부상을 입게 되자 미련 없이 그를 버리고 다시 그로피우스에 접근해 재혼한 후 딸 마논을 낳았다.

하지만 마논을 낳은 후 2년 뒤에 태어난 아들 마르틴은 미숙아에 뇌수종을 지닌 상태로 생후 10개월에 사망하고 말았다. 당시 군대에 복무 중이던 그로피우스는 마르틴이 자신의 아이라고 믿고 있었으나 이미 그 사이에 알마가 유대인 출신 작가 프란츠 베르펠과 불륜에 빠진 상태에서 낳은 아기였으니 참으로 기가 막힐 일이었다. 결국 그로피우스와 이혼한 후 나이 50세에 이르러 11년 연하인 베르펠과 혼인했으나, 오랜 기간 그로피우스와 딸 마논의 접견을 냉정하게 금지시킨 알마는 소아마비에 걸린 마논이 1935년 18세 나이로 죽게 되자 한동안 엄청난 회환에 사로잡히기도 했다. 1938년 독일이 오스트리아를 합병하자 그녀는 유대인이었던 남편 베르펠과 함께 프랑스를 거쳐 미국으로 도피했으나, 베르펠은 1945년 심장마비로 사망하고 말았으며, 그 후 그녀는 미국에서 사교계의 여왕으로 군림하다가 1964년 뉴욕에서 85세로 눈을 감았다.

코코 샤넬

한때 파리 패션계를 주름 잡았던 향수의 여왕 **코코 샤넬**(Coco Chanel, 1883-1971)은 세계적인 명성에도 불구하고 타락하고 방종한 사생활과 제2차 세계대전 당시 독일군에 협조한 매국적인 행적 때문에 연합군에 의해 파리가 해방되었을 때는 프랑스를 떠나 스위스로 망명해야 했으며, 비록 말년에 이르러 귀국할 수 있었지만, 조국을 배신했다는 불명예로 인해 죽어서도 고국 땅에 묻힐 수 없는 수모를 겪어야 했다.

그런데 코코 샤넬은 몹시 어두운 과거를 딛고 자수성가한 집념의 여인으로, 프랑스 남부의 시골마을 소뮈르에서 세탁부로 일하던 미혼모의 딸로 태어나 12세 때 어머니가 일찍 세상을 뜨자 떠돌이 노점상을 하던 아버지로부터도 버림받고 고아원과 수녀원을 전전하며 자랐는데, 성장해서는 술집에서 노래를 부르며 가수로 성공할 뜻을 품기도 했다.

당시 애인이자 후원자이기도 했던 에튀엔느 발장의 도움으로 파리 시내에 모자가게를 처음으로 차린 그녀는 자신의 독특한 디자인이 히트를 치며 성공하자 아무런 미련 없이 발장과 헤어진 후 그의 친구였던 영국의 부유한 폴로선수 아서 카펠의 애인이 되었으며, 그의 후원에 힘입어 패션계에 진출했는데, 카펠이 교통사고로 갑자기 죽자 이번에는 영국의 웨스트민스터 공작과 오랜 기간 관계를 맺었다. 하지만 반유대주의자였던 그의 영향으로 그녀 역시 유대인을 몹시 혐오하게 되었다.

그럼에도 그녀는 향수회사를 운영하는 유대인 사업가 베르트하이머와 손을 잡고 샤넬 〈넘버 5〉를 내놓아 크게 히트시켰는데, 나치가 파리를 점령한 후 유대인 소유의 기업과 재산을 몰수하면서 나치 동조자였던 그녀는 어부지리로 엄청난 이익을 챙기게 되었다. 하지만 전쟁이 끝난 후 샤넬 향수의 소유권은 베르트하이머에게 되돌아갔으며, 코코 샤넬은 비열한 방법으로 부를 축적했다는 오명에서 결코 자유로울 수 없었다.

비록 그녀는 수천 명의 노동자를 부리는 대기업의 총수로 출세가도를 달렸으나 열악한 근무조건에 불만을 품은 노동자들이 파업투쟁을 벌이는 바람에 사업에서 손을 떼고 패션계를 떠나야만 했다. 그러나 이미 세계적인 패션 디자이너로 명성이 자자했던 그녀는 파리 사교계의 꽃이 되어 다양한 인사들과 교제하기 시작했는데, 공교롭게도 그녀와 사귀던 남자들은 모두 말로가 좋지 않아 그녀는 불길한 운명을 타고난 여인의 상징이 되기도 했다.

제2차 세계대전이 발발하고 파리가 독일군에 점령당하자 수많은 프랑스인이 독일군에 저항해 레지스탕스 활동을 벌이다가 목숨을 잃기도 했지만, 반유대주의자였던 샤넬은 오히려 제 세상을 만난 듯이 활개 치며 노골적으로 나치에 협조하기 시작했는데, 심지어는 나치 친위대 정보기관의 보스인 셸렌베르크 장군의 애인이 되어 그 하수인 노릇까지 했으며, 친위대장 히틀러를 직접 만나기 위해 베를린을 방문하기까지 했다.

당시 나치 독일은 처칠과 친분관계를 지니고 있던 그녀의 명성을 이용해 영국과 정치적 협상을 벌이려는 소위 '모델 햇' 작전을 전개하려다 실패했는데, 그 작전명의 이름은 바로 샤넬의 전매특허인 모자 디자인을 뜻한 것이기도 했다. 그 후 셸렌베르크는 뉘른베르크 전범재판에서 실형을 선고받고 복역 중에 병보석으로 풀려났는데, 그녀는 그의 병원비와 장례비는 물론 그 가족들의 생활비까지 지원했으니 매국노라는 소리를 들어도 쌌다. 그런 비애국적인 배신행위로 인해 많은 사람의 비난을 사게 된 그녀는 결국 파리가 해방되자 드골 장군이 이끄는 자유 프랑스군에 체포되어 조사를 받다가 증거 불충분으로 풀려나긴 했으나 처칠 수상의 입김이 작용했다는 소문도 있다.

이처럼 나치 동조자로 낙인찍힌 그녀는 다행히 거리에서 삭발당하고 조리돌림을 당하는 일만큼은 모면할 수 있었지만, 더 이상 프랑스에 머물 수 없는 입장이었기에 파리를 탈출해 스위스로 도피했으며, 그 후 10년간 귀국할 엄두조차 내지 못했다. 그녀는 나이 칠십이 되어 가까스로 귀국해서 재기를 노렸지만, 이미 매국노로 찍혀 파리 시민들의 차가운 시선 속에 아무런 관심도 끌지 못했다. 결국 그녀는 사람들의 냉대와 무관심으로 벙어리 냉가슴만 앓다가 87세를 일기로 세상을 떴는데, 그녀의 유해는 시민들의 반대로 고국에 묻히지도 못하고 스위스 로잔으로 옮겨져 그곳에 매장되었다.

심슨 부인

원저 공작부인 월리스라는 공식 호칭을 지닌 **심슨 부인**(Wallis Simpson, 1896-1986)은 원래 미국 태생으로 영국 에드워드 8세와 사랑에 빠져 결혼하려 했으나 과거 이혼한 경력뿐 아니라 당시 재혼한 상태의 기혼녀였기 때문에 영국 왕실의 강한 반대에 부딪치고 말았다. 결국 그녀와 결혼하기 위해 에드워드 8세가 퇴위를 선언하고 윈저 공으로 돌아가자 곧바로 남편인 어네스트 심슨과 이혼한 후 윈저 공과 혼인함으로써 세기적인 로맨스의 주인공이 되었다.

왕위를 동생 조지 6세에게 물려주고 윈저 공이 된 에드워드 8세는 그 후 심슨 부인과 함께 세계 각지를 돌아다니며 매스컴의 집중적인 조명을 받았는데, 이들 부부는 사랑을 위해 왕관마저 뿌리친 세기적인 로맨스의 주인공으로 각광받으며 찬사를 듣기도 했지만, 다른 한편으로는 적국인 나치 독일의 히틀러를 찬양해 거센 비난을 들어야 했다. 당연히 그들은 독일에서 대대적인 환영을 받았는데, 아무래도 사랑에 너무 깊이 빠진 나머지 세상 돌아가는 물정에는 매우 어두웠던 모양이다.

영국 왕실이 그녀를 노골적으로 거부한 이유는 국가적 체면도 물론 있었겠지만, 그녀의 출신 성분이나 평소의 행실이 워낙 좋지 않았기 때문이다. 원래 미국인이었던 그녀는 출생 직후 아버지를 잃었으며, 어머니는 그 후 재혼해 버렸다. 부유한 삼촌의 도움으로 학교를 다닌 그녀는 20세 때 해군 조종사 얼 스펜서 주니어와 결혼했지만, 당시 해운업자였던 어네스트 심슨과 알게 되면서 두 번째 결혼을 하게 되었다. 남편의 사업이 번성하면서 런던 사교계에 진출한 심슨 부인은 그곳에서 처음으로 에드워드 왕자를 만나 사귀게 되었지만, 그런 와중에서도 런던에 근무하던 나치 외교관과 연인관계를 맺기도 했으니 영국 왕실에서 그녀를 고운 시선으로 보기 어려웠을 것이다.

나치 동조자였던 그녀는 히틀러를 직접 만나 그에게서 찬사를 들었을 뿐만 아니라 그 후 파리가 독일군에 함락 당했을 때조차도 프랑스가 부패했기 때문에 스스로 자초한 결과라며 냉소적인 반응을 보이기까지 했다. 당시 프랑스에 머물고 있던 이들 부부는 포르투갈을 거쳐 카리브해 지역의 바하마 제도에 정착했는데, 윈저 공은 그곳에서 제2차 세계대전 기간 동안 총독으로 일했다. 종전 이후 프랑스로 돌아온 그들은 조용히 은둔하며 여생을 보냈지만, 영국 왕실과는 좀처럼 화해하지 못했으며, 특히 과거에 보인 나치 동조 혐의 때문에 세상으로부터 따가운 눈총 속에 살아야만 했다.

한때 '에비타'라는 애칭으로 불리며 아르헨티나 국민의 사랑을 독차지했던 **에바 페론**(Eva Perón, 1919-1952)은 남편인 페론 대통령과 함께 과감한 서민

에바 페론

중심의 정책으로 국민적 우상이 되어 그 인기가 하늘을 찌를 듯 치솟았으며, 특히 모델 출신에서 영부인의 자리에까지 오르는 놀라운 변신을 보임으로써 라틴아메리카의 신데렐라, 또는 잠자는 숲속의 공주로 불리며 선망의 대상이 되기도 했다. 따라서 대중적으로 폭발적인 인기를 끌었던 그녀의 존재는 지금까지도 체 게바라와 함께 아르헨티나를 대표하는 신화적 존재로 추앙받고 있다.

사람들의 시선을 이끌고 인기를 관리하는 일에 남다른 재능을 지녔던 그녀는 뛰어난 감각의 쇼맨십으로 당시 가난한 서민들에게는 마치 성모 마리아와도 같은 구원자의 이미지로 비쳐지기까지 했다. 그런 점에서 체 게바라는 예수 그리스도의 이미지로 대중적 환상을 이끌었다고 볼 수 있다. 하지만 사생아 출신으로 출세에 대한 야망과 허영심이 남달리 컸던 그녀는 페론 대령을 만나 곧바로 동거에 들어감으로써 신분상승의 기회를 놓치지 않았는데, 당시 정치적 야망에 사로잡힌 후안 페론은 군사 쿠데타에 가담한 후 정치적으로 승승장구하던 중이었다. 그야말로 신분상승의 갈망과 정치적 야망을 지닌 남녀의 절묘하기 그지없는 환상적인 결합이었던 것이다.

더욱이 그녀는 히틀러, 무솔리니, 프랑코 총통 등의 파시스트 지도자들에 매우 친화적인 태도를 보인 페론 정부에서 핵심적인 위치를 차지했을 뿐만 아니라 그녀의 남편 페론 대통령 역시 독재로 치달은 끝에 군부 쿠데타로 실각하고 말았으니 독재자에 대한 유별난 친화성을 보여 주기도 했는데, 이는 곧 그녀의 도덕적 천박성을 반영하는 일임과 동시에 권력지향적인 욕망을 드러내는 부분이기도 하다. 더 나아가 전후 아르헨티나로 망명한 나치 전범자들을 감싸고 보호하는 일에도 동조한 입장이었으니 그녀의 도덕적 무신경을 엿볼 수 있는 부분이라 하겠다. 전후 유럽 순방길에 프랑코 총통과 교황 비오 12세의 환대까지 받은 그녀가 영국 정부로부터 방문을 거부당한 사실도 파시즘에 동조한 페론 부부의 행보 때문이었다.

이처럼 빼어난 미모와 극적인 제스처로 폭발적인 인기를 끌며 남편인 페론 대령을 대통령 자리에까지 올리는 데 결정적인 역할을 했던 그녀이지만, 사실 영부인의 위치에 오르기까지 그녀의 삶은 실로 파란만장하기 그지없었다. 다른 무엇보다 그녀는 부유한 목장주의 사생아로 태어나 어머니와 함께 일찌감치 버림을 받았는데, 어머니는 삯바느질로 어렵게 생계를 이어 가며 자녀들을 키워야 했다. 그런 비정한 아버지가 죽었을 때 어머니는 자녀들을 이끌고 장례식에 참석하고자 했으나 본부인의 거부로 교회 입구에서 쫓겨나는 수모까지 겪어야 했으니 당시 아무리 일곱 살 어린 나이였다 해도 아버지에 대한 원망이 가슴에 사무쳤을 것이다.

어머니는 에바가 평범한 청년과 혼인해서 행복하게 살기를 바랐으나 가난한 살림에 치를 떤 그녀는 15세 때 화려하기 그지없는 영화배우를 꿈꾸며 집에서 무단가출해 부에노스아이레스로 향했는데, 영화배우보다는 모델 활동과 라디오 출연으로 인기를 끌기 시작했다. 그러던 중 1만 명 이상의 희생자를 낳은 산후안 대지진으로 이재민 구호기금을 마련하는 자리에서 당시 노동부 장관이었던 후안 페론을 만나 결혼까지 하게 된 그녀는 그 후 부통령을 거쳐 대선에 출마한 남편을 도와 선거유세에 나서면서 폭발적인 인기몰이를 하며 후안 페론을 대통령에 당선시켰다.

영부인이 된 후 그녀는 노동자와 하층민의 복지정책에 관여하고 여성 페론당 대표로 여권운동을 주도했으며, 에바 페론 재단을 설립해 각종 자선사업에 힘을 기울임으로써 그녀에 대한 대중적 인기는 날이 갈수록 높아만 갔다. 가난의 현실을 직접 겪었던 그녀였으니 당연한 결과였다. 더욱이 사생아로 태어난 뼈아픈 과거를 지녔던 그녀는 사생아도 부모를 지닌 자녀들과 똑같은 법적 혜택을 받을 수 있게끔 법을 개정하도록 영향력을 행사하기도 했다. 하지만 페론 부부의 무분별한 선심성 복지정책은 정도가 지나쳐 결국 재정 파탄으로 이어졌으며, 특히 군부와 상류층의 반발을 산 나머지 스스로 자기 무덤을 판 결과가 되고 말았다.

다른 무엇보다 1950년 그녀는 자궁암 진단을 받고도 그 사실을 숨긴 채 이듬해에 부통령 지명까지 받음으로써 부부가 나란히 국가 최고 권력을 독차지하려다가 군부의 압력으로 철회했으며, 남편의 재선을 위한 유세에도 아픈 몸을 이끌고 참가해 결국에는 재선에 성공했으나, 그녀 자신은 얼마 가지 않아 33세라는 젊은 나이로 유명을 달리하고 말았다. 비록 국민의 애도 속에 성대한 국장이 치러졌지만, 재선에 성공한 페론 대통령은 불과 3년도 채 안 되어 군부의 쿠데타로 축출되고 말았는데, 군부는 이미 죽은 에바의 후광을 두려워한 나머지 방부 처리된 그녀의 시신을 빼돌려 스페인에 망명 중인 후안 페론에게 넘겼으며, 대서양을 건너갔던 그녀의 시신은 그 후 페론의 두 번째 부인 이사벨 페론이 대통령직을 수행하던 1975년 다시 아르헨티나로 송환되어 대통령궁에 안치되었다. 죽어서도 대서양을 두 차례나 오고 간 것이다. 하지만 다시 쿠데타가 일어나면서 군사정권에 의해 가족 공동묘지로 이장되는 수모를 겪어야 했으니 그녀는 죽어서도 편할 날이 없었다.

거절에 민감하고 충동적인
경계성 인격

경계성 인격(borderline personality)은 비교적 최근에 생긴 용어로 20세기 중반까지만 해도 이런 진단명은 존재하지 않았다. 경계성이란 용어 자체가 일반인들로서는 선뜻 이해하기 힘든 생소한 말이기도 하지만, 전문가들 사이에서도 정확한 개념 정립에 혼선을 빚고 있는 부분이라 할 수 있다. 간단히 말하자면, 신경증과 정신병 사이의 경계에 놓인 상태라는 의미로 이해할 수 있는데, 극도로 과민하거나 흥분상태에서는 일시적으로 현실감각을 잃기도 하기 때문이다. 하지만 정신병 상태로 진행되는 경우는 거의 없다.

경계성 인격의 특징은 우선 정서적 불안정이 심하고, 충동적 성향이 강해서 규칙적인 생활에 제대로 적응하지 못하며, 심할 경우에는 기분 상태에

경계성 인격

1. 특징

- 여성에 흔하다.
- 분리불안, 유기불안이 핵심을 이룬다.
- 애정에 대한 갈망이 심하고 만성적인 공허감에 빠진다.
- 최근에 가파른 증가 추세를 보이고 있다.
- 약물 남용, 섭식장애가 자주 동반된다.

2. 증상 및 진단 기준

- 거절에 대해 지나치게 민감하다.
- 감정 기복과 변덕이 심하다.
- 불안정한 대인관계를 맺는다.
- 충동적 성향으로 폭식이나 자해 위험이 있다.
- 흑백논리에 빠지고 극단적인 선택을 한다.

따라 자살기도 혹은 손목을 칼로 긋는 등 자해행동을 벌이기도 해서 주위 사람들을 놀라게 한다. 특히 헤어짐과 거절에 대한 민감성이 워낙 커서 상대가 자신을 무시하거나 거부하는 기미가 조금만 보여도 격한 감정반응을 보이기 쉽다.

세상을 극단적인 이분법 사고로 분리해 보는 경향도 강해서 모든 것을 흑백논리로 받아들이는 특성이 있으며, 따라서 '모 아니면 도' 또는 '전부 아니면 무'라는 식으로 사물을 구분한다. 다시 말해서 중도나 타협이 존재하지 않는 것이다. 이런 사람들은 특히 혼자 남겨지는 것을 두려워해서 외로움을 견디지 못하며, 만성적인 공허감에 시달리기 때문에 항상 어떤 집단에 속함으로써 소속감을 찾고자 하지만, 불안정한 대인관계로 인해 어려움을 느끼기 마련이며, 그런 문제를 모면하기 위해 폭식 또는 폭음을 하거나 무분별한 약물남용과 성행위에 탐닉하기도 한다.

경계성 인격은 주로 여성에서 찾아볼 수 있으나, 히스테리와 마찬가지로 드물게는 남성에서도 발견된다. 오늘날 밝혀진 경계성 정신병리의 특성과 원인에 대해서는 정신분석적 탐색의 결과에 힘입은 바가 매우 크다고 할 수 있다. 특히 미국의 정신분석가 오토 컨버그의 공헌이 독보적인 위치를 차지한다. 지금까지 알려진 경계성 정신병리의 원인은 조기 모자관계로까지 거슬러 올라가는데, 적절한 모성의 보살핌을 받지 못한 결과 분리불안을 제대로 극복하지 못한 아기일수록 매우 불안정한 정서로 인해 홀로서기에 어려움을 느끼며 동시에 원초적인 방어기제의 동원과 극심한 정서적 혼란 때문에 성장한 후에도 대인관계 형성과 충동조절에 남다른 어려움을 겪게 되는 것이다.

이처럼 불안정한 대인관계와 충동적 성향을 드러내는 경계성 인격을 대표하는 인물로는 중세 바로크 미술의 거장으로 알려진 이탈리아의 화가 **카라바조**(Amerighi da Caravaggio, 1571-1610)를 들 수 있다. 중세 서양 미술사에서 가장 수수께끼 같은 인물로 꼽히는 그는 매우 폭력적이고도 파행적인 삶 자체가 매우 불가사의한 사건으로 점철되어 있을 뿐만 아니라 그의 마지막 행적이나 사인조차 제대로 알려진 적이 없어서 지금까지도 그의 존재는 온통 미스터리한 부분으로 가득 차 있다.

카라바조

어린 나이에 천애고아가 된 그는 일찌감치 회화를 배워 로마에 진출했으나, 원래 난폭하고 충동적인 성격의 소유자로 가는 곳마다 온갖 시비로 칼싸움을 벌이고 다니며 문제를 일으키는 골치 아픈 존재였다. 결국 로마에서 난동을 부리다가 살인까지 저지르고 나폴리로 도주했으나, 그곳마저 안전치 못하자 말타 섬으로 피신해 말타 기사단의 일원이 되어 숨어들었지만,

그곳에서마저 기사 한 명에게 중상을 입히고 감옥에 갇히는 신세가 되었으며, 결국 기사단에서도 축출 당하고 말았다.

가까스로 탈옥에 성공한 그는 시실리를 경유해 다시 나폴리로 도주했다가 자신에게 복수를 다짐하는 추적자들을 피해 로마로 가던 도중에 의문사하고 말았는데, 소문에는 얼굴에 중상을 입고 열병에 걸려 죽었다고도 하고 추적자들에 의해 살해되었다는 풍문도 있지만 확인된 사실은 없다. 짐작컨대 그를 살해하기 위해 그토록 집요하게 조직적으로 추적한 집단은 말타 기사단일 것으로 추정되지만 이마저 입증된 사실은 아니다.

그가 로마로 향한 것은 아마도 교황에게 자비를 구하면서 자신의 사면과 신분보호를 요청하기 위한 것으로 보이는데, 당시 쫓기는 신세였던 그는 극도의 불안상태에서 잠잘 때도 옷을 벗지 않고 검을 쥔 상태로 잠들었으며, 평소에도 걸핏하면 결투를 통해 칼부림을 벌인 것도 고질적인 정서적 불안정과 충동적 성향, 남다른 열등감과 분노조절의 어려움에서 비롯된 것으로 보인다. 그는 타인의 거절이나 무시하는 태도에도 지나치게 민감해서 누군가로부터 자신의 그림에 대해 조금이라도 안 좋은 말을 들었을 때는 가차 없이 그 작품을 찢어버릴 정도로 과격한 반응을 보였다고 한다.

마리아 칼라스

20세기 최고의 소프라노 가수로 알려진 **마리아 칼라스**(Maria Callas, 1923-1977)는 동시대의 강력한 라이벌 레나타 테발디에 대한 비하적인 발언은 물론 그리스의 선박왕 오나시스와의 염문, 그리고 연적인 재클린 여사와의 갈등과 마찰 등으로 한 시대를 화려하게 장식한 현대 성악계의 여걸이었다. 하지만 그토록 화려한 명성과 더불어 수많은 주변 인물과 충돌하며 잡음을 일으키는 바람에 대중매체로부터 숱한 빈축과 조롱을 당하기도 했다. 비록 그녀는 무대 위에서 뛰어난 가창력과 힘찬 연기력으로 강력한 카리스마를 내뿜으며 수많은 청중을 압도했으나 사생활 측면에서는 오만 방자하고 변덕이 죽 끓듯 하는 성격 때문에 수시로 좌충우돌하는 모습을 보여 악평을 듣기 일쑤였다.

미국 뉴욕에서 그리스계 이민의 둘째 딸로 태어난 그녀는 출생 직후부터 부모의 냉대와 무관심 속에 지내야 했는데, 아들을 기대했던 아버지는 크게 실망한 나머지 별다른 관심을 두지 않았고, 젖먹이 아들을 뇌막염으로 잃고 난 후 크게 상심했던 어머니는 이듬해에 딸 마리아가 태어나자 아기를 보여주는 의사에게 저리 치우지 못하겠냐며 외면했을 뿐만 아니라 수개월이 지나도록 딸의 출생을 인정하지 않을 정도로 거들떠보지도 않았다. 더욱이 어려서부터 뚱뚱한 체구와 고도 근시를 지녔던 마리아는 날씬한 체격의 언니와 비교당하며 항상 푸대접을 받았는데, 결코 웃는 법이 없던 어머니가 그나마 미소를 살짝 머금었을 경우는 딸이 노래를 부를 때뿐이었다.

부모가 이혼하면서 어머니와 함께 지내게 되었지만, 계속 돈타령이나 늘어놓으며 돈을 요구하는 어머니 때문에 그녀는 무척 골머리를 앓았다. 소녀 시절 아테네 음악원에 재학 중일 때도 어머니의 돈타령은 멈출 줄을 몰라서 거의 연락을 끊다시피 한 그녀는 이런저런 스트레스 때문에 한동안 폭식증(bulimia)에 걸려 고생하기도 했다. 하지만 오페라 가수로 성공하기 위해서는 과도한 비만이 걸림돌이 된다고 판단해 필사적인 노력으로 체중 감량을 시도하기도 했다. 음악원을 졸업한 후 그녀의 재능을 알아본 부유한 사업가 조반니 메네기니의 후원으로 그때부터 돈 걱정 없이 마음 놓고 음악에만 몰두하면서 승승장구하기 시작했다.

그녀의 열렬한 팬이자 후원자였던 메네기니는 무려 27년이나 연상으로, 결국 두 사람은 동거생활을 청산하고 마침내 정식으로 결혼하기에 이르렀는데, 당시 그녀 나이 26세, 신랑은 53세였다. 하지만 딸의 결혼에 대해 못

마땅하게 여긴 어머니는 《내 딸 칼라스》라는 저서를 통해 무자비한 인신공격을 퍼부으며 딸을 비난했을 뿐만 아니라 방송에도 출연해 자신의 딸이 진정한 사랑을 모르기 때문에 영원히 행복하지 못할 것이라는 등 악담을 늘어놓았다.

하지만 그 어머니에 그 딸이라고 마리아 칼라스 역시 그대로 만만히 물러서지 않았다. 그녀는 어머니가 어려서부터 언니만 사랑하고 자신에게는 돈이나 벌어오는 창녀 취급을 했으며, 자신의 소중한 유년시절을 송두리째 빼앗아간 어머니를 결코 용서하지 않을 것이라며 맹공을 퍼부었는데, 말로만 그런 게 아니라 공개적으로 어머니와 의절을 선언한 이래 죽을 때까지 일체 상종하지 않았으니 참으로 대단한 모녀가 아닐 수 없다.

그럼에도 어머니의 불길한 예언은 이상하게도 들어맞았는데, 그 후 마리아 칼라스는 그리스의 선박왕 오나시스의 구애를 받고 그의 호화로운 유람선 항해에 동참하며 각종 값비싼 선물공세에 굴복한 나머지 그동안 자신을 헌신적으로 돌보며 프리마돈나로 키워준 남편을 헌신짝처럼 내버리고 오나시스와 동거에 들어갔다. 오나시스와 함께 상류사회 사교계에 진출한 그녀는 매우 확신에 찬 태도로 남편에게 이혼을 요구하면서 오나시스와 결혼할 뜻을 품고 있었다. 하지만 느닷없이 오나시스가 그녀를 배신하고 존 F. 케네디 대통령의 미망인 재클린 여사와 결혼해 버리자 그녀의 존재는 졸지에 낙동강 오리알 신세로 전락하고 말았다.

닭 좇던 개 지붕 쳐다보는 격이 되어버린 그녀는 이미 예전에 오나시스의 아기를 출산한 적이 있었으나 아쉽게도 그 아들은 출생 직후에 죽고 말았다. 설상가상으로 목소리에 이상이 생겨 무대 위에서 공연을 중단하거나 취소하는 일까지 벌어지면서 엄청난 비난에 직면해야 했던 그녀는 물론 그 이전에도 이탈리아 대통령이 관람하는 자리에서 몸이 불편하다는 이유로 도중에 공연을 멋대로 중단한 적이 있을 정도로 충동적인 성향이 매우 강했으며, 그런 이유로 감독이나 극장주와도 격렬하게 다툰 적이 많았다. 이처럼 대인관계에 큰 결함을 드러낸 그녀는 결국 40대 초반에 은퇴를 선언하고 파리의 허름한 아파트에 기거하며 은둔생활로 들어가면서 우울증과 불면증에 시달리기 시작했으며, 오나시스가 사망한 지 2년이 지나 약물 과용으로 숨지고 말았다. 향년 53세였다.

세기적인 섹스 심벌로 만인의 사랑을 받은 **마릴린 먼로**(Marilyn Monroe, 1926-1962)는 할리우드 영화사에 길이 남을 추억의 명배우로 길이 기억되는 여성이지만, 개인적으로는 몹시 불행한 아동기를 겪었으며, 성인이 되어서도 세 번이나 결혼하는 등 우여곡절을 겪었는데, 첫 남편 제임스 도허티는 경찰이었

마릴린 먼로

고, 두 번째 남편 조 디마지오는 야구선수, 세 번째 남편은 극작가 아서 밀러로, 제각기 다양한 직업을 가진 남자들이었다. 경찰과 운동선수, 극작가에 만족할 수 없었던 그녀는 마침내 최고 권력자인 케네디 형제와도 복잡한 관계를 맺음으로써 스스로 자기 무덤을 파는 결과를 초래하고 말았는데, 더군다나 문란한 사생활로 항상 입방아에 오르내리던 그녀는 미국 공산당원들과 교류함으로써 FBI의 감시를 받기도 하는 등 많은 문제를 일으키기도 했다.

항상 정서적으로 불안정한 상태에 있던 그녀는 수시로 수면제를 과용했으며, 오랜 기간 저명한 분석가 랠프 그린슨에게 정신분석을 받기도 했지만, 결국에는 약물 과용으로 숨진 채 발견되고 말았다. 물론 그녀의 불안정한 심리의 근원은 어린 시절 겪었던 마음의 상처에서 비롯된 것으로 볼 수 있는데, 그녀의 아버지는 일찌감치 처자식을 버리고 종적을 감춰 버렸으며,

어머니마저 정신병원에 들어가는 바람에 그녀는 고아원을 전전하며 지내야 했다. 게다가 양부에게는 성추행까지 당하는 수모를 겪어야 했으니 그녀가 받은 상처는 이루 말할 수 없었을 것이다.

물론 스크린에 비친 그녀의 모습은 전형적인 히스테리 여성을 연상시키는데, '먼로 게이트(Monroe gait)'라는 용어는 엉덩이를 크게 흔들며 걷는 그녀의 유혹적인 걸음걸이에서 비롯된 것이다. 하지만 사생활에서 보인 그녀의 실제 모습은 그 무엇으로도 채워질 수 없는 만성적 공허감과 외로움, 정서적 불안정, 지적인 열등감과 자존감의 저하, 뿌리 깊은 불신과 의존감 등이 복잡하게 뒤엉킨 경계성 인격의 특성을 보인 상태였다고 할 수 있다.

다이애나 비

동화 속에서나 볼 수 있는 성대한 결혼식의 주인공으로 만인의 부러움을 사기도 했던 **다이애나 비**(Diana Frances Spencer, 1961-1997)는 결국 15년 만에 찰스 왕세자와 파경을 맞이한 후 불과 일 년도 채 되지 않은 시점에서 이집트의 재벌 2세와 함께 데이트를 즐기던 중에 파파라치들의 추적을 피해 달아나다가 교통사고로 급사함으로써 세상에 큰 충격을 안겨 주었다. 하지만 그녀의 진정한 비극은 어릴 때부터 겪어야 했던 불행한 성장과정과 냉랭한 부부관계, 숨 막힐 듯 답답한 왕궁생활에 있었다. 순수한 자기로 살아가지 못하고 전적으로 타인의 기대와 시선 속에 거짓된 자기로 살아갈 수밖에 없는 틀에 박힌 의례적인 나날의 연속이 원래 반항적인 기질에 자유분방한 성향을 지닌 그녀를 더욱 옥죄고 만 것이다.

더욱이 찰스 왕세자의 마음은 과거 애인이었던 카밀라 보울즈에게 가 있었는데, 그런 사실을 나중에 가서야 알게 된 그녀는 질투심과 배신감에 사로잡힌 나머지 급기야는 폭식증과 우울, 분노발작 증세를 보이게 되었지만,

그녀의 힘겨운 속사정을 알아주는 사람은 왕궁 안에 아무도 없었으며, 전문적인 치료를 권유한 사람도 없었다. 결국 홧김에 서방질한다는 옛말처럼 그에 대한 보복으로 자신도 승마 코치와 스캔들을 일으키고 한술 더 떠서 새장 안에 갇힌 신세나 다름없는 자신의 처지를 호소한 회고록까지 출간하게 되자 시어머니인 여왕과도 극심한 불화를 낳게 되었다. 왕실의 체면이 우선이었던 여왕으로서는 왕궁 내의 모든 잡음이 밖으로 새어나가지 못하게 단속하는 일에만 전념했을 뿐이다.

그런데 문제는 다이애나의 성장 배경도 결코 순탄치 않았다는 데 있다. 그녀는 냉담하기 그지없는 어머니로 인해 사랑을 제대로 받아보지 못했으며, 태어난 직후부터 집안에서 푸대접을 받았는데, 그 이유는 그녀의 부모가 처음부터 스펜서 가문의 대를 이을 아들을 간절히 원하고 있었기 때문이다. 원래 부모는 두 딸을 낳은 후에 아들 존이 태어나자 크게 기뻐했으나 힘겹게 얻은 그 아들이 태어난 직후 사망하게 되자 부부 사이도 나빠지고 말았다. 그런 상황에서 2년 뒤에 다이애나가 태어났으니 다시 아들을 기대했던 어머니는 크게 실망한 나머지 태어난 지 일주일간이나 그녀에게 이름조차 정해 주지 않은 데다 전혀 아기를 돌보지도 않고 유모에게 양육을 전적으로 일임해 버렸다.

이처럼 아들에 강한 집착을 보인 부모는 3년이 지나 마침내 그토록 원하던 아들 찰스를 얻었는데, 가뜩이나 부모의 관심을 끌지 못하고 지내던 다이애나로서는 모든 관심이 동생 찰스에게로만 쏟아지고 자기 자신은 마치 투명인간처럼 사람들의 눈에 띄지 않는 있으나마나한 존재로 전락하게 되자 스스로를 쓸모없고 가치 없는 존재로 자학하며 자신이 집안에서 철저하게 무시당하고 버림받은 것으로 여기게 되었다. 물론 성인이 되어서는 왕세자 찰스를 얻게 되었지만, 어려서부터 부모의 관심을 끌기 위해 동생 찰스와 경쟁해야만 했던 그녀가 이번에는 남편 찰스와 경쟁하며 시부모의 관심과 인정을 받고 싶어 했으나 그들 역시 냉담하기로는 그녀의 친정부모와 다를 게 전혀 없었다.

설상가상으로 그녀는 여섯 살 무렵 부모가 별거하면서 한동안 부모 사이를 오가며 지냈는데, 어머니의 재혼에 이어 아버지의 재혼으로 새로 계모를 맞이하게 되자 화가 머리 끝까지 치민 그녀는 엉뚱하게 나이 든 하인의 **뺨**을 때리는 무례함까지 보였다. 계모를 몹시 싫어한 다이애나는 그때부터 고함을 지르며 창밖으로 속옷들을 내던지거나 방석을 바늘로 마구 찌르는 등 매우 반항적이고도 난폭한 행동을 보이기 시작해 소문난 악동이 되었다. 이처럼 마음 붙일 곳이 없었던 그녀는 계모와 함께 살기를 거부하고 아버지와 어머니 집 사이를 오가며 지내기도 했으나 그녀를 반기는 사람은 어디에도 없었다. 그랬던 그녀가 평범한 유치원 교사에서 자애롭고 화사한 모습의 왕세자비로 변신했으니 그것은 실로 한 편의 동화에 나오는 마법의 공주와도 같은 변신이 아닐 수 없다.

결국 다이애나는 자신이 태어날 때부터 부모가 원하던 아이가 아니었다는 사실 때문에 일생 동안 거절에 대한 민감성과 정서적 불안정에 시달렸으며, 더 나아가 부모의 이혼과 이어진 양육권 다툼, 계모와 친모, 그리고 시어머니 사이에서 겪을 수밖에 없었던 갈등적 상황, 남동생 찰스와 남편 찰스에 대한 경쟁심과 질투심 등을 통해 알 수 있듯이 36년이라는 지극히 짧은 생애를 항상 정에 굶주린 상태에서 보내야 했다. 하지만 그녀의 존재를 인정하고 받아주는 사람은 어디에도 없었다. 부모가 그녀를 원치 않았고, 찰스가 원하지 않았으며, 왕실도 시어머니도 그녀를 원치 않았다.

누구도 자신을 원하지 않는다는 것은 그녀에게 곧 거절과 버림 당함을 뜻하는 것이었다. 오로지 대중들만 그녀를 원하는 듯이 보였지만, 자신의 속마음을 알지도 못한 채 오로지 겉모습만 보고 환호하며 박수를 보내는 그들의 성원은 그녀의 마음을 더욱 공허하게 만들 뿐이었다. 마침내 그녀는 그릇된 쇼윈도 부부 노릇을 청산하고 진정한 자유인으로 돌아가고자 진열대의 마네킹 역할을 거부한 채 숨 막히는 버킹엄 궁을 박차고 나온 것이다. 어차피 처음부터 그런 자리는 그녀에게 어울리는 자리가 아니었다. 따라서 다이애나는 비록 우리 모두에게 신데렐라의 모습으로 비쳐졌지만, 실상은 이루어질 수 없는 서글픈 사랑으로 비극적인 최후를 마친 인어공주였다고 할 수 있겠다.

엘리자베스 워첼

미국의 작가 **엘리자베스 워첼**(Elizabeth Wurtzel, 1967-2020)은 불과 27세 때 자신의 우울증 체험을 다룬 자서전《프로작 네이션》을 발표해 베스트셀러 작가로 명성을 날리고 그 후에도《비치-음탕한 계집》등 파격적인 내용의 저서를 발표해 일약 X세대를 대표하는 페미니즘 작가의 반열에 오른 맹렬여성이다. 프로작은 1980년대 중반에 발매되기 시작한 제2세대 항우울제로 당시로서는 매우 혁신적인 치료제로 각광받은 약이다.

뉴욕의 유대인 가정에서 태어난 그녀는 어려서 부모가 이혼하는 바람에 홀어머니 밑에서 외롭게 컸다. 소녀 시절부터 우울증에 시달리며 사람들의 관심을 끌기 위해 면도칼로 자해까지 했던 그녀는 약물에 의지해 고통에서 벗어나려 몸부림치기도 했으며, 대학에 가서도 정신적 방황을 거듭하며 대인관계에 어려움을 겪어야 했는데, 그런 어려움은 이성관계에서 특히 더 심했다.

항상 사랑을 갈구하면서도 얼마 가지 않아 버림을 받을 것이라는 불안 때문에 한 남자에게 필사적으로 매달리며 강한 집착을 보인 그녀는 그런 약점 때문에 질이 좋지 않은 남자들에게 쉽게 빠져들기도 했다. 이처럼 인간관계에서 많은 상처를 받은 결과 술과 마약 등에 빠져든 그녀는 일에 몰두해 고통을 떨쳐버리고자 시도하기도 했지만, 계획만 거창하게 세웠을 뿐 도중에 흐지부지 끝나 버리기 일쑤였다.

그런 악순환이 반복되면서 정신병원에 입원한 그녀는 심지어 정신과의사가 처방해 준 약을 한꺼번에 입안에 털어 넣어 자살을 시도하기도 했다. 다행히 살아남은 그녀는 당시 개발되어 사용되기 시작한 항우울제 프로작을 복용하면서부터 차츰 마음의 안정을 얻고 살고 싶은 의지를 되찾게 되었으며, 심기일전해 자신의 투병 체험을 책으로 쓰기 시작한 것이다. 하지만 유방암에 걸려 2020년 초 52세 나이로 세상을 뜨고 말았다.

비록 그녀는 프로작의 도움을 받아 우울증에서 회복한 것으로 주장한 듯이 보이지만, 지금까지 살펴본 바처럼 그녀의 상태는 단순한 우울증에 그친 것이 아니라 경계성 인격 특성에서 비롯된 뿌리 깊은 정신병리의 결과라 할 수 있다. 따라서 프로작은 부분적인 도움을 줄 수는 있었을지언정 근본적인 치유책은 되기 어렵다고 하겠다. 경계성 인격의 문제는 약만으로 해결할 수 없으며 정신분석이나 정신치료의 도움이 필수적이기 때문이다.

불안과 두려움에 사로잡힌
공포증

공포증(phobia)은 가장 다양한 유형을 지닌 정신질환으로 알려져 있으며, 오늘날 알려진 공포증의 유형만도 무려 200여 가지에 달해 일일이 소개하기조차 불가능할 정도다. 그중에서도 임상적으로 가장 흔한 유형은 광장공포, 고소공포, 폐쇄공포, 대인공포, 사회공포, 무대공포, 질병공포 등이라 할 수 있다. 그런 점에서 건강염려증도 일종의 질병공포에 속한다고 볼 수 있다.

다만 대인공포는 인간관계에 어려움을 겪는 정신분열병이나 편집증, 강박증, 회피성 인격장애, 외상후 스트레스 장애 등 다양한 질환의 증상으로 나타나는 수가 많기 때문에 따로 독립된 공포증으로 분류하기 어렵다고 본다. 하지만 다른 공포증상들 역시 여러 정신질환의 일부 형태로 나타나는

공포증

1. 특징
- 수백 가지의 공포 유형이 존재한다.
- 특정 대상이나 상황에 대한 공포가 있다.
- 자신의 공포반응이 불합리하다는 점을 잘 인식하고 있다.
- 스스로 공포심을 조절하고 극복하지 못한다.
- 항불안제와 인지행동요법으로 치료한다.

2. 증상 및 진단 기준
- 극심한 불안과 공포, 공황발작이 나타난다.
- 호흡장애, 심계항진을 보인다.
- 어지러움, 구토, 식은땀이 난다.
- 의식을 잃고 쓰러질 것 같은 두려움이 있다.
- 회피반응과 예기불안이 있다.

수가 많아서 진단에 어려움을 초래하기도 한다.

공포증의 치료에는 약물치료와 인지행동요법이 사용되고 있으나, 거미, 쥐, 뱀, 개, 새, 고양이 등 동물을 두려워하는 단순공포에는 별다른 효과가 없는 것으로 알려졌다. 하지만 이처럼 공포증에 시달리며 고통받는 환자들이 있는 반면에 오히려 그런 공포심을 조장하는 영화나 다양한 게임, 놀이기구 등을 통해 스릴과 공포를 즐기는 사람들도 있으니 참으로 아이러니한 현상이 아닐 수 없다.

공포는 단순하고 막연한 형태의 불안과는 달리 극심한 불안반응을 불러일으키는 뚜렷한 대상이 있다는 점이 특징이다. 그런 점에서 아무런 이유 없이 극도의 불안과 호흡장애를 일으키는 공황장애와도 구별된다. 공포증 환자는 두려워하는 특정 대상이나 상황이 아닌 경우에는 별다른 증상 없이 정상적인 생활을 유지하기 마련이며, 따라서 수많은 역사적 인물 중에서 다양한 유형의 공포증에 시달리면서도 남다른 업적을 남긴 경우가 많았던 것은 그리 놀랄 일도 아니라고 여겨진다.

역사적 기록에 의하면, 고대 그리스의 **알렉산드로스 대왕**이 비록 천하를 정복하며 용맹을 떨친 희대의 영웅으로 알려졌으나, 아이러니하게도 고양이를 몹시 두려워하는 공묘증(ailurophobia)이 있었다고 한다. 고양이 공포증은 로마의 영웅 **카이사르**에게도 있었는데, 그는 고양이뿐만 아니라 번개 또한 몹시 두려워했다고 하니 아무리 걸출한 영웅호걸도 무서운 것은 한두 가지씩은 있었나 보다. 고양이를 두려워한 영웅으로는 정복자 **나폴레옹**도 있으며, 파시즘 독재자 **무솔리니**는 고양이뿐 아니라 폐쇄공포증에도 시달린 것으로 알려졌다. 유라시아 대륙의 대부분을 정복한 몽골제국의 영웅 **칭기 즈칸**은 개를 몹시 두려워했는데, 말 타기의 명수였던 그는 얄궂게도 말에서 실수로 떨어져 죽은 것으로 알려졌다. 원숭이도 나무에서 떨어질 날이 있다는 속담이 그저 하는 소리가 아닌 듯싶다. 한편 실존주의 철학자 **사르트르**는 특이하게도 갑각류에 대한 공포증(crustacean phobia)이 있었다고 한다.

로마의 폭군으로 알려진 **칼리굴라**(Caligula, 12-41)는 물을 몹시 두려워하는 공수증(hydrophobia)이 심해서 수영을 일체 하지 못했다고 하는데, 자주 의식을 잃고 쓰러지는 간질병을 앓았기에 수영 중에 발작이 일어나 목숨을 잃게 될 것이 두려웠던 모양이다. 할리우드 여배우 **내털리 우드**도 공수증이 심했는데, 아이러니하게도 물에 빠져 익사했다. 반면에 미국의 **루스벨트** 대통령은 불공포증(pyrophobia)을 지닌 것으로 알려졌으며, 독일의 작곡가 **슈만**은 금속 물질에 대한 공포증(metallophobia)이 있었다고 한다. **아돌프 히틀러**는 치과공포증(dentophobia), 그리고 미국의 **리처드 닉슨** 대통령은 병원공포증(nosocomephobia)을 지닌 것으로 알려졌다.

표트르 대제

러시아의 **표트르 대제**(Peter the Great, 1672-1725)는 벌레 공포증(vermiphobia)뿐 아니라 광장공포증(agoraphobia)도 지녔는데, 특히 높은 천장을 두려워했다고 한다. 숱한 전쟁을 통해 광대한 영토 확장을 이룩한 황제가 작은 벌레를 두려워하고 광장공포증을 지녔다는 사실이 매우 역설적으로 들린다. 미국의 사업가로 극심한 강박증에 시달렸던 **하워드 휴스** 역시 벌레공포증을 지녔는데, 세균공포증(mysophobia)도 심해서 항상 휴지를 사용해 물건을 집었으며, 업무상의 일을 처리할 때도 직원들과 직접 대면을 피하고 메모지를 통해서만 지시사항을 전달했다고 한다. 세균공포증은 발명가 니콜라 테슬라에게도 있었다.

매우 특이한 공포증으로는 생매장공포증(taphephobia)이 있는데, 죽어서 입관할 때 완전히 죽지 않고 생매장 당하지나 않을까 두려워하는 것이다. 조지 워싱턴, 안데르센, 알프레드 노벨, 쇼팽 등이 생매장공포증을 지닌 것으로 알려졌다. 특히 **노벨**(Alfred Nobel, 1833-1896)은 유언을 통해 자신이 죽으면 우선 혈관을 절개하고 의사들이 사망 사실을 분명히 확인한 후 자신의 시신을 화장해 달라고 매우 구체적인 절차까지 지시했는데, 이는 그가 생매장에 대한 두려움이 얼마나 컸는지 알려주는 대목이 아닐 수 없다. **쇼팽**(Frédéric Chopin, 1810-1849)은 죽기 전에 자기가 죽으면 관 뚜껑을 덮지 말고 사람들이 자신의 몸을 볼 수 있게 해달라고 요청했는데, 혹시 산 채로 매장될까 두려워서였다. 반면에 이탈리아의 오페라 작곡가 **벨리니**(Vincenzo Belli-ni, 1801-1835)는 자신이 일찍 죽지나 않을까 두려워하는 요절공포증이 있었는데, 평소 미신을 잘 믿었던 그는 시인 하이네로부터 모든 천재는 일찍 죽는다는 말을 듣고 난 후 겁에 질린 나머지 하이네와 일체 상종하지 않을 정도로 자신이 요절하지나 않을까 두려워했지만, 실제로 그는 33세라는 젊은 나이로 요절했다.

불길한 숫자에 대한 공포증으로는 우리나라에서 특히 죽을 死자와 발음이 같다는 이유로 숫자 4를 기피하는 경향을 들 수 있다. 서양에서는 예수의 죽음과 관련지어서 13이라는 숫자를 매우 불길하게 여긴다. 12음 기법을 창안한 유대인 출신의 현대 작곡가 **쇤베르크**(Arnold Schoenberg, 1874-1951)는 특이하게도 13공포증(triskaidekaphobia)에 사로잡힌 나머지 13이라는 숫자에 큰 두려움을 지니고 있어서 자신의 작품 〈모세와 아론(Moses und Aaron)〉의 원래 제목에서도 철자 하나를 빼 버리고 〈Moses und Aron〉으로 정했는데, 그 이유는 철자 수의 합이 13이 되는 것을 피하기 위해서였다. 결국 이 작품은 끝내 완성을 보지 못하고 말았다. 그는 76회 생일을 맞이하면서도 매우 불안하고 우울한 반응을 보였는데, 그 이유 역시 7과 6의 합이 13이었기 때문이다. 그는 비록 그 이듬해 77세를 일기로 숨을 거두었지만, 죽기 전날 밤부터 하루 종일 침대에 누워 불안에 떨었다고 한다. 그런데 그가 죽은 날은 공교롭게도 7월 13일로 게다가 금요일이었다. 쇤베르크는 자신이 13일에 태어난 사실에 대해 평소에도 항상 불길한 징조로 여기고 있었는데, 실제로 그는 9월 13일에 태어나 7월 13일에 죽었으니 13이라는 숫자와 기묘한 인연을 맺은 셈이다.

오이디푸스 콤플렉스의 핵심 이론 가운데 하나로 거세공포를 주장한 **프로이트**는 청년시절 자신이 대학 캠퍼스에서 겪은 원주기둥 공포와 불안의 원인을 스스로 탐색한 후 그런 현상이 아버지의 보복을 두려워한 거세공포에서 비롯되었음을 밝히기도 했는데, 그는 그 외에도 무기공포(hoplophobia), 양치류 식물에 대한 공포(pteridophobia)를 지녔으며, 기차여행 공포(siderodromophobia)와 더불어 로마에 대한 공포도 있어서 오랜 기간 로마를 방문하지 못하다가 나중에는 이를 극복하고 로마를 찾아 미켈란젤로의 모세 조각상을 보고 크게 감동했다고 한다. 로마에 대한 공포는 카를 **융**도 있었는데, 그는 미국과 인도까지 방문했으면서도 죽을 때까지 로마에는 갈 수 없었다. 이처럼 심층심리학의 대가인 프로이트와 융이 로마를 두려워한 것은 기독교 사회에서 정신적 아버지로 군림하는 교황이 있는 곳이었기 때문으로 보이는데, 물론 그것은 무의식적 거세공포에서 비롯된 현상이기 쉽다.

노르웨이 화가 **뭉크**는 여성공포(gynephobia)로 인해 일생 동안 독신을 고수했으며, 독신주의 철학자 쇼펜하우어는 여성공포라기보다는 차라리 여성 혐오증에 가깝다고 할 수 있다. 여성공포증이 가장 극심했던 인물로는 영국의 괴짜 학자 **헨리 캐번디시**를 들 수 있는데, 그는 하녀와 접촉하는 일도 피하기 위해 쪽지를 통해서만 지시를 내릴 정도였다. 성에 대한 공포증(genophobia)이 심했던 화가 **살바도르 달리**는 비록 결혼은 했지만, 자식을 낳지 않았으며, 만유인력 법칙을 발견한 물리학자 **뉴턴**도 성 공포증으로 인해 일생 동안 숫총각으로 지냈다고 한다. 성에 대한 두려움은 엘리자베스 1세 여왕, 차이콥스키, 버지니아 울프, 루 살로메, 헨리 제임스, 주지주의 시인 T. S. 엘리엇, 여배우 그레타 가르보 등에서도 엿볼 수 있다.

일반적으로 가장 흔히 볼 수 있는 공포증으로는 고소공포증(acrophobia)을 들 수 있는데, 군대 유격훈련에서 가장 공포심을 불러일으키는 높이를 11m로 잡고 있으며, 그런 공포심을 역으로 이용해 놀이공원에서는 여러 다양한 놀이기구를 통해 스릴을 만끽하며 즐기도록 이끌기도 한다. 그런데 아이러니하게도 파리의 명물 에펠탑을 세운 **귀스타브 에펠**(Gustave Eiffel, 1832-1923)은 고소공포증 환자였다고 한다. 미국의 유명한 SF 소설가 **아시모프**

(Isaac Asimov, 1920-1992)는 광대한 우주를 무대로 수많은 공상과학소설을 썼으나, 정작 작가 자신은 고소공포증으로 해외여행조차 갈 수 없었으며, 오히려 폐쇄된 좁은 공간에 갇혔을 때 편안함을 느꼈다고 한다. 그는 흔들리는 배를 즐기기도 했는데, 특이한 점은 수영이나 자전거 타기 등은 전혀 못하면서도 자동차 운전은 가능했다는 사실이다. 북한의 지도자 김정일도 고소공포증으로 비행기를 타지 못하고 기차만 이용한 것으로 알려졌다.

고소공포증을 다룬 스릴러 영화 〈현기증〉을 감독한 공포영화의 달인 **히치콕**(Alfred Hitchcock, 1899-1980)은 매우 특이하게도 계란공포증(ovophobia)을 지녔는데, 소년 시절에는 경찰을 몹시 두려워했다고 한다. 그래서인지 그의 작품에는 항상 경찰에 쫓기는 주인공의 모습이 등장한다. 그런데 히치콕처럼 둥근 형태의 물건에 두려움을 느끼는 원형공포증은 정신분열병을 앓은 화가 이중섭에게도 있었다. 그래서 이중섭은 둥근 형태의 손잡이나 빵과 도넛, 아이들의 발가락, 여성의 눈동자, 둥근 안

히치콕

주 접시와 술잔 등의 물건만 보면 잔뜩 긴장하다가 겁을 집어먹고 도망쳤다고 한다.

공개석상에서 말을 하는 상황에 두려움을 갖는 연설공포(glossophobia)의 대표적인 예로는 영국의 **조지 6세**를 들 수 있다. 원래 그는 말더듬이 심해서 대중 앞에 나서는 일을 몹시 꺼렸는데, 왕위에 오르게 되면서 대중 연설을 피할 수 없게 되자 언어치료사의 도움을 받고 맹훈련을 거듭한 결과 공포증을 극복하게 되었다. 영화 〈킹스 스피치〉는 바로 그런 과정을 다룬 작품이다. 하지만 제2차 세계대전을 승리로 이끈 처칠 수상도 대중연설을 몹시 두려워한 것으로 알려졌다.

아이러니한 사실은 셰익스피어 연극배우로 명성을 날린 **로렌스 올리비에**도 공개석상의 연설을 몹시 두려워하고 기피한 것으로 알려졌는데, 뇌쇄적인 자태로 수많은 남성 팬을 사로잡은 여배우 **마릴린 먼로** 역시 대중 앞에서 연설하는 데 두려움을 지녔을 뿐만 아니라 광장공포증(agoraphobia)까지 있어서 외출할 때도 혼자 다니지 못하고 항상 동반자가 있어야 했다고 한다. 광장공포증은 임상적으로 가장 흔한 증상 가운데 하나로, 길을 가다 정신을 잃고 쓰러지지나 않을까 불안해하는 현상인데, 심하면 공황 발작까지 일으키기도 한다.

사회공포증 또는 대인공포증(anthrophobia)은 여러 다양한 질환에서 나타나는 증상으로, 사람들과 접촉하는 일에 심한 두려움을 느끼고 대인관계를 기피하게 되는데, 임상적으로 가장 흔하게 찾아볼 수 있는 현상 가운데 하나다. 대인공포증은 회피성 인격장애와 정신분열병 환자에서 가장 심한 형태로 나타난다. 역사적 인물 중에서 대인공포증이 가장 두드러진 사람은 18세기 영국의 화학자 **헨리 캐번디시**, 영국의 소설가 **에밀리 브론테**, 미국의 여류시인 **에밀리 디킨슨**, 프랑스의 작가 **마르셀 프루스트**와 **구르몽**, 작곡가 **모리스 라벨**, 미국의 소설가 **샐린저**와 **하퍼 리**, 영화감독 **스탠리 큐브릭** 등을 들 수 있다.

화가 **이중섭**은 대인공포증 외에도 원형공포, 식사공포, 유기공포, 고립공포, 빨갱이공포, 거세공포, 발기불능공포, 시선공포, 부패공포, 여성생식기공포 등 실로 다양한 공포증상에 시달린 것으로 알려졌다. 미국의 괴짜 발명가 **니콜라 테슬라**는 대인공포증뿐 아니라 세균공포, 둥근 물체를 두려워하는 원형공포 외에 특이하게도 보석공포증(kosmemophobia)이 있었으며, 신체접촉도 몹시 두려워했다고 한다.

현재까지 생존한 인물들 가운데 대인공포증이 심한 예로는 작가 엘리네크, 토머스 핀천과 쥐스킨트를 들 수 있다. 2004년 노벨 문학상 수상작가 **엘리네크**(Elfriede Jelinek, 1946-)는 오스트리아의 소설가로, 심한 광장공포증과 더불어 사회공포증으로 장거리 여행을 할 수 없어 노벨상 수상식장에 참석할 수 없었는데, 사실 그녀는 어려서부터 대인관계를 극도로 기피하는 자폐적인 성향을 보여 당대의 저명한 의사 한스 아스퍼거의 치료를 받기도 했다. 그녀가 앓았던 병명은 과거에 아스퍼거 증후군(Asperger syndrome)으로 알려졌으나, 오늘날에 와서는 고기능 자폐증의 일부로 간주되고 있어 그런 병명은 공식적으로 사라지게 되었다. 미국의 소설가 **토머스 핀천**(Thomas Pynchon, 1937-)은 편집증적 음모론과 오컬트적 신비주의, 심리학이 혼합된 매우 복잡하고도 난해한 구도로 전개되는 수수께끼 같은 내용의 소설《중력의 무지개》로 국제적인 명성을 얻었으나, 실제로 그 자신 역시 신비의 베일에 가려있는 존재로 공개적인 장소에 일체 그 모습을 드러내지 않고 있어서 그의 사진이나 거주지조차 전혀 알려져 있지 않다. 그는 줄곧 노벨 문학상 후보로 거론되기도 했지만, 과연 그가 수상자로 선정이 되더라도 공개석상에 그 모습을 드러낼지 귀추가 주목된다.

소설《향수》,《좀머 씨 이야기》등으로 잘 알려진 독일의 소설가 **쥐스킨트**(Patrick Süskind, 1949-)도 대인공포증이 심해서 세상과의 모든 접촉을 끊고 은둔생활로 일관하는 작가다. 그는 자신의 이름이 세계적으로 알려지기 시작하면서 지하로 숨어들어 좀처럼 공개적인 장소에 그 모습을 드러내지 않고 있는데, 매스컴의 인터뷰는 물론 자신에게 주어진 그 어떤 상도 거절해 그의 얼굴조차 제대로 알려진 적이 없을 정도다. 심지어 자신

쥐스킨트

의 신상에 대해 조금이라도 발설하는 사람과는 아예 인연을 끊어버리는 괴짜이기도 하다. 따라서 그는 오로지 작품만을 통해 세상과 접촉하고 있는

셈인데, 출판사와의 접촉도 형 마르틴이 대신해 주고 있다고 한다. 그런 점에서 얼굴 없는 작가로 불리는 토머스 핀천이나 쥐스킨트 모두 대인공포증을 동반한 회피성 인격의 소유자로 볼 수도 있다.

공감능력이 결여된
나르시시즘

　　자기애성 인격(narcissistic personality)으로 불리는 나르시시즘은 말 그대로 자기에 대한 사랑과 자아도취에 푹 빠진 나머지 타인은 안중에도 없는 그런 유아독존적 상태를 일컫는다. 이런 유형의 사람을 나르시시스트로 부르는데, 이들의 특징은 모든 일을 자기본위로 해석하고 타인의 말에 귀를 기울이지 않으며, 그렇기 때문에 당연히 공감능력도 없다. 따라서 타인의 입장에 매우 냉담하고 자기주장만 내세우며 상대를 지배하려고만 든다.

　이들이 추구하는 가치는 오로지 아름다운 외모와 성공, 물질적 부의 축적, 미적 가치, 권력 쟁취 등으로 내면적 가치나 진실 추구에는 관심이 없다. 따라서 이들은 자신이 추구하는 목적을 위해 수단 방법을 가리지 않으

나르시시즘

1. 특징

- 자기애성 인격장애로 부른다.
- 자아도취에 빠져 있다.
- 현대산업사회에 만연되어 있다.
- 왕자병과 공주병으로 알려져 있다.
- 스스로 병이라 여기지 않기 때문에 전문적 치료를 원하는 경우는 매우 드물다.

2. 증상 및 진단 기준

- 자기중심적으로 공감능력이 부족하다.
- 항상 인정받기를 원하고 특별대우를 기대한다.
- 자신의 이익을 위해 기꺼이 타인을 이용하고 착취한다.
- 성공, 권력, 지식, 매력에 대한 환상이 크다.
- 우월감에 사로잡혀 타인을 지배하려 들며 질투심도 강하다.

며, 도덕적 관념도 느슨하기 짝이 없다. 그리고 자신의 목표 성취를 위해 타인을 이용하고 착취하기도 하며, 목적을 달성한 후 더 이상 이용가치가 없어졌다고 판단되면 가차 없이 상대를 버리고 배신한다. 이런 사람들에게는 타인을 지배하는 강력한 카리스마적 매력도 따르기 마련이어서 수많은 추종세력을 거느리기도 한다. 따라서 정치적, 종교적 집단의 리더로 성공하는 수가 많다.

하지만 나르시시스트도 우울과 좌절에 빠질 때가 있는데, 그것은 타인들의 찬사와 인정, 관심과 숭배를 받지 못하게 될 경우다. 그런 상황에서 이들은 끔찍스러운 나르시시즘적 좌절에 대한 반응으로 격한 분노를 느끼게 되며, 술과 마약, 도박, 문란한 사생활을 통해 스스로를 달래고자 한다. 물론 나르시시즘의 특성에 가장 적합하고 성공 확률이 높은 분야는 예술계와 연예계라 할 수 있으나, 모든 사람이 성공하는 것이 아니기 때문에 그런 좌절과 분노를 극복하지 못할 경우에는 극단적인 선택으로 자살하는 사람도 있다. 예술가와 연예인 사이에 자살이 특히 성행하는 이유도 나르시시즘적 좌절에서 찾을 수 있다.

역사적 인물 가운데 나르시시즘 성향이 매우 강한 인물로는 고대 그리스의 **알렉산드로스 대왕**(Alexander the Great, BC 356-323)을 꼽을 수 있다. 오로지 승리만 알고 패배를 모르는 강력한 힘과 카리스마의 소유자였던 그는 불과 30세라는 젊은 나이에 그리스 반도에서 이집트와 바빌론, 페르시아를 거쳐 인도

알렉산드로스 대왕

북서부에 이르는 실로 광대한 영토의 대제국을 건설했던 인물이었으니 당연히 자신이 세상에서 가장 위대하고 힘 있는 존재라고 스스로 믿었을 것이다. 물론 그런 나르시시즘적인 과대망상은 어느 날 갑자기 하늘에서 떨어진 것이 아니라 어려서부터 그의 어머니 올림피아스가 귀가 닳도록 들려준 세뇌교육의 결과였다. 필리포스 2세의 네 번째 아내로 권력에 대한 욕심이 남달리 강했던 그녀는 어린 아들에게 왕위를 물려주기 위해 그가 제우스신의 아들임을 누누이 강조했는데, 실제로 그는 자신이 태어날 때부터 신성한 임무를 지니고 이 세상에 온 존재로 굳게 믿었다.

더군다나 어려서부터 매우 총명했던 그는 부왕의 아낌과 신임을 크게 받으면서 당대 최고의 학자였던 아리스토텔레스의 제자로 훌륭한 교육까지 받았으니 지식과 무예를 겸비한 그는 자만심이 부푼 나머지 자신의 부왕마저 우습게 아는 교만에 빠지고 말았다. 단적인 예로, 부왕의 일곱 번째 결혼 피로연에서 술에 취한 아탈루스 장군이 이번 결혼을 통해 새롭고 완벽한 혈

통을 만들어 주기를 신에게 기원하면서 적법한 왕의 후계자를 바란다는 취지의 말을 꺼내자 이에 발끈한 알렉산드로스가 술잔을 아탈루스의 머리를 향해 내던지며 그에게 욕을 퍼부은 것이다. 그때 부왕이 아탈루스를 두둔하며 아들을 제지하러 달려가다 발을 헛딛고 바닥에 넘어지는 사태가 벌어지자 아들은 그런 부왕의 모습을 조소하는 듯이 바라보며 매우 빈정대는 말투로 왕을 모욕했으니 실로 엄청난 불충을 저지른 셈이다. 왕자의 신분으로 도저히 있을 수 없는 언행을 보인 것이다.

그 후 부왕이 암살당하면서 20세 나이로 왕위에 오른 그가 가장 먼저 한 일은 자신과 왕위 계승을 둘러싸고 경쟁관계에 있었던 다른 왕자들과 그 친족들을 모두 제거하고 아탈루스 역시 죽이라고 명한 것이었다. 그의 비정한 일면을 엿볼 수 있는 대목이다. 더군다나 평소 고집 세고 거칠며 충동적인 성향이 강했던 그는 한때 전장에서 자신의 목숨을 살려준 생명의 은인이기도 했던 충복 클레이투스를 연회장에서 자신의 손으로 직접 살해하고 말았는데, 그것은 자신에게 클레이투스가 감히 반론을 제기하고 나섰기 때문에 순간적으로 발끈한 나머지 이성을 잃고 모든 신하들이 보는 앞에서 창으로 찔러 그 자리에서 죽게 만든 것이다. 물론 그토록 이성을 잃게 된 이유는 클레이투스가 대왕의 가장 민감한 아킬레스건을 건드렸기 때문인데, 대왕이 자신의 위대한 업적이 부왕을 능가한다고 자랑하자 클레이투스가 이에 맞서서 대왕의 업적은 결국 부왕의 업적에 힘입은 결과에 불과하다고 응수한 것이다.

위대한 영웅의 이미지와는 전혀 어울리지 않는 그런 추태를 보인 후 그는 한동안 자책감에 빠지기도 했으나, 그 후로는 그 누구도 믿지 못하는 편집증적 성향을 보이기 시작했으며, 폭음을 통해 자신의 괴로운 마음을 달래고자 했으나, 그것은 곧 스스로 죽음을 자초한 결과를 낳고 말았다. 더욱이 그는 자신의 죽마고우로 오랜 세월 함께 동고동락했던 헤파이스티온이 죽은 이후로 편집증적 의심이 더욱 심해진 데다 폭음으로 인해 건강을 크게 해치게 되면서 32세 나이로 요절하고 말았다. 하기야 승리만 알고 패배를 모르는 냉혹한 정복자였지 관용을 베풀 줄 아는 덕치의 지배자는 아니었으니, 그가 죽은 후 순식간에 대제국이 무너진 것은 불가피한 결과였다.

후한 말의 승상으로 위나라의 기틀을 마련하고 죽은 **조조**(曹操, 155-220)는 탁월한 지략과 배짱을 겸비한 인물이다. 비록 나관중은 소설《삼국지연의》에서 조조를 가장 간악하고 교활한 야심가로 묘사하고 후한을 멸망시킨 역적으로 간주하기도 했지만, 숱한 영웅호걸들과 제후들을 연달아 물리치고 중국대륙의 대부분을 통일시킨 대업을 이룩한 장본인이기도 했다. 후한의 대승상이 되어 천하를 호령한 조조는 "내가 천하를 버릴지언정

조조

천하가 나를 버리지 못한다."라고 했던 말에서도 보듯이 실로 대단한 나르시시스트이기도 했다.

특히 용병술과 통솔력에 탁월한 재능을 발휘한 조조는 뛰어난 언변과 놀라운 순발력으로 사람들을 감동시키는 남다른 재주가 있었는데, 단적인 예로 그는 농민들에게 피해를 주지 않기 위해 군사들이 말을 타고 보리밭에 들어가지 못하게 금지시켰으나, 오히려 실수로 자신의 말이 보리를 밟는 일이 생기자 스스로 자신의 목을 자르려고 했다. 이에 놀란 부하들이 머리카락을 자르는 일로 대신하도록 권유하며 가까스로 그를 말렸는데, 물론 그것은 일종의 즉흥적인 쇼맨십이었겠지만, 그런 소문이 널리 퍼지면서 군사들은 물론 백성들까지 그에 대한 신뢰와 존경심이 더욱 높아졌다고 한다.

조조는 전사자들의 유족들에게도 논밭을 내주어 생계에 지장이 없도록 하는 등 세심한 부분까지 신경을 썼으며, 인재를 고르는 일에도 사사로운

감정에 얽매이지 않고 과감히 등용하곤 했다. 다만 의심이 많아서 사람을 잘 믿지 못했으며, 제갈량과 쌍벽을 이루던 지략가인 사마의마저 믿지 못해 그를 항상 경계했다. 더욱이 평소 만성 두통에 시달린 조조는 자신을 치료했던 당대의 명의 화타마저 죽여 없애는 우를 범하기도 했는데, 자신의 명을 감히 거역했다는 이유로 화타를 쥐새끼라 부르며 죽인 것은 조조가 저지른 실수 중에 가장 큰 과오였다고 할 수 있다. 그렇게 화타를 죽이지만 않았어도 조조는 더 오래 장수했을 것이다.

물론 조조는 문무를 겸비한 난세의 영웅임에 틀림없다. 특히 그는 뛰어난 카리스마적 리더십으로 조직을 이끄는 통솔력과 행정수완에 있어서 타의 추종을 불허했으며, 임기응변과 상황판단에도 능숙했다. 자신의 정적들을 회유시켜 포섭하는 일에도 남다른 능력을 발휘했을 뿐만 아니라 탁월한 정치적 감각으로 온갖 파벌들을 자신의 이익을 위해 교묘하게 조종하고 이용하는 일에도 타고난 능력을 발휘했다. 그런 특성은 뛰어난 지략가의 면모를 통해 여지없이 드러나는데, 심리전의 달인이었던 그는 전장에서도 군사들의 사기를 높이거나 적군을 교란하고 분열시킬 때 그 실력을 십분 발휘한 것이다.

하지만 난세의 간웅이라는 평도 항상 따라붙듯이 그는 지나치게 잔머리를 굴리고 사람을 쉽게 믿지 못하는 데다 자신의 야심과 목적을 위해서라면 그 어떤 술수도 마다하지 않았으며, 겉과 속이 완전히 달라서 최측근들마저 그의 진의를 파악하기 어려웠다고 한다. 따라서 그가 하는 말과 행동에는 항상 진실성이 부족하다는 결함도 지녔다. 또한 여간해서 겉으로 감정을 드러내는 법이 없었는데, 그런 냉혹성은 잔혹성과 결합되어 무자비한 학살과 수많은 군사의 희생에도 눈 하나 깜짝이지 않는 모습을 보이기도 했다. 비록 능력은 출중했을지 모르나 인간적으로는 결코 호감이 갈 수 없는 그런 유형의 나르시시스트였던 것이다.

조선 왕조 500년 역사에서 가장 교활한 간신이자 모사꾼으로 알려진 **한명회**(韓明澮, 1415-1487)는 수양대군을 도와 계유정난을 일으키고 세조를 왕위에 앉혔으며, 단종 복위를 노리는 사육신과 관련자 800여 명을 처형시키고 수천 명을 유배시킨 장본인이다. 세조의 총애를 받으며 출세가도를 달리기 시작한 그는 세조와 사돈관계를 맺고 그 뒤를 이은 예종과 성종을 사위로 삼는 등 왕실과 인척관계를 맺어 권력을 유지하는 가운데 온갖 부귀영화를 누리다 죽었으나, 연산군의 생모 폐비 윤씨 문제로 불거진 갑자사화에 연루되어 사후 17년이 지나 부관참시를 당했는데, 시체는 토막 나고 잘린 목은 저잣거리에 효수되었다.

한명회는 임신 7개월 만에 태어난 칠삭둥이 미숙아로, 누가 봐도 살 것 같지 않아 그대로 방치되었다가 이를 측은히 여긴 나이 든 여종이 대신 거두어 보살피며 목숨을 살렸다고 한다. 하지만 어린 나이에 일찍 부모를 여의고 고아가 된 그는 친척집에 얹혀살면서 유달리 작은 체구와 부모 없는 자식이라는 이유로 주위의 놀림과 멸시를 받으며 불우한 소년 시절을 보내야 했는데, 남달리 기억력이 좋고 민첩했던 그는 그런 수모와 치욕 때문에 일찍부터 강한 출세욕에 사로잡혀 수단방법을 가리지 않게 된 것으로 보인다.

이처럼 남달리 출세에 대한 집념에 사로잡힌 그는 여러 차례 과거에 응시했으나 번번이 실패해 주위의 비웃음을 샀으며, 37세가 되어서야 비로소 말단 관직인 궁지기로 일할 수 있게 되었지만, 그것도 양반 가문의 신분을 이용한 특채에 의한 것이었다. 이처럼 과거를 통해서는 출세할 방도가 없음을 절감한 그는 결국 수양대군에 접근해서 그의 책사가 됨으로써 반정을 부추기게 되었다. 권력자의 위치를 이용해 권력을 공유하려는 전형적인 나르시시스트의 출세전략이었던 셈이다. 처음에는 망설이던 수양대군에게 강력한 군주의 필요성을 역설하며 거사를 설득한 결과, 마침내 수양대군의 마음을 움직이는 데 성공한 그는 반정의 모든 전권을 쥐고 작전계획 수립은 물론 인맥과 자금 동원, 살생부 작성 등에 이르기까지 치밀하게 거사를 준비해 나갔다. 마침내 1453년 계유정난을 일으켜 충신 김종서 장군의 일족과 세조의 동생 안평대군 등을 죽이고 한순간에 한성부를 점령한 한명회는 이어 단종을 폐위시키고 수양대군을 세조로 즉위시키는 데 성공했다.

이처럼 세조의 최측근으로 눈부신 활약을 보인 그는 그 후 승승장구하며 출세가도를 달리게 되었으나, 자신의 개인적 영달을 위해 숱한 인재들과 가문의 씨를 말렸으며, 간교한 술책으로 왕실과 인척관계를 맺어 자신의 권력 기반을 유지해 나갔다. 그는 그런 수법으로 3대에 걸친 왕실뿐 아니라 권람, 신숙주 등의 동지들과도 인척관계를 맺었으니 권력 유지를 위해서라면 자신의 피붙이들까지 이용하는 파렴치함을 보인 것이다. 더군다나 한명회는 정실부인 외에도 수많은 첩을 두고 살았는데, 그가 거느린 소실 중에는 고려의 충신 정몽주의 손녀도 포함되어 있었다. 이처럼 온갖 야비하고 변칙적인 수법으로 권력을 유지하는 가운데 수많은 토지와 노비를 거느리고 일생을 호의호식하며 온갖 부귀영화를 누릴 수 있었던 그는 조선 왕조에서 그 유례를 찾아보기 힘든 모사꾼이자 사악한 간신의 대명사로 남게 되었다.

조선 왕조 500년 역사에서 가장 포악하고 잔인한 폭군으로 악명이 자자한 **연산군**(燕山君, 1476-1506)은 성종의 맏아들로 태어나 세 살 때 생모인 윤씨가 폐위되면서 그녀와 생이별한 후 얼마 가지 않아 어머니가 사사되었는데, 자신을 대신 맡아 키운 정현왕후를 친모로 알고 성장하는 동안 자신의 생모가 후궁들의 모함으로 사약을 마시고 억울하게 죽은 사실을 까맣게 모르고 지내다가 부왕의 묘비명을 쓸 때 가서야 비로소 자신의 생모임을 알고 큰 충격과 더불어 마음의 상처를 받았다.

비록 성종은 향후 벌어질지도 모르는 정치적 파란을 염려해 자신의 사후

백 년간 폐비 윤씨에 대한 언급을 일체 하지 말라는 유지를 남겼으나, 요부 장녹수의 귀띔으로 유배 중인 외조모를 찾아 생모의 억울한 사연을 상세히 알게 되면서 크게 격분한 연산군은 곧바로 생모의 복권을 시도함으로써 사림파의 강한 반발을 사게 되었다. 그 후부터 더욱 큰 타락의 길로 접어든 그는 재위 12년 동안 온갖 횡포와 향락을 일삼으며 두 차례의 사화 등 많은 실정을 저지르게 되었으며, 결국 중종반정으로 강화에 유배되어 30세 나이로 죽었다.

연산군은 생모의 억울한 죽음을 알게 된 후 그동안 자신이 속고 살았다는 배신감과 원망감이 한꺼번에 터지면서 어머니의 한을 풀어주기 위해 피비린내 나는 복수극을 벌이게 되었는데, 폐비 윤씨의 복권 조치가 부당함을 상소한 선비들을 비롯해 과거 윤씨의 폐비에 찬성했던 신하들까지 모조리 참살하는 갑자사화를 일으켰다. 뿐만 아니라 생모를 모함해 죽게 만든 부왕의 후궁 정씨와 엄씨를 장살로 다스렸는데, 처음에는 정씨의 소생인 안양군과 봉안군으로 하여금 때려죽이게 했으나 억지로 흉내만 내자 자신이 직접 나서 손수 때려죽였다. 숨진 두 후궁의 시신은 젓갈로 담아 산에 버리게 했으며, 두 왕자에게는 사약을 내렸다.

연산군의 무모함은 그것으로 끝나지 않고 폐비 윤씨의 복위문제로 조모 인수대비와 심하게 다투다가 와병 중인 그녀의 머리를 들이받아 죽게 하는 패륜까지 저질렀으며, 80대 고령의 상선 김처선이 왕의 음란한 행위를 말리는 직언을 올리자 연산군은 자신이 직접 상선의 다리와 혀를 잘라 죽이는 잔혹함을 보였다. 그래도 분이 덜 풀렸는지 전국에 있던 김처선의 이름을 지닌 자들은 모조리 개명하도록 지시했으며, 그의 이름 처와 선이 들어간 두 글자의 사용을 금지시켜 연산군이 그토록 즐기던 처용무도 그 후부터 풍두무로 이름이 바뀌기까지 했다. 속 좁은 나르시시즘적 광기의 극치가 아닐수 없다. 더욱이 김처선은 세종 때부터 연산군에 이르기까지 무려 7명의 왕을 섬긴 충신이었으니 세상 민심이 과연 어떠했겠는가. 결국 참다못한 신하들이 정현왕후의 소생인 진성대군을 왕으로 옹립하는 중종반정을 일으켜 연산군을 폐위시키고 말았다.

도요토미 히데요시, 도쿠가와 이에야스와 더불어 중세 일본을 주름잡은 세 영걸의 한 사람으로 꼽히는 **오다 노부나가**(織田信長, 1534-1582)는 하극상으로 몸살을 앓던 일본 전국시대의 혼란을 평정하고 오다 정권을 세워 천하를 호령했으며, 과감히 서양 문물을 받아들여 천주교 포교를 허용하고 조총을 실용화하는 한편, 자유무역과 도량형 통일 등 혁신적인 상업 진흥정책을 펼침으로써 일본 산업화의 기초를 닦은 인물로도 알려졌다.

오다 노부나가

어려서부터 매우 거칠고 반항적이었던 그는 아버지 장례식에도 뒤늦게 나타나 고인의 영정 앞에서 무례하고도 불손한 행동을 보여 문중의 반감을 사기도 했는데, 그런 성정 때문에 더욱 많은 적들을 낳기도 했다. 오다 가문의 내분을 해결하고 권력을 장악한 노부나가는 인접한 오미국의 아자이 나가마사와 정략결혼을 통해 동맹을 맺고 차츰 세력을 확장해 나갔으며, 마침내 군사를 일으켜 아시카가 요시아키를 새로운 쇼군으로 옹립하고 강력한 오다 정권을 세우기에 이르렀다.

그 후 장남 노부타다에게 오다 가문의 지배권을 넘겨준 노부나가는 호화롭기 그지없는 아즈치 성에 살면서 천하통일의 거점으로 삼았는데, 그 후에도 저항세력의 반발이 이어지자 노부타다로 하여금 토벌하도록 했다. 하지만 부하장수의 모반으로 습격을 당한 노부나가는 배신감에 사로잡혀 크게 절망한 나머지 모든 것을 포기하고 타오르는 불길 속에서 스스로 자결하고 말았다. 당시 그의 나이 48세였다. 일본에서는 그것을 '혼노지의 변'이라고 부르는데, 당시 그의 아들 노부타다는 아버지를 구출하려다 실패하자 그 역시 자결하고 말았다.

그가 남긴 시 '울지 않으면 죽여 버리겠다. 두견새야'에서 보듯이 매우 거칠고 조급한 성격을 지녔던 노부나가는 깡마른 체격에 앙칼진 목소리의 소유자로, 전형적인 일본 무사의 특성을 지닌 매우 나르시시즘적인 인물이었는데, 대화할 때도 빙빙 돌려 말하는 것을 제일 싫어했다고 한다. 따라서 숱한 전투를 통해서도 한 치의 동정심이나 관용도 보이지 않았으며, 잔혹한 만행도 서슴지 않았는데, 남녀노소를 가리지 않고 주민들을 학살하거나 항복한 적장들을 거꾸로 매달아 찔러 죽이는가 하면, 부녀자 수백 명을 십자가에 매달아 찔러 죽이고 나머지는 가옥에 가둔 뒤 불태워 죽이기도 했으니 참으로 비정하고 냉혹한 인물이라 하겠다. 그런 점에서 울지 않는 새를 죽여 버린다고 노래했던 노부나가의 잔혹성에 비하면, 도요토미 히데요시는 억지로 울게 만들 정도로 집념이 강한 인물이고, 도쿠가와 이에야스는 울 때까지 참고 기다리는 인물이라 할 수 있겠다.

희대의 바람둥이로 알려진 **카사노바**(Giacomo Casanova, 1725-1798)는 베니스에서 배우의 아들로 태어나 대학에서 법학을 공부한 인텔리였으며, 한때는 성직자를 꿈꾸기도 했으나 가는 곳마다 도박과 스캔들로 문제를 일으키는 바람에 어느 한 곳에 정착하기 힘들었다. 따라서 항상 경찰에 쫓기는 신세였던 그는 일생을 여기저기 방랑하면서도 스스로 사랑의 전도사임을 자처하며 온갖 엽색행각을 멈추지 않은 것으로 유명하다.

카사노바

그는 말년에 쓴 회상록을 통해 그동안 자신이 벌였던 애정행각을 세밀히 밝히면서 자신을 사랑의 화신으로 미화시키기도 했지만, 일종의 애정결핍증에 사로잡힌 지독한 나르시시스트였다고 할 수 있다. 그가 상대한 수많은 여성들은 국적뿐 아니라 신분 또한 매우 다양해서 귀족과 하녀들, 창녀를 비롯해 심지어 수녀와 어린 소녀에 이르기까지 신분 고하를 막론하고 상대했다는 점에서 가히 그의 명성에 걸맞는 사랑의 행적을 남겼으나, 실로 방대한 자료 속에 드러낸 노골적인 성묘사로 인해 그의 회상록은 사드의 저술과 더불어 오랜 기간 금서 목록에 오를 수밖에 없었다.

대학 시절부터 도박에 빠져 큰 빚을 지게 된 그는 한때 로마로 가서 추기경의 비서로 일하기도 했지만, 다른 추기경의 연애편지를 대필해 주다가 말썽에 휘말려 그 자리를 떠나야 했다. 한동안 군인 노릇도 하다가 따분한 생활을 견디지 못한 그는 마침내 전문 도박사가 되었으나 남은 돈마저 몽땅 잃고 파르마로 도주했다. 그 후 정처 없는 여행길에 올라 유럽 각지를 전전하며 엽색행각은 물론 도박과 복권사업 등에 몰두했으며, 프랑스 외무성의 스파이 노릇까지 하다가 쫓기는 몸이 되어 오갈 데 없는 신세로 전락했다. 스페인에서는 암살을 모면하기 위해 스스로 자청해서 감옥에 들어간 적도 있었다.

결국 그는 로마에 머물며 베니스에 재입국할 수 있는 방도를 찾는 데 몰두했는데, 당국의 눈에 들기 위해 다시 스파이 노릇을 자청하기까지 했다. 그리고 마침내 입국 허가가 떨어지자 감격의 눈물을 흘렸다. 그가 추방된지 18년 만의 일이었다. 나이 오십을 바라보는 시기에 이르러 이미 정력이 쇠할 대로 쇠해진 그는 비로소 고향땅을 밟을 수 있게 되었지만, 이미 예전의 세련되고 멋진 모습이 아니었다. 초췌한 몰골에 얼굴은 천연두로 인한 곰보자국투성이인 데다가 볼이 움푹 들어간 볼품없는 모습이었다. 더군다나 그는 가진 돈도 없었을 뿐만 아니라 그에게 관심 갖는 여성들도 없었고 지인들도 보이지 않았다.

나이 60세에 이르러 독일의 발트슈타인 백작의 사서로 고용되어 죽을 때까지 보헤미아 지방의 둑스 성에 기거하게 되었지만, 그곳 사람들에게 노골적으로 무시를 당했으며 건강도 눈에 띄게 약해졌다. 그런 생활에 몹시 낙담한 그는 모멸과 좌절감에 빠진 나머지 한때는 자살까지 고려할 정도로 심각한 우울증에 시달렸는데, 세상 모든 여성을 정복했다는 자부심으로 가득찬 나르시시스트였으니 그럴 만도 했을 것이다. 하지만 그는 치욕적인 현실에서 벗어나기 위해 영광스러운 과거로 다시 돌아갈 것을 결심하고 그동안 자신이 섭렵했던 성적인 모험의 기록을 담은 회고록 작성에 착수했으며, 죽을 때까지 멈추지 않고 계속 글을 썼는데, 그것이 그의 유일한 도피요, 위안거리였기 때문이다.

그가 회고록 작성에 몰두하고 있던 시기에 공교롭게도 프랑스 대혁명이 일어났으나, 그에게 혁명 따위는 안중에도 없었고, 오로지 과거의 짜릿했던 추억만이 중요했을 뿐이다. 그리고 마침내 베니스 공국이 무너지고 귀향길이 다시 열렸지만, 때는 이미 늦어서 이 희대의 난봉꾼은 둑스 성에서 외롭게 숨을 거두고 말았다. 당시 그의 유일한 친구는 강아지들밖에 없었다. 그는 죽기 전에 "나는 철학자로 살다가 기독교인으로 죽는다."라는 말을 남겼다고 하는데, 참으로 위대한 착각이 아닐 수 없다.

패배를 모르던 알렉산드로스 대왕처럼 '나의 사전에 불가능이란 단어는 없다.'라는 말로 유명한 **나폴레옹** (Napoleon Bonaparte, 1769-1821) 역시 전형적인 나르시시스트였다. 하지만 한때 전 유럽을 호령하며 정복자로 군림하던 그는 러시아 원정에서 대패한 후 엘바 섬에 유배되었다가 탈출에 성공해 재기를 노렸으나 워털루 전투에서 다시 패배의 굴욕을 맛보고 결국에는 남대서양의 영국령 고도 세인트헬레나에서 생을 마쳤는데,

나폴레옹

6년에 걸친 그의 마지막 유배 생활은 그야말로 온갖 수모와 굴욕을 감수해야만 하는 지옥 같은 나날의 연속이었을 뿐이다. 특히 세인트헬레나 섬의 총독이 의도적으로 그를 조롱하며 무례하게 굴었으니 남달리 자부심이 강했던 그로서는 실로 엄청난 좌절과 상처에 시달렸을 것으로 보인다.

지중해에 위치한 프랑스의 변방 코르시카 섬 출신인 그는 군인으로 출세하기 위한 야심을 품고 일찌감치 본토로 진출해 육군사관학교를 졸업한 후 부유한 상인의 딸 데지레와 약혼식을 올린 상태에서 왕당파 반란군을 진압한 공으로 승승장구하기 시작하더니 그 후 파리 시내에서 벌어진 왕당파의 봉기를 과감하게 대포로 진압해 일약 영웅으로 떠오르며 20대 젊은 나이에 사단장이 되었다. 기고만장해진 그는 한 치의 망설임도 없이 데지레와 파혼하고 6년 연상인 귀족 출신의 미망인 조세핀과 혼인한 뒤 곧바로 알프스를 넘어 이탈리아 원정에 나섰는데, 당시 그의 나이 불과 27세였다.

이집트 원정을 마치고 귀국한 그는 본격적으로 정치적 야심을 드러내기 시작해 강력한 개혁정치를 펼침으로써 국민들로부터 폭발적인 인기를 얻었으며, 그런 대중적 인기를 등에 업고 마침내 국민투표를 통해 압도적인 지지로 황제에 올랐다. 루이 16세가 단두대의 이슬로 사라진 지 불과 10년 만에 절대왕정이 다시 부활한 셈이다. 그런 점에서 볼 때 그에게 프랑스 혁명의 정신 따위는 안중에도 없었으며, 오히려 자신의 야망을 이루기 위한 징검다리로 혁명을 교묘한 수법으로 이용한 셈이다. 더군다나 조세핀 황후가 자식을 낳지 못하자 후계자를 얻지 못해 초조해진 나폴레옹은 결국 그녀와 이혼하고 자신의 격에 어울린다고 여긴 오스트리아 황제의 딸 마리 루이즈와 재혼함으로써 사람들로부터 빈축을 사기도 했다.

그 후 나폴레옹 전쟁을 일으킨 그는 전 유럽을 제패하고 러시아를 침공해 모스크바까지 점령했으나 그의 과대망상은 결국 거기서 끝이 나고 말았다. 러시아의 혹독한 추위를 예상하지 못했던 것이다. 그때부터 몰락의 길로 접어든 그는 결국 세인트헬레나 섬에 유배되어 온갖 수모를 겪다가 50세 나이로 쓸쓸히 숨을 거두고 말았다. 그래도 죽을 때는 마지막으로 "프랑스, 군대, 조세핀"이라는 말을 중얼거리고 숨을 거두었다고 하는데, 과연 세상에는 불가능한 일도 많음을 깨닫고 죽었는지 모르겠다.

존 키츠, 셸리 등과 함께 19세기 영국의 낭만주의를 대표하는 정열의 시인 **바이런**(George Gordon Byron, 1788-1824)은 런던 태생으로 귀족 가문의 후예다. 비록 그는 만인의 연인으로 불리며 대중적 인기를 독차지했으나, 문란한 사생활에 동성애 소문까지 겹치는 바람에 사회적 지탄을 받기에 이르러 더 이상 영국에서 활동하기 힘들어지게 되면서 해외로 도피성 여행에 올라야 했다. 당시 그는 앤 이자벨라 밀뱅크와 혼인해 딸까지 낳았지

바이런

만, 평소에 그가 저지른 불미스러운 행적으로 인해서 그 결혼은 곧 파경을 맞고 말았는데, 가정폭력, 여배우와의 간통 혐의, 이복동생인 오거스타와의 근친상간 혐의, 남색 혐의 등 그에 대한 좋지 않은 소문이 걷잡을 수 없이 퍼져나간 상태였으니 해외 도피 외에는 달리 선택의 여지가 없었다고 할 수 있다.

바이런의 성격은 한마디로 종잡을 수 없는 특성을 지니고 있는데, 좋게 말하면 지나친 열정의 소유자이고 나쁘게 말하면 변덕스럽기 그지없는 이중적인 성격이라 할 수 있다. 하지만 그의 일관된 특성은 결국 나르시시즘이라 하겠다. 비록 그는 뛰어난 외모의 소유자이긴 했지만, 어릴 때부터 한쪽 발을 저는 절름발이였기 때문에 열등감에 시달리기도 했다. 따라서 자신의 신체적 불구에 유달리 강한 집착을 보인 그는 외출할 때 기형인 발을 감추기 위해 특별히 제작된 신발을 신고 다녔으며, 스스로 '절름발이 악마'라

는 별명을 자신에게 붙이기도 했다. 또한 다리에 부담을 주지 않기 위해 항상 다이어트에 신경을 쓰고 비스킷과 포도주만 마셨으며, 채식주의자임에도 불구하고 가끔씩 폭식을 한 후에는 모조리 토해내는 행동도 보였다. 뿐만 아니라 땀을 빼야 한다는 집념 때문에 여러 옷을 겹겹이 걸치고 다니기도 했다. 특히 외모에 신경을 쓴 그는 잘 때도 머리를 마는 종이를 쓰고 잘 정도였다.

그런데 평소 정서적 불안정에 시달린 바이런의 성격 형성에 영향을 준 더욱 큰 상처가 있다. 어린 시절 그는 수시로 성추행을 당했던 것이다. 어머니를 대신해서 그를 돌봐주던 보모 메리가 밤마다 그의 침대에 와서 성적인 희롱을 가했는데, 그의 입을 열지 못하도록 협박까지 했으며, 결국에는 손찌검을 했다는 이유로 해고되고 말았다. 이처럼 어릴 때부터 겪은 불미스러운 경험은 특히 성에 매우 민감한 소년으로 자라게 만든 요인이 되었다고 볼 수 있는데, 문제는 그것으로 끝나지 않았다. 수년 뒤에는 어머니에게 접근하던 그레이 경으로부터 은밀한 성적 유혹을 받은 것이다. 당시 그의 어머니는 일찍 남편을 여의고 과부 신세로 지내고 있었는데, 그런 사건 이후로 바이런은 집에 그레이 경만 나타나면 매우 신경질적인 반응을 보였다고 한다.

물론 어머니 역시 문제가 많은 여성이었다. 수시로 기분이 바뀌는 데다 우울할 때는 항상 술에 취해 지냈으며, 게다가 사생활도 건전치가 못해서 한창 감수성이 예민한 아들이 보거나 말거나 신경 쓰지 않고 외간 남자와 시시덕거리는 추태를 보이기 일쑤였다. 그렇게 사려가 깊지도 못하고 자제력이 부족한 여성이었던 그녀는 변덕마저 심해서 그런 일관성 없는 태도로 아들을 키우는 바람에 바이런을 제멋대로인 버릇없는 아이로 만들고 만 것이다. 바이런은 그런 어머니를 항상 '뚱보 난쟁이'라고 놀려대기 일쑤였으며, 그런 아들에게 그녀는 '절름발이 새끼'라고 거침없이 욕을 퍼붓는 여성이었으니 바이런이 어떤 환경에서 자랐는지 짐작이 가고도 남는다. 소위 말하는 애비 없는 후레자식으로 키운 셈이다.

바이런의 또 다른 특징 가운데 하나는 동물을 끔찍이 사랑했다는 사실이다. 그는 애견 보츠웨인 외에도 여러 필의 말과 고양이, 염소, 여우, 원숭이, 앵무새, 독수리, 매, 까마귀, 공작새, 거위, 오소리 등을 집안에 두고 키워 마치 동물원을 방불케 했는데, 그것은 아마도 어머니의 사랑을 제대로 받지 못한 결과 홀로 남겨지는 것에 대한 불안 때문에 그랬을 수 있다. 그런 점에서 바이런은 외로움을 견디지 못하는 지독한 나르시시스트였음에 틀림없다. 결국 영국에서 삶의 터전을 잃고 그리스로 건너가 독립전쟁에 뛰어든 그는 얼마 가지 않아 병으로 쓰러져 숨을 거두고 말았다. 당시 그의 나이 불과 36세였다.

권력이든 부귀영화든 자신의 탐욕을 위해 수단방법을 가리지 않는 나르시시스트의 예로는 대원군과 동시대를 살았던 망국의 주역 **이완용**(李完用, 1858-1926)을 언급하지 않을 수 없겠다. 몰락한 양반 가문의 후손인 그는 9세 무렵 먼 친척뻘인 이호준의 양자로 입양되었는데, 당시 양아버지 이호준은 대원군의 측근으로 정계 거물이었다. 어린 나이에 거물급 세도가를 양부로 두고 대궐 같은 집에서 자란 그는 항상 주눅 든 모습으로 사

이완용

람들 눈치를 보며 숫기 없고 작은 목소리로 말을 해 양부의 주의를 받기도 했는데, 그렇게 타인의 눈치를 살피는 소심함과 기회주의적인 습성은 성인이 되어서도 여전해 출세를 위해 누구 편에 서야 할지 항상 눈치를 살피며 줄타기를 반복하는 모습을 보였다.

나이 20대 초에 과거에 응시한 그는 낮은 급수로 급제했음에도 불구하고

양부의 후광에 힘입어 조선왕조 역사상 가장 빠른 고속승진을 거듭했는데, 당시 상황은 임오군란이 진압된 후 민비가 복귀하고, 대원군이 청국으로 끌려간 시기였다. 그때 이미 돌아가는 판세를 알아본 양부 이호준은 대원군에 등을 돌리고 민씨 가문과 손을 잡은 상태였으니 그렇지 않아도 눈치 백단인 이완용이 보고 배운 것은 결정적인 순간에 어느 편에 붙느냐 하는 일이 그 무엇보다 중요하다는 사실이었으리라.

항상 말수가 적고 그 어떤 경우에도 경솔히 앞에 나서지 않는 그였지만, 자신이 원하는 목적을 위해서라면 수단방법을 가리지 않고 달려드는 그의 속성은 그 후 출세가도를 달리며 내각총리대신에 올라 나라를 팔아먹고 일제에 충성하며 죽을 때까지 부귀영화를 누린 그의 삶의 과정을 통해 여지없이 드러난다. 그는 어려서부터 늘 친부와 양부 사이에서 눈치를 살피고, 양모와 의붓형제들의 눈치를 살폈으며, 3일 천하로 끝난 개화당의 갑신정변 때도 계속 숨죽이고 돌아가는 판세를 살피느라 여념이 없었다.

생모가 사망해 모친상을 치르고 있을 당시 동학운동이 일어나자 수구파의 일원인 그는 한 치 앞을 내다볼 수 없는 상황 속에서도 민비와 대원군, 개화당과 민씨 일족 가운데 어느 쪽으로 권력의 향배가 기울어질지 눈치를 살피느라 정신이 없었다. 그래서 그는 갑오경장 때도 개화당이 손을 내밀자 상중임을 내세워 거절하고 사태를 주시했는데, 그의 예상은 적중해 얼마 가지 않아 개화파는 역모죄로 몰려 조정에서 모두 쫓겨나고 말았다.

그 후 독립협회에 가담해 독립문을 세우고 독립신문 발간을 후원하기도 했으나 친미파인 서재필, 윤치호 등이 국민투표를 통한 미국식 참정권을 주장하기 시작하자 왕정 지지자인 그는 잽싸게 독립협회를 탈퇴하고 서둘러 발을 빼 버렸다. 그런데 러일전쟁에서 뜻밖에도 일본이 승리하자 원래 친미파였던 이완용은 돌연 친일파로 전향해 이토 히로부미의 지시를 받고 어전회의에서 고종을 협박해 을사조약 체결을 강행했으며, 더 나아가 고종의 퇴위를 강제로 밀어붙여 일본의 앞잡이 노릇을 톡톡히 했다. 결국 순종의 즉위식이 있던 날 성난 민중들이 덕수궁 앞에 모여들어 이완용을 죽이라고 외쳤으며, 일부는 이완용의 집에 불을 지르기까지 했다.

그 후 안중근 의사에게 암살당한 이토 히로부미 장례식에 참석해 추도사를 읽은 그는 안중근을 맹렬히 비난했다가 얼마 가지 않아 명동성당 앞에서 이재명 의사에게 칼침을 맞는 테러를 당하기도 했다. 그리고 이듬해 마침내 한일합병을 선언하는 조약문서에 서명함으로써 만고의 대반역자로 전락한 그는 일제로부터 백작 지위를 받고 일본 천황에 충성을 다했다. 하지만 그가 죽은 후 묘를 훼손하는 일이 계속되자 그 후손들은 묘를 파헤치고 유골을 거두어 아예 화장해 버렸으며, 광복 후에도 사람들로부터 돌팔매질을 당하는 수모를 견디다 못해 결국 뿔뿔이 흩어져 해외로 이주하고 말았다.

20세기 파시즘을 주도한 이탈리아의 독재자 **무솔리니**(Benito Mussolini, 1883-1945)는 과거 로마제국의 영광을 재연하겠다는 과대망상에 빠진 나머지 독일의 아돌프 히틀러와 손잡고 제2차 세계대전을 일으킨 장본인이었으나, 연합국에 패하자 스페인으로 도주하기 위해 애첩 페타치와 함께 코모 호반 마을에 숨어 있다가 좌익 빨치산에 붙들려 현장에서 처형당하고 말았다. 총살당한 그들의 시신은 밀라노 시내 광장 한가운데 거꾸로 매달

무솔리니

리는 수모를 겪기도 했다. 당시 그의 가슴에 총을 쏜 발레리오 대령은 고통에 몸부림치는 무솔리니의 모습을 보고 "이제야 얼굴에 감정이란 게 나타나는군."이라고 일갈했다고 한다. 무솔리니가 살해된 지 정확히 이틀 후에 히틀러는 코앞에 다가온 소련군에 체포되는 치욕을 피해 애인 에바 브라운과 함께 지하벙커 안에서 자살하고 말았다.

무솔리니와 히틀러는 대중연설의 달인으로, 두 사람 모두 극적이고 과장된 제스처와 선동적인 발언을 통해 대중을 흥분시키는 카리스마적인 능력을 발휘했으며, 어린 청소년을 대상으로 자신들을 신격화시키는 교육을 적극 장려했다. 또한 무솔리니는 1934년 월드컵축구 우승을 통해, 그리고 히틀러는 1936년 베를린 올림픽을 통해 파시즘의 우월성을 만방에 과시하는 등 체육정책도 정치적으로 이용하는 술수를 보이기도 했다. 하지만 극심한 쇼비니즘에 사로잡힌 떠벌이 무솔리니는 결국 죽어서도 거리 한가운데 거꾸로 매달리는 치욕적인 수모를 당해야 했으니 그런 점에서는 자살을 선택한 히틀러가 차라리 당당하게 죽었다고 할 수 있다.

최고 권력의 자리에 오른 무솔리니는 의기양양한 태도로 마치 자신이 황제라도 된 듯이 처신했으나, 사실상 히틀러의 지원 없이는 독자적으로 전쟁을 치를 능력이 없는 상태였다. 그럼에도 그는 무모하게 북아프리카를 침공했다가 얼마 가지 않아 참담한 패배를 겪어야 했으며, 그런 상황에서도 계속 큰소리를 치다가 결국에는 연합군의 시칠리아 침공을 계기로 몰락의 길을 걷기 시작했다. 평소 수다스럽고 떠벌리기 잘하는 인물로 정평이 나 있던 그는 패전이 임박해 오자 이탈리아 북부에 위치한 살로에서 망명정부 사회주의공화국을 선포하고 자신을 배신한 사위 치아노를 처형하기도 했다.

광적인 나르시시스트였던 무솔리니는 비록 자신을 배신한 사위를 처형하기까지 했지만, 그 자신이 배신을 밥 먹듯 했던 인물로, 원래 동거하던 여인과 딸을 버리고 미용사로 일하던 이다와 결혼해 아들까지 낳았는데, 다시 또 처자식을 버리고 라첼레와 결혼해 버린 것이다. 무솔리니가 자신을 배신한 사실을 알게 된 이다는 그 후 계속해서 이 문제를 물고 늘어지며 법정소송도 불사하겠다는 의지까지 보이자, 무솔리니는 이들 모자에 대한 감시를 더욱 철저히 하면서 자신의 첫 번째 결혼에 관한 공식적인 기록을 모두 말소시켜 버렸다.

그럼에도 이다는 자신이 무솔리니의 정식 부인임을 주장하며 그에 대한 비난을 멈추지 않았는데, 결국에는 무솔리니의 지시로 정신병원에 감금되었다가 그곳에서 죽고 말았다. 그리고 그녀가 낳은 아들 베니토는 정부 요원들에게 납치되어 파시스트 경찰의 양자로 강제 입양되었다. 하지만 그는 끊임없이 당국의 감시를 받았으며, 그 역시 무솔리니가 자신의 아버지임을 계속 주장하다가 급기야는 정신병원에 끌려가 주사를 맞고 살해당하고 말았는데, 당시 그의 나이 26세였다. 참으로 비정한 아버지를 둔 업보 탓으로 돌릴 수밖에 없겠다.

'아라비아의 로렌스'라는 별명으로 더 잘 알려진 **토머스 에드워드 로렌스**(Thomas Edward Lawrence, 1888-1935)는 제1차 세계대전 당시 영국군 정보장교로 참전해 아랍 연합군을 지휘하며 오스만 제국을 상대로 벌인 아랍 전쟁을 승리로 이끌어 사막의 영웅으로 불린 인물이다. 원래 그는 옥스퍼드에서 고고학을 전공한 지식인으로 정치나 군대와는 전혀 무관한 인물이었으나, 대영 박물관 탐험대의 일원으로 오랜 기간 중동지방 답사를 통해

토머스 에드워드 로렌스

그곳 문화와 지리에 통달했기 때문에 영국정부와 군 당국의 주목을 받게 되었으며, 당시 독일과 손을 잡고 아랍지역을 지배하고 있던 오스만 제국의 세력 약화를 노리는 전략의 일환으로 아랍인의 저항을 독려하기 위한 적임자로 로렌스가 지명된 것이다.

하지만 그는 애당초 군 당국이 기대했던 후방 교란작전 이상의 전과를 올리며 터키군을 무력화시켰는데, 아라비아의 실력자 파이잘 왕자와 협력해 서로 난립한 아랍 부족을 하나로 결집시키는 카리스마적 지도력을 발휘했다. 그렇게 결집된 힘으로 네푸드 사막을 가로질러 아카바를 공략해 파죽

지세로 터키군을 몰아내고 항구를 함락시키는 기적을 일궈내 세상을 놀라게 했다. 그 후 다마스쿠스 입성을 끝으로 자신의 임무를 완수한 그는 대령으로 진급하고 영국으로 귀환했으나, 군대에서 전역한 지 불과 2개월 만에 오토바이 사고로 사망했다.

이처럼 자신이 태어난 영국보다 아라비아의 사막을 더욱 사랑했던 로렌스는 사실 사생아 출신으로, 그의 어머니 역시 사생아 출신이었는데, 하녀가 낳은 딸이었다. 결국 이들 모자는 대를 이어 사생아가 된 셈이다. 비록 그의 아버지는 귀족 신분이었지만, 아무리 귀족의 혈통을 이어받았다 해도 도덕적으로 떳떳하지 못한 사생아라는 딱지는 로렌스의 삶에서 늘 보이지 않는 멍에로 작용했다. 특히 보수적인 영국사회에서 그는 항상 아웃사이더였으며, 당시 사회 분위기로 봐서는 신랑감 후보에도 들 수 없는 그런 딱한 처지였다.

이처럼 불륜을 통해 태어난 자식이라는 떳떳하지 못한 멍에를 걸머지고 살았던 그는 생의 대부분을 영국이 아닌 아라비아 사막에서 보냈는데, 자신을 알아보는 사람들이 없는 사막지대에서 오히려 심적인 안정감을 얻은 것으로 보인다. 더 나아가 자신의 뿌리 깊은 열등감을, 무지하고 열등하다고 여긴 아랍 민족의 지도자로 군림하면서 상쇄시킨 것으로 볼 수 있다. 따라서 과대망상에 가까운 그의 무모한 전지전능감이나 나르시시즘적인 우월감도 사실 따지고 보면 자신의 내면에 숨겨진 뿌리 깊은 열등감에 대한 반동형성일 가능성이 높아 보인다. 하지만 그토록 처참한 사막 전투에서 숱하게 죽음의 위기를 넘긴 사람이 평화로운 전원 마을에서 오토바이를 몰고 전보를 치러 가던 중에 자전거를 타고 놀던 두 소년을 피하려다 목숨을 잃었다는 사실은 참으로 아이러니가 아닐 수 없다.

20세기 입체파를 대표하는 추상주의 미술의 거장 **피카소**(Pablo Picasso, 1881-1973)는 스페인의 최남단 안달루시아 지방의 해안도시 말라가에서 화가의 아들로 태어나 19세 때 파리로 진출하면서 화가로 활동을 시작했는데, 스탈린을 숭배한 나머지 열렬한 사회주의자가 되어 프랑스 공산당에 입당했으며,

피카소

1950년에는 소련정부에서 수여하는 스탈린 평화상을, 그리고 1961년에는 레닌 평화상을 받기도 했다.

피카소는 매우 고집 세고 괴팍한 자기중심적인 인물로 지독한 나르시시스트였다고 할 수 있다. 매우 이기적이었던 그는 자신의 이익에 도움이 되지 않는다고 판단되면 아무리 가까운 사이라 하더라도 가차 없이 관계를 끊었으며, 심지어는 상대를 이용하고 배신하는 행위에도 아무런 양심의 가책조차 느끼지 않았는데, 그런 특성은 동료관계와 여성관계에서 여지없이 드러난다.

특히 어려운 시기에 자신을 도왔던 시인 막스 자코브가 유대인이라는 이유로 나치에 끌려갔을 때도 다른 동료들과는 달리 그에 대한 구명운동을 외면하고 모른 척했는데, 결국 자코브는 강제노동 수용소에서 죽었으며 시신조차 찾지 못했다. 피카소는 앙리 루소의 재능도 알아봤지만, 가난에 찌들어 살던 루소가 자선병원에서 외롭게 죽어갔을 때 역시 아무런 도움도 주지 않았으며, 장례식에 참석조차 하지 않았다. 그러나 돈 많은 유대인 작가 거트루드 스타인과는 계속해서 긴밀한 관계를 유지해 나갔다.

여성편력이 심했던 피카소는 이성문제에서도 역시 그런 특성을 유감없이 발휘했는데, 자신의 명성이 알려지게 되면서 로즈 시대의 연인 페르낭드를 버리고 마르셀 윔베르와 열애에 빠졌지만, 그녀는 결핵으로 일찍 세상을

뜨고 말았다. 그 후 러시아의 발레리나 올가 코클로바와 결혼했으나, 호화
생활에 익숙한 그녀와 끝없이 부딪치는 불화를 겪어야 했다. 결국 46세 때
그는 17세 소녀 마리 테레즈 발테르와 불륜에 빠져 올가와 별거에 들어갔지
만, 끝내 이혼하지는 않았다. 재산 분할을 원치 않은 경제적 이유 때문이었
다. 딸까지 낳은 마리 발테르는 순진하게도 언젠가는 피카소가 결혼해 주리
라는 믿음으로 헛되이 세월만 보내다가 결국 그가 자신에게 등을 돌린 상태
로 세상을 뜨자 4년 뒤에 목을 매 자살하고 말았다.

1944년 파리가 해방되자 63세의 피카소는 40년 연하인 젊은 미술학도 프
랑수아즈 질로와 열애에 빠져 곧바로 동거에 들어갔지만, 두 아이까지 낳은
뒤 그녀는 피카소의 정신적 학대와 무분별한 스캔들을 견디지 못하고 아이
들과 함께 집을 나가고 말았다. 그녀는 나중에 출간한 저서를 통해 그 자세
한 내막을 폭로함으로써 피카소에게 도덕적으로 큰 타격을 주기도 했다. 특
히 격정적이면서도 가학적인 면모를 동시에 지니기도 했던 피카소의 어두
운 일면이 여지없이 드러난 그 책을 통해 사람들은 거장의 초인적인 정력에
감탄을 금치 못하면서도 종잡을 수 없는 그의 변덕스러움에 혀를 내두를 수
밖에 없었다.

이처럼 변덕이 죽 끓듯 했던 피카소는 나이 80세에 당시 34세였던 자클
린 로크와 혼인했는데, 그 결혼은 사실 자신의 명예에 흠집을 냈던 프랑수
아즈 질로에 대한 복수심에서 비롯된 결과였다. 피카소의 권유에 따라 남편
과 이혼까지 했던 질로는 자신의 아이들이 피카소의 합법적인 상속자가 되
기 위해서라도 그와 결혼할 생각이었지만, 이미 피카소는 비밀리에 자클린
과 결혼한 상태였으니 닭 쫓던 개 지붕 쳐다보는 신세가 되고 말았다. 하지
만 그녀는 그 후 소아마비 백신을 개발한 미국의 세계적인 유대계 의학자
조너스 소크 박사와 혼인함으로써 반미주의자였던 피카소에게 멋지게 앙
갚음을 한 셈이 되었는데, 3년 뒤에 피카소가 세상을 뜨자 자클린은 오랜 세

월을 상심에 빠져 지내다가 끝내 총기로 자살하고 말았다.

스페인의 초현실주의 화가 **살바도르 달리**(Salvador Dali, 1904-1989)는 그로테스크하고 환상적인 화풍뿐 아니라 인습에 얽매이지 않는 기발한 언행으로 유명한 현대 미술계의 거장이자 기인이다. 대중의 관심을 이끄는 데 남다른 재주를 지닌 그는 과장된 표정과 특이한 콧수염, 기괴한 옷차림과 매우 특이한 퍼포먼스로 대중적 인기를 독차지하기도 했으나, 다른 한편으로는 대중적 인기에 영합하려는 천박한 포퓰리즘의 전형으로 진지한 예술정신과는 거리가 멀다는 비판을 듣기도 했다.

살바도르 달리

20대 중반에 10년 연상의 여인 갈라를 만난 달리는 그녀가 시인 폴 에두아르의 아내라는 사실을 알고도 그녀에게 정신없이 빠져든 나머지 아버지의 극심한 반대를 무릅쓰고 갈라와 동거에 들어갔으며, 30세 때 결혼식을 올리고 정식 부부가 되었다. 그 후 갈라는 달리의 매니저 역할을 전담하면서 마치 어머니처럼 세세한 부분까지 그를 챙기며 보살폈는데, 소년 시절에 일찌감치 어머니를 잃어야 했던 그에게는 갈라의 존재가 상징적인 어머니였던 셈이다.

더욱이 그는 갈라를 만났을 당시만 해도 그때까지 동정 상태를 유지하고 있던 것으로 알려졌는데, 그것은 신체 접촉과 여성 생식기에 대한 남다른 두려움 때문이었다. 그런 두려움은 어려서부터 시작된 것으로 몹시 권위적이고 엄격했던 아버지의 성교육에서 비롯된 결과로 보인다. 변호사였던 아버지는 어린 아들에게 수시로 성병에 걸린 환자들의 끔찍스러운 사진을 보여 주며 겁을 주곤 했는데, 달리는 성병에 대한 두려움뿐 아니라 여성과의 섹스 자체에도 공포심을 지니게 된 것이다.

그런 점에서 사실 달리와 갈라의 결혼은 통상적인 부부관계로 보기 어렵다. 왜냐하면 당시 40세였던 갈라는 이미 자궁에 양성종양이 생긴 상태로 그 후 자궁 전체를 들어내는 수술까지 받아야 했으며, 달리 자신은 섹스에 대한 두려움 때문에 결혼 이후에도 갈라의 다양한 남성 편력을 묵인해 주었기 때문이다. 어디 그뿐인가. 이들 부부는 수시로 집에서 난잡한 집단 파티를 열기도 했는데, 달리는 자신이 직접 섹스를 하지 못하는 대신 아내인 갈라가 다른 남성들과 통정을 나누는 장면을 몰래 엿보며 즐긴 것으로 알려졌다. 다시 말해 관음증(voyeurism) 환자이기도 했던 것이다.

그런데 달리의 문제는 성적인 차원뿐 아니라 대인관계나 세상을 대하는 태도 면에서도 나르시시즘의 특성을 유감없이 발휘했다는 점이라 할 수 있다. 특히 그는 매우 일관성 없고 자기 본위적인 태도로 인해 지인들의 빈축을 사기도 했는데, 단적인 예로 애매모호한 정치적 태도를 들 수 있다. 항상 약삭빠른 줄타기를 반복하며 자신의 개인적 이득과 안위를 추구한 그는 청년 시절에는 무정부주의적 공산주의자를 자처하다가 나이가 들어서는 왕당파 가톨릭 신자임을 내세웠으며, 그러다가도 60대에 가서는 자신이 무정부주의자인 동시에 왕당파라고 선언하기도 하는 등 앞뒤가 맞지 않는 모습을 보이기도 했다.

더욱이 달리는 스페인 내전이 벌어지자 잽싸게 프랑스로 도주했다가 제2차 세계대전이 발발하자 곧바로 부인 갈라와 함께 미국으로 달아났는데, 그곳에서 8년의 세월을 보낸 뒤 스페인으로 귀환하자마자 독재자 프랑코 총통을 위대한 지도자라고 치켜세우며 아첨을 떨었다. 그런 파렴치한 태도에 스페인의 많은 화가와 지식인들이 깊은 혐오감을 느낀 것은 당연한 결과였다. 더욱이 왕당파를 지지하는 독실한 가톨릭 신자로 변신한 달리는 말년에 이르러 카를로스 왕으로부터 귀족 칭호를 받으며 하사받은 성을 부인 갈라에게 선사까지 했으니 그야말로 부귀영화를 마음껏 누린 행운아였다고 하겠다.

　프랑스가 낳은 20세기 최고의 철학자이자 작가인 **장 폴 사르트르**(Jean-Paul Sartre, 1905-1980)는 실존주의 철학과 문학을 대표하는 좌파 지식인으로, 1964년 노벨 문학상 수상을 거부한 것으로도 유명하다. 파리에서 해군장교의 외동아들로 태어난 그는 갓난아기 시절 아버지를 여의고 어머니와 함께 외갓집에 얹혀 지내며 성장했다. 어머니 안느 마리 슈바이처는 노벨 평화상을 수상한 밀림의 성자 슈바이처 박사와는 사촌지간이었지만,

장 폴 사르트르

마르크스주의자였던 사르트르는 일생 동안 슈바이처 박사의 존재를 애써 무시하는 태도를 유지했다.

　비록 태어날 때부터 사시라는 신체적 결함을 안고 있었으나, 어려서부터 머리가 비상했던 그는 실로 보기 드문 천재였다. 그는 파리고등사범학교를 수석으로 졸업한 이후 75세로 세상을 뜰 때까지 그야말로 탄탄대로를 걸으며 자신의 천재성을 유감없이 발휘하고 살았던 보기 드문 행운아요, 타협을 모르는 매우 유아독존적인 나르시시스트이기도 했다. 죽을 때까지 평생 연인이자 철학적 동지로 동거생활을 유지했던 사르트르와 시몬 드 보부아르는 철학교수 자격시험에서도 나란히 1, 2등을 차지할 정도로 머리들이 비상했는데, 부르주아적 결혼제도에 깊은 환멸과 거부감을 지니고 있었기에 끝까지 동거를 고집했으며, 자식도 낳지 않았다.

　그는 프로이트의 정신분석을 과소평가하고 무의식의 존재를 인정하지 않았으며, 더 나아가 초자아의 존재까지 부정했는데, 인간의 자유의지에 대한 확고한 믿음을 지니고 설파했던 인물이었으니 당연한 결과로 보이기도 하지만, "사람이 동성애를 포기하는 것은 식당 웨이터가 식당을 그만두는

일보다 더 손쉬운 일이다."라고 한 말은 너무도 나이브한 발상이 아닐 수 없다. 이처럼 나르시시즘적인 자신감에 가득 차 있던 그는 60세 때 자전적 기록 《말》을 출간했는데, 특히 아버지에 대한 대목이 매우 인상적이다. 그는 말하기를, 아버지의 죽음이 자신의 삶에서 가장 큰 사건이었던 이유는 그 죽음으로 인해서 자기가 자유를 얻었기 때문이라고 했는데, 왜냐하면 아버지가 일찍 죽었기 때문에 자신은 하찮은 아버지의 지배를 당하지 않아도 되었을 뿐만 아니라 어머니를 독점할 수 있었다는 것이다.

그런 점에서 그는 아버지의 죽음을 오히려 다행으로 여겼으며, 아버지의 존재란 인간이 성장해 가는 데 있어서 방해물이 될지언정 그다지 쓸모 있는 존재가 아니라는 인식을 갖게 되었다. 따라서 그는 자신에게 헌신적인 어머니의 지배자로 군림할 수 있었으며, 더 나아가 성장한 이후에도 일생 동안 그 누구의 지배도 받지 않고 아버지의 존재 및 가치를 부정할 뿐만 아니라 신의 존재마저 부정했던 것이다. 하지만 아버지의 존재가 끔찍스러운 지배자에 불과하다는 그의 편견과 오류는 그 자신의 경험에서 나온 것이 아니라 오로지 책을 통해 배운 지식이었을 뿐이다. 왜냐하면 그는 아버지를 제대로 경험해 본 적이 없기 때문이다. 결국 그는 일생 동안 아버지 노릇을 단 한 번도 해 본 적이 없었다.

아버지와 신의 지배 대신 일생 동안 무신론적 실존철학과 마르크스주의 이념의 지배를 받은 그는 아버지의 이른 죽음으로 인해서 불완전한 오이디푸스 콤플렉스밖에 남겨진 게 없으며, 심지어는 자신에게 초자아가 존재하지 않는 점을 오히려 자랑스레 내세우기까지 했다. 또한 애초부터 어머니를 독점했기 때문에 자신은 그 어떤 폭력이나 증오심, 질투심도 모르고 컸다고 주장했다. 하지만 초자아가 없는 사람이 어찌 히틀러나 스탈린 또는 미국의 전쟁범죄를 단죄할 수 있겠는가. 어쩌면 그는 초자아가 아버지의 가치관을 이어받는 것으로 잘못 이해한 것일 수도 있다. 초자아가 없는 인간이 과연 존재할 수 있을까. 더욱이 아버지가 없으면 어머니나 조부모의 가치관을 대신 받아들이기 마련이다. 그런 점에서 사르트르가 말한 초자아는 가부장적인 가치관의 전승을 의미한 것으로 이해할 수 있겠다.

그는 자신 있게 단언하기를, 훌륭한 아버지란 있을 수 없으며, 부자관계라는 것은 원래 썩어빠진 것이라고 주장했다. 그러나 훌륭한 아버지를 겪어보지 못한 자신의 개인적 경험만을 토대로 세상의 모든 아버지를 싸잡아 매도하는 것은 지나친 일반화(generalization)인 동시에 매우 근시안적인 발상이라 할 수 있다. 이 세상에는 훌륭한 아버지들도 많기 때문이다. 이처럼 자신만이 옳다는 매우 유아적인 전지전능감은 일생을 통해 그의 사고와 행동에 영향을 준 강력한 추진력이 되었다고 볼 수 있는데, 그의 나르시시즘은 자신과 다른 관점을 일체 받아들일 수 없다는 점을 통해서도 확인할 수 있다. 그는 자신과 견해가 달라지게 되면 그 관계를 아예 단절하고 두 번 다시 상종하지 않았는데, 그래서 한때 절친했던 메를로-퐁티, 알베르 카뮈와도 절교하고 일체 상종하지 않았던 것이다. 물론 그것이 자신의 성격 탓이 아니라 자유의지에 따른 것이었다고 하면 더 이상 할 말이 없다.

소설 《금각사》의 작가로 알려진 일본의 소설가 **미시마 유키오**(三島由紀夫, 1925-1970)는 노벨상 후보에도 여러 번 오른 세계적인 작가였다. 하지만 천황 숭배자였던 그는 1970년 11월 25일, 자신이 창설한 극우단체 추종자 4명을 이끌고 자위대 본부에 난입해 사령관을 인질로 잡고 자위대원들을 집합시키라고 요구한 후 건물 2층 발코니에서 '七生報國' 글자가 적힌 머리띠를 두르고 흰 장갑을 낀 손을 휘두르며 사무라이 정신과 천황

미시마 유키오

제 복귀를 외치는 일장 연설을 했다. 그러나 시대착오적인 사무라이 정신으

로 "다 함께 궐기하자."고 외친 그에게 운집한 자위대 1,000여 명이 보낸 것은 차가운 조소뿐이었다. 청년 자위대원들의 야유가 터지자 전형적인 나르시시스트였던 그는 엄청난 좌절을 느끼고 발끈한 나머지 "천황폐하 만세"를 외치고 사령관실로 들어가 곧바로 할복을 시도했다.

그는 미리 준비한 일본도로 배를 가르고 창자를 꺼냈으나 얼른 죽지도 않고 극심한 고통으로 힘겨워하자 그 모습을 보다 못한 제자 모리타가 나서서 그의 목을 쳐 주었지만, 세 번이나 실패하자 대신 고가가 나서서 미시마의 목을 베어 주었다. 당시 25세였던 모리타 역시 약속한 대로 미시마를 따라서 할복을 시도했으나 제대로 수행하지 못하고 실패하자 이번에도 고가가 나서서 모리타의 목을 베어 주었다. 자위대 사령관실은 순식간에 피로 낭자한 살육의 현장으로 변해 버렸다. 그것은 자살과 타살이 기묘하게 조합을 이룬 충격적인 살육의 현장으로 단순히 죽음의 미학으로 미화시키기에는 너무도 끔찍한 모습이었다.

평소 극단적인 사설 우익군사단체를 창설해 자신이 직접 이끌었던 미시마는 시대착오적인 천황제의 복귀를 위해 한때는 친위 쿠데타를 기도할 정도로 매우 극우적인 인물로, 재능 있는 작가로 명성을 얻은 데 그치지 않고 탤런트적인 자질도 발휘해 영화배우로도 활동했으며, 육체미에 몰두해 남성적 근육미를 자랑하는 등 극심한 자아도취에 빠져 있었다. 그런 남성다움에 대한 지나친 집착과 찬미는 그의 나르시시즘 및 동성애적 경향과 무관치 않아 보인다. 그는 공공연한 동성애자로 그의 최후를 집행하려다 실패한 모리타는 그의 동성애 파트너였으며 결국 그 역시 다른 동료에 의해 죽음을 맞이하고 말았다.

미시마 유키오는 천황숭배자였던 관료의 아들로 태어나 동경제대 법학부를 졸업하고 곧바로 대장성에 들어간 엘리트였다. 그의 아버지는 전형적인 일본제국의 관료로 어릴 때부터 아들에게 천황숭배 및 남성다움에 대해 줄곧 강조했으며, 그런 아버지의 영향으로 그는 골수 우익 청년이 되어 천황제 복귀를 꿈꾸게 된 것이다. 귀족 자제들이 다니던 학습원 시절부터 소설을 쓰기 시작해 일찍부터 문학적 재능을 인정받았던 그는《금각사》등 수작을 연이어 발표함으로써 일본적 미의식에 바탕을 둔 전후 최대의 작가라는 평을 듣기도 했다. 하지만 그의 문학적 스승으로 역시 일본적 미학을 추구하며 탐미주의 길을 걸었던 노벨상 수상작가 가와바타 야스나리와 줄곧 편지를 주고받았던 두 사람 모두 비슷한 시기에 자살로 생을 마감한 것은 단순한 우연치고는 너무도 기묘한 인연이 아닐 수 없다.

체 게바라

카스트로와 함께 쿠바혁명을 일궈내며 전설적인 존재가 된 **체 게바라**(Che Guevara, 1928-1967)는 지금까지도 중남미 지역에서 마치 구세주와도 같은 신화적인 존재로 군림하며 영원한 혁명가의 이미지를 유지하고 있는 인물이다. 아르헨티나 출신인 그는 어려서부터 허약한 체질로 고질적인 천식에 시달리며 수시로 산소흡입기를 사용해야만 했으나, 그럴수록 오히려 격렬한 몸싸움이 요구되는 스포츠를 즐기면서 의도적으로 항상 지저분한 차림을 하고 다녀 친구들로부터 돼지라는 별명으로 불렸다. 그렇게 몸을 씻지 않는 버릇은 죽을 때까지 계속되었다. 또한 수시로 엄습하는 천식발작으로 인해 그는 항상 죽음을 의식하고 살면서도 시가를 손에서 놓는 법이 없었다.

소년 시절부터 스페인의 정복자 피사로를 몹시 숭배했던 체 게바라는 자신의 남성다움을 과시하기 위해 친구들이 보는 앞에서 산소흡입기를 사용하며 원주민 하녀를 상대로 성관계를 맺기도 했는데, 그런 행적은 나중에 원주민의 비참한 현실을 목격하면서 극심한 죄책감을 불러오는 계기가 된 것으로 보인다. 부에노스아이레스 대학에서 의학을 공부하던 그는 친구와 함께 오토바이로 남미 전역을 여행하면서 당시 은광산에서 중노동으로 착취당하며 비참하게 살아가는 원주민들의 모습을 목격하고 불평등한 사회 현실에 비로소 눈뜨게 되었는데, 이를 계기로 사회주의 혁명을 통해 세상을 바꾸고자 하는 생각에 몰두하기 시작했다.

비록 그는 의대를 졸업했지만, 환자를 치료하는 일보다 잘못된 세상을 치료하는 일이 더욱 시급한 과제임을 깨닫고 청진기 대신 총을 들고 압제자들과 투쟁할 것을 맹세했으며, 곧바로 아르헨티나를 떠나 과테말라 반군에 합류하게 되면서 그에게는 항상 총을 든 의사의 이미지가 따라다니게 되었다. 그 후 카스트로와 함께 쿠바혁명에 성공한 일에 만족하지 않고 사회주의 이념에 입각한 남미 연합이라는 원대한 이상에 불타고 있던 그는 미국에 대한 핵 공격을 감히 주장함으로써 카스트로와도 마찰을 빚게 되자 어느 날 갑자기 결별을 알리는 편지 한 통만 남기고 잠적해 버렸는데, 그 후 아프리카 앙골라에서 흑인 반군을 지도하기도 했으나, 자신의 뜻이 여의치 않게 되자 다시 남미의 볼리비아 밀림지대로 들어가 반군을 이끌고 정부군과 전투를 벌이던 중에 체포되어 현장에서 사살되고 말았다.

당시 그는 소수의 추종자들을 데리고 게릴라전을 전개하며 악전고투를 거듭했지만, 카스트로는 아무런 지원도 하지 않았다. 하기야 50명에 불과한 부하들만 데리고 남미 전체의 해방을 꿈꾼 그의 도전은 실로 무모하기 짝이 없는 비현실적 로망으로 비쳐졌기 쉽다. 물론 쿠바혁명의 기적을 염두에 두고 남미에서도 비슷한 기적이 일어날 것을 기대했는지 모르나 남미에서는 현지 공산당조차 그의 존재를 외면했으며, 기대했던 원주민들의 호응도 신통치 않았다. 자신의 국제적인 명성과 인기도 그곳에서는 통하지 않은 것이다. 한마디로 그는 거대한 나르시시즘의 착각에 빠져 헛다리만 짚은 셈이었다. 그런 체 게바라를 두고 이집트의 나세르 대통령은 밀림 속에 뛰어든 백인 타잔에 비유하기도 했는데, 그런 점에서 체 게바라는 실패한 타잔이었다고 할 수 있다.

20세기 종교계에서 벌어진 가장 끔찍스러운 사건은 1978년 **짐 존스**(Jim Jones, 1931-1978) 목사가 이끌던 인민사원 신도 900여 명이 남미 가이아나의 존스타운에서 집단 자살한 일일 것이다. 짐 존스 목사는 강력한 카리스마를 발휘하며 사회주의 이념을 추구하는 기독교 신앙공동체 인민사원을 이끈 종교지도자로, 광적인 과대망상에 사로잡힌 나머지 사회적 불평등과 인종차별을 벗어나 영적 구원과 천년왕국을 건설한다는 원대한 목

짐 존스

표를 내세우고 1977년 신도들과 함께 미국을 떠나 적도 부근의 남미 가이아나로 집단 이주했다. 그는 새로운 유토피아 마을을 자신의 이름을 따서 존스타운이라 명명하고 신도들에게 하루 12시간 이상의 중노동을 시키며 지상낙원 건설에 박차를 가했는데, 짐 존스에 절대 복종한 신도들은 그를 아버지라 부르고, 예수가 부활한 것으로 굳게 믿었다.

그렇게 신도들에게 신적인 존재로 군림하며 자신만의 유아적인 전지전능감과 나르시시즘적 만족을 만끽하던 그는 평소에도 집단자살에 대한 모의행사를 정기적으로 거행했는데, 신도들은 그 의식을 백야(white night)라고 불렀다. 그것은 아이들을 포함한 신도 전체를 불러 모아 줄을 서게 하고, 작은 잔에 담긴 붉은 음료를 차례로 마시게 하는 의식으로, 일종의 독배를 마시는 상징적 의식이자 죽음의 예행연습이기도 했다. 존스는 그것을 자신에 대한 충성심을 시험하는 것이라고 설명했다. 그런 이유 때문에 실제로 집단자살이 실행된 그날에도 일부 신도들은 평소에 행하던 모의 독배의식인 것으로 믿었다고 한다.

하지만 예기치 못한 일이 벌어지고 말았다. 그동안 신도들을 대상으로 아동 학대, 성적 착취, 신도 살해, 인권 유린, 노동 착취 등 불미스러운 소문이 무성하게 되자 급기야는 미 의회 조사단이 현지로 파견되기에 이른 것이다. 마침내 미 상원의 라이언 의원 일행이 존스타운의 인권침해 여부를 조사하는 임무로 가이아나에 도착한 후 처음에는 화기애애한 분위기였지만, 신도 한 명이 느닷없이 칼을 들고 라이언 의원을 해치려드는 불의의 사고가 생기면서 조사단이 서둘러 철수를 결정하게 되었다. 하지만 조사단 일행이 비행기에 탑승하려는 순간, 트럭을 몰고 따라온 짐 존스의 무장 경호원들이 총기를 무차별 난사하며 라이언 의원과 다른 일행 5명을 무참하게 사살하고 말았다.

그리고 그날 저녁부터 존스타운에서는 곧바로 집단자살이 행해지기 시작했다. 당시 900여 명의 신도들이 한꺼번에 죽음을 맞이했는데, 그중 3분의 1은 아이들이었으며, 준비된 독약을 아이들부터 먼저 줄을 세워 마시게 했다. 자살기도의 능력이 없는 아이들이라는 점에서 그것은 명백한 살인행위였다. 결국 대부분의 신도들이 독약을 마시고 숨을 거두었는데, 그들 가운데 167명은 그런 개죽음을 거부하고 필사적으로 그곳을 탈출해 목숨을 건졌다. 짐 존스는 계속 확성기를 통해 죽음을 두려워 말라고 신도들을 독려하면서 그것을 혁명적 자살이라고까지 불렀다. 그리고 그 자신도 머리에 총을 쏴 숨졌다. 스탠리 넬슨 감독의 기록영화 〈존스타운: 인민사원의 삶과 죽음〉에서는 종교적 광기에 사로잡힌 나르시시스트 지도자로 인해 벌어진 당시의 참혹한 현실을 생생하게 증언하고 있어 더욱 큰 충격을 준다.

한국이 자랑하는 세계적인 비디오 아티스트 **백남준**(白南準, 1932-2006)은 서울 출생으로 일제 강점기에 부유한 친일 재벌의 아들로 태어나 부족함을 모르고 자랐으며, 광복 후 아버지 백낙승이 친일혐의로 반민특위에 체포되었다가 풀려나는 등 곤욕을 치르기도 했으나, 그런 이유 때문인지 한국전쟁이 발발하기 직전 가족 전체가 홍콩으로 이주했다가 그 후 일본에 정착했다. 일본에서 본격적인 음악수업을 받은 후 1950년대 중반 독일 유학을 떠난 그는 그곳에서 전위예술가로 활동하며 파격적인 퍼포먼스를 통해 세상의 이목을 끌었으며, 미국으로 건너간 후로는 비디오 예술을 창시해 일약 세계적인 비디오 아티스트로 떠올랐다.

백남준

독일 유학 시절에 이미 전위예술가로서의 진가를 발휘한 그는 관객들 앞에서 피아노와 바이올린을 때려 부수거나 피 흘리는 황소머리를 전시하기도 하고 가위로 넥타이를 잘라버리는 등 기이한 행동으로 화제를 뿌렸다. 그 후 뉴욕으로 건너가 첼리스트 샬로트 무어맨과 공연하면서 누드 상태로 첼로연주를 하게 함으로써 경찰이 출동하는 소동을 빚으며 사회적인 물의를 빚기도 했는데, 그런 파격적인 행동 때문에 오히려 유명세를 타기 시작했다. 이처럼 상식을 파괴하는 기발한 발상과 퍼포먼스로 세상을 놀라게 한 그는 낯선 동양에서 온 문화 테러리스트로 명성이 자자했으며, 결혼도 일본인 여성과 함으로써 고루한 인습에 얽매이지 않는 자유인의 모습을 보이기도 했다.

하기야 그의 친일적 집안 배경을 고려한다면 이해 못할 바도 아니지만, 사춘기 시절에 이미 조국을 떠나 죽을 때까지 56년의 세월을 세계시민으로 살았던 그에게 한국인의 민족 정체성을 바란다는 것은 무리일지도 모른다. 따라서 "애국하면 나라가 망한다."라든지 "게임에서 이길 수 없다면 규칙을 바꿔라."는 말을 남긴 그는 천성 자체가 어딘가에 구속되기를 거부한 사람이기도 했지만, 원래 그에게는 조국이라는 개념 자체가 무의미했기 때문에 그 자신이 오히려 이도 저도 아닌 무정부주의적 이중 구속(double bind) 상태에 빠져 살았던 것으로 보인다. 그런 점에서 그는 어디에도 소속되지 않은 아웃사이더로 일생을 살다 간 진정한 문화적 아나키스트였다고 할 수 있다. 그런 그에게 조국이니 애국이니 하는 단어 자체가 무슨 의미가 있었겠는가.

이처럼 국적이나 민족적 경계를 타파한 백남준의 트레이드마크는 단연 동서화합이었다. 하지만 1993년 베니스 비엔날레에서 전시한 그의 작품 목록을 보면, 주로 북방 유목민족을 배경으로 한 제목들, 예를 들어 '칭기즈칸의 복권' '훈족의 왕 아틸라' '스키타이의 왕 단군' 등이었다는 점에서 그의 빈곤한 역사인식마저 엿볼 수 있다. 몽고족의 침입으로 엄청난 고초를 겪은 우리 민족을 생각한다면 더욱 그렇다. 특히 그는 조지 오웰이 예언한 전체주의 사회의 상징 1984년을 맞이하면서 새로운 미디어 수단에 의한 인류화합을 선언하기도 했지만, 바로 그 해는 남북한 주민들 모두 독재 치하에서 신음하며 살던 시기였으니 우리의 현실과는 매우 동떨어진 주장이 아닐 수 없다. 더군다나 그 자신이 모든 구속을 타파하는 데 앞장 선 인물이었다는 점에서 오웰이 소설에서 경고한 이중사고의 함정, 파괴는 곧 자유를 의미한다는 이중사고의 희생자가 아니었을까 싶기도 하다.

그런 점에서 그는 타인의 고통에 매우 둔감한 인물이었으며, 세계적인 명성을 얻은 후 수십 년 만에 한국을 방문했을 때도 먹고 사는 데 득이 된다면 세계 어디든 못 갈 데가 없다는 입장임을 거침없이 밝히기도 했다. 다시 말해 돈이 되는 일이라면 어디든 달려가겠다는 뜻으로 매우 솔직한 태도임에는 틀림없겠지만, 그동안 힘겨운 고통을 헤치고 살아온 동포들 앞에서 대놓고 할 말은 아닌 듯싶다. 더군다나 그는 독특한 직설적인 화법을 통해 "예술이란 원래 속고 속이는 고등 사기일 뿐이다."라는 말을 거침없이 내뱉으면서도 예술을 빌미로 돈이 되는 곳이면 어디든 못 갈 데가 없다는 말을 아무렇지 않게 할 수 있다는 점이 그저 놀라울 따름이다. 당시 대중매체들은 이구동성으로 약속이나 한 듯이 그가 얼마나 조국을 사랑하고 그리워한 인물이었는지 소개하기도 했지만, 그가 알고 있는 조국이란 사실 일제 치하에서 친일재벌의 아들로 유복하게 지냈던 기억과 광복 직후 혼란스러운 모습밖에 없었을 것이다. 실제로 그는 대동아전쟁 및 한국전쟁은 물론이고 더나아가 공산독재나 군사독재의 아픔이나 시련과는 일체 무관한 삶을 살았던 인물이 아니겠는가.

이처럼 공감적인 태도의 결핍은 상대의 입장을 전혀 고려하지 않는 지극히 나르시시즘적인 인물의 특성이기도 한데, 그동안 온갖 고초를 겪으며 살아온 우리 입장에서 선뜻 수용하기 어려운 태도가 아닐 수 없다. 더군다나 그는 "경주에서 이기는 유일한 방법은 혼자 달리는 것이다."라는 말로 자신의 유아독존적인 특성을 유감없이 드러내기도 했지만, 결국 그의 예술적, 문화적 원맨쇼는 기존의 모든 권위를 상대로 한 싸움이라는 점에서, 그리고 예술적 모토 자체가 모든 구속을 내던지고 자유를 만끽한 것이라는 점에서 백남준은 영원한 십대로 살았던 보기 드문 나르시시스트였다고 할 수 있다.

20세기 IT 산업에 혁명을 가져온 **스티브 잡스**(Steve Jobs, 1955-2011)는 컴퓨터 회사 애플의 공동 창립자로, 개인용 컴퓨터 개발의 귀재인 동시에 기발한 아이디어로 혁신적인 제품을 개발해 일약 거부가 된 IT 산업계의 신화적 존재다. 하지만 고등학교 졸업 학력이 전부인 그는 출생 직후부터 기구한 운명에 휘말리며 굴곡진 성장과정을 거쳐야만 했으니 그의 남다른 아집과 반항심

스티브 잡스

뿐 아니라 독선적인 직설 화법과 안하무인으로 남을 깔보는 태도 등 까칠하고 모난 나르시시즘적인 성격도 모두 불행한 성장배경에서 비롯된 것으로 보인다.

원래 그는 시리아 출신의 아버지와 백인 어머니 사이에서 사생아로 태어

낳으며, 출생 직후 잡스 부부에게 입양되어 자라면서 자신이 부모에게 버림받은 존재라는 사실로 남다른 열등감과 반항심을 갖게 되었다. 따라서 그가 사람을 잘 믿지 못하고 항상 적대적인 태도로 세상을 지배하려고 든 것도 그런 배경을 통해 이해할 수 있는 부분이라고 하겠다. 특히 그는 자신의 친부모에 대해 그들은 단지 정자와 난자 은행에 불과했을 뿐 그 이상도 이하도 아니라는 식으로 매우 냉소적인 태도를 보이기도 했다.

히피와 반전운동이 기승을 떨던 시절 대학에 진학한 그는 공부를 등한시하고 환각제에 빠져 지내는 등 반항적인 태도로 일관했으며, 그것도 1학기만 수강하고 자퇴해 버렸다. 그렇게 대학을 떠난 그는 오리건 주의 한 사과농장에 머물며 히피 공동체 생활에 가담했는데, 당시 그곳에 기거하던 일본인 승려 오토가와 고분을 만나 선불교에 입문하게 되었다. 특히 사과농장이미지는 나중에 애플 회사의 명칭과 한입 베어 먹은 사과 모양의 애플 로고 디자인 등에 결정적인 영향을 준 것으로 보인다.

스티브 잡스는 1976년 21세라는 약관의 나이에 워즈니악과 함께 애플 회사를 공동으로 창업하고, 컴퓨터 개발에 착수했으나, IBM에 대항해 선보인 애플 리사가 가격 경쟁에서 뒤져 참패를 겪게 되자 그 책임을 지고 존 스컬리에게 회장을 물려준 뒤 자신은 경영 일선에서 물러나고 말았다. 리사는 오랜 기간 그가 자신의 딸임을 부정했던 사생아의 이름이기도 했다. 존 스컬리는 원래 펩시콜라 사장이었으나 스카웃 제의를 받고 애플로 이적한 인물이었는데, 당시 망설이던 스컬리에게 잡스가 던졌다는 "인생 끝날 때까지 설탕물을 팔겠나, 아니면 나한테 와서 세상을 바꾸겠나?"라는 말은 유명한 일화로 알려졌다.

하지만 그토록 자신만만했던 그는 40대에 접어들어 건강이 악화되면서 췌장암 진단을 받고 수술 권유를 받았으나 계속 수술을 거부하며 자연치유법만을 고집하다가 건강이 더욱 악화되었고, 결국에는 뒤늦게 수술을 받았으나 이미 때를 놓친 상태였다. 이처럼 그의 죽음을 재촉한 것은 평소 그가 고집하던 극단적인 채식주의 식습관 때문이었는데, 원래 의사든 누구든 타인의 말에 잘 따르지 않는 고집불통이기도 했지만, 수술 후 영양공급이 매우 중요하다는 의사의 권고를 무시한 채 평소의 습관대로 채식과 금식을 계속함으로써 죽음을 스스로 재촉한 셈이 되고 말았다. 자신의 생각만이 옳다는 매우 유아독존적인 아집과 나르시시즘으로 인한 결과였다.

양심이 마비된

반사회성 인격

정신의학에서 말하는 반사회성 인격(antisocial per-
sonality)은 일반 대중에게 사이코패스(psychopath)라는 심리학적 용어로 더욱
잘 알려져 있다. 이들의 특징은 모든 사회적 규범에 대한 비순응성과 파괴
적 시도뿐 아니라 타인에 대한 기만성, 충동성, 폭력성, 잔혹성, 냉담성, 무
모성, 무책임성, 무계획성, 파렴치함, 양심불량 등으로 요약할 수 있다.

반사회성 인격의 소유자가 지닌 가장 큰 결함은 사랑할 수 있는 능력의
결핍과 도덕성 마비, 사회 규범 및 질서를 무시하고 무조건 파괴하려는 폭
력성에 있다. 따라서 이들은 매우 공격적이고 충동 조절이 안 되기 때문에
사소한 일에도 흥분을 이기지 못하고 수시로 폭력을 휘두르거나 빈번하게
싸움질을 벌이며, 지속적인 위법행위를 반복함으로써 감옥을 안방처럼 드

반사회성 인격

1. 특징

- 사회에서 가장 골치 아픈 존재다.
- 세상의 모든 가치나 규칙을 거부한다.
- 범죄자로 전락하는 수가 많다.
- 정상적인 인간관계를 맺지 못한다.
- 전문적 치료를 원하는 경우는 거의 없다.

2. 증상 및 진단 기준

- 15세 이전에 품행장애가 있고, 18세 이후에 진단이 가능하다.
- 규칙을 깨고 위법행위를 반복한다.
- 충동적이고 폭력적이며 책임감도 없다.
- 거짓과 사기를 밥 먹듯 하고 양심의 가책을 느끼지 못한다.
- 정상적인 직업이나 가정생활에 적응하지 못한다.

나들기 일쑤다. 또한 자신의 미래에 대한 설계나 향후 계획을 수립하는 일 따위에는 아무런 관심조차 없다.

그들은 타인의 감정이나 입장 따위에는 아무런 관심도 없을 정도로 냉담하며, 양심도 없기 때문에 자신의 무모한 행동에 대해 그 어떤 죄책감도 느끼지 못한다. 자신의 개인적 이익을 위해서는 배신행위도 마다하지 않으며, 심지어는 살인을 저지르고도 감정적으로 동요하지 않을 만큼 냉혹하기 그지없다. 더군다나 지능지수가 높을 경우에는 자신을 합리화하는 데 온갖 핑계를 둘러대며 위기를 모면하기도 한다.

또한 이들은 속임수나 기만행위에 일찌감치 두각을 드러냄으로써 남다른 자만심과 우월감에 빠지기 쉬우며, 여기에 폭력을 통한 쾌감까지 맛을 들이면 그야말로 비행의 늪에서 벗어나지 못한다. 그런 삶의 패턴을 통해 병적인 거짓말과 자기합리화에 통달하게 되며, 그 어떤 규칙도 무시하고 자기 멋대로 행동하기 시작한다. 따라서 거짓과 사기, 폭력의 달인으로 알려진 반사회적 인간의 특징 가운데 하나는 머리가 매우 영악하고 간교하다는 점을 들 수 있다. 그런 재능을 발판으로 그들은 거짓말에 능통하며 상대를 농락하며 치고 빠지는 전술에 능숙하다. 그런 점에서 이들에게는 상식에 기초한 설득이나 회유가 불가능하다.

물론 반사회적 인간도 이성의 매력에 빠지기도 하지만, 진정한 사랑의 감정을 느끼거나 베풀지도 못하며, 성적인 측면에서도 애정의 표현이라기보다는 가학적이고도 착취적인 모습을 보이기 쉽다. 따라서 결혼을 하더라도 가족 유기, 가족 착취, 가족 학대, 가정 폭력, 근친상간, 주거 부정 등으로 인해 한 가정에 안주하지 못한다. 결국 그 어떤 조직이나 단체에도 속하지 못한 채 뜨내기 생활로 전전하기 십상이며, 제멋대로인 삶을 누린다. 그야말로 가장 골치 아프고 대책 없는 인격 유형에 속한다고 할 수 있다.

역사적으로 실존했던 인물 가운데 잔혹하기로 악명이 자자했던 폭군이나 권력자들 모두를 반사회성 인격의 소유자로 보기는 어렵겠지만, 포악하기로 유명했던 중국의 동탁이나 로마제국의 폭군 칼리굴라, 네로, 콤모두스, 그리고 무자비한 학살로 악명을 떨친 티무르 제국의 창시자 티무르를 비롯해 고구려의 모본왕, 고려의 충혜왕, 조선왕조에 들어서 양녕대군의 아들 서산군, 선조의 아들 순화군 등은 반사회성 인격의 특성을 보인 인물이라 할 수 있다.

특히 양녕대군의 아들이자 세종대왕의 조카였던 **서산군 이혜**(李譓, ?-1451)는 무분별한 엽색행각과 충동적인 비행으로 악명이 자자했지만, 고위 왕족이라는 신분 때문에 아무런 제지도 받지 않고 패륜적 행위를 벌이고 다녔는데, 평소 술과 여자에 탐닉하고 걸핏하면 사람을 폭행하고 죽이기도 하는 등 숱한 말썽을 피워 조정에 애를 먹이다가 결국에는 파직되어 유배생활 도중에 울분을 이기지 못하고 자결을 시도한 후 그 후유증으로 죽고 말았다.

더욱이 그는 아버지 양녕대군에게 자신의 애첩까지 빼앗긴 후 더욱 심한 행패를 부리기 시작했는데, 울화병도 그래서 생긴 것으로 보인다. 물론 양녕대군 역시 자신의 아들 못지않게 무절제한 사생활과 온갖 비행으로 왕세자 직에서 쫓겨난 인물로, 그런 점에서 부전자전이라 하겠다. 결국 양녕대군을 대신해서 아우인 세종대왕이 왕위에 올랐으니 말이다. 따라서 양녕대군과 이혜 부자는 세종대왕에게 가장 큰 골칫거리였는데, 특히 조카인 이혜는 수시로 거리에서 패싸움을 벌이며 다니고 남의 첩을 함부로 빼앗는가 하면 놀이판을 벌이다가 폭행을 하는 등 그 행패가 실로 극심했다. 심지어는 사람을 시켜 살인을 저지르거나 자신이 직접 사람을 죽이기까지 해 여러 차례 파직과 복직을 반복했다.

1447년 세종은 이혜가 술주정을 벌이다가 다시 또 사람을 죽이는 일이 벌어지자 그를 유배시켜 여자는 물론 모든 사람과의 접촉을 금하는 동시에 사냥도 하지 못하도록 지시를 내렸는데, 그 후 세종이 세상을 떠나자 이혜는 유배지를 몰래 도망쳐 금강산에 오랫동안 숨어 지내다가 다시 돌아오기도 했다. 그렇게 이혜는 아버지 양녕대군과 더불어 온갖 물의를 일으키며 왕실 체면에 먹칠을 한 왕족으로 악명이 자자했는데, 수많은 첩을 거느리며 총 27명의 자녀를 낳았던 양녕대군은 자신의 아들보다 10년 이상을 더 살다 세상을 떠났다.

반사회적 인간으로 악명을 떨친 살인마 중에는 고도의 전문지식을 갖춘 의사들도 있어서 우리를 더욱 놀라게 한다. 그중에서 미국 최초의 연쇄살인범으로 알려진 **헨리 홈즈**(Henry Holmes, 1861-1896)는 미시건 의대를 졸업한 뒤 시카고로 가서 의업과는 동떨어진 부동산 사업에 관여하면서 온갖 악행을 벌이기 시작했는데, 1893년 시카고 세계 박람회에
때맞춰 자신이 설계한 호텔을 세우고 그곳을 아지트로
삼아 무려 200명 이상에 달하는 사람들을 살해한 것으
로 추정된다. 당시 그는 처자식이 있는 몸으로 시카고
와 덴버에서 따로 살림을 차려 삼중생활을 동시에 이어
갔는데, 자신이 고용했던 종업원의 부인 줄리아와도 관
계를 맺었으나, 나중에는 그녀마저 살해하고 말았다.

헨리 홈즈

그는 이웃에 사는 늙은 과부의 약국을 감언이설로 속
여 빼앗고 그녀를 살해했으며, 길 건너편의 땅을 매입해 3층 건물을 지었는
데, 살인 계획을 염두에 두고 용의주도하게 설계한 그 호텔은 수시로 건축
업자를 바꿈으로써 내부 구조를 아무도 알지 못하게 하는 용의주도함을 보
였기 때문에 호텔 구조를 아는 사람은 홈즈 한 사람뿐이었다. 호텔 객실은
모두 방음장치가 설치된 창문이 없는 방들로 미로와 같은 구조로 되어 있었
으며, 방문은 오로지 밖에서만 열게 만들어졌다. 호텔이 완공되자 홈즈는
주로 여성들로 이루어진 희생자 물색에 들어갔는데, 그 대상들은 자신이 고
용한 직원들과 투숙객들, 그리고 자신의 애인들이었다. 그래서 그 호텔은
나중에 '죽음의 성'으로 불리기도 했다.

그는 희생자들을 객실에 가두고 고문하다가 결국에는 살해했으며, 가스
관을 통해 질식사시키기도 했다. 살해한 시
체들은 지하실로 연결된 비밀 낙하 통로를
이용해 떨어트렸는데, 일부 시신은 절개하거
나 깨끗이 씻어서 의과대학 해부 실험용으로
팔아넘기기까지 했다. 그는 거대한 소각로
도 설치해서 그것을 통해 시신들을 화장시켰
다. 자신을 도운 목수와 그의 세 아이들까지

헨리 홈즈가 지은 죽음의 호텔

살해한 홈즈는 결국 꼬리가 잡혀 경찰에 체포되었는데, 이처럼 끔찍한 범죄를 저지른 그는 교수형이 집행되었을 당시 매우 담담한 표정으로 아무런 동요의 빛도 보이지 않았다고 한다. 정말 지독한 반사회적 인간의 표본이라 하겠다.

마르셀 페티오

'파리의 백정'으로 불린 프랑스 의사 **마르셀 페티오**(Marcel Petiot, 1897-1946)는 제2차 세계대전 당시 독일군 점령하의 파리에서 활동하던 개업의로, 그의 집 지하실에서 23구의 시체가 발견되자 사형을 언도받고 단두대 처형으로 생을 마감한 연쇄살인범이다. 마약 제공 및 불법 낙태, 절도행각 등으로 악명이 자자했던 그는 특히 나치의 위협을 피해 해외로 도피하려는 사람들을 상대로 거짓 도주로를 제공해 준다는 명목으로 거액을 뜯어낸 뒤 청산가리를 주사해 살해하고 쥐도 새도 모르게 암매장시켜 버린 것이다.

당시 희생자들은 아무런 의심 없이 주사를 맞았는데, 그것은 페티오가 아르헨티나에 입국하려면 검역통과를 위해 사전에 예방접종을 해야만 한다고 둘러댔기 때문이다. 처음에는 희생자들의 시체를 센강에 몰래 버렸으나 발각될 위험이 커지자 나중에는 소각시켜 버렸다. 1944년 봄, 주민들이 그의 집 굴뚝 연기에서 나오는 심한 악취 때문에 경찰에 신고했는데, 출동한 소방관들이 화염에 휩싸인 그의 지하실에서 발견한 것은 사방에 흩어져 있는 사람들의 시신이었다. 파리가 해방되자 그동안 숨어 지내던 그는 마침내 꼬리가 잡혀 경찰에 체포되고 말았지만, 그는 계속해서 자신의 무죄를 주장하다가 결국에는 살해 사실을 인정하고 단두대의 이슬로 사라졌다.

앞서 소개한 것처럼 반사회적 살인마라고 해서 반드시 범죄 집단에 속한 것도 아니고 그렇다고 해서 거리의 무지한 건달 불량배나 시정잡배도 아니라는 사실을 알 수 있다. 이처럼 도덕적 광기에 사로잡힌 반사회적 인간은 겉으로만 봐서는 오히려 그 정체를 파악하기 어려운 것이 사실이며, 더 나아가 두뇌가 우수하고 언변이 뛰어날 뿐만 아니라 카리스마적인 매력까지 겸비할 경우에는 사회 지도층에도 진출해 사악한 영향력을 온 세상에 행사할 수 있기 때문에 더욱 위험한 것이다. 그런 점에서 다음에 소개하는 반사회적 인간들은 오히려 세상에서 철저하게 버림받고 소외된 인간들이라 할 수 있겠다.

먼저, 독일 바이마르 공화국 시절에 '뒤셀도르프의 흡혈귀'로 불리며 악명을 날린 **페터 퀴르텐**(Peter Kürten, 1883-1931)은 어린 소녀 희생자들의 신체에 가한 야만적인 행위뿐 아니라 그들의 상처에서 나온 피를 마시려고까지 한 엽기적인 행동을 보인 연쇄살인마로 1931년 사형선고를 받고 참수형에 처해졌다. 포악한 주정뱅이 아버지로부터 수시로 매를 맞고 자란 그는 이미 다섯 살 때 친구 한 명을 물에 빠트려 죽이려고 했으며, 걸핏하

페터 퀴르텐

면 무단가출을 시도해서 거리의 악동들과 어울리는 수가 많았다.

아홉 살 무렵에는 이웃에 사는 남자와 친해졌는데, 그 남성은 유기견을 잡아서 고문하고 죽이는 일에 쾌감을 느끼는 매우 변태적인 인물로, 마침내 퀴르텐도 그 남성과 함께 동물학대 행위에 가담하면서 어린 나이부터 그런 가학적인 쾌감에 맛을 들이게 되었다. 그의 생애에서 가장 최초의 살인이 이루어진 것도 바로 그 무렵이었다. 당시 그는 수영도 할 줄 모르는 친구 한 명을 뗏목에서 밀쳐내 익사하도록 했는데, 물에 빠진 친구를 구하러 뛰어든 다른 친구까지 죽게 만들었다. 물론 두 소년의 죽음은 단순사고로 처리되고 말았다.

소년 시절에 이미 가축우리에서 염소나 돼지 몸통을 칼로 찌르며 성적인 희열을 느낀 그는 심지어 아버지로부터 괴롭힘을 당했던 누이에게도 아버지처럼 성추행을 시도하기도 했다. 결국 14세 때 학업마저 중단하고 돈을 훔쳐 달아난 그는 두 살 연상의 창녀와 동거하기도 했으며, 절도죄로 잠시 감옥에 다녀온 후 18세 소녀의 목을 졸라 살인까지 했다. 그 후 사기죄로 감옥에 다녀온 그는 제1차 세계대전이 발발하면서 군대에 징집되었으나 곧바로 탈영해서 여기저기를 돌아다니며 농장의 헛간이나 건초더미에 방화하기 시작했다. 먼발치서 타오르는 불길을 바라보며 성적인 흥분을 느꼈기 때문이다.

하지만 탈영에 방화, 절도 혐의까지 겹친 그는 8년간 투옥생활을 해야 했으며, 독방생활을 즐기기 위해 고의적으로 말썽을 일으키기까지 했다. 왜냐하면 단체생활은 자신의 성적인 공상 활동에 방해가 되었기 때문이다. 그는 그렇게 고립된 감방 안에서 성적인 공상에 몰두할 뿐만 아니라 거리에서 집단적으로 사람들을 죽이는 상상만으로도 성적인 극치감을 얻는 매우 도착적인 변태 인간이었다.

이처럼 걸어 다니는 괴물이라 할 수 있는 그가 출옥하면서부터 세상에 대한 본격적인 복수가 시작되었는데, 주로 나약한 어린 소녀들을 범행 상대로 골라 목 졸라 살해한 후 칼이나 가위로 난자한 몸에서 솟구치는 피를 보면서 성적인 희열을 느꼈다고 한다. 더욱이 세 살 연상의 창녀 출신 여성과 결혼까지 한 그는 아내가 야근을 나간 사이에 범행을 저질렀는데, 예외적으로 망치를 이용한 범행에서는 두 명의 여성이 살아남기도 했다.

하지만 결국 경찰에 꼬리가 잡힌 그는 정신감정을 의뢰받은 결과 정신이상 징후가 발견되지 않는다는 전문가의 소견에 따라 마침내 가장 극형에 속하는 참수형을 선고받았다. 한동안 온 도시를 공포의 도가니로 몰고 갔던 그는 결국 쾰른 감옥에서 처형되었는데, 단두대에 오르기 직전 곁에 있던 정신과의사에게 고개를 돌려 묻기를, 목이 잘리는 순간 목에서 피가 분출하는 소리를 자신도 들을 수 있는지 알고 싶다고 하면서 그것이 자신에게는 마지막으로 가장 큰 즐거움이 될 것이라고 말했다. 하지만 그는 곧바로 미소를 띠우며 "아니지."라고 스스로 답한 후 목이 잘렸으니 양심이라고는 털끝만치도 없는 인간이었음을 알 수 있다.

1930년대 미국을 대혼란에 빠트린 경제 대공황 시기에 보니와 클라이드를 능가하는 무법자로 이름을 떨친 **존 딜린저**(John Herbert Dillinger, 1903-1934)는 자신의 갱 조직을 이끌고 수많은 은행을 털고 다닌 범죄자로 탈옥도 두 차례나 저지르며 수사당국을 농락했다. 심지어는 경찰서까지 터는 대범함을 보이기도 했다. 이처럼 악명을 떨친 인물이었기에 동시대 암흑가의 거물로 알려진 갱스터 두목 알 카포네를 능가하는 유명세를 얻은 결과

존 딜린저

그 시대를 '딜린저 시대'라고 부르는 말까지 생길 정도였다.

이미 10대 소년 시절부터 매우 반항적인 문제아로 말썽을 피우던 그는 걸핏하면 싸움질에 물건을 훔치거나 꼬마들을 괴롭히며 돈을 뜯기도 했다. 학교도 중단한 그는 19세 때 자동차 절도죄로 처음 경찰에 체포당했는데, 그 후 친구와 함께 가게를 털다가 다시 체포되어 예상보다 더 무거운 중형이 선고되면서 10년의 세월을 감옥에서 보내야 했다. 이처럼 억울한 옥살이를 하게 된 그는 오히려 감옥 안에서 세상에 대한 복수심을 갖게 되었으며, 그곳에서 친해진 은행 강도들에게 온갖 범죄의 노하우를 전수받기에 이르렀다.

출소한 직후 곧바로 은행을 털기 시작한 그는 과거 감방 동료들을 모아 갱단을 조직하고 닥치는 대로 강도 행각을 벌이고 다녔다. 시카고의 은행을

턴 뒤 다시 감옥에 간 그는 신출귀몰한 수법으로 탈옥에 성공한 후 얼굴 성형수술까지 하는 치밀함을 보였으나 그를 체포하는 데 전력을 기울인 FBI 국장 에드거 후버의 집요한 추적을 따돌리진 못했다. 마침내 그의 위치를 알아낸 FBI는 극장에서 영화를 관람하던 딜린저를 덮쳐 난투극을 벌이다가 총격전 끝에 그를 사살했다. 당시 시체 안치소에 공개된 그의 시신을 보기 위해 수많은 시민이 몰려들어 인산인해를 이루었다고 하는데, 그 후에도 그의 묘지를 참배한 방문객들이 기념으로 보관하기 위해 그의 묘비 조각을 흠집 내어 몰래 가져가는 바람에 여러 차례 보수를 거듭해야 했다고 한다. 참으로 사람들의 심리는 알다가도 모를 일이다.

찰스 맨슨

미국의 반사회적 사교집단 맨슨 패밀리의 두목으로 끔찍한 집단살인극을 벌인 **찰스 맨슨**(Charles Manson, 1934-2017)은 45년간 교도소 생활을 하고 83세 나이로 죽었지만, 죽을 때까지도 자신이 무죄임을 주장했다. 그는 생존 당시만 해도 중범죄인 가운데 가장 세계적인 명성을 얻게 된 슈퍼스타였다. 수많은 추종자가 그의 무죄 석방을 외쳤으며, 미국의 록 가수들은 앞다투어 그를 흠모하는 노래들을 발표해 왔는데, 그들 가운데 록 밴드 그룹 마릴린 맨슨은 섹스 심벌 마릴린 먼로와 폭력의 우상인 찰스 맨슨에서 각기 이름을 따서 붙인 것이다. 섹스와 폭력의 상징적 결합이라는 점에서 현대사회의 어두운 이면을 보는 듯하다.

십대의 매춘부 출신 미혼모였던 그의 어머니는 지독한 알코올 중독자였으며, 절도죄로 체포되어 5년형을 선고받기도 했는데, 어린 아들을 아동보호시설에 맡기려 했으나 거절당했다. 하지만 어머니는 전혀 아들을 돌볼 생각이 없었기 때문에 그는 어려서부터 불량배들과 어울려 거리를 쏘다니며 식료품점에서 돈과 물건을 훔치는 생활을 계속했다. 그때부터 소년원을 드나들기 시작한 그는 그곳에서 이미 반사회적 인간이라는 판정을 받았으며, 또한 그의 IQ는 정상이었지만 문맹임이 밝혀지기도 했다.

성인이 된 후에도 여러 차례 결혼해 자식들까지 낳았으나 원래 가장으로서의 책임감도 없었을 뿐만 아니라 계속되는 범죄행각으로 교도소를 안방처럼 드나들었기 때문에 가정을 돌볼 틈조차 없었다. 하지만 교도소 생활은 그에게 또 다른 악몽이었을 뿐이다. 그는 자주 다른 재소자들에 의해 성적 노리개가 되어 시달림을 받았으며, 이처럼 변질된 성과 폭력에 길들여진 그는 더욱더 세상에 대한 파괴적인 환상과 증오심에 가득 찬 인간으로 변모되어 나갔다. 정규적인 교육을 받지 못하고 인생의 절반을 감옥에서 보낸 그에게 감옥은 음악과 섹스 그리고 온갖 범죄를 가르친 유일한 학교였다.

출옥한 후 소수의 추종세력을 규합해 맨슨 패밀리를 결성하고 히피나 다름없는 떠돌이 생활을 전전하던 그는 마침내 세상을 향한 복수의 일환으로 끔찍스러운 집단살인극을 펼치게 되었는데, 1969년 할리우드에서 로만 폴란스키 감독의 아내 샤론 테이트와 그 친구들을 상대로 벌인 살인사건이 바로 그렇다. 찰스 맨슨의 지시로 현장에 들이닥친 일당은 잔혹한 방법으로 사람들을 살해했으며, 당시 임신 8개월로 만삭이었던 샤론 테이트는 아기 목숨만은 제발 살려달라고 애원했지만, 맨슨 패밀리 일당이었던 수잔 앳킨스는 무려 열여섯 군데나 그녀의 몸을 칼로 난자했다. 맨슨 일당은 총으로 쏴 죽인 후에도 온몸을 칼로 난자했으며 입안에 칼을 꽂아 놓기까지 했다. 그리고 살인의 흔적을 남기라는 맨슨의 지시에 따라 샤론 테이트가 흘린 피로 현관 입구에 '돼지'라는 낙서를 남기기도 했다.

재판 과정에서 맨슨 일당은 죄의식이나 반성의 기미를 전혀 보이지 않았다. 오히려 맨슨은 자신은 사람을 죽이라는 지시를 내린 적이 없다고 우기면서 그런 교육을 한 것은 자신이 아니라 바로 당신들이라고 모든 책임을 잘못된 세상 탓으로 돌렸다. 그런 태도는 샤론 테이트를 직접 살해한 수잔 앳킨스 역시 마찬가지였다. 8명씩이나 잔인하게 살해한 사실이 중요한 일이라고 생각하지 않느냐는 질문에 대해 그녀는 오히려 네이팜탄으로 수천 명씩 죽인 일은 중요하지 않느냐고 반문했던 것이다. 이처럼 문제의 핵심을 교묘하게 피해가며 도리어 그 죄를 상대에게 덮어씌우는 전략은 사악한 인간들이 흔히 써먹는 수법이 아닌가. 그런데 엽기적이고도 끔찍스러운 살인 파티를 벌이고도 맨슨 일당이 사형집행을 모면할 수 있었던 것은 공교롭게도 당시 캘리포니아 주에서 사형제도가 폐지되었기 때문이다. 시민들이 낸 세금으로 무자비한 살인마들의 목숨을 보장해 주고 죽을 때까지 뒤를 보살펴 준 셈이다.

세상과 담을 쌓은
회피성 인격

　　회피성 인격(avoidant personality)은 말 그대로 세상과 등지고 사회활동을 기피하는 성격 특성을 가리킨다. 물론 그들은 대인관계나 사회생활을 무조건 거부하는 것이 아니라 마음속으로는 은근히 원하고 있으면서도 불안과 열등감의 정도가 심하기 때문에 행동으로 옮기지 못할 뿐이다. 그들은 대부분 소심하고 내향적이어서 사람들 앞에 나서기를 몹시 꺼리며 타인의 시선을 많이 의식하고 가까운 사람에게도 자신의 감정을 좀처럼 드러내지 못한다. 물론 그렇다고 해서 그들이 부정적인 생각에만 빠져 지내는 것은 결코 아니다.

　　따라서 아무리 은둔적인 생활을 고수한다 하더라도 그들의 사고나 감정 상태에는 별다른 이상이 발견되지 않는다는 점에서 극도로 대인관계를 기

회피성 인격

1. 특징
- 은둔형이다.
- 사회적응에 두려움을 느낀다.
- 내심으로는 대인관계를 원한다.
- 자신의 불합리한 태도를 잘 인식하고 있다.
- 직접적 대면을 피할 수 있는 일에는 그런대로 적응할 수 있다.

2. 증상 및 진단 기준
- 타인과의 접촉을 두려워한다.
- 겁이 많고 소심하다.
- 열등감이 심하다.
- 감정 노출을 몹시 꺼린다.
- 타인의 눈치를 많이 본다.

피하고 현실을 왜곡하는 정신병 환자와는 그 차원이 전혀 다르다고 할 수 있다. 따라서 그들은 비록 삶의 폭에 상당한 제한을 받기는 하나 자신이 추구하는 극히 개인적인 활동만큼은 정상적으로 수행한다는 특성을 지니고 있으며, 비록 외형적으로는 몹시 위축된 상태로 보일 수도 있지만, 감정 자체까지 삭막해지는 것은 아니며 오히려 부드럽고 따뜻한 감정을 지니고 있는 수가 많다.

이처럼 대외적 관계에서 매우 회피적인 태도를 고수하는 인물일수록 대화에 미숙할 뿐만 아니라 상대적으로 깊은 사색에 빠지는 경우가 많으며, 특히 고립된 상태에서 혼자 하는 일에 몰두함으로써 남다른 학문적, 예술적 업적을 쌓은 경우가 많다. 따라서 회피성 인격의 소유자로 정치나 군인, 연예인, 운동선수가 되어 성공한 경우를 찾아보기 어려운 것은 당연한 일이 아닐 수 없다. 비록 그들은 공개적인 장소에 좀처럼 모습을 드러내는 일이 없지만, 오히려 그런 특성이 창의적 활동으로 승화된 경우가 많다는 점에서 볼 때, 무조건 인간적 결함으로 폄하해서는 안 되리라고 본다.

역사적으로 알려진 인물 가운데 회피성 인격의 소유자로 가장 오래된 인물을 꼽자면 고대 그리스의 괴짜 철학자 **디오게네스**(Diogenes of Sinope, BC 412-323)를 들 수 있다. 집도 가족도 없이 홀로 통 속에 틀어박혀 살았기 때문에 '통 속의 철학자'로 알려진 그는 문명을 거부하고 자연생활을 몸소 실천한 철학자로, 모든 탐욕을 멀리하고 오로지 자연인으로 일생을 살았던 인물이다. 단 한 벌의 옷을 걸친 채 한 개의 지팡이와 자루가 전 재산인 상태로 통 속에 웅크리고 살았던 그는 길에서 노숙하며 통 속에서 잔다고 해서 개라는 뜻의 그리스어 키노스(kynos)로 불렸다. 그래서 견유학파(犬儒學派)를 대표하는 철학자로 통한다.

원래 흑해 연안에 위치한 이오니아 식민지 시노페 태생인 그는 고향에서 아버지와 함께 동전 주조사업에 관여하다가 위조사건에 연루되어 시민권을 박탈당하고 추방되었는데, 그런 배경 때문에 일생 동안 물질적 탐욕에 물든 세상과는 담을 쌓은 채 빈손으로 지낸 것으로 보인다. 그에 관해 유명한 일화가 있는데, 한번은 알렉산드로스 대왕이 그의 소문을 듣고 찾아와 원하는 것이 있으면 말해 보라고 하자 그는 단지 "햇빛을 가리지 말고 비켜서주면 좋겠다."라고 답했다고 한다. 최고의 권력자와 걸인 철학자의 역사적인 대면은 그렇게 싱겁게 끝나고 말았다. 그래도 디오게네스는 당시로서는 매우 이례적으로 89세까지 장수했다.

레오나르도 다 빈치와 더불어 중세 르네상스 시대가 낳은 가장 위대한 화가이자 조각가로 알려진 **미켈란젤로**(Michelangelo, 1475-1564)는 일생 동안

미켈란젤로

매우 고통스럽고 우울한 삶을 보냈으며, 90세 가까이 장수했으면서도 금욕주의로 일관해 독신으로 생을 마감했다. 마치 수도승처럼 매우 금욕적인 삶으로 일관한 그는 오로지 일에만 몰두했을 뿐 먹고 마시며 인생을 즐기는 일 따위에 일체 관심을 기울이지 않았으며, 심지어는 잘 때도 옷을 입은 채로 잠들었는데 장화조차 벗지 않았다고 한다.

그는 성격 자체도 매우 거칠고 무례하기 짝이 없었으며, 일상적인 생활습관도 무질서하고 불결하기 그지없었던 것으로 알려져 있다. 게다가 그는 항상 침울하고 말이 없었으며, 동료들과도 제대로 어울리지 못하는 고립된 모습을 보였는데, 그의 기이한 성격과 생활태도 때문에 더욱 그런 고립을 자초한 것으로 보인다. 한마디로 그는 정상적인 대인관계를 맺고 유지하는데 매우 미숙하고 어려움을 지니고 있어서 사람들과의 접촉을 극도로 회피하며 살았는데, 그것은 아마도 어려서 일찍 어머니를 잃고 남의 집에 맡겨져 자랐던 불행한 아동기 경험 때문이었을 것으로 보인다.

그렇게 매우 회피적인 성격이었지만, 그래도 일에 대한 집념만큼은 실로 대단해서 시스티나 성당의 천장화를 그릴 때, 무리한 작업으로 생긴 극심한 허리 통증에도 불구하고 그는 4년에 걸친 각고의 노력 끝에 마침내 작품을 완성했는데, 오랜 시간 발판 위에 누워 쉬지 않고 작업한 결과 관절염과 근육 경직 증세에 시달렸으며, 천장에서 떨어지는 물감 때문에 안질까지 얻어 고생하면서도 결코 작업을 중단하지 않았다. 그 후 60대 노령에도 불구하고 다시 교황의 지시로 〈최후의 심판〉을 4년의 각고 끝에 완성시켰는데, 기력이 쇠한 상태에서 작업하다 발판 위에서 떨어지는 부상까지 입으면서도 예술에 대한 집념 하나로 초인적인 힘을 발휘해 끝내 완성을 보고야 말았다.

이처럼 사회적으로 철저히 고립된 상태에서 오로지 일에만 몰두한 미켈란젤로였지만, 그렇다고 해서 사랑에 대한 열정을 전혀 느끼지 못한 것은 결코 아니었다. 그는 수백 편에 달하는 시를 쓰기도 했는데, 특히 그의 나이 57세 때 처음 만난 23세의 젊은 청년 토마소 카발리에리에게 보낸 연애시는 그 내용이 매우 에로틱한 것으로 알려져 있다. 더 나아가 60대에 접어들어 서는 로마에서 만난 귀족 출신의 미망인이자 시인이었던 비토리아 콜로나 에 대한 뜨거운 열정에 휘말리기도 했다. 이들 남녀는 서로 뜨거운 연애시를 주고받았는데, 그녀가 죽을 때까지 두 사람의 관계는 계속 유지되었다. 미켈란젤로는 그녀의 얼굴에 키스 한번 제대로 못한 사실을 두고두고 후회했다고 전해진다. 하지만 역시 그는 실제 사람과 만나 관계를 유지하는 일에는 영 자신이 없었던 것으로 보인다.

스피노자

영국의 위대한 물리학자 뉴턴은 나무에서 떨어지는 사과를 보고 만유인력의 법칙을 발견했다고 전해지지 만, 네덜란드의 유대인 철학자 **스피노자**(Baruch Spinoza, 1632-1677)는 "내일 지구가 멸망하더라도 나는 오늘 한 그루 사과나무를 심겠다."라는 말을 남긴 것으로 알려 짐으로써 절대 긍정의 세계관을 피력한 철학자로 유명 하다. 하지만 그는 동시대 세상으로부터 완벽하게 따돌 림을 당한 불운의 철학자이기도 했으며, 본인 스스로도 세상과의 접촉을 피한 채 일생 동안 독신을 고수하며 초라한 다락방에서 안 경 렌즈를 갈아 생계를 유지한 실로 고독한 인간이었다. 따라서 그에게는 '다락방의 철인'이라는 호칭이 붙게 되었다.

그는 어릴 때부터 워낙 총명해서 장래 뛰어난 랍비가 될 것으로 기대를 한 몸에 받았으나 점차 독자적인 사상과 철학을 지니게 되면서 유대교를 비 판한 결과 마침내 신성모독 죄로 유대인공동체에서 파문선고를 받고 영구

추방당하는 뼈아픈 시련을 겪게 되었다. 결국 고향 암스테르담을 떠나 헤이그에 정착한 그는 노동일로 근근이 생계를 유지하는 가운데 필생의 대작인 《윤리학》을 완성했으나 그에 대한 악평 때문에 생전에 그 출간을 볼 수 없었다. 비록 한때나마 하이델베르크 대학에서 교수 초빙까지 받았지만 사상의 자유를 보장하지 않는다는 이유로 일언지하에 거절하는 단호함도 보였다.

이처럼 현실과의 타협을 철저히 거부하고 회피적인 태도로 일관한 그는 44세라는 젊은 나이로 아깝게 세상을 뜨고 말았는데, 가난과 과로가 겹친 가운데 폐질환이 악화된 결과로 보인다. 평생을 비좁은 다락방 안에 떠도는 유리가루를 마시며 지내야 했으니 호흡기가 온전했을 리 없었을 것이다. 하지만 그렇게 열악한 환경에서 철저히 고립된 생활을 감수하면서도 그토록 위대한 사상과 철학체계를 수립했다는 사실이 도저히 믿기지 않을 정도다. 이처럼 생전에 스피노자는 세상으로부터 철저하게 무시당한 무명 철학자였지만, 오늘날에 와서 그의 존재는 데카르트, 파스칼과 함께 17세기를 대표하는 사상계의 3대 거목 가운데 한 사람으로 꼽히고 있다.

헨리 캐번디시

18세기 영국의 화학자이자 물리학자 **헨리 캐번디시**(Henry Cavendish, 1731-1810)는 수소를 발견한 것으로 유명하다. 부유한 귀족 가문 출신인 그는 두 살 때 어머니를 여의고 주로 아버지에 의지해 지냈으며, 일생 동안 독신으로 살았다. 원래 수줍음을 많이 타고 사람들과 어울리는 것을 몹시 꺼려한 탓에 대학까지 중퇴한 그는 다행히 아버지로부터 물려받은 막대한 유산으로 졸지에 당대 최고의 부자가 되었으며, 따라서 생업에 연연하지 않고 자기 집안에 틀어박혀 오로지 연구에만 몰두할 수 있었다.

대인관계를 극도로 회피한 채 일생을 보낸 그는 왕립학회의 회원으로 활동한 것이 그나마 사회생활의 전부였지만, 발표할 때도 말을 더듬는 데다 시선을 마주치지 못하고 허공을 바라보고 말하기 일쑤여서 본인 자신도 그런 이유 때문에 학회와 긴밀한 접촉을 갖지 않았다. 더욱이 세상의 주목을 받는 일을 몹시 꺼려해서 자신의 연구결과를 일체 공개하지도 않았는데, 그의 학문적 업적은 그가 세상을 떠난 지 오랜 세월이 지난 19세기 후반에 가서야 비로소 세상에 알려질 정도였다.

이처럼 회피성 인격을 지녔던 캐번디시는 외부인은 고사하고 친척들과도 교류하지 않았으며, 특히 여성들과의 접촉을 몹시 꺼려한 나머지 하녀들과 마주치지 않기 위해서 식사 메뉴가 적힌 쪽지를 테이블에 올려놓은 상태로 지시할 정도였으며, 가정부를 피하기 위해 집안에 뒤쪽 계단을 설치하기까지 했으니 죽을 때까지 독신을 고수한 이유를 이해할 수 있을 것 같다. 사람들이 그를 괴짜로 여긴 것도 결코 무리가 아니었다. 물론 영국의 신경학자 올리버 색스는 캐번디시를 자폐증의 일종인 아스퍼거 증후군(Asperger syndrome)으로 추정하기도 했지만, 입증된 사실은 아니다.

19세기에 활동한 미국의 여류시인 **에밀리 디킨슨**(Emily Dickinson, 1830-1886)은 일생 동안 결혼도 하지 않고 세상과 담을 쌓은 채 은둔생활로 일관하면서 오로지 시만 쓰다가 56세를 일기로 쓸쓸히 세상을 떠난 매우 불행한 삶의 주인공이다. 그녀의 존재는 살아생전에 세상에 거의 알려져 있지 않다가 그녀가 죽은 후에 가서야 비로소 그 천재성을 인정받고 오늘날에 이르기까지 많은 독자들이 가장 즐기는 애송시로 사랑받기에 이르렀다.

에밀리 디킨슨

어린 시절 다정다감한 아버지와 차갑고 무관심한 어머니 슬하에서 자란 그녀는 특히 어머니가 주로 오빠만을 편애하고 두 자매 에밀리와 라비니아에게는 관심을 두지 않아 그 후에도 오랜 세월 어머니와는 매우 소원한 관계를 유지했다. 학창 시절에 비교적 활달한 모습을 보이기도 했으나, 가깝게 지내던 사촌 소피아가 병으로 갑자기 죽자 큰 충격을 받은 후부터 점차 말이 없어지고 침울해지기 시작했다. 학교 진학도 포기하고 집에서 가사 일만 돕기 시작한 그녀는 갈수록 집 밖에 나가기를 꺼려 했으며, 여간해서는 집을 떠나려 하지 않았다.

외부 출입을 거의 하지 않게 된 그녀는 오로지 시작에만 몰두했는데, 자신의 시를 출판하는 일조차 감히 엄두를 내지 못할 정도로 소심했다. 좀처럼 그녀의 모습을 볼 수 없었던 이웃주민들은 그녀의 존재에 대해 매우 이상하게 생각했는데, 실제로 그녀는 사람들 만나기를 극도로 회피했으며, 방문객이 찾아와도 문을 열지 않고 집안에 몸을 숨긴 상태로 대화를 나눌 정도였다. 그래서 주민들 사이에서는 항상 흰옷만 입고 사는 이상한 여자로 소문이 나돌았다. 하지만 그녀는 사람들과의 직접적인 대면을 피하기만 했을 뿐 서신 교류를 통한 사회적 활동은 계속 유지했으며, 아이들과는 극히 자연스럽게 어울리기도 했다. 오늘날의 관점에서 본다면 대인공포증이나 사회공포증을 지닌 회피성 인격으로 볼 수도 있는데, 당시 의사는 단순한 신경쇠약으로 진단하기도 했다.

그녀 나이 44세 때 아버지가 뇌졸중으로 세상을 떠났을 때도 그녀는 장례식에 참석조차 하지 않고 방문을 걸어 잠근 채 두문불출했으며, 이듬해에는 어머니마저 반신불수에다 기억력장애까지 겹치게 되자 디킨슨의 건강도 덩달아 악화일로를 걷기 시작했다. 결국 어머니가 세상을 뜬 지 4년 뒤에 디킨슨 역시 외로운 생을 마감하고 말았다. 자신의 죽음을 예감한 그녀는 자신의 모든 삶의 흔적이라 할 수 있는 작품들과 함께 세상을 등지기로 작심하고 여동생 라비니아에게 자신이 죽으면 그동안 보관하고 있던 모든 기록들을 불태워 달라고 부탁했다. 하지만 동생은 그 약속을 지키지 못했다. 언니의 방에서 발견한 거의 2,000편에 달하는 주옥같은 시들이 너무도 아까웠기 때문이다. 언니의 시를 출판한 라비니아 역시 평생을 독신으로 살며 고향집을 지키다가 66세 나이로 죽었다.

일생을 독신으로 지내면서 오로지 중앙아시아 탐험에만 전념하다 머나먼 타지에서 외롭게 죽어간 헝가리 태생의 유대계 고고학자 **아우렐 스타인**(Aurel Stein, 1862-1943)은 튀빙겐 대학에서 산스크리트어 전공으로 박사학위를 받은 직후 22세 때 영국으로 건너가 고고학과 동양어를 공부했으나, 2년 뒤 어머니가 갑자기 세상을 뜨게 되자 곧바로 인도로 건너가 펀잡 대학에 자리를 잡았다. 그 후 라호르의 동양대학 학장에 오른 그는 중

아우렐 스타인

앙아시아의 역사와 문화에 관심을 갖게 되었으며, 고고학의 불모지나 다름 없는 중앙아시아의 잃어버린 역사와 문화를 찾아내어 복원시킬 뜻을 품고 영국정부에 원정 탐험의 뜻을 비쳤다.

당시 아버지마저 여의고 26세 나이에 완전히 고아가 된 스타인은 마침내 그 이듬해에 중앙아시아 탐험 계획을 승인받고 첫 번째 원정에 나서 타클라마칸 사막지대에서 다수의 고대 유적지를 발견했으며, 1904년 영국 시민권을 얻은 이후 이루어진 두 번째 원정에서는 천불동으로 유명한 돈황 석굴을 발견해 세상을 놀라게 했는데, 막고굴로 알려진 그곳에서 그는 금강경을 비롯한 수많은 불경과 불화도 발견해 돈황학의 원조가 되었으며, 고대 문화 연구에 귀중한 자료를 제공하기도 했다. 돈황 석굴 발견이야말로 스타인의 가장 큰 업적이라 할 수 있지만, 곤륜산 답사 도중에 심한 동상에 걸려 발가락 여러 개를 잃기까지 했다.

그 후에도 수차례의 탐험을 통해 티베트에서 호탄, 위구르, 동부 터키에 이르기까지 광대한 영역에 이르는 중앙아시아의 귀중한 자료들을 발굴했으며, 타림 분지에서 토카리안 언어를 새롭게 찾아내기도 했는데, 특기할 만한 사실은 8세기에 서역을 정벌한 고구려 유민 출신의 당나라 장수 고선지의 유적도 발견했다는 점이다. 이처럼 당시로서는 그 누구도 엄두를 내지 못한 위업을 달성한 그는 영국 왕실로부터 귀족 작위까지 받는 영예를 누리기도 했지만, 일생을 독신으로 보내며 삶의 대부분을 야외 텐트 안에서 지낸 스타인의 유일한 친구는 '대시'라는 이름의 한 마리 개였을 뿐이다. 그는 제2차 세계대전이 한창이던 1943년 아프가니스탄 카불에서 80세를 일기로 조용히 눈을 감았는데, 낯선 이국땅에서 홀로 탐험을 계속한 그의 삶은 회피성 인격의 특성을 잘 드러내고 있지만, 오히려 그런 특성으로 인해 그때까지 전인미답의 오지로 역사에서 사라진 중앙아시아의 고대 유적과 문화, 언어의 발견 및 불교예술과 불경연구 분야에 획기적인 전환점을 이루게 하는 업적을 낳게 된 것이다.

노르웨이가 낳은 북구의 대표적인 화가 **뭉크**(Edvard Munch, 1863-1944)는 강렬한 색채와 구도를 통해 인간 내면의 고통스러운 감정과 갈등을 표현주의적 기법으로 묘사한 걸작 〈절규〉로 유명한데, 북구의 어둡고 차가운 하늘처럼 일생을 결혼도 하지 않고 독신으로 살면서 우울하고 고독한 삶을 보낸 불행한 운명의 화가였다. 그는 젊은 시절 한때 코펜하겐의 정신병원에 입원할 정도로 정신적으로 취약한 상태였는데, 광장공포증과 편집증, 우울증 등의 증세에 오랜 기간 시달렸으며, 일생 동안 사악한 악령의 존재를 믿은 인물이기도 했다.

뭉크

특히 여성들을 두려워하고 혐오한 나머지 죽을 때까지 독신을 고수하며 금욕적인 생활로 일관했던 그는 세상과의 접촉을 거부하는 대신에 자신의 그림들을 자식처럼 여기고 아꼈는데, 어린 시절 사랑하는 어머니와 누이를 한꺼번에 잃은 상처 때문에 유달리 병실과 침대, 검은 상복, 애도하는 사람들을 주제로 한 작품들을 많이 남긴 것으로 보인다. 그렇게 자신을 버리고 일찍 세상을 떠난 두 여성의 죽음을 통해 뭉크는 그 후 세상의 그 어떤 여성도 가까이 하지 않는 태도를 고수했던 것이다.

그는 비록 젊은 시절 한때 툴라 라르센과 교제한 적이 있지만, 변덕스러운 히스테리 여성이었던 그녀가 권총을 휘두르며 뭉크의 손에 부상까지 입히는 사태가 벌어지자 여성에 대한 피해의식이 더욱 심해졌다. 화가에게 손의 부상은 사형선고나 다름없었기에 그 사건 이후로 뭉크는 그 어떤 여성과도 담을 쌓고 지냈으며, 두 번 다시 결혼 따위에는 관심조차 두지 않았다. 이처럼 평생을 수도승처럼 은둔해 살았던 뭉크는 나치 독일이 노르웨이를 침공해 점령하고 있던 1944년 오슬로 근교 자택에서 81세를 일기로 숨을 거두었다.

소설 《잃어버린 시간을 찾아서》를 통하여 의식의 흐름 기법을 창안한 프랑스 작가 **마르셀 프루스트**(Marcel Proust, 1871-1922)는 유복한 의사의 아들로 태어나 부족함이 없이 컸지만, 어려서부터 몹시 병약해서 특히 천식 발작 때문에 평생 동안 고생해야 했다. 어릴 때부터 매우 허약한 체질로 잠들 때마다 어머니의 키스를 요구하고 책을 읽어주기를 바라는 응석받이였던 그는 아홉 살 무렵부터 심한 천식으로 고생했는데, 그 때문에 부

마르셀 프루스트

모는 그의 응석을 더욱 받아주게 되었으며, 부모의 과잉보호는 그만큼 그에게 현실에 적응하는 데 어려움을 초래했던 것으로 보인다. 그러다가 20대

중반 무렵부터 동성애에 빠지기 시작한 그는 부모가 그런 사실을 알게 될까 전전긍긍하기도 했다.

하지만 무엇보다 큰 충격을 안겨준 사건은 연이은 부모의 사망이었다. 부모가 갑자기 세상을 뜬 직후부터 천식 발작증세가 더욱 심해진 그는 집을 옮겨 은둔생활로 들어갔는데, 모든 창문을 닫아 햇빛도 차단하고 외부의 자극이나 소음을 막기 위해 온 방안을 코르크 방음벽으로 두른 채 그 안에 틀어박혀 죽을 때까지 오로지 소설만을 쓴 것이다. 그는 낮에는 잠을 자고 밤에만 일어나 소설을 썼는데, 살던 집에 난방조차 제대로 하지 않고 살았다. 굴뚝의 연기뿐 아니라 방안의 먼지나 창밖의 소음에 대해서도 견디기 힘들어했다.

그에게 있어서 자신의 정체를 드러내지 않는 유일한 방법은 병을 핑계 삼아 차라리 커튼을 치고 사람을 피하는 것이 가장 손쉬운 방법이었을 것이다. 부모가 남긴 유산으로 먹고 살기에는 전혀 지장이 없을 정도로 부유했기 때문에 그가 하는 일이라고는 누워 쉬고 식사하고 한숨 자다가 일어나 다시 글을 쓰는 것이 일과의 전부였다. 매우 소심했던 그는 외부와의 접촉을 일체 끊고 오로지 자신의 과거 기억을 회상해 내고 그것을 원고지에 옮기는 작업에만 몰두했다. 오늘날의 진단기준으로 말한다면, 사회공포증을 동반한 회피성 인격과 의존성 인격이 공존한 상태로 볼 수 있겠다.

영국의 국왕 **조지 6세**(George VI, 1895-1952)는 엘리자베스 2세 여왕의 아버지로, 어려서부터 몸에 밴 말더듬 습관 때문에 대중 앞에 나서기를 극히 꺼려하던 회피성 인격의 소유자였다. 왕자 시절 요크 공으로 불리던 그는 형 에드워드 8세가 미국 출신의 심슨 부인과 스캔들을 일으키고 1936년 퇴위를 선언하면서 생각지도 않았던 왕위를 물려받게 되자 당혹감을 금치 못했는데, 국가원수로서 대중 앞에 나서야 하는 불가피한 상황에 놓이게 되었기 때문이다. 더군다나 말더듬이 심했던 그로서는 대중연설을 피하기 어려운 난처한 입장에 처하게 되었으니 더욱 곤혹스러웠을 것이다.

조지 6세

더욱이 당시 독일에서는 대중연설의 마술사로 불리는 희대의 선동가 히틀러가 세계지배 야욕을 불태우며 독일 재무장에 박차를 가하고 있던 시점이었으니 이에 대적할 말더듬이 영국 왕 조지 6세의 입장에서는 이미 기싸움 면에서 절대적으로 불리한 상황이었다. 왜냐하면 국민 사기 면에서 보더라도 국가원수가 떠맡은 책임이 너무도 막중한 시기였기 때문이다. 하지만 조지 6세는 여장부로 알려진 왕비 엘리자베스 보우스라이언의 격려와 언어치료사의 도움으로 피를 말리는 노력 끝에 말더듬을 극복하고 마침내 대국민 라디오 연설을 성공적으로 마침으로써 영국 국민들과 병사들을 감동시켰다.

국가원수의 입장에서 회피적인 성격과 말더듬이라는 치명적인 결함을 지녔음에도 불구하고 그는 처칠과 손을 맞잡고 제2차 세계대전을 승리로 이끌기도 했으나, 한동안 형 에드워드 8세와 그의 처 심슨 부인이 보인 친나치 행적으로 인해 벙어리 냉가슴 앓듯 홀로 고민에 휩싸이기도 했다. 이래저래 극도의 스트레스에 지쳤는지 그는 종전을 맞은 지 얼마 지나지 않아 56세 나이로 생을 마감했으며, 그 뒤를 이어 장녀 엘리자베스 2세 여왕이 즉위했다.

그의 부인 엘리자베스 보우스라이언은 남편 사망 후에도 50년을 더 살고 101세로 눈을 감았는데, 전시 중에 독일 공군의 공습에도 불구하고 조지 6세와 함께 끝까지 런던을 지키며 불굴의 의지를 드러내 보임으로써 국민들의 사기를 드높였다. 당시 그런 모습을 보고 히틀러조자도 그녀를 '유럽에서 가장 위험한 여인'이라고 부를 정도로 당찬 여인이었던 그녀는 국민들로부터 퀸 마더로 더 잘 알려져 있으며, 그녀가 아니었으면 조지 6세도 자신에게 주어진 막중한 소임을 다하지 못했을 것이다.

나보코프

러시아 태생의 망명 작가 **나보코프**(Vladimir Nabokov, 1899-1977)는 정교한 심리 묘사와 유려한 문체로 정평이 나 있는 소설가다. 러시아 귀족 가문에서 장남으로 태어났으나, 러시아 혁명으로 신변의 위협을 느낀 가족은 남러시아를 거쳐 해외로 피신했으며, 아버지는 암살자의 손에 살해되고 광대한 영지도 전면 몰수되고 말았다. 베를린 체류 시절에 유대계 러시아 여성 베라 슬로님과 결혼한 그는 나치 독일이 들어서자 파리로 도피했으며, 제2차 세계대전이 발발하면서 미국으로 이주했다가 말년에는 스위스로 옮겨 은둔생활로 일관하다가 로잔에서 사망했다.

그는 매우 안정적인 결혼생활을 누린 것으로 알려져 있지만, 아내 베라에게 매우 의존적이어서 실제로 그녀가 없으면 아무것도 할 수 없을 정도로 사회생활에 미숙함을 보였다. 그의 아내는 마치 어린 아들을 돌보는 어머니처럼 매우 헌신적인 태도로 그의 일거수일투족을 거들었으며, 외출할 경우에도 그녀가 손수 운전해 동행해 주어야만 했다. 매우 회피적인 성격의 소유자였던 그는 대중 앞에 나서기를 극도로 피했는데, 외부와 철저히 단절된 채 오로지 나비 연구와 체스놀이, 집필활동에만 전념했던 매우 특이한 인물이다. 그는 아내와 함께 자주 여행을 즐겼지만 운전은 전혀 하지 않았으며, 집에 전화도 두지 않을 정도로 대인 접촉을 멀리 했다.

이처럼 대중과 동떨어진 삶을 보낸 그는 광적인 나비 수집가로도 알려져 있는데, 나비 분야 연구에 있어서는 전문가를 능가할 정도로 일가견을 지니고 있었으며, 특히 나비의 생식기 연구에는 그를 따를 자가 없었다고 한다.

어떤 경우에는 거의 하루 종일 연구실에 틀어박혀 현미경으로 나비 생식기만을 들여다보며 연구에 몰두하는 경우도 많았다. 이처럼 나비에 대한 나보코프의 유별난 관심과 집념은 현미경적 관심의 집중을 통해 복잡하고 골치아픈 사회적 문제로부터 도피할 수 있는 기회를 제공했다고 볼 수도 있다. 그것은 결국 사회적 무관심과 세상으로부터 단절된 그 자신의 내적 상황을 반영하는 것이기도 하다.

이장희

29세 나이로 요절하는 바람에 단 한 권의 시집도 내지 못하고 죽은 불운의 시인 **이장희**(李章熙, 1900-1929)는 경북 대구에서 소문난 갑부 집안의 11남 8녀 가운데 장남으로 태어나 다섯 살 때 어머니를 잃고 계모 밑에서 자라면서 당시 친일파인사로 막강한 세도를 누리며 살았던 아버지와 크게 불화를 일으켰다. 조선총독부 중추원 참의원을 지낸 아버지 이병학은 세 번이나 결혼하고 첩까지 두는 등 부귀영화를 마음껏 누리며 산 인물로, 그런 아버지를 두었다는 사실에 크게 수치심을 느낀 그는 총독부 관리로 취직해 아버지의 일을 도우라는 지시를 완강히 거부함으로써 그때부터 이미 버린 자식 취급을 받았다.

하지만 오로지 시만 썼지 홀로 독립해 살아갈 능력이 없었던 그는 실로 생계가 막막한 상태에서도 끝까지 세상과의 타협을 거부하고 철저하게 자기만의 세계에 갇혀 지냈다. 원래부터 항상 말이 없고 내성적인 성격이었던 그는 부잣집 자식이라고 믿을 수 없을 정도로 늘 초췌하고 허름한 옷차림 상태였으며, 지나치게 비사교적이어서 친구도 거의 사귀지 못했다. 길에 다닐 때도 항상 처마 밑으로만 다닐 정도로 매우 회피적인 성격의 소유자였던 그는 세상 사람들을 모두 속물이라고 혐오하면서 스스로 고립을 자초했다.

술도 마실 줄 몰라 안주만 축낸다고 친구들이 면박을 줘도 말없이 미소만 띠우던 그는 자신의 우울하고 자학적인 내면을 거의 드러내지 않고 지냈는데, 결국에는 골방에 틀어박혀 두문불출하면서 오로지 금붕어만을 그리다가 극약을 먹고 자살하고 말았다. 그가 그토록 금붕어에 집착해 그림을 그린 것은 아마도 어항 속에 갇힌 금붕어의 모습에서 세상과 단절된 그 자신의 모습을 보았기 때문일지도 모른다. 그는 사진 한 장, 유서 한 장 남기지 않고 죽었는데, 그렇게 아무런 흔적조차 남기지 않고 사라지기를 원했던 것으로 보인다.

J. D. 샐린저

뉴욕 태생의 미국 작가 **J. D. 샐린저**(Jerome David Salinger, 1919-2010)는 1951년에 발표한 소설 《호밀밭의 파수꾼》으로 일약 미국 문단의 총아로 등장했으나, 명성을 얻자마자 곧바로 뉴햄프셔의 한적한 마을로 이주하여 은둔생활을 시작했으며, 클레어 더글러스와 결혼해 두 자녀를 낳은 후로는 세상과의 접촉을 일체 끊고 죽을 때까지 60년 가까이 외부 출입을 거의 하지 않았다. 그는 오로지 《호밀밭의 파수꾼》의 인세만으로 여생을 보냈는데, 1965년 이후 죽을 때까지 50년 가까운 세월 동안 단 한 편의 작품도 발표하지 않았으니 참으로 괴짜 작가임에 틀림없다.

이처럼 오랜 세월 은둔생활을 유지하면서 단어 공부에만 열중한 그가 계속 세상의 주목을 받은 이유 중의 하나는 그의 매우 특이한 생활습관 때문이다. 엄격한 채식주의자였던 그는 동양식 섭생법에 정통할 뿐만 아니라 동양철학 및 대체의학, 그리고 선불교에도 오랜 관심을 유지해 온 것으로 알려졌으며, 부부가 함께 자주 힌두사원을 찾아 요가 수행을 받았다고 한다. 그는 크리스천 사이언스나 에드가 케이시의 가르침 등에 몰두하고 비정통적인 동종요법이나 비타민 요법, 동양 침술 등에 심취했으며, 더 나아가 불순물을 제거하는 구토법, 자신의 소변 마시기, 방언 배우기, 빌헬름 라이히의 오르곤 상자 속에 앉아 있기 등, 매우 특이한 섭생법에 몰두하기도 했다.

그의 딸이 증언한 내용에 따르면, 마치 성자처럼 살아가는 아버지의 고립된 생활과 기이한 태도 때문에 자신의 어린 시절은 그야말로 악몽과도 같은 세월이었으며, 가족들이 희생을 강요당했다고 한다. 결국 아내와 이혼한 그는 그 후 53세에 이르러 당시 18세 여대생 조이스 메이너드와 동거에 들어갔는데, 그녀가 아이 갖기를 원하자 기겁을 하고 놀란 나머지 9개월 만에 결별을 선언하고 말았다. 노년에 이르러 그는 콜린 오닐과 재혼해 여생을 함께 했는데, 전처 클레어 더글러스는 융 학파 심리학자로 활동했다.

기이한 생각과 행동을 보이는
분열형 인격

     분열형 인격(schizotypal personality)은 한마디로 괴짜요, 기인이다. 이와 용어가 비슷한 정신분열병이나 분열성 인격(schizoid personality)과 혼동을 일으키기 쉽지만, 분열형 인격은 임상적 특성에 있어서 이들과 분명한 차이가 있다. 우선 사회적 기능 면에서 차이가 난다. 물론 정상적인 기능을 발휘한다고 보기는 어렵겠지만, 그래도 적응능력이 완전히 떨어지는 정신분열병이나 분열성 인격보다는 나은 편에 속한다.

  분열형 인격의 특징은 다른 무엇보다도 매우 특이하고 기이한 사고 내용과 행동에 있다. 상식적으로 이해하기 힘든 마술적 사고, 엉뚱하고 특이한 믿음이나 외모, 행동을 비롯해 이상한 상황 판단과 해석, 지각 등이 포함된다. 특이한 말버릇과 옷차림, 대화방식으로 인해서 주위로부터 이상한 사람

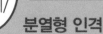

분열형 인격

1. 특징
- 주위에서 기인이나 괴짜로 통한다.
- 친밀한 인간관계를 맺지 못한다.
- 정상적인 직장업무에 적응하지 못한다.
- 사회적 고립을 자초한다.
- 정신병으로 진행되기도 한다.

2. 증상 및 진단 기준
- 말버릇이나 행동, 옷차림이 기이하다.
- 상식에서 벗어난 특이한 사고에 집착한다.
- 피해의식, 관계사고, 마술적 사고, 초능력 등에 사로잡힌다.
- 현실에 대한 인식과 해석이 매우 개인적이며 특이하다.
- 감정적으로 부적절하고 무미건조하다.

이라는 말을 듣는다. 마술적 사고에는 미신, 천리안, 투시력, 예언능력, 텔레파시, 기묘한 육감이나 환상에 의존하는 특성이 포함되는데, 감정적인 표현이나 반응도 매우 부적절해서 대인관계에 어려움을 느끼고 사회적 고립을 자초한다. 상황에 따라서는 피해의식과 관계사고, 편집적 사고 등이 동반되어 자신과 무관한 일도 개인적인 의미로 받아들이고 해석하는 경향이 높다.

다른 무엇보다도 이들은 자신의 상태에 대한 병식(insight)이 없기 때문에 전문적 치료의 필요성을 전혀 느끼지 못하며, 경우에 따라서는 오히려 강력한 카리스마적 매력을 발산함으로써 그의 기발한 발상에 열광하는 수많은 추종세력을 이끌기도 한다. 하지만 변칙적이고도 비상식적인 사고 형태와 언행으로 인해서 주위사람들로부터 따돌림을 당하기 쉽다. 물론 분열형 인격의 소유자가 정신분열병으로 진행할 경우에는 본의 아니게 정신과적 치료혜택을 받기도 하지만, 병식의 결여로 인해 치료에 대한 순응도는 매우 낮은 편에 속한다.

역사적 기록에서 매우 기이한 행적을 남긴 인물로는 동물자기설(animal magnetism)을 제창해 한 시대를 풍미했던 독일의 의사 **프란츠 안톤 메스머**(Franz Anton Mesmer, 1734-1815)를 들 수 있다. 그는 점성술에 관심을 기울인 나머지 하늘에 떠 있는 별들이 지구 생명체에 영향을 주는 자기력을 이용해 환자들의 질병도 치료할 수 있다고 믿었는데, 특히 성직자가 악마추방의식을 통해 귀신을 쫓아내고 병을 치료하는 모습에서 힌트를 얻어 자신

프란츠 안톤 메스머

도 인체에 충만해 있는 우주력을 이용해 신경계를 바로잡을 수 있다고 생각했으며, 몸 안에 흐르는 유체의 흐름에 이상이 생길 경우 질병이 발생한다고 보고, 이를 이용해서 모든 병을 치료할 수 있다고 주장했다.

하지만 그의 주장은 한 18세 소녀의 실명상태를 치료해 준다고 했다가 별다른 진전이 없자 도중에 치료를 중단함으로써 졸지에 사기꾼이라는 오명을 뒤집어쓰고 빈 의학계의 거센 반발을 불러일으키는 결과를 낳았다. 결국 그는 빈을 떠나 파리로 가서 자신의 방식대로 환자들을 치료했는데, 그의 소문을 듣고 몰려든 환자들로 문전성시를 이루었다. 덕분에 그는 크게 돈을 벌었지만, 이번에는 파리의 의사들이 들고 일어나 메스머를 사기꾼으로 매도하기 시작했다. 메스머에 대한 비난이 폭주하자 마침내 프랑스 정부도 개입하기 시작해서 1784년 프랑스 왕립 과학아카데미 위원들에 의해 메스머의 치료법에 대한 조사가 이루어지게 되었으며, 그 결과 그의 방법은 대중을 현혹하는 허황된 사기술에 불과하다는 평가를 받기에 이르렀다. 결

국 그는 파리에서도 추방되어 국외로 쫓겨나고 말았다.

하지만 그를 추종하는 제자들은 그 후에도 그의 치료법을 계속 연구함으로써 최면술의 발전에 기초를 쌓기도 했는데, 그중에서 가장 대표적인 인물로는 메스머의 이론에서 아이디어를 얻어 1843년 최면기법을 처음으로 제안한 스코틀랜드 의사 제임스 브레이드를 꼽을 수 있다. 따라서 그의 이름에서 따온 메스머리즘은 곧 최면술을 의미하게 되었다. 사실 메스머가 환자 치료에 사용한 기법은 요즘 식으로 말하자면 강한 암시에 의한 최면효과를 이용한 것으로 볼 수 있다. 무엇보다 그는 기묘한 옷차림으로 환자 앞에 나타나 처음부터 환자에게 강력한 카리스마적 존재로 군림했는데, 권위적인 그의 자태에 이미 주눅이 든 환자들은 그가 하는 말에 따라 고분고분 순종할 수밖에 없었다고 한다. 이처럼 기발하고도 기이한 발상과 행적으로 온 세상을 발칵 뒤집어 놓은 메스머는 파리를 떠난 이후 여기저기를 전전하며 은둔생활로 일관하다 81세를 일기로 눈을 감았다.

윌리엄 블레이크

18세기에 활동한 영국의 시인이자 화가인 **윌리엄 블레이크**(William Blake, 1757-1827)는 매우 특이한 시세계로 정평이 나 있는 인물이지만, 오랜 세월 사람들의 기억에서 망각된 존재로 묻혀 지내다가 20세기에 이르러 비로소 인정받기 시작한 괴짜 시인이요, 화가로 알려졌는데, 그의 특이한 사상과 관점은 동시대에 전혀 어울리지 않는 것으로 평가되어 철저히 무시당하고 말았다. 특히 그는 스웨덴의 신비주의 신학자 스베덴보리의 영향을 받아 당시로서는 정통신학에 반하는 매우 충격적인 종교관을 비롯해 자유연애사상 및 자유와 평등주의를 외치는 등 반시대적인 내용으로 인해 세상으로부터 철저히 외면당하고 말았다.

그런데 블레이크의 특이한 점은 그의 혁신적인 사상뿐 아니라 어려서부터 겪었다는 개인적인 환각 체험이다. 그는 자신이 불과 네 살 때 이미 신의 모습을 직접 목격했다고 주장했는데, 당시 그는 신의 형상을 보고 놀라서 소리를 쳤으며, 그 후에도 8세 무렵에는 수많은 천사들이 앉아 있는 나무를 목격하고 집에 와서 부모에게 그 사실을 알렸다가 거짓말을 한다는 이유로 아버지가 때리려 들자 황급히 도망간 적도 있었다는 것이다. 그 외에도 그는 들판에서 일하던 농부들 사이로 걸어가는 천사들의 모습도 여러 번 목격했다고 주장했는데, 그런 환각은 일생 동안 계속 나타났으며, 블레이크 자신도 그런 천사들의 격려와 도움을 받아 창작활동에 영감을 얻은 것으로 굳게 믿었다.

비록 블레이크의 환각체험은 정신분열병 환자들이 겪는 환각현상과는 그 차원이 다른 것일 수도 있겠지만, 시인 워즈워드는 그런 블레이크에 대해 언급하기를, "그는 분명 광기에 사로잡힌 것임에 틀림없지만, 그의 광기에는 바이런이나 월터 스콧의 온전한 정신보다 더한 매력을 이끄는 뭔가가 있다."라고 말하기도 했다. 그러나 정신분열병은 아니더라도 특이한 생각이나 믿음에 집착하고 비현실적인 초능력이나 지각체험을 겪기도 하는 분열형 인격일 가능성은 충분히 있다고 본다. 물론 스위스의 정신의학자 카를 융은 블레이크의 작품에 대해 무의식의 반영이라기보다는 단지 예술적 창작물에 지나지 않는다고 일축해 버렸지만, 평자에 따라서는 블레이크야말로 프로이트보다 훨씬 앞서서 무의식의 존재를 생생하게 입증한 인물로 평가하기도 한다. 어쨌든 세상의 인정도 제대로 받지 못한 채 일생을 가난하게 살다 간 블레이크는 말년에 단테의 〈신곡〉을 화폭에 옮기는 작업에 몰두하다가 일생의 반려자요 자신의 수호천사였던 아내 캐서린의 초상을 마지막으로 남긴 후 조용히 숨을 거두었다.

루트비히 2세

한때 바그너의 강력한 후원자였던 바바리아 왕국의 **루트비히 2세**(Ludwig II of Bavaria, 1845-1886)는 막시밀리안 2세의 뒤를 이어 19세 나이로 왕위를 계승했는데, 열렬한 예술 애호가답게 아름답고 화려한 성을 지어 '백조왕'이라는 별칭으로 통하기도 했다. 특히 바바리아 남서부 산정에 지은 노이슈반슈타인 성은 동화 속에 나오는 고성처럼 신비로운 분위기를 풍기고 있어 오늘날 독일에서 가장 유명한 관광명소가 되었다.

하지만 평생 독신을 고수한 그는 생전에 동성애자라는 소문이 자자했으며, 더 나아가 기이한 행동으로 정신과의사들에 의해 편집증 환자라는 판정을 받고 폐위되는 수모까지 겪어야 했다. 하지만 정신상태의 문제보다 권력 암투의 희생양이 된 것으로 보는 경향도 없지는 않다. 그가 보였던 이상한 행동은 예를 들어 추운 겨울에도 밖에서 식사를 하거나 한 여름에도 두터운 외투를 껴입는 등 상황에 어울리지 않는 기묘한 행적뿐 아니라 비현실적인 허황된 생각이나 업무 기피, 병적인 수줍음, 어린애 같은 퇴행적인 매너 등으로 다양한데, 오늘날의 진단 기준에 따르자면 분열형 인격장애에 속한 상태로 간주될 수 있다.

그는 왕위에서 쫓겨난 지 불과 5일 만에 뷔름제 호수에서 함께 산책을 나간 주치의 구덴과 함께 익사체로 발견되어 당시 유럽사회에 큰 충격을 안겨주었는데, 비록 그의 죽음이 공식적으로는 자살로 공표되었으나, 사후 부검에서 폐에 물이 찬 증거나 외상의 흔적이 발견되지 않았기 때문에 그의 죽음에 대한 의혹은 지금까지도 풀리지 않는 수수께끼로 남아 있다.

루트비히 2세의 뒤를 이어 왕위에 오른 동생 오토(Otto of Bavaria, 1848-1916)는 왕자 시절부터 이미 정신적으로 문제가 있어서 외진 성에 유폐된 상태였는데, 주치의조차 치료를 포기한 상태였다. 하기야 당시로서는 격리 외에 아무런 대책도 없었을 것이다. 형 루트비히 2세는 가끔씩 밤에만 몰래 방문해 거칠게 다루는 일이 없도록 당부하는 정도였다. 그런 상태였으니 형이 죽은 후 왕위를 이어받았어도 죽을 때까지 격리된 상태에 있었으며, 삼촌이 대신 섭정을 맡았다. 오토 역시 형처럼 일생을 독신으로 지냈다.

나치 독일의 친위대 고위 장교로 복무했던 오스트리아 출신의 기괴한 몽상가 **카를 마리아 빌리구트**(Karl Maria Wiligut, 1866-1946)는 평소 오컬트와 고대종교에 심취한 나머지 점차 종교적 과대망상에 빠지면서 자신이 이루미니즘(Irminism)이라는 고대종교의 후계자라 주장하기 시작했는데, 자신에게는 과거 수천 년 전의 조상들이 간직했던 기억들에 접근할 수 있는 영적인 초능력이 있으며, 성경도 원래 독일어로 쓰였다는 것이다.

카를 마리아 빌리구트

더 나아가 독일의 역사는 기원전 22만 년 전으로 거슬러 올라가는데, 그때는 태양이 셋이었으며, 지상에는 거인과 난쟁이들이 살고 있었다는 것이니 실로 황당무계한 주장이 아닐 수 없다. 그런 주장은 점차 편집증적인 양상으로 변하면서 세상에는 어둠의 힘을 가진 음모세력이 숨어 있다고 확신하고 특히 유대인과 프리메이슨, 가톨릭교회를 자신의 가족을 박해하는 세력으로 지목했다.

하지만 그런 기이한 생각과 행동에 견디다 못한 아내가 결국 경찰을 동원해 강제로 그를 정신병원에 입원시켰는데, 당시 입원기록에 의하면, 그는 아내를 죽이겠다며 위협하는 등 가정폭력이 심한 데다 종교적 오컬트와 관련된 과대망상 환자로 진단되었으며, 법원에서도 정신적 책임 능력이 없는 금치산자 선고까지 받았다. 수년간 정신병원에서 지낸 후 퇴원한 그는 아내와도 이혼하고 빈을 떠나 나치의 발원지라 할 수 있는 독일 뮌헨으로 이주했다.

　나치가 권력을 차지한 후 친위대장 히믈러와 알게 된 그는 곧바로 친위대에 들어가 그때부터 바이스토르라는 가명을 사용하며 자신의 주된 관심 분야인 인종문제와 고대 선사시대를 연구하는 일에 몰두했다. 그 후 대령으로 진급한 그는 히믈러의 개인 참모로 일했으며, 베벨스부르크성을 무대로 유사종교 의식을 주도했는데, 일루미니즘이야말로 독일 고대종교의 원조라고 주장하며 친위대원들의 결혼식도 그런 종교의식에 따르도록 했다. 그는 베벨스부르크성이 세계의 중심이 될 것으로 굳게 믿고 새롭게 변형시킨 룬 문자까지 창안했다.

　하지만 독일이 오스트리아를 합병하면서 그의 과거 정신병원 입원경력이 히믈러에게 알려지게 되자 한순간에 그는 신임을 잃고 친위대에서도 강제 제대를 당하고 말았다. 제2차 세계대전 기간 동안 초라한 신세로 여기저기를 전전하며 지내던 그는 종전 직후 뇌출혈로 죽었는데, 사람들은 그를 두고 '제3제국의 라스푸틴'으로 부르기도 했지만, 기괴한 오컬트에 빠진 광기로 치면 빌리구트나 히틀러, 히믈러 모두 같은 배를 탄 환자였다고 할 수 있다. 비록 그의 묘비에는 '우리 인생은 수다스러운 입방아에 지나지 않는다.'라고 새겨져 있다지만, 과연 그가 자신의 부질없는 망상에 대한 자탄의 소리로 한 말인지는 알 수가 없다.

라스푸틴

　빌리구트가 나치 독일의 라스푸틴으로 불렸다면, 러시아의 괴승으로 불리는 **라스푸틴**(Grigori Rasputin, 1869-1916)은 제정 러시아 말기 알렉산드라 황후의 후광을 등에 업고 온갖 폭정을 일삼다 암살당한 인물로, 러시아 제국을 파멸로 몰고 간 주범이라 할 수 있다.

원래 여기저기를 떠돌던 뜨내기였던 그는 비록 파계한 수도승으로 알려졌으나 실제로 성직에 몸담은 적은 없으며, 단지 신비주의적 오컬트에 몰두해 기도만으로 불치병을 회복시킨다는 소문의 주인공이 되었다.

그런 소문에 힘입어 알렉산드라 황후에게 소개받은 그는 혈우병에 걸린 어린 황태자를 기도로 회복시킴으로써 황후의 전폭적인 신임을 얻고 무소불위의 권력까지 휘두르게 되었다. 하지만 현대의학에서도 불치병으로 알려진 혈우병을 기도만으로 회복시켰다는 것은 믿기 어려운 일이다. 당시 러시아의 황제 니콜라이 2세는 제1차 세계대전에 직접 참전해 내치에 신경 쓸 여유가 없었기 때문에 황제가 자리를 비운 사이 라스푸틴은 가혹한 세금을 거둬들여 사리사욕을 채우고 이에 항의하는 농민들을 학살하는 등 온갖 횡포를 일삼아 결국에는 러시아 혁명의 불씨를 제공하는 중심 역할을 하기도 했다.

마침내 민중의 반란을 두려워한 일단의 귀족들이 라스푸틴 제거에 들어가 그에게 독약을 먹였는데, 그래도 죽지 않자 그에게 총탄 세례를 퍼붓고 살해한 후 그의 성기를 절단했으며, 시신은 차디찬 네바 강에 내던져 버렸다. 라스푸틴은 죽기 직전에 저주를 퍼부었다고 하는데, 그의 예언대로 그후 러시아는 얼마 가지 않아 공산주의 혁명으로 인해 로마노프 왕조의 몰락을 맞이하게 되었다. 그에 관해서는 전설적인 내용이 많지만, 그중에서도 가장 믿기 어려운 이야기는 그가 여러 발의 총탄을 맞고도 죽지 않고 계속 일어나 암살자들을 겁에 질리게 만들었다는 내용일 것이다. 그래서 괴물 같은 인간의 이미지가 그에게 항상 따라다녔는데, 소문이야 어쨌든 자신의 신비스러운 영적 능력과 치유력을 굳게 믿고 온갖 기괴한 행적을 일삼은 그의 존재는 분열형 인격의 소유자로 간주할 수밖에 없을 것이다.

중광

'걸레스님'으로 더 잘 알려진 **중광**(重光, 1934-2002)은 속명이 고창률이며, 승려인 동시에 시인, 수필가, 화가로도 이름을 날렸으나, 연이은 기행과 계율에 어긋난 행보로 인해 1979년 불교 조계종에서 승적을 박탈당했다. 그럼에도 미치광이 중을 자처하며 파행적인 삶을 이어간 그는 특히 달마도를 위주로 한 선화(禪畵) 부문에서 독보적인 위치를 차지하며 한국보다 오히려 해외에서 더욱 큰 평가를 받고 국제적인 명성을 얻으면서 '한국의 피카소'라는 칭송을 듣기도 했다. 국내에서는 김수용 감독의 영화 〈허튼 소리〉를 통해 그의 기행이 널리 알려졌으며, 이두용 감독의 영화 〈청송으로 가는 길〉에는 본인이 직접 주연을 맡아 출연해 대종상 남우주연상 후보에까지 오르기도 했다. 한때는 세척제 광고 모델 노릇도 하면서 수행의 세계와 속세를 자유롭게 넘나들었다.

평소 막걸리 통에 소주를 담아 마시고 줄담배를 즐기던 그는 승적이 박탈된 처지임에도 죽을 때까지 승복과 삭발을 고수하며 승려임을 자처했는데, 스스로 걸레요 미치광이이며, 자신의 삶 전체가 똥이며 사기라는 말을 남겨 유명해졌다. 그의 파격적인 언행은 거기에 그치지 않고 자신의 제사를 지내거나 성기에 붓을 매달아 선화를 그리는 등 기인다운 모습을 계속 보여주었다. 미국 버클리 대학 초청강연 때는 청강하던 여학생에게 느닷없이 키스를 하는 돌발적인 행동으로 화제가 되기도 했다. 한때 시인 천상병과 소설가 이외수와 함께 기인 삼총사로 불리기도 했던 그는 그들과 함께 공저로 《도적놈 셋이서》를 출간하기도 했다. 하지만 말년에 건강이 악화되자 술 담배를 모두 끊고 곤지암의 토굴에서 지내다 입적했다.

〈나는 걸레〉라는 시에서 보듯이 반은 미친 듯 반은 성한 듯이 살았던 그의 삶은 어찌 보면 원효대사에서 시작해 경허스님에 이르는 무애행의 틀이한 계보를 잇는 것처럼 보이기도 하지만, 그런 불교적 관점뿐 아니라 정신 의학적 관점에서 보자면, 분열형 인격에 속하는 특성도 고스란히 지니고 있음을 알 수 있다. 물론 중광이 득도한 상태인지 아닌지 여부는 중생들이 감히 나서서 판단할 문제가 아니겠지만, 그의 모든 언행을 종합해 보면 분명 상식의 범주를 넘어서고 있다는 점에서 그런 진단도 가능해진다고 본다. 다만 한 가지 언급하고 싶은 점이 있다면, 불교에서도 사만(四慢)의 하나로 증상만(增上慢)을 경계하고 있는데, 깨달음을 얻지 못한 상태임에도 이미 깨달음을 얻은 것처럼 착각하고 행동하는 상태를 말한다.

현재까지 생존한 인물로 가장 괴짜인 기인을 꼽자면 일본의 발명왕 **나카마츠 요시로**(中松 義郎, 1928-)를 들 수 있다. 도쿄대학 출신 공학박사인 그는 지금까지 무려 3,500건에 달하는 발명품의 아이디어를 창안한 것으로 알려져 있으며, 일본에서는 대중매체를 통해 닥터 나카마츠로 소개되면서 유명세를 타고 있다. 비록 그는 자신이 미국의 에디슨을 능가하는 세계 최고의 발명가라고 자랑하고 있으나, 실제로 그가 얻은 특허 건수는 에디슨

나카마츠 요시로

의 절반 정도에 그치고 있으며, 그것도 유사 특허가 대부분이어서 실생활에 도움이 될 만한 히트작은 극히 드물다고 할 수 있다. 더군다나 그가 부를 축적한 방법도 대부분 특허 분쟁을 일으킨 뒤 합의를 얻어내는 방식이어서 도덕적으로도 그리 건전하다고 보기 어려운 노릇이다. 일종의 특허 사냥꾼인 셈이다.

그는 매우 특이하게도 물속에 잠수한 상태에서 가장 기발한 아이디어가 떠오른다고 주장했는데, 죽음 직전에 이를 정도로 뇌의 산소가 부족해진 상태에서 비로소 아이디어가 샘솟는다는 것이며, 수면 밖으로 나오면 그 생각

이 곧바로 날아가 버리기 때문에 물속에서 그 내용을 기록한다고 한다. 또한 자신의 아이디어를 방해하는 TV나 라디오 전파를 차단하기 위해 욕실에도 못을 사용하지 않고 금박을 입힌 타일로 설치할 정도다. 86세 때 그는 자신이 전립선암에 걸린 상태임을 밝히고 주치의가 2년을 버틸 수 없을 것이라고 했지만, 자신이 새로운 치료법을 찾아 144세까지 살 것으로 예견하기도 했다. 현재 그의 나이는 92세. 그는 2015년 기발하고 엉뚱한 연구에 상을 주는 이그 노벨상 수상식에 참석해 자신의 건강상태에 대한 노래까지 불렀다.

그는 자신의 유명세를 등에 업고 정계에도 진출해 무려 9번이나 선거에 출마했지만, 단 한 차례도 당선된 적이 없다는 점에서 우리나라의 허경영을 닮기도 했는데, 도쿄도지사 선거에서 낙선하자 자기 정당인 '발명정당'을 만들어 참의원 선거에 나섰다가 실패했으나, 그 후에도 '행복실현당' 대표로 출마하기도 했다. 그래도 한창 인기가 있을 때는 10만 표 이상 득표하기도 했으며, 그의 선거 공약 내용 또한 매우 특이하다고 할 수 있다. 그동안 자신이 발표하지 않은 발명 내용을 전부 공개해서 국가 재정을 도울 것이며, 자신이 개발한 기술을 바탕으로 '닥터 나카마츠 디펜스'라는 새로운 방위 시스템을 통해 국가 안보체제를 강화하겠다는 등 기발한 공약을 내건 것이다. 그런 점에서 국가혁명배당금당을 세운 우리나라의 허경영 대표와 막상막하를 다투는 거물급 정치인이라 할 수도 있겠지만, 놀라운 초능력과 예언능력을 겸비한 데다 카리스마적 지도력과 노래 솜씨로 인기몰이를 하며 감히 대선까지 노리는 IQ 430의 허경영 대표에 비하면 스케일이 너무 작은 게 아닐까 한다. 따라서 그를 '일본의 허경영'으로 부르는 것은 가당치도 않다.

홀로 서지 못하는
의존성 인격

　　의존성 인격(dependent personality)은 말 그대로 타인에 대한 의존욕구가 매우 강하고 자율성이 부족하기 때문에 모든 행동과 결정을 타인에게 미루고 일임하며, 자신의 말과 행동에 스스로 책임지는 일을 극도로 두려워한다. 따라서 이들은 타인의 보살핌을 얻기 위해 필사적인 노력을 기울이며, 매우 수동적인 태도로 남이 시키는 대로 따라하는 역할에 안주하고 극단적인 형태로 복종하는 성향을 보인다. 또한 이들은 매사에 자신이 없으며 의지할 상대가 없게 되면 무기력해지고 불안해진다. 누군가의 도움을 항상 필요로 하기 때문에 혼자 있는 상황이나 책임질 역할을 회피하기 마련이다.

　　이들은 타인에 대한 의존도가 워낙 높다보니 상대의 배경을 잘 모르는

의존성 인격

1. 특징

- 홀로 서지 못하는 수동적인 성격이다.
- 책임지는 일을 두려워한다.
- 의존상대에게 빌붙어 복종하며 산다.
- 도덕적 마조히즘 성향이 강하다.
- 여필종부의 전통적 방식을 맹종한다.

2. 증상 및 진단 기준

- 타인에 대한 의존도가 심하다.
- 중요한 결정도 타인에게 미룬다.
- 혼자가 되는 것을 두려워한다.
- 의존적 관계가 깨질까 불안해한다.
- 소심하고 내성적이다.

상태에서도 환심을 얻기 위해서라면 무엇이든 제공하고, 더 나아가 무조건적으로 매달리고 복종하기 때문에 설혹 자신을 무시하고 괴롭히는 배우자라 할지라도 헤어질 엄두조차 내지 못하는 수가 많다. 우리는 그런 경우를 도덕적 사도마조히즘(moral sado-masochism) 관계라고 하는데, 이는 부부관계뿐 아니라 직장 상하관계에서도 심심치 않게 찾아볼 수 있다.

따라서 의존성이 지나치게 강한 사람들은 상대에게 이용당하고 착취당할 위험성이 그만큼 높다고 할 수 있다. 어디 그뿐인가. 뚜렷한 자신의 고유한 신념이 없으니 타인의 생각에 휘둘리며 크게 영향을 받기 쉬운데, 그런 자신의 모습에 대해 수치심과 자괴감, 부적절함, 무력감, 우울과 불안을 느끼기도 한다. 하지만 그렇게 힘겨울 때마저 스스로 안정을 되찾고 위안하는 능력이 부족하기 때문에 그럴 경우에도 자신의 괴로운 감정을 타인이 해결해 주기를 바라는 수가 많다. 그럼에도 불구하고 이런 사람들은 극히 제한된 영역 안에서 남다른 업적을 이루기도 한다.

역사적 인물 가운데 의존성 인격의 특성을 지닌 예로 4대 성인의 한 사람인 고대 그리스의 철학자 **소크라테스**(Socrates, BC 470-399)를 거론한다면 몹시 기분 나빠할 독자들도 있을 것이다. 위대한 철인에 대한 모욕일 수 있기 때문이다. 하지만 위대하고 심오한 철학과 개인적 성격은 별개 차원의 문제라 할 수 있다. 대승불교의 거목 원효대사도 요석공주와 동침하고 아들 설총을 낳았으며, 성리학의 대가 퇴계 이황도 정신이 온전치 못한 부인 권씨와 혼인해 별 탈 없이 살았으니 말이다.

소크라테스

소크라테스에 못지않게 유명한 인물은 악처로 소문난 그의 아내 크산티페라 할 수 있는데, 성질이 몹시 사납고 잔소리가 심했던 그녀는 알키비아데스가 남편에게 선물로 보낸 케이크를 발로 짓밟아 뭉개버릴 정도로 성질이 더러운 여인으로, 제자들과 문밖에서 토론 중인 남편의 머리 위에 욕설과 함께 물을 퍼부은 일은 유명한 일화다. 당시 소크라테스는 그런 아내의 행동에도 "천둥이 울리면 비가 오는 법이지."라며 태연하게 응수했다고 한다. 크산티페는 소크라테스가 오십대 나이에 뒤늦게 혼인한 여성으로 아들 셋을 낳은 것으로 알려졌으나, 아리스토텔레스의 주장에 의하면, 그중 두 아들은 미르토라는 여성에게서 낳은 자식이라고 한다. 크산티페가 질투심에 사로잡힐 만도 했다.

하지만 그토록 심한 구박에도 불구하고 별다른 불만 없이 함께 산 것을 보면 소크라테스의 의존적 특성을 추정해 볼 수 있겠다. 다만 그는 그토록 못된 아내를 굳이 선택한 이유에 대해 나름대로의 해명을 하기도 했는데,

그의 제자였던 안티스테네스의 증언에 의하면, 소크라테스는 크산티페의 매우 도발적이고 논쟁적인 특성 때문에 그녀를 선택한 것이라고 하면서 거친 말을 다루는 기수에 자신을 비유했다고 한다. 다시 말해 자신에게 주어진 말 한 마리를 잘 다룰 수 있으면 곁에 있는 다른 말들도 다룰 수 있듯이 아내의 성질도 잘 참고 견딜 수 있으면 모든 사람에게도 손쉽게 다가갈 수 있다는 것이다. 하지만 이처럼 익살스러운 해명은 오히려 자신의 의존성을 반어법적으로 드러내고 인정한 것일 수 있다. 하기야 산파의 아들로 태어난 그는 자신만의 독특한 대화법인 산파술을 동원해 제자들과 논쟁을 즐기기도 했으니 더 이상 할 말은 없다.

소크라테스는 당시 아테네에서 젊은이들을 도덕적으로 타락시키며 혹세무민한다는 억울한 누명을 쓰고 사형을 선고받았는데, 제자들이 옥졸을 매수해 도피할 수 있는 기회를 마련했음에도 이를 거절한 채 덤덤한 자세로 독배를 마시고 죽었다. 항간에는 그가 독배를 들며 '악법도 법이다.'라는 말을 남긴 것으로 알려져 있기도 하나 이는 사실과 다르며, 실제로 한 말은 친구 크리토에게 자신이 아스클레피우스 신전에 빚진 닭 한 마리를 대신 갚아 달라는 것이었다고 한다. 하지만 도망갈 기회도 마다하고 기꺼이 죽음을 맞이한 사실을 두고 혹자는 그의 죽음을 소극적인 자살로 간주하기도 한다. 그런 점에서 소크라테스의 진정한 화두는 '악법도 법'이 아니라 '악처도 처'라는 말이 아닐까.

우리나라의 역사적 인물 가운데 의존성 인격의 특성을 지닌 예로는 조선의 제13대 임금 **명종**(明宗, 1534-1567)을 들 수 있다. 중종과 문정왕후의 아들로 태어난 그는 병약했던 이복 형 인종이 즉위한 지 불과 9개월 만에 30세 나이로 후사 없이 세상을 뜨게 되자 그 뒤를 이어 11세 어린 나이에 왕위에 올랐다. 하지만 국정을 이끌어 갈 나이가 아니었기 때문에 어머니 문정왕후가 대신 섭정을 맡아 오랜 기간 국정을 좌지우지 했으며, 그 후부터 외척인 소윤파의 윤원형과 그의 처 정난정이 득세하며 국정을 어지럽히기 시작했다.

원래 병약한 데다 소심하고 착한 심성을 지녔던 명종은 드세고 악독한 어머니 문정왕후의 치마폭에 휘둘려 꼼짝도 못했으며, 어머니가 죽으라면 죽는 시늉까지 해야 하는 무기력한 아들이었을 뿐이다. 하기야 문정왕후는 조선 왕조 최고의 악녀로 정평이 나 있는 여인으로, 자신의 아들을 왕위에 올리기 위해 인종을 독살까지 했다는 소문의 주인공이었으니 그녀의 성품이 어느 정도인지 짐작이 가고도 남는다. 더군다나 그녀는 아들을 대신해 섭정을 맡은 기간에도 자신의 남동생 윤원형을 앞세워 을사사화를 일으키면서 수많은 사람을 죽음으로 몰고 간 장본인이었다.

20세가 되어서야 비로소 친정을 맡게 된 명종은 그동안 자신이 맡은 허수아비 노릇을 청산하고 나름대로 왕권을 회복하기 위한 노력을 시도하기도 했으나, 이미 문정왕후와 윤원형이 장악한 조정을 견제하기에는 혼자 힘으로 벅찬 상태였다. 더욱이 자신의 유일한 후계자인 아들 순회세자가 12세 어린 나이로 요절하면서 더욱 실의에 빠진 명종은 문정왕후가 숨을 거둔 지 2년 뒤에 갑자기 병세가 악화되면서 32세라는 젊은 나이로 숨을 거두었다. 그는 죽기 전에 덕흥군의 3남 하성군을 양자로 들여 후계자로 삼았는데, 조선의 제14대 임금 선조가 바로 그 주인공이다.

당차고 드센 어머니로 인해 주눅 들어 살다가 임금이 된 인물로는 숙종과 희빈 장씨의 아들 **경종**(景宗, 1688-1724)이 있다. 경종은 부왕이 승하한 후 31세 나이로 20대 임금으로 즉위했는데, 3세 때에 왕세자로 책봉되었으나, 원래 병약하고 소심한 성격에다 매사에 수동적이고 의지력이 없어 숙종의 총애를 받지 못했다. 설상가상으로 인현왕후와 숙빈 최씨, 희빈 장씨를 사이에 두고 노론과 소론 사이에 치열한 암투가 벌어지면서 결국 13세 때 어머니 장씨가 사사되는 모습을 지켜봐야 하는 마음의 상처까지 입었다. 그럼에도 심성이 착하고 의존성이 강했던 경종은 자신의 강력한 라이벌이었던 연잉군(영조)의 모친 숙빈 최씨를 잘 따르고 의지했으며, 왕이 된 후에도 아무런 보복을 가하지 않았다. 하지만 즉위한 지 4년도 채 못 되어 게장을 잘못 먹고 심한 복통과 구토, 설사를 하다 수일 만에 숨졌는데, 이를 두고 독살설이 제기되어 나중에 영조가 즉위한 후에도 두고두고 구설수에 올랐다.

조선 말기 제25대 임금 **철종**(哲宗, 1831-1864) 역시 32세 나이로 요절했는데, 비록 심성이 착하고 순진했으나, 병약한 데다 의지력도 없고 배운 지식마저 없어 명색이 왕이었지 모든 권력은 세도가 안동 김씨 세력에 의해 좌지우지 되어 그야말로 꼭두각시 왕에 불과했다. 원래 사도세자의 서손 출신으로 강화도에 유배되어 살면서 농사일로 빈곤하게 지낸 탓에 강화도령으로 불린 그는 헌종이 일찍 병사하는 바람에 졸지에 왕위에 오르기는 했으나, 아둔하고 무지한 데다 스스로 그 어떤 결정도 내리지 못할 만큼 의존적인 성격이라 왕실 및 조정에서 무시와 조롱의 대상이 되었으며, 그렇게 고립무원의 상태에서 철종은 정사를 제대로 돌보지 않고 오직 술과 여자로 지새며 나날을 보내다가 병을 얻어 일찍 숨을 거두고 말았는데, 평소에 술을 마시다가도 어디선가 뻐꾸기 소리가 들리면 곧바로 달려 나가 슬피 울며 눈물을 흘렸다고 한다. 비록 무능한 왕이기는 했으나 개인적으로는 매우 딱한 처지의 가엾은 인생이었다고 할 수 있다.

그런데 철종의 뒤를 이어 왕위에 오른 **고종**(高宗, 1852-1919)도 심약하고 무능하기로는 철종과 오십보백보였다. 조선의 마지막 왕으로 망국의 주인공이 된 고종은 쇄국을 고집하는 아버지 흥선대원군과 개화를 주장하는 민비 사이에서 갈피를 못 잡고 우왕좌왕했으며, 두 사람의 눈치를 살피기에 여념이 없었다. 원래 소심하고 의존성이 강했던 고종은 겁도 많아서 자신의 독자적인 의견조차 감히 주위에 내비치지 못했는데, 갑신정변과 을미사변, 아관파천, 을사보호조약, 한일합병에 이르기까지 고종이 직접 나서서 사태 수습을 위해 애쓴 흔적은 거의 보이지 않는다. 고종은 단지 뒤에 숨어서 사태 진전 상황을 살피기에만 급급했을 뿐이다. 특히 고종이 의지했던 흥선대원군과 민비가 사라진 후에는 고립무원의 상태에 빠짐으로써 더욱 위축된 모습을 보였다고 할 수 있다.

더군다나 적어도 일국의 왕으로서 민비를 무참하게 살해한 일제의 만행에 대해 아무런 대응책도 보여 주지 못한 점은 실로 탄식을 금할 수 없는 무능의 소치라 할 수 있다. 다만 예외가 있다면 이준 열사를 헤이그 만국평화회의에 밀사로 파견해 곤경에 처한 조선의 상황을 국제사회에 알리려 했다는 사실 정도일 것이다. 하지만 그런 시도마저 실패로 끝나고 그 일을 빌미로 삼아 일제는 고종의 퇴위를 강요했으며, 결국 순종에게 양위하고 물러난 고종은 그 후 3년 뒤에 망국의 순간을 무기력하게 지켜봐야만 했으며, 마침내는 덕수궁에서 66세를 일기로 눈을 감았는데, 식혜를 마신 직후 갑자기 숨져 독살설이 나돌기도 했다. 고종의 죽음에 대한 의혹은 두 달 후에 벌어진 3.1 만세운동의 직접적인 도화선이 되어 수많은 조선인이 학살당하는 아픔을 겪어야 했다.

데카르트와 더불어 중세 프랑스 철학의 양대 기둥으로 불리는 **파스칼**(Blaise Pascal, 1623-1662)은 어려서부터 소문난 신동으로, 10대 소년 시절에 이미 다양한 수학적 정리를 발견했으며, 19세 때에는 경제적 곤경에 처한 아버지를 돕기 위해 세계 최초로 계산기를 발명하기도 했다. 그는 비록 세 살 때 어머니를 잃었으나, 그 후 재혼도 하지 않고 오로지 자녀들 양육에 전념한 아버지에 전적으로 의지해 성장했다.

파스칼

파스칼은 20대 초반에 달했을 때 아버지가 사고를 당해 거동을 못하게 되면서 아버지를 치료해 주던 의사들로부터 종교적 감화를 크게 받았는데, 얀센파 신도였던 그들의 영향으로 그때부터 신앙적인 회심을 보이기 시작했으며, 더 나아가 누나 질베르트와 누이동생 자클린도 얀센파로 개종시켰다. 하지만 그가 28세 때 부친상을 당하면서 그동안 어머니를 대신해 건강이 여의치 못한 오빠 파스칼을 보살폈던 누이동생 자클린이 파리의 포르루아얄 수녀원에 들어갈 뜻을 비치자 그녀에게 전적으로 의지해 살던 파스칼은 기겁을 하고 놀란 나머지 극구 반대하고 나섰다. 심지어 그는 아버지의 유산 상속을 그녀에게 분배할 수 없다고까지 협박했으나 그녀의 결심은 요지부동이었다.

결국 그녀는 이듬해 수녀가 되었으며, 자신의 상속분 전체를 수녀원에 바쳤는데, 오빠 파스칼이 죽기 한 해 전에 36세 나이로 먼저 세상을 떴다. 누이동생을 수녀원에 보낸 후 의지할 대상을 잃고 크게 상심한 파스칼은 하느님의 음성을 듣는 종교체험을 하면서 오로지 신학에만 전념하게 되었으며, 당시 얀센파를 이단으로 몰며 공격한 예수회의 독단과 신학적 기만에 대해 날카로운 공격을 가하기도 했다.

이처럼 홀로 남은 파스칼은 필사적으로 신에게 의지하며 "인간은 생각하는 갈대"라는 유명한 말을 남김으로써 "나는 생각한다, 고로 존재한다."라는 데카르트의 명제에 이의를 제기하기도 했지만, 어려서부터 워낙 허약체질이었던 그는 30대 중반부터 건강이 급속도로 악화되기 시작해 극심한 두통과 치통에 시달리면서도 그런 고통을 오히려 신에게 선택받은 징표로 받아들이며 더욱 연구와 저술에 몰두했다. 결국 경련 발작까지 일으킨 그는 누이동생 자클린이 죽은 이듬해에 39세라는 한창 나이로 숨을 거두었다.

진화론의 창시자 **찰스 다윈**(Charles Darwin, 1809-1882)은 19세기 유럽사회

에 엄청난 충격을 안겨준 저서 《종의 기원》을 통해 기독교의 창조론에 정면으로 맞서는 주장을 내세움으로써 격렬한 논쟁을 불러일으킨 장본인이다. 부유한 의사의 아들로 태어난 그는 8세 때 일찍 어머니를 여의고 주로 누이들의 보살핌을 받으며 자랐는데, 어려서부터 학업에는 별다른 관심을 두지 않고 동식물 채집에만 관심을 기울였다. 의사였던 아버지의 강요에 못 이겨 억지로 에든버러 대학에서 의학을 공부한 그는 적성에 맞지

찰스 다윈

않아 도중에 학업을 중단하고 말았는데, 아버지는 아들이 의사가 되지 못할 바에야 차라리 성직자가 되는 게 낫겠다 싶어 케임브리지 대학 신학과에 입학시켰다.

대학을 졸업한 후 탐사선 비글호를 타고 세계일주 여행에 나선 그는 5년간에 걸친 탐사활동을 통해 진화론에 대한 확신을 얻고 귀국한 후 학회에 자신의 생각을 발표하기 시작했다. 하지만 과로에 지친 그는 수시로 원인 모를 복통과 구토, 두통, 심계항진 등의 증상에 시달리기 시작해 의사에게 진찰을 받았으나 뚜렷한 병명을 밝히지 못한 의사는 다만 휴식과 안정을 취하라는 지시만 내릴 뿐이었다. 오늘날의 관점에서 보자면 과도한 스트레스에 의한 심인성 신체증상으로 보이는데, 당시 몸져누운 그를 극진히 간병한 인물은 어릴 때부터 소꿉동무로 친하게 지내던 사촌 엠마 웨지우드였다.

결국 한 살 연상의 그녀와 결혼해 10남매를 낳은 다윈은 부유한 집안 배경과 아내 엠마의 헌신적인 내조로 오로지 연구에만 몰두할 수 있었는데, 소심하고 내성적인 성격의 그에게 엠마의 존재는 상징적인 어머니 그 이상이었다. 왜냐하면 그는 한시도 혼자 있지 못하고 항상 아내가 곁에 있어주기를 원했으며, 아플 때나 일할 때나 한결같이 그녀의 도움과 보살핌에 의존했기 때문이다. 실제로 그가 39세 때 아내에게 쓴 편지들에는 그녀를 엄

마라고 호칭하면서 자신이 아플 때 그녀가 없으면 견딜 수 없다거나 혹은 그녀의 보호 아래 있어야 비로소 안전함을 느낀다고 고백하고 있는데, 중년의 남편이 아내에게 쓴 편지치고는 상식적으로 이해하기 어려운 모습이기도 하다.

이처럼 매우 의존적인 특성을 지닌 그는 두려움도 많아서 여행을 가거나 예기치 못한 방문객이 찾아올 경우에는 몹시 곤혹스러워 어쩔 줄 몰라 난처해하기도 했는데, 아내가 48세라는 늦은 나이에 출산한 막내아들 찰스가 선천성 기형인 다운 증후군으로 태어나 만 2세로 곧 죽게 되자 그렇지 않아도 두 딸이 일찍 죽는 바람에 크게 상심했던 다윈은 막내아들마저 기형아로 태어나면서 자신의 자식들이 유전병에 걸리지나 않을까 두려움에 사로잡혔다. 게다가 엠마가 자신의 가장 가까운 사촌이었기 때문에 근친혼에 의한 유전병을 더욱 두려워한 다윈은 그런 이유 때문인지 〈인간의 유래와 성 선택〉을 통해 성과 관련한 자연선택 이론을 발표하기도 했는데, 다행히 살아남은 자녀들은 모두 건강하게 자라 성공적인 삶을 살았다.

보들레르

19세기 프랑스의 상징주의를 대표하는 시인 **보들레르**(Charles Baudelaire, 1821-1867)는 대표작 〈악의 꽃〉으로 유명하지만 그의 삶 자체도 시집 제목처럼 건전한 삶과는 거리가 먼 매우 퇴폐적이고도 좌충우돌하는 나날의 연속이었으며, 특히 아버지가 남긴 유산관리 문제와 금전적인 문제로 두고두고 어머니의 속을 썩였다. 대학에 들어가기 이전에 이미 사창가를 드나들기 시작한 그는 사팔뜨기 창녀와 관계를 맺고 성병에 걸렸으며, 돈 낭비가 심해 큰 빚을 져서 어머니의 속을 태웠다.

성인이 되자 그는 상당량의 토지를 상속받았지만 그것도 불과 2년 만에 대부분 탕진해 버렸으며, 한술 더 떠서 아이티 출신 창녀의 딸인 흑백혼혈 여성 잔 뒤발과 동거에 들어감으로써 어머니와 최악의 관계로 치달았는데, 그는 아무 일도 안 하고 빈둥거리면서 수시로 어머니를 찾아가 돈이나 요구하기 일쑤였다. 항상 빚에 쪼들렸던 그는 자살까지 시도하며 어머니의 도움을 요청했지만, 어머니는 매정하게 모른 체했다.

이처럼 그는 일생을 두고 어머니의 속을 썩였지만, 그녀의 냉담한 반응에도 불구하고 평소에도 입버릇처럼 어머니의 존재가 자신의 전부라고 고백했다는 사실을 통해 알 수 있는 사실은 그가 끊임없이 어머니의 사랑을 구걸하는 동시에 다른 한편으로는 그녀로부터 버림받지나 않을까 하는 두려움을 지니고 있었다는 점이다. 더군다나 그토록 어머니 속을 썩인 것도 어찌 보면 그렇게 해서라도 어머니의 관심을 끌기 위해 그랬던 것으로 볼 수도 있다. 그런 모순된 입장을 정신분석에서는 요구-공포 딜레마(need-fear dilemma)라고 부른다.

더욱이 프로이트가 말한 마돈나-창녀 콤플렉스(Madonna-whore complex)에서 보듯이 성스러운 이상적 존재인 어머니 대신 창녀와 같은 천한 신분의 여성을 선택한 점도 결국은 어머니에게 다가서지 못하는 두려움의 결과로 볼 수 있다. 그런 점에서 창녀의 딸이며 흑백혼혈여성인 잔 뒤발의 존재는 그에게 어머니를 대신할 수 있는 상징적 대리인인 동시에 죄의식과는 무관하게 안심하고 잠자리를 나눌 수 있는 상대였다고 할 수 있다. 하지만 잔 뒤발이 뇌졸중으로 반신불수가 되자 의지의 대상을 잃은 그는 어쩔 수 없이 그녀의 곁을 떠났으며, 설상가상으로 매독까지 재발하는 절망적인 상황에 내몰린 끝에 자살충동까지 느끼는 자포자기 상태에 빠진 나머지 모든 창작 의욕마저 잃고 말았다.

40대에 접어들어 고질적인 아편중독과 성병, 중풍 등으로 건강이 더욱 악화된 그는 수족마비와 실어증에 우울증까지 겹쳐 수시로 자살충동에 휘말렸으며, 여전히 빚에 쪼들리며 살았다. 그런 아들을 보다 못한 어머니는 마침내 자신과 함께 지내도록 허락했으며, 그녀의 도움으로 요양생활을 마치고 파리로 돌아온 직후 보들레르는 46세라는 한창 나이로 생을 마감했다. 그 후 어머니는 아들이 진 모든 빚을 갚아주고 4년 뒤에 세상을 떴다. 결국 그가 마지막으로 의지한 대상은 어머니였으며, 죽기 직전에 가서야 그녀의 품으로 돌아올 수 있었으니 그러기까지 너무도 먼 길을 돌아온 셈이었다.

조지 이스트먼

세계적인 대기업 코닥사를 설립한 **조지 이스트먼** (George Eastman, 1854-1932)은 어린 시절에 아버지와 누이를 여의고 홀어머니 밑에서 자랐는데, 어려운 집안 형편 때문에 일찌감치 학교를 중퇴하고 직업전선에 뛰어들어 돈을 벌어야 했다. 1884년 롤필름을 발명해 특허를 낸 그는 사진사업에 성공하기 시작하면서 그동안 자신을 키우느라 힘겹게 고생한 어머니에게 충분한 보상을 하리라 맹세했으며, 그 약속은 죽을 때까지 지켜졌다.

그가 발명한 롤필름은 1888년 영화필름 개발에도 큰 밑거름이 되었으며, 마침내 1892년 이스트먼 코닥 회사를 창립해 사진업계의 대부로 떠올랐다. 사업가로 성공한 후에도 그는 수많은 자선사업으로 여러 대학에 거액의 기부금을 희사하는 한편, 유럽 각국의 도시 빈민들을 위한 의료지원에도 적극적이어서 미국인의 존경을 한 몸에 받은 인물이었다. 하지만 말년에 이르러 척추장애로 극심한 통증에 시달린 그는 점차 우울증이 깊어진 나머지 자신의 자택에서 "내가 할 일은 끝났다. 뭘 기다리겠나?"라는 내용의 유서를 남기고 총으로 자신의 심장을 쏴 자살하고 말았는데, 당시 그의 나이 77세였다.

평생을 독신으로 지낸 그는 특히 어머니에 대해 헌신적이었는데, 1907년 어머니가 세상을 떠나자 하루 종일 방안에 틀어박혀 울 정도로 어머니를 지극히 사랑했던 인물이다. 그런데 어머니 역시 말년에 이르러 척추장애로 통증에 시달리며 휠체어 신세를 지고 살았으니 참으로 우연치고는 기묘한 우연이 아닐 수 없다.

청춘소설《빨강머리 앤》으로 너무도 잘 알려진 캐나다의 작가 **루시 모드 몽고메리**(Lucy Maud Montgomery, 1874-1942)는 캐나다 북동부 세인트로렌스만(灣)에 위치한 프린스에드워드섬의 클리프턴에서 외동딸로 태어나 두 살도 채 되기 전에 어머니를 여의었으며, 그 후 아버지가 재혼하는 바람에 캐번디시에서 우체국을 경영하며 살던 외조부모에게 의지하며 자랐다. 대학을 졸업한 후 교사생활을 하다가 24세 때 외조부가 세상을 뜨자 캐번디시로 돌아가 외조모와 함께 지내며 우체국 일을 도왔다.

루시 모드 몽고메리

당시 그녀는 맥도널드 목사와 약혼까지 했으나 우체국 일 때문에 결혼도 미룬 상태였는데, 34세 때 발표한 첫 소설《빨강머리 앤》을 통해 본격적인 작가생활로 접어들었다. 37세 때 외조모마저 세상을 뜨게 되자 비로소 우체국 일을 접고 맥도널드 목사와 결혼한 그녀는 두 아들을 낳아 키우면서 앤 시리즈뿐만 아니라 에밀리 삼부작 등 20편의 장편소설을 썼는데, 그중에서도 농촌 마을을 무대로 때 묻지 않고 순수한 소녀 앤이 꿋꿋하게 성장해 가는 모습을 그린《빨강머리 앤》은 지금까지도 전 세계 독자들의 사랑을 받고 있는 작품이다.

말년에 이르러 대영제국 훈장까지 받은 그녀는 비록 작가로서의 명성을 얻기는 했으나 개인적으로는 매우 고달픈 나날을 보내야 했는데, 우울증에 시달린 남편 시중을 드느라 그녀 자신도 우울증에 빠지고 말았다. 어린 시절부터 고아나 다름없는 외로운 처지에서 전적으로 외조부모에 의지해 살았던 그녀는 그들이 세상을 떠나자 결혼을 통해 자신의 의존적 욕구를 어느 정도 해소할 수 있었지만, 그녀가 의지하던 남편이 우울증에 걸려 오히려 자신에게 의지하게 되자 결국 심적인 부담을 이기지 못하고 홀로 감당하기 힘든 현실이 두려워 생을 마감하는 자신을 용서하기 바란다는 내용의 노트를 남기고 스스로 목숨을 끊고 말았다.

아폴리네르

프랑스 초현실주의를 대표하는 시인 **아폴리네르**(Guillaume Apollinaire, 1880-1919)는 아버지가 누군지도 모르는 사생아로 태어나 어린 나이에 어머니에게서마저 버림을 받고 교육조차 변변히 받아보지 못한 불운의 주인공이기도 했다. 원래 그는 로마에서 사생아로 태어났는데, 몰락한 폴란드 귀족의 후예였던 어머니는 평소 행실이 좋지 못한 여성으로, 아폴리네르보다 두 살 아래인 동생 알베르 역시 아버지가 다른 사생아였다.

떠돌이 생활로 여기저기를 전전하던 이들 세 식구는 모나코에 살다가 파리로 이주했으나, 그 후 어머니와 함께 벨기에의 왈롱 지방을 여행할 때 다른 남자와 눈이 맞은 어머니가 어린 형제를 남겨두고 종적을 감춰버리는 바람에 아폴리네르는 동생을 데리고 머물던 집에서 야반도주를 감행해야만 했다. 이처럼 무책임한 어머니였으니 어려서부터 그가 극심한 정서적 불안정을 겪을 수밖에 없었을 것이다.

그런 우여곡절 끝에 파리로 다시 돌아온 그는 몽마르트 거리의 젊은 예술가들과 어울리며 급진적인 예술운동에 동참하게 되었으며, 초현실주의라는 용어도 그가 처음으로 만든 것이었다. 당시 그는 신예화가 마리 로랑생과 사랑에 빠졌는데, 자신과 똑같이 사생아 출신이면서도 밝고 쾌활한 그녀의 모습을 보고 첫눈에 반하고 말았다. 하지만 거의 필사적으로 매달리는 그의 스토킹 수준에 가까운 너무도 강한 집착과 병적인 의존성에 질려 버린 나머지 결국 그녀는 결별을 선언하고 말았다.

로랑생과 헤어진 그는 외로움을 견디지 못하고 곧바로 다른 여성들과 사랑에 빠졌으나 번번이 실패하고 말았는데, 자신의 참담한 심경을 〈사랑받지 못한 사내의 노래〉라는 시를 통해 하소연하기도 했다. 하지만 사랑에 굶주린 시인의 입장에서는 사랑과 집착은 질적으로 전혀 다르다는 사실을 깨닫지 못한 듯싶다. 결국 자포자기 심정에 빠진 상태에서 때마침 제1차 세계대전이 발발하자 군대에 자원입대해 격전지로 떠났는데, 참호 속에서 자신의 작품을 읽고 있다가 적진에서 날아온 포탄에 맞아 뇌에 치명적인 부상을 입고 말았다.

두 번에 걸친 뇌수술로 겨우 목숨만은 건졌으나, 완전한 회복을 기대하기는 어려운 상태에서도 그는 자클린 콜브와 결혼하는 데 성공하기도 했지만, 불과 수개월 후 스페인 독감에 걸려 종전을 불과 이틀 앞두고 38세라는 아까운 나이로 숨을 거두고 말았다. 그에게는 신혼의 행복과 종전의 기쁨을 누릴 기회조차 주어지지 않았으니 참으로 불행한 운명의 주인공이 아닐 수 없다. 어느 한순간도 누군가로부터 사랑을 받지 못하면 견딜 수 없는 외로움과 허전함에 몸부림쳐야만 했던 이 불행한 시인은 그렇게 일찍 세상에 작별을 고하고 말았다.

전 세계적인 베스트셀러 소설 《반지의 제왕》으로 유명한 **존 로널드 톨킨** (John Ronald Reuel Tolkien, 1892-1973)은 영국 옥스퍼드 대학의 영어학 교수이자 작가로, 어릴 때 아버지를 여의고 홀어머니 밑에서 자랐다. 생계의 어려움으로 친정의 도움을 받으면서도 어머니는 손수 아들을 가르치며 온갖 정성을

존 로널드 톨킨

기울였는데, 어머니에게 전적으로 의지해 살았던 톨킨으로서는 어머니 없이 홀로 남겨진다는 사실은 상상조차 할 수 없는 일이었으나, 그가 12세 때 당뇨병에 시달린 어머니는 34세라는 한창 나이로 세상을 뜨고 말았다.

어머니는 숨을 거두기 전에 아들의 장래를 자신의 친정이 아니라 평소 친하게 지내던 모건 신부에게 맡겼는데, 그녀가 개신교도였던 친정의 반대를 무릅쓰고 가톨릭으로 개종함으로써 모든 경제적 지원이 중단된 상태였기 때문이다. 어린 나이에 고아가 된 톨킨은 다른 무엇보다 어머니를 잃었다는 사실 때문에 하늘이 무너지는 듯한 슬픔과 두려움을 느꼈지만, 어머니가 남겨준 가톨릭 신앙의 힘으로 이를 극복해 나갔다. 따라서 그에게 어머니의 존재는 자신을 위해 희생한 순교자로 오래도록 각인되었으며, 그런 점에서 어머니는 성모마리아에 견줄 수 있는 성스러운 존재이기도 했다.

하지만 어머니를 여읜 후 그 앞에 불현듯 나타난 세 살 연상의 고아 출신 에디스 브랫은 어머니를 대신할 구원의 수호천사가 되어 그 후 그녀가 죽을 때까지 60년 이상 톨킨의 삶에 강한 버팀목이 되어 주었다. 그녀는 마치 어머니처럼 일생 동안 남편을 극진히 돌봐 주었으며, 또한 아버지 없이 자란 톨킨 자신도 남다른 부성애를 발휘하며 자녀들에 대한 사랑의 표시로 항상 흥미로운 이야기를 지어내 들려주었는데, 그것이 그의 초기 성공작《호빗》의 밑거름이 되었다. 결국 그는 아내에게 전적으로 의지하는 가운데 과거에 잃었던 모정의 혜택을 누리는 반면, 자녀들에게는 자신이 받아 보지 못한 아버지의 사랑을 베푸는 일에 전념한 것이다. 참으로 눈물겨운 노력이 아니겠는가. 톨킨은 아내가 먼저 세상을 뜬 지 2년 후에 그녀의 뒤를 따라 눈을 감았으며, 이들 부부는 함께 합장되었다.

베일에 가린
성도착의 세계

성에 관한 문제는 오래전부터 현재에 이르기까지 가장 민감하고 공개적으로 입에 올리기 곤란한 이슈이면서도 매춘의 역사만큼이나 오랜 역사를 지닌 골치 아픈 문제이기도 하다. 특히 종교적 영향에 따른 성적 억압 및 금욕주의 전통으로 인해 성에 관한 문제는 오랜 세월 금기의 대상으로 취급되었으니 학문적으로도 이에 대한 탐구는 위축될 수밖에 없었다.

그런 사회 분위기에서 성의 본질에 대한 탐구를 본격적으로 시작한 프로이트는 당연히 기독교사회에서 도덕적으로 타락한 인물로 낙인찍히며 지탄의 대상이 되었다. 하지만 일단 학문적 관심의 대상으로 성 문제가 떠오르면서 정신의학에서도 성에 대한 정신병리 연구에 박차를 가하게 되었는

성도착

1. 특징
- 변태성욕장애를 말한다.
- 정상적인 애정관계를 맺지 못한다.
- 비정상적인 성행위를 통해서만 만족을 느낀다.
- 성범죄의 주된 원인이 된다.
- 자신의 행동이 잘못된 것임을 깨닫지 못한다.

2. 증상 및 진단 기준
- 페티시즘
- 음란노출증 및 관음증
- 사도마조히즘
- 소아성애증(페도필리아)
- 수간 및 시간증(네크로필리아)

데, 오늘날 정신의학 임상에서도 성 문제는 매우 중요한 부분을 차지하고 있다.

성적인 차원의 병리현상에는 변태적인 성도착과 심리적 원인에 의한 성 기능장애로 크게 대별할 수 있다. 성도착에는 사도마조히즘, 관음증(voyeurism), 페티시즘(fetishism), 소아성애증(pedophilia), 시간증(necrophilia), 강간기 호증(raptophilia), 분변기호증(coprophilia), 질식기호증(erotic asphyxiation) 등 실로 다양한 유형이 있으며, 성기능장애에는 발기부전증과 불감증이 대표적인 예라고 할 수 있다. 하지만 성도착 문제로 전문가를 찾는 경우는 극히 드물다.

성 정체성의 혼란에 속하는 동성애 문제는 그 역사가 무척 오래된 현상으로, 과거에는 정신질환의 일부로 간주되었다가 오늘날에 와서는 정신의학 진단 분류에서 완전히 제외된 상태이기 때문에 적어도 의학적으로는 정신적 질환으로 간주되지 않는다. 하지만 종교적, 문화적 차이에 따라 아직까지도 많은 나라에서 비정상적인 상태로 간주하는 경향이 높은 편이다. 물론 여기서는 정신의학적 진단 분류의 취지를 존중해 동성애 문제를 다루지는 않겠다.

성에 관한 병적 현상 중에 가장 고질적인 문제는 역시 사도마조히즘이라 할 수 있는데, 역사적으로 이 분야의 대가를 꼽자면 단연 프랑스 귀족 출신의 작가 **사드 후작**(Marquis de Sade, 1740-1814)을 들 수 있다. 성도착증의 일종인 '사디즘'이라는 명칭이 유래된 인물로 알려진 그는 20대 초에 결혼한 직후 온갖 음란한 행태와 신성모독 혐의로 바스티

사드 후작

유 감옥에 갇히는 신세가 되었으며, 결국 정신병원에서 생을 마감한 매우 특이한 인물이다. 비록 그는 소설, 희곡 등 많은 작품을 써서 필명을 날렸지만, 노골적인 성 묘사와 변태성욕 장면으로 인해 악명이 자자했으며, 새로운 작품이 나올 때마다 당국의 검열 대상이 되었을 뿐만 아니라 오랜 기간 금서목록 1호로 지정되기도 했다.

74세로 죽은 사드는 생의 절반에 해당하는 32년을 감옥과 정신병원에서 보냈는데, 바스티유 감옥에만 10년을 있었으며, 샤랑통 정신병원에서 13년을 지내다가 그곳에서 죽었다. 따라서 그의 대부분의 작품은 감옥에서 쓴 것들이다. 그런데 사드의 사생활은 그야말로 사회에서 격리될 수밖에 없는 비행의 연속으로 점철되었으며, 실제로 그는 지독한 성도착증 환자였다. 20대 초에 이미 창녀들에게 변태적인 성행위를 강요한다는 소문을 일으켜 경찰의 감시를 받았는데, 그중에서도 가장 큰 사건은 거리를 배회하는 한 걸인

여성을 돈을 주고 유혹해 자신의 집으로 데려가 성적인 학대를 가했던 일로 그는 그녀의 옷을 벗기고 침대에 사지를 묶은 뒤 채찍질을 가했으며, 그녀의 몸에 뜨거운 촛농을 붓기까지 했다. 결국 견디다 못한 그녀는 창문을 통해 도망치고 말았지만, 그런 사건 이후부터 사드에게는 법원의 영장 없이 체포, 구금이 가능한 조치가 내려졌다.

결국 바스티유 감옥에 갇힌 그는 그곳에서 죄수들이 자신을 죽이려 든다고 소리 지르며 난동을 부리는 바람에 정신병원으로 옮겨졌다. 프랑스 대혁명으로 간신히 정신병원에서 풀려난 사드는 집으로 돌아갔으나, 라코스트에 있는 그의 성은 이미 성난 폭도들에게 약탈을 당한 후였다. 그 후 아내에게 이혼까지 당한 그는 로베스피에르를 비난했다가 다시 또 감옥에서 일 년을 보내야 했으며, 나폴레옹 시절에도 외설 시비에 휘말려 투옥되었다. 하지만 그곳에서도 여전히 젊은 죄수들을 유혹하는 행동을 보여 결국 정신병원으로 다시 이송되었는데, 이미 노년에 접어들었음에도 불구하고 병원 직원의 어린 딸을 상대로 성추행을 벌였으니 정말 그의 뇌구조가 어땠는지 궁금해진다. 실제로 사드의 두개골은 따로 분리되어 의학적 조사의 표본으로 보관되기도 했는데, 그야말로 불가사의한 존재가 아닐 수 없다.

엘리자베트 바토리

그런데 사드 후작 이전에도 지독한 사디스트 여성이 있었으니 '피의 백작부인'으로 불리는 헝가리 귀족 출신의 **엘리자베트 바토리**(Elizabeth Báthory, 1560-1614)가 바로 그 주인공이다. 역사상 가장 잔혹하고도 광적인 연쇄살인마 가운데 한 사람으로 꼽히는 그녀는 자신의 젊음을 되찾고 미모를 유지하기 위해 수백 명의 소녀들을 납치 살해한 후 그들의 피로 목욕을 했다는 매우 엽기적인 행동 때문에 드라큘라 백작부인이라는 별명으로 불리기도 했는데, 가학적인 성향까지 있어서 처녀들이 고통스럽게 비명을 지르며 피를 흘리는 모습을 바라보며 쾌감을 느꼈다고 하며, 때로는 그녀가 직접 고문하기도 하고, 상처에서 흐르는 피를 마시기까지 했다.

더욱 기가 막힌 것은 처녀들을 모아놓고 죽음의 향연을 베푼 일인데, 연회가 끝나면 그녀들의 옷을 벗겨 알몸으로 만든 뒤 살해하고 그녀들이 흘린 피를 모아 목욕을 하면서 목숨이 채 끊어지지 않은 처녀들의 신음소리를 들으며 즐겼다는 것이다. 그렇게 희생된 여성들의 수는 정확히 밝혀지지 않았지만, 적어도 650명 이상이 될 것으로 추정된다. 그 후 조사과정에서 밝혀진 사실에 의하면, 그녀는 처녀들의 피를 모으는 특수 장치까지 고안해 냈다는 것인데, 도르래를 이용한 새장 안에 쇠꼬챙이를 박아 처녀들의 피를 쏟게 만들거나 톱니바퀴를 이용해 피를 짜내는 기계 등이 성 안에서 발견되었기 때문이다. 실로 끔찍스러운 일이지만, 그럼에도 그녀는 귀족 신분이라는 이유로 아무런 처벌도 받지 않았다.

성도착의 일종인 '마조히즘'이라는 용어는 오스트리아의 작가이자 언론인이었던 **레오폴트 폰 자허-마조흐**(Leopold von Sacher-Masoch, 1836-1895)의 이름에서 유래된 것으로, 원래 마조흐라는 성은 귀족출신 어머니가 지녔던 성이었다. 그는 매우 변태적인 내용의 소설 《모피를 입은 비너스》를 쓰기도 했지만, 그 자신이 마조히즘 환자로 파니 피스토르 남작부인의 성노예를 자청해 마치 하인처럼 굴면서 온갖 변태적인 학대를 받

레오폴트 폰 자허-마조흐

으며 쾌감을 느끼고 살았는데, 실제로 파니는 소설 내용처럼 모피를 입은 상태에서 마조흐에게 정신적으로나 육체적으로 고통을 가함으로써 쾌감을 느꼈다고 한다.

그 후 아우로라 뤼멜린과 결혼한 그는 파니와 똑같은 변태적인 생활을 아내에게 요구했지만, 그녀가 자신의 요구를 받아들이지 않자 아무런 흥분도 느낄 수 없는 결혼생활에 식상한 나머지 결국 그녀와 헤어지고 홀다 마이스터와 재혼했다. 말년에 이르러 정신적으로 황폐해진 그는 정신병원에 들어가 그곳에서 생을 마친 것으로 알려졌는데, 영국의 가수이자 배우인 마리안 페이스풀은 그의 후손이기도 하다. 오스트리아의 정신과의사 크라프트-에빙은 그런 마조흐의 기이한 행적에 바탕을 두고 성에 관한 자신의 저서에서 '마조히즘'이라는 용어를 만들어 사용했는데, 그의 저서에서 영향을 받은 프로이트는 특히 도덕적 마조히즘에 초점을 맞추어 남녀의 애정문제 및 종교현상을 분석하기도 했다.

스윈번

마조히즘적 성도착에 빠진 인물로는 그 외에도 영국의 시인 **스윈번**(Algernon Charles Swinburne, 1837-1909)을 들 수 있는데, 이교적이고도 관능적인 시로 빅토리아 시대의 고루한 기존 관념에 과감히 도전했던 그는 여러 차례 노벨 문학상 수상자 후보에 올랐으나 결국 수상에는 실패하고 말았다. 알코올 중독과 변태적인 마조히즘에 빠져 폐인이 되다시피 한 작가였으니 도덕적으로 문제가 많았던 그에게 그런 영광이 돌아갈 리 만무했을 것이다.

원래 허약한 체질에 간질 증세까지 있었던 스윈번은 동성애자였기 때문에 72세 나이로 생을 마감하기까지 독신으로 지냈지만, 40대 초반부터 건강이 급속도로 악화되면서 그 후 무려 30년 동안이나 친구였던 시어도어 왓츠-던튼의 집에서 보살핌을 받는 신세였는데, 그때부터 완전히 무기력한 삶으로 일관해 사람들은 왓츠가 비록 그의 생명은 연장시켰을지 모르나 시인으로서의 생명은 일찍 단축시키고 말았다고 비난을 퍼붓기도 했다.

그런데 왓츠는 스윈번을 알코올 중독에서 벗어나도록 돕기는 했으나 채찍질을 통해 피학적인 쾌락을 즐기는 고질적인 버릇만큼은 전혀 손을 대지 못하고 말았는데, 그런 마조히즘적 성향은 이미 이튼 학교시절부터 시작된 것으로, 사람들이 그의 동성애와 변태적인 악습에 대해 비난을 퍼붓기 시작하자 그는 오히려 자신이 남색뿐 아니라 원숭이와 수간을 벌이고 죽여서 그 고기를 먹기까지 했다는 소문을 의도적으로 퍼뜨리기도 했다. 하지만 동성애 문제로 투옥생활까지 했던 오스카 와일드는 그런 스윈번을 두고 진정한 동성애가 뭔지도 모르면서 허풍만 떠는 사이비 동성애자로 깎아내리기도 했다.

하지만 아이러니하게도 성에 대한 연구로 유명한 영국의 의사 **해블록 엘리스**(Havelock Ellis, 1859-1939)나 미국의 **킨제이** 박사(Alfred Kinsey, 1894-1956) 역시 매우 특이한 성도착 증세를 보인 인물들이었으니 참으로 기묘한 일이 아닐 수 없다. 해블록 엘리스는 프로이트에 앞서 자위행위를 비롯해 동성애와 트랜스젠더, 나르시시즘 등 인간의 성문제를 폭넓게 연구함으로써 프로이트에게도 많은 영향을 끼친 성의학자로, 여성운동가인 에디트 리

해블록 엘리스

스와 결혼했지만, 공교롭게도 그녀는 레즈비언이었다. 신혼여행에서 돌아오자마자 그들은 제각기 따로 지냈는데, 엘리스는 60세가 되도록 발기불능 환자였기 때문에 그의 동료들은 그가 성 문제의 권위자가 된 것을 매우 신기하게 여겼다. 하지만 그는 특이하게도 60세가 되어서야 비로소 발기가 가능해졌는데, 그것도 여성이 소변을 보는 장면을 바라볼 때만 흥분을 느낀 것으로 일종의 성도착증에 속하는 현상이라 할 수 있다.

킨제이

　한편 1940년대 '킨제이 보고서'로 미국사회에 큰 충격과 센세이션을 일으켰던 킨제이는 인디애나 대학 동물학 교수로 재직하면서 록펠러 재단의 후원으로 동성애를 포함한 인간의 성문제를 연구, 발표함으로써 사회적으로 큰 파란을 불러일으키기도 했지만, 다른 무엇보다 그의 사생활부터가 논란거리가 되기에 충분했다. 그는 화학도였던 클라라 맥밀렌과 결혼해 4남매를 두었는데, 양성애자였던 이들 부부는 제각기 다른 동성애 파트너와 함께 자기로 합의하면서도 부부관계는 계속 유지했다. 킨제이는 자신의 제자 클라이드 마틴 등 다른 남성들과 잠자리를 함께 했으니 참으로 자유의 나라답다고 하겠다. 그뿐만이 아니라 그는 젊은 시절부터 기이한 습관을 지니고 있었는데, 그것은 자신의 요도에 가느다란 물체를 삽입시키는 행위로 처음에는 빨대를 집어넣다가 점차 파이프 클리너, 연필 등으로 발전해 나중에는 칫솔까지 삽입하기에 이르렀다. 그런 고통스러운 행위를 통해 그는 마조히즘적 동성애 감정을 만족시켰으며, 칫솔 사용은 성인기 내내 지속된 습관처럼 되었다. 심지어 그는 마취 없이 포경수술까지 했다. 또한 그는 병적일 정도로 토마토를 끔찍이 싫어했는데, 그 이유는 아무도 모른다. 어쩌면 그 자신도 몰랐을 것이다.

　어린 아동을 상대로 한 성적인 접근은 페도필리아에 속하는 성도착 증세로, 이 분야의 대표적인 인물로는 빅토리아 시대를 대표하는 영국의 저명한 비평가 **존 러스킨**(John Ruskin, 1819-1900)을 들 수 있다. 그는 비록 29세 때 에피 그레이와 결혼했으나, 신혼 초부터 성생활이 없었던 이들 부부는 결국 6년 만에 파경을 맞이하고 말았다. 그가 그토록 아내를 혐오하고 무시한 이유에 대해서는 지금까지도 많은 논란의 대상이 되고 있는데, 전기 작가들에 따라서는 그가 첫날밤에 아내의 치모를 보고 놀라 겁을 내게 되었다거나 또는 그녀가 월경할 때 흘린 피를 보고 두려움을 느끼게 되었다고 주장하기도 한다.

존 러스킨

하지만 그 후 그가 보인 행적을 보면 파경의 원인을 어렴풋이나마 짐작할 수 있겠다. 왜냐하면 그는 아홉 살 어린 소녀 로즈를 만나면서부터 정신없이 사랑에 빠졌기 때문이다. 당시 그의 나이 39세였으니 독실한 개신교 신자였던 로즈의 부모가 놀라서 그의 접근을 막은 것도 결코 무리가 아니었다. 이는 누가 보더라도 페도필리아를 의심할 수 있는 행동이었으니 그럴 만도 했을 것이다. 그럼에도 그는 로즈가 18세가 되자 처음으로 프러포즈했는데, 21세가 될 때까지 기다려 달라는 말을 듣고도 계속해서 구혼을 요청했다. 결국 그녀는 24세가 되었을 때 최종적으로 그의 구혼을 거절하고 말았다.

그런데 오랜 기간 병을 앓았던 그녀가 27세 젊은 나이로 세상을 뜨자 크게 좌절한 존 러스킨은 더욱 이성을 잃고 심령론에 빠진 나머지 죽은 로즈의 혼령과 교신할 수 있다는 믿음으로 강신술 모임에 참여하기도 했는데, 그때부터 로즈와 다시 만나 사후의 삶을 누리게 될 것임을 굳게 믿고 기독교 신앙을 되찾기도 했다. 당시 그는 로즈의 혼령이 자신에게 지시하기를, 만약 그를 찾아오는 한 소녀가 있으면 기꺼이 그녀와 결혼하라는 요구를 했다고 주장하기도 했는데, 물론 그것은 강력한 자기암시의 결과로 보인다.

비록 그는 페도필리아 성향을 보인 것이 분명하지만, 일생 동안 그 어떤 여성과도 성관계를 맺은 적이 없다는 점에서 단순히 그를 성도착 환자로 몰로 가는 것에 이의를 제기하는 사람들도 있다. 다시 말해서 그가 소녀들에 이끌린 것은 성에 물들지 않고 때 묻지 않은 순결성 때문이라는 것으로, 그런 점에서 존 러스킨은 정신적으로나 육체적으로 정상인이었다는 주장이다. 하지만 로즈가 죽지 않고 살아서 그의 구혼을 받아들이고 결혼했다면 과연 그들의 운명은 어떻게 되었을까 궁금해진다.

루이스 캐럴

존 러스킨과 동시대에 활동한 영국의 세계적인 동화 작가 **루이스 캐럴**(Lewis Carroll, 1832-1898) 역시 페도필리아 의혹에서 자유롭지 못하다. 고전동화의 걸작으로 손꼽 히는 그의 대표작 《이상한 나라의 앨리스》는 지금까지 도 전 세계 어린이들의 친근한 벗으로 사랑받고 있으며, 이 작품을 쓴 루이스 캐럴은 일생을 독신으로 보내면서 도 어린이에 대한 한결같은 애정으로 경건한 삶을 보낸 사랑의 전도사요 어린이의 수호천사로 알려져 왔다.

하지만 대학의 수학교수로 근무하던 그는 사회적으로 존경받는 동화작 가이자 수학자인 동시에 사진작가이기도 했던 반면에, 독신을 고수하는 독 실한 신앙인의 이미지와는 달리 어린 소녀들에 대한 기이한 집착과 관심 등 으로 여러 문제를 일으킨 장본인이기도 했다. 특히 전문적인 사진작가이기 도 했던 그는 자신이 근무하던 대학에 새로운 학장으로 부임한 헨리 리델의 어린 딸 앨리스 리델에 이끌린 나머지 그녀를 모델로 많은 사진을 찍기도 했다.

《이상한 나라의 앨리스》를 쓰는 데 가장 큰 영감을 준 것으로 알려진 앨 리스 리델은 당시 여덟 살 난 어린 소녀로, 캐럴의 정중한 사진 촬영 제의에 그녀의 어머니는 크게 만족해서 자신의 딸을 캐럴의 암실로 데려가 만나게 해 주었지만, 모종의 불미스러운 사건이 생긴 후부터 화가 머리끝까지 난 그녀는 그동안 딸에게 보낸 캐럴의 모든 편지를 불태워 버리고 두 번 다시 캐럴을 만나지 못하게 금지시키고 말았다. 캐럴이 자신의 딸에게 어떤 짓을 했는지 짐작이 가지 않고서야 그토록 화를 내고 갑자기 태도가 돌변할 리는 없었을 것이다.

나중에 밝혀진 사실이지만, 그는 특히 어린 소녀들의 누드사진 찍기를 좋아했는데, 월경을 시작하고 성에 눈뜰 나이인 만 14세가 지난 소녀들에게는 거의 흥미를 보이지 않았다는 점도 특이하다. 더욱이 그가 소녀들의 사진을 찍기 위해 부모의 허락을 요청하는 편지에서 보인 남다른 집념을 보면 그의 기이한 행동이 단순한 호기심의 차원만은 아닌 것 같다. 물론 앨리스의 어머니가 지나친 과민반응을 한 것으로 볼 수도 있겠지만, 캐럴은 분명 자신의 도착적 이상심리를 교묘히 감춘 상태에서 자신의 은밀한 소망을 사진과 동화라는 방편을 통해 충족시킨 일종의 꿈을 찍는 사진사였다고 할 수 있다.

인도 독립의 아버지이며 국부로 추앙받는 **마하트마 간디**(Mahatma Gandhi, 1869-1948)는 일생 동안 비폭력 무저항주의를 고수하는 가운데 청빈과 금욕적인 삶을 몸소 실천한 인물로 전 세계인의 존경을 받았다. '위대한 영혼'이라는 뜻을 지닌 마하트마는 시인 타고르가 붙여준 이름이다. 물론 간디의 금욕주의는

마하트마 간디

힌두교 전통에 따른 것으로, 고기와 우유를 멀리 하고 수시로 단식을 시행하기도 했지만, 그렇다고 해서 성을 멀리한 것은 아니었다. 그는 오히려 16세 때 아내와 성관계에 몰두해 있던 바로 그 시간에 아버지가 숨을 거두는 바람에 임종을 하지 못하고 말았는데, 그런 일로 해서 수치심과 죄의식을 동시에 느끼게 되었으며, 그 이후로 특히 절제된 생활을 추구하기에 이르렀지만, 간디 자신의 고백에서도 알 수 있듯이 그는 일생 동안 성욕을 자제하는 일에 매우 큰 어려움을 겪었으며, 그런 어려움 때문에 자신의 삶이

마치 칼날 위를 걷는 것과 같다는 표현을 쓰기도 했다.

실제로 간디는 환갑을 넘긴 나이에도 불구하고 끊이지 않는 몽정을 속죄하기 위해 의도적으로 발가벗은 여러 명의 아가씨들과 함께 잠을 자는 의식을 치르다가 거센 비난을 받기도 했는데, 심지어 서로 잘 아는 집안의 처녀들을 불러들여 자신의 몸을 그녀들의 체온으로 따뜻하게 덥혀줄 것을 부탁하기도 했다. 물론 간디는 자신의 그런 행위가 일종의 자연요법에 속하는 것으로 자기 조절 및 극기심을 실험하는 의식절차였다고 주장했지만, 간디의 그런 실험은 한 여성만을 상대한 것이 아니라 두 여성을 동시에 번갈아가며 상대하기도 했으니 그의 말을 액면 그대로 받아들이기 어렵다고 할 수 있다.

더욱이 그는 자신의 종손인 카누 간디의 아내 압바를 데리고 이런 실험을 시행하기도 했는데, 당시 그녀의 나이 불과 16세였다. 또한 그는 자신의 증손녀인 19세의 마누 간디와 함께 자면서 힌두계와 이슬람계의 통합에 대한 사색에 몰두했다고 주장하기도 했다. 물론 간디는 그런 실험이 매우 위험할 수도 있다는 점을 인정하면서도, 그 효과는 몹시 만족스러운 것이었다고 말했다. 하지만 이처럼 과감한 실험을 통해서까지 자기 통제에 이르고자 했던 간디가 그에게 매우 헌신적인 추종자였던 살라데비와 깊은 관계까지 맺었다는 사실은 매우 모순된 태도가 아닐 수 없다. 더욱이 살라데비는 아이들까지 둔 유부녀로, 그 유명한 아메다바드 방직공장 파업 당시 공장주들의 배후 인물이면서 간디에 대항했던 셰드 암발랄의 아내였던 것이다. 심지어 간디는 그녀를 자신의 영적인 아내라고 부르기까지 했다.

간디의 이런 모습에 대하여 그의 도덕성에 의문을 제기하는 것은 어쩌면 당연한 일이겠다. 물론 이처럼 자기 기만적인 간디의 모습에 실망하고 미련 없이 그의 곁을 떠난 추종자들도 있었는데, 간디의 속기사였던 파라수람 역시 간디가 벌거벗은 마누와 함께 동침한 모습을 보고 즉각 사표를 내던지고 간디 곁을 떠났다. 그러나 간디의 여성관계는 매우 순수했기 때문에 그의 도덕성에는 그 어떤 하자도 없다는 것이 그의 측근들 주장이며, 간디 자신도 젊은 여성들과의 동침에서 아무런 욕망조차 느끼지 못했다고 계속 주장했지만, 과연 누구 말이 옳은지는 독자들이 알아서 판단할 문제라 하겠다.

영화사에 길이 남을 전설적인 희극의 천재 **찰리 채플린**(Charlie Chaplin, 1889-1977)은 런던 빈민가 출신으로 떠돌이 유랑극단 배우의 아들로 태어나 어려서부터 아버지에게 버림받고 가난에 시달리던 어머니마저 정신병원에 입원하는 바람에 매우 불행한 아동기를 보내야 했다. 생계유지를 위해 어린 나이에 무대에 올라 성대모사 및 무언극 연기로 인기를 끈 그는 20대 초반에 미국 할리우드로 건너가 무성영화에 출연해 인기스타가 되

찰리 채플린

었으며, 그 후 자신이 직접 감독으로 데뷔해 수많은 걸작을 제작함으로써 세기적인 희극영화의 제왕으로 군림하게 되었다.

하지만 하늘 높은 줄 모르고 치솟던 그의 인기는 1950년대 매카시즘 돌풍에 휘말려 급전직하 추락하기 시작했으며, 채플린이 공산주의자임을 믿어 의심치 않았던 FBI 국장 에드가 후버는 채플린을 미 의회 청문회에 출두시키겠다고 계속 위협했다. 신변에 위협을 느낀 채플린은 1952년 잠시 미국을 출국했지만, 그 후로는 두 번 다시 미국에 돌아갈 수 없었다. 결국 그는 네 번째 아내 우나 오닐과 함께 스위스에 정착하고 그곳에서 88세를 일기로 생을 마쳤다. 채플린보다 36년이나 연하였던 우나 오닐은 노벨 문학상 수상작가 유진 오닐의 딸로 18세 나이에 당시 54세였던 채플린과 결혼했는데, 아버지의 반대를 무릅쓴 결혼 때문에 그 후부터 부녀 사이가 단절되기도 했다. 그럼에도 채플린과 우나 오닐은 평생 반려자가 되어 금슬 좋은 부

부로 살았다.

그러나 우나 오닐을 만나기 전까지 채플린은 사생활 측면에서 숱한 물의를 빚으며 사회적 지탄을 받아야 했는데, 첫 번째 부인 밀드레드 해리스는 아역배우 출신으로 불과 16세 때 채플린과 만나 임신한 사실을 통보하고 결혼까지 했으나 실제로는 임신이 아닌 것으로 밝혀졌다. 결국 그들은 2년 만에 파경을 맞고 말았다. 그런데 문제는 두 번째 부인 리타 그레이 역시 16세라는 어린 나이로 임신하게 되면서 결혼식을 치렀다는 사실이다. 그들 역시 3년 만에 헤어지고 말았지만, 당시 매스컴은 어린 소녀들을 상대로 임신까지 시키는 그의 부도덕성에 대해 강한 비난을 쏟아부었다.

그런 비난을 의식해서인지 그는 세 번째 부인으로 당시 26세의 폴렛 고다르를 선택했는데, 그녀는 〈모던 타임스〉와 〈독재자〉에서 공연한 여배우로 함께 6년을 살고 헤어졌으나, 아이를 낳지는 않았다. 결국 그는 네 번째 부인으로 18세의 우나 오닐을 선택한 후 비로소 오랜 방황을 멈추고 안정적인 여생을 보낼 수 있었다. 그는 우나 오닐과의 사이에서 8명의 자녀를 낳았는데, 여배우 제럴딘 채플린은 그중에서 맏딸이다. 막내아들 크리스토퍼가 태어난 것은 채플린의 나이 73세 때였으니 그의 정력 하나만은 알아줄 만하다. 물론 채플린 스스로도 자신의 유별난 정력에 대해 8번째 세계 불가사의에 속한다고 익살을 떤 적이 있다.

이처럼 어린 소녀들에 유달리 집착한 채플린에 대해 대중의 반응은 매우 차가웠다. 그는 비록 정치적으로 공산주의자라는 오명에 시달리긴 했지만 일반 대중이 가장 그에게 비난을 퍼부은 것은 그의 무분별한 애정행각에 집중된 것이었다. 그것은 분명 페도필리아 증세의 일부로 오해를 살 수 있을 정도로 어린 소녀들에 강한 집념을 보인 것이기 때문이다. 그와 관계를 가졌던 헤티 켈리는 불과 15세의 어린 소녀였다. 그는 숱한 법정 시비와 여론의 비난에도 불구하고 자신의 애정행각을 멈추려하지 않았다. 물론 이런 그의 기벽은 주체할 수 없는 성적 욕망뿐 아니라 자신의 뿌리 깊은 열등감에서도 그 원인을 찾아볼 수 있겠다.

사실 그는 매우 왜소한 체격에 남성적인 매력도 별로 갖추지 못한 인물로, 자신에게 어울리는 유일한 상대는 몸집도 작고 나이도 어린 소녀들일 것이라고 여겼을 법하다. 그는 이것저것 복잡하게 따지기 잘하는 성인여성을 기피하고 대신에 순진무구한 어린 소녀들을 상대로 그들 위에 군림함으로써 자신의 열등감을 해소하고자 했을 것이다. 일종의 소인국 왕 노릇에 만족을 구한 셈이다. 결국 그는 50대 중반에 이르러서야 비로소 우나 오닐과의 만남을 통해 오랜 방황에 마침표를 찍게 되었는데, 실제로 그는 우나를 일찍부터 알았더라면 여자문제와 관련된 그동안의 여러 시끄러운 문제들도 없었을 것이라며 그녀야말로 자신이 평생 기다려 왔던 여성임을 실토하기도 했다.

2차 세계대전 이후 네오리얼리즘이 이탈리아 영화계를 주도하던 시기에 혜성처럼 나타나 좌파적 메시지와 충격적인 화면으로 세인의 주목을 끌었던 영화감독 **파솔리니**(Pier Paolo Pasolini, 1922-1975)는 마지막 작품으로 남긴 〈살로 혹은 소돔의 120일〉에서 보듯이 동성애와 사도마조히즘을 포함한 잔혹미와 도착적인 메시지로 인해 극심한 논란의 대상이 되었는데, 그 자신의 독특한 반골 기질과 파격적인 영화적 메시지뿐 아니라 로마

파솔리니

근교에서 변사체로 발견되는 비극적인 최후로 인해 세상에 더욱 큰 충격을 안겨준 인물이다.

실제로 동성애자였던 그는 특히 나이 어린 소년들에 이끌렸으며, 그를 살해한 펠로시도 불과 17세에 지나지 않은 소년이었다. 펠로시의 자백에 의

하면, 부당한 성행위를 강요하는 파솔리니의 태도에 두려움을 느낀 나머지 그가 손에 쥐고 위협하던 울타리목을 빼앗아 내리쳤다는 것이다. 오십을 넘긴 나이에도 파솔리니는 평소에 늘 그래왔던 것처럼 그날 역시 자신의 고급 승용차를 몰고 미소년 사냥에 나선 것인데, 그는 그렇게 매일 밤 야간 산책을 통해 자신의 어린 파트너를 찾아다니곤 했다. 하지만 평소에 운동으로 단련된 파솔리니가 오히려 왜소하고 어린 아들뻘 소년에게 매를 맞고 죽었다는 것은 상식적으로 잘 이해가 되지 않는 부분이다. 더군다나 펠로시는 〈살로 혹은 소돔의 120일〉에 출연한 적도 있어 파솔리니와는 잘 아는 사이였으니 그 의혹은 더 커질 수밖에 없었다. 그런 이유로 극우단체의 사주를 받고 살해한 것이라는 음모설이 한동안 나돌기도 했다.

하지만 그의 도착적인 성향은 동성애적 사도마조히즘으로 가득 채워진 작품들을 통해서도 얼마든지 엿볼 수 있는 부분이기도 하다. 특히 살해당하기 직전에 완성시킨 〈살로 혹은 소돔의 120일〉은 사드의 원작소설을 토대로 만든 영화로, 파시스트들이 미소년, 소녀들을 고성에 감금하고 잔혹하고 도착적인 성의 향연 및 고문, 강간 등의 비인간적 행각을 벌이다가 결국에는 무참하게 살해한다는 내용인데, 온갖 변태적 행위와 잔혹한 장면들로 악명이 자자했던 작품이다. 그중에서도 파시스트들이 소년들에게 강제로 대변을 먹이고 무참하게 살해하는 장면은 영화사상 가장 가학적이고도 도착적인 장면으로 꼽힐 만하다. 그런 이유 때문에 당시 영화에 출연했던 청소년들 상당수가 정신적 충격을 받고 고생했다는 후문도 있다.

아동 성추행 혐의로 가장 큰 곤욕을 치른 인물로는 팝의 황제로 군림하던 **마이클 잭슨**(Michael Jackson, 1958-2009)을 들 수 있다. 춤과 노래로 세계를 지배한 20세기 최고의 슈퍼스타였던 그는 두 차례에 걸친 성추행 혐의 법정 시비에 휘말린 결과 엄청난 소송비를 들인 끝에 가까스로 무죄 선고를 받기

는 했으나, 그런 판결과는 무관하게 당시 절대 다수의
백인들은 그의 결백을 믿지 않았다고 한다.

마이클 잭슨

그의 명예에 결정적인 흠집을 낸 아동 성추행 사건은
그가 35세 때였던 1993년에 처음 터졌는데, 당시 13세
소년 조던 챈들러를 성추행한 혐의로 고소를 당한 것이
다. 경찰의 알몸 수색까지 받은 마이클 잭슨은 엄청난
모욕감을 이기지 못하고 예정된 순회공연을 취소하기
까지 했다. 결국 그는 거액의 돈을 주고 합의하고 말았
으며, 검찰 역시 증거 불충분으로 불기소 처분하고 말았다.

하지만 어린 조던이 경찰에서 증언한 내용은 매우 세밀한 부분까지 언급
한 것으로, 예를 들면, 마이클 잭슨의 은밀한 신체부위의 특징인 유달리 짧
은 치모, 얼룩덜룩한 엉덩이와 고환 등에 대해 지적한 것인데, 특히 성기를
들어 올리지 않으면 볼 수도 없는 검은 반점까지 정확히 묘사한 것이다. 그
러나 마이클 잭슨이 포경수술을 한 상태였다는 조던의 주장은 부검 결과 사
실과 다른 것으로 판명되기도 했다. 조던은 정신과의사와 가진 면담에서도
자신이 마이클 잭슨과 키스, 자위행위를 포함해 오럴섹스 등의 성관계를 가
졌다고 고백했지만, FBI나 경찰 역시 결정적인 증거를 찾아내지 못하고 사
건을 종결짓고 말았다.

그런데 10년이 지나 또 다른 사건이 터지고 말았다. 이번에는 13세 소년
개빈 아르비조를 성추행했다는 혐의로 고소를 당한 것이다. 물론 그는 개빈
형제를 포함해 아역배우 맥컬리 컬킨 등 여러 아동들과 함께 침대에서 잠을
자기도 했지만, 직접적인 성추행은 없었다고 강하게 부인했다. 당시 그에게
주어진 혐의는 아동을 상대로 포르노를 보여 주고 술을 먹였으며, 자위행위
까지 했다는 것이었으나, 역시 증거 불충분으로 무죄 판결을 받았다.

그럼에도 그의 누나 라토야 잭슨은 자신의 동생이 페도필리아 성향을 지

니고 있었다고 실토함으로써 잭슨 일가와 의절하는 사이가 되고 말았다. 그런 곤욕을 치르면서 마이클 잭슨은 심신이 지칠 대로 지친 상태였으며, 막대한 소송비용을 비롯해 공연 취소 등 재산상의 손실도 크게 입은 게 사실이다. 결국 약물에 중독된 그는 식음을 전폐하다시피 했는데, 주치의가 놓아준 프로포폴 주사 과용으로 갑자기 심장마비를 일으켜 숨지고 말았다.

그런데 그가 죽은 지 4년이 지난 2013년에 안무가인 웨이드 로브슨이 방송에 출연해 자신이 일곱 살 때부터 7년간이나 마이클 잭슨에게 성추행을 당했다는 사실을 폭로하면서 그는 분명 페도필리아 환자였음에 틀림없다고 폭로했다. 2014년에는 지미 세이프척 역시 자신이 10세 때부터 마이클 잭슨으로부터 성추행을 당했다고 주장했는데, 그는 4년간에 걸쳐 100회 이상이나 성적인 추행을 당했다는 것이다. 결국 가장 위대한 팝의 황제로 군림했던 마이클 잭슨은 죽어서도 유명세를 톡톡히 치르고 있는 셈이다.

술기운으로 살아가는
알코올 중독

　　알코올 문제는 정신과 임상에서도 가장 골치 아픈 고질병 가운데 하나로, 특히 술에 관대한 우리 문화 풍토에서는 그 치료가 더욱 어려운 형편에 있다. 정신의학에서는 일반적으로 알려진 알코올 중독(alcoholism)보다 알코올 의존(alcohol dependence)이라는 병명을 사용하는데, 알코올 남용(alcohol abuse)과 구분하기 위해서다. 물론 이런 구분은 임상적 차이뿐 아니라 치료대책이나 예후 판정에 도움이 되기 때문이기도 하지만, 근본적인 차이는 알코올 의존 환자에서 보이는 극심한 금단증상일 것이다.

　　알코올 중독자의 대부분은 소심하고 의지력이 약하며 의존적인 경향이 높아서 치열한 경쟁사회에 제대로 적응하지 못하고 아웃사이더로 전락하는 경우가 많다. 따라서 자존감도 매우 낮기 때문에 그런 불만과 화를 술에

알코올 중독

1. 특징
- 가정 파탄의 주범이다.
- 술에 관대한 문화에서 더욱 심각하다.
- 폐인처럼 지낸다.
- 현실도피의 수단이다.
- 간경화, 식도정맥류, 위궤양, 암, 영양실조 등의 합병증이 동반된다.

2. 증상 및 진단 기준
- 매일 술을 마셔야 한다.
- 무기력한 상태로 정상적인 생활이 불가능하다.
- 기억력 감퇴 및 수전증이 있다.
- 충동조절 실패가 나타난다.
- 섬망, 환각, 오한, 구토, 불안, 초조 등의 심각한 금단증상이 있다.

의지해 풀고자 하지만, 주위에서 그런 상태를 용납하지 않는 수가 많으니 자연히 사회에서 고립을 자초하고 직업생활에도 막대한 지장을 초래하기 마련이다. 당연히 가정불화도 그치지 않는다.

알코올 중독자가 보이는 금단증상으로 가장 심각하고 위험한 상태는 진전섬망(震顫譫妄, delirium tremens)이다. 이런 상태가 나타나면 의식 혼란과 더불어 온몸을 떨고 식은땀을 흘리며 안절부절못하거나 헛것을 보고 듣는 환각현상에 빠진다. 특히 사방에 기어 다니는 벌레가 보인다며 벌레를 떨쳐내거나 잡으려는 행동을 하기도 하는데, 벌레뿐 아니라 쥐떼가 보인다며 물을 끼얹어 쫓아버리는 행동도 보인다. 정신의학에서는 그런 경우 릴리퍼트 환각(Lilliputian hallucination)이라고도 부른다. 걸리버 여행기에 나오는 소인국 명칭에서 따온 용어다.

물론 모든 알코올 중독자가 진전섬망을 일으키는 것은 아니지만, 아무리 강력한 금주 의지를 지니고 술을 끊더라도 알코올 기운이 몸에서 사라지게 되면 극심한 불안과 우울, 초조, 불면, 신경과민 반응을 보이다가 다시 술을 마시면 안정을 되찾기 때문에 좀처럼 술을 끊기 어렵게 된다. 알코올 중독자의 또 다른 문제는 극심한 영양결핍과 더불어 다른 내과적 질환의 발병이 동반되기 쉽다는 점이다. 알코올은 당뇨, 고혈압, 암, 간경화, 위궤양, 심장병, 뇌졸중 등 수많은 질병의 원인으로 꼽히고 있으니 알코올 자체보다 그런 합병증으로 사망하는 수가 많다.

술의 역사는 인류 역사와 거의 맞먹을 정도로 오래되었는데, 고대 인더스 문명에서도 곡식을 증류해 술을 빚었다고 한다. 더군다나 알코올은 의약용으로도 사용되어 마취제 대용 역할도 했으니 예로부터 술은 문명생활에 매우 유용한 존재로 취급되어 온 게 사실이다. 하지만 역사적 기록을 통해서도 드러나듯이 알코올에 의한 폐해 또한 적지 않았음을 알 수 있다. 고대 그리스의 **알렉산드로스 대왕**이 술에 취한 나머지 자신의 충복을 창으로 찔러 죽인 사건이나 본인 자신이 오염된 술을 마시고 요절한 사실 또한 그렇다.

훈족의 왕 **아틸라**는 결혼 첫날밤 과음한 상태에서 정사를 치르다가 복상사했으며, 12세기 헝가리의 왕 **벨라 2세**는 술독에 빠져 지내다 진전섬망 상태로 사망했다. 중국 하나라의 **걸왕**은 술로 연못을 만들고 고기를 매단 나무로 숲을 만들어 즐기는 방탕한 생활로 인해 주지육림(酒池肉林)이라는 사자성어까지 생겼으며, 당나라의 시인 **이백**은 술에 절어 살다가 강물에 비친 달그림자를 잡으려다 빠져 죽었다는 이야기가 전설처럼 전해지기도 한다.

역사적 인물 가운데 알코올 중독으로 간주할 수 있는 사람들은 부지기수로 많아 일일이 열거하기도 어려울 정도다. 특히 예술의 세계에서 수많은 중독자를 만날 수 있으나 저자의 다른 저서에서 이미 다룬 바 있기 때문에 여기서는 간략히 소개만 하고 넘어가고자 한다. 우선 기록상으로 가장 오래된 알코올 중독자로는 12세기 헝가리의 국왕 **벨라 2세**(Béla II of Hungary, 1109-1141)를 들 수 있다. 그는 '맹인왕 벨라'로 불리기도 하는데, 아버지 알모시 공작이 친형 칼만이 지배하던 왕권을 노리고 반란을 일으켰다가 실패하자 칼만은 부자의 눈을 멀게 한 후 수도원에 감금했는데, 당시 벨라 2세의 나이 불과 6세였다.

그 후 칼만과 아버지가 죽고 22세 나이로 이스트반 2세의 뒤를 이어 왕위에 오른 벨라 2세는 자신의 눈을 멀게 만든 사건에 연루된 인물들을 모두 숙청하고 신성로마제국 등 주변국과의 외교관계를 다지는 데 주력했으나, 점차 술에만 의지하기 시작해 국정에 차질을 빚게 되었는데, 술에 취한 상태에서는 시종들이 원하는 것은 무엇이든 요구를 들어주었기 때문에 그의 술버릇을 말리는 사람이 아무도 없었다고 한다. 하지만 때로는 아무런 이유도 없이 죄 없는 사람을 처형하라는 지시를 내리기도 해서 두려움의 대상이 되기도 했다. 결국 술로 건강을 해친 그는 32세라는 젊은 나이로 숨을 거두었다.

우리나라에서 가장 유명한 술꾼으로는 조선 후기 영조 때 활동한 애꾸눈 화가 **최북**(崔北, 1712-1760)을 들 수 있다. 괴팍한 성격은 물론 매우 기이한 행적과 심한 술버릇으로 유명한 그는 자신의 성품대로 매우 대담하고 자유분방한 화풍을 보였는데, 한곳에 안주하지 않고 전국을 유람하며 그림을 팔아 생계를 유지했다. 하지만 폭주가인 데다 매우 거친 성격이었던 그는 한쪽 눈이 먼 애꾸였는데, 한 양반이 자신의 그림솜씨에 트집을 잡고 늘어지자 분에 못 이겨 자기 손으로 한쪽 눈을 찔러 실명하게 되었다고 한다.

이처럼 매우 충동적이었던 그는 술버릇도 몹시 고약해서 금강산 구룡연에서 술에 잔뜩 취한 채 "천하 명인 최북은 천하 명산에서 죽는 것이 마땅하다."고 외치며 투신했으나 미수에 그친 일도 있다. 일정한 주거지가 없었던 그는 한성에 도달해 열흘이나 굶고 지내다가 가까스로 그림 한 점을 팔아 술을 사 마신 후 혹한이 몰아친 겨울밤에 성곽 밑 눈구덩이에서 얼어 죽었다.

평소 세상과의 타협을 거부하고 살았던 최북은 정조의 총애를 받은 김홍도와는 달리 권력에 일체 빌붙지 않고 철저히 독립적인 직업화가임을 고집해 스스로 힘겨운 삶을 자초하고 말았지만, 화가로서의 자부심만큼은 장승업을 능가하고도 남음이 있었다. 비록 세상과의 타협을 거부하고 고루한 인습에 얽매이지 않는 자유로운 영혼의 소유자로 살다 갔으나, 결국 자신의 화를 극복하지 못하고 매우 자학적인 모습으로 생을 마감하고 말았다.

19세기에 활동한 미국의 추리소설 작가 **에드거 앨런 포**(Edgar Allan Poe, 1809-1849)는 기괴하고도 엽기적인 그의 소설만큼이나 어둡고 기이한 삶을 살았던 인물로, 서양문학사에서도 가장 특이한 존재라 할 수 있다. 비록 그는 소설과 시 분야에서 다재다능한 천재작가임을 과시한 인물이기도 하지만 그의 생애는 비극적인 사건의 연속으로 점철된 불행 그 자체였다. 그는 일생 동안 우울증에 시달리며 음주와 도박, 아편중독, 방탕한 생

에드거 앨런 포

활 등으로 지극히 어두운 삶을 살다가 40세 나이로 일찍 생을 마감하고 말았다.

평소 주벽이 심했던 그는 사랑하는 아내 버지니아가 결핵에 걸려 25세 한창 나이로 피를 토하고 세상을 뜨자 크게 절망한 나머지 몇 주일 간이나 아내의 무덤가를 떠나지 못하고 목놓아 울었다고 한다. 억장이 무너지는 슬

품에 겨운 그야말로 처절한 울부짖음이었을 것이다. 그 후 자포자기 심정에 빠진 그는 극심한 우울증에 시달리며 술에만 의지해 지내다가 어느 날 갑자기 종적을 감추고 말았는데, 엉뚱하게도 백주 대낮 볼티모어 거리 한가운데서 의식을 잃고 쓰러진 상태로 발견되어 병원으로 옮겨졌지만 끝내 숨지고 말았다.

그런데 그가 최후를 맞이한 곳은 공교롭게도 얼굴조차 기억하지 못하는 아버지의 고향으로, 어릴 때부터 떨어져 지낸 형 헨리 역시 알코올 중독자가 되어 24세라는 젊은 나이로 볼티모어에서 죽었으니 술꾼의 두 아들이 술꾼 아버지의 고향을 찾아 생을 마친 셈이다. 지독한 술꾼이었던 아버지는 포가 태어나자마자 처자식을 버리고 행방을 감춰버린 후 폐결핵으로 죽었으며, 아버지가 사라진 지 불과 일 년 후에는 생활고에 시달리던 어머니마저 결핵으로 피를 토하고 세상을 뜨는 바람에 두 살이라는 젖먹이 시절에 이미 천애고아가 된 포는 결국 다른 집에 입양되어 자랐으니 참으로 불행한 운명을 타고난 작가였다고 할 수 있다.

무소르그스키

러시아의 국민악파 5인조에 속한 작곡가 **무소르그스키**(Modest Mussorgsky, 1839-1881)는 42세라는 한창 나이로 상트페테르부르크의 제국육군병원에서 세상을 떴는데, 그 나이가 되도록 결혼도 하지 않고 미혼상태였던 그는 숨을 거두기 직전에도 어머니를 찾았다고 한다. 원래 부유한 지주의 아들로 태어난 그는 어려서부터 어머니와 매우 밀착된 관계를 유지했는데, 1865년 사랑하던 어머니가 갑자기 세상을 떠나자 크게 상심한 나머지 우울증에 빠져 폭음하기 시작했다.

원래 풍족한 지주의 아들로 태어나 어려서부터 어머니에게 직접 피아노를 배운 그는 가문의 전통에 따라 사관학교를 졸업하고 근위연대에 복무하는 군인이 되었지만, 당시 농노해방으로 집안이 몰락하자 군대생활을 청산하고 관리가 되었으며, 점차 음악에 관심을 갖고 발라키레프에게 작곡을 배웠다. 하지만 어머니의 죽음에 크게 충격을 받은 데다 자신이 작곡한 〈민둥산의 하룻밤〉이 발라키레프에게 퇴짜를 맞자 다시 우울증과 폭음에 빠지게 되었는데, 당시 그런 모습의 그를 두고 주위 동료들은 어리석은 바보라고 놀려댔다고 한다.

겉으로 보기에 거칠고 투박한 풍모를 지니고 있음에 반해 속으로는 매우 여리고 상처받기 쉬운 특성을 지녔던 그는 어머니를 잃은 상실감과 외로움을 견디지 못한 나머지 항상 주위에 시끌벅적한 술꾼들과 함께 있어야 마음을 놓는 상태로, 밤낮을 가리지 않고 술꾼들과 어울려 진탕 마셔대기만 했는데, 알코올 중독으로 빨간 딸기코가 되기까지 몸을 망치면서도 도저히 술을 끊을 수 없게 되었다. 술 때문에 여러 차례 경련 발작까지 일으키는 상태에 도달하자 더욱 자포자기 심정에 빠진 그는 결국 폐렴이 악화되어 일찍 생을 마감하고 말았다.

19세기 프랑스의 화가 **로트렉**(Henri de Toulouse Lautrec, 1864-1901)은 어려서부터 병약한 데다가 다리까지 다쳐 더 이상 자라지 못하고 난쟁이가 되었다. 비록 귀족의 후예로 태어났으나 부모가 일찍 별거하는 바람에 주로 유모의 손에 의해 자란 그는 귀족사회의 위선에 강한 반감을 지니고 자유분방하게 살아가는 서민들의 애환을 담은 그림들을 많이 남겼는데, 그 대상은 서커스, 놀이터, 술집, 가수, 창부, 무도장 등이 주를 이루었다.

항상 헐렁한 바지 차림에 롱코트와 중절모자를 걸치

로트렉

고 술에 절어 있는 상태에서 지팡이를 짚고 다니며 사창가나 드나드는 기이한 행적을 벌이는 귀족 출신 화가의 모습은 당시 몽마르트에서 매우 특이한 명물로 손꼽히기에 족했다. 특히 그는 여성들의 풍만한 젖가슴에 파묻힌 상태에서 오뚝 선 콧날의 콧구멍을 올려다보는 순간 가장 큰 희열을 느꼈다고 하는데, 모성적인 그리움에 대한 퇴행적인 몸짓의 일부가 아니었을까 짐작되기도 한다.

비록 그는 난쟁이로 사람들의 조롱거리가 되기도 했지만, 몽마르트 환락가의 술집 물랭루주에 고용되어 무제한 술을 제공받는 대가로 그림을 그려주었는데, 종류를 가리지 않고 술을 마셔댄 결과 알코올 중독에 빠지고 말았다. 결국 36세라는 젊은 나이로 사망하기 직전 잠시 요양원 신세를 지기도 했으나 방탕한 생활로 얻은 매독과 알코올 중독의 합병증으로 끝내 숨을 거두고 말았다. 그런 무절제한 생활태도 자체가 자포자기 심정에서 비롯된 매우 자학적인 몸짓이었기 쉽다. 그가 죽으면서 내뱉은 마지막 말은 '바보 같은 늙은이'였는데, 이는 마치 자신의 아버지를 염두에 둔 말처럼 들린다.

오 헨리

소설 《마지막 잎새》로 유명한 미국이 낳은 단편소설의 귀재 **오 헨리**(O. Henry, 1862-1910)는 기막힌 반전과 유머로 대중적인 인기를 끌었으나, 개인적으로는 참으로 기구한 운명을 살다 간 천재 작가다. 의사의 아들로 태어난 그는 불과 세 살 때 어머니를 잃고 외롭게 자랐으며, 그 후 성인이 되어 여러 다양한 직업을 전전하며 지내다가 당시 17세 소녀 아돌 에스티즈를 만나 사랑에 빠지면서 구혼했으나, 그녀의 어머니가 딸이 결핵을 앓고 있다는 이유로 결혼에 반대하자 그녀와 함께 도망쳐 결혼을 강행하고 말았다.

하지만 딸까지 낳고 나름대로 행복한 시절을 보내며 소설을 쓰기 시작할 무렵, 과거에 근무했던 회사의 공금 횡령 사실이 드러나 법정에 고발당하는 사태가 일어나자 해외로 도주했다가 1년 만에 아내가 결핵으로 죽어간다는 소식을 듣고 어쩔 수 없이 귀국해 자수하고 말았다. 결국 아내의 임종을 맞이한 후 자책감에 빠진 그는 5년형을 선고받고 오하이오 교도소에 수감됐다. 참담한 심경으로 죄수생활을 보내면서 비로소 '오 헨리'라는 가명을 사용해 자신의 특기인 단편소설을 쓰기 시작한 그는 사십을 바라보는 나이에 모범수로 풀려났는데, 그때 비로소 딸 마가렛과 상봉할 수 있었지만, 그때까지 그녀는 아버지가 감옥에 있었다는 사실조차 까맣게 모르고 있었다.

그 후 뉴욕으로 가서 왕성한 창작욕을 불태우며 무려 380편에 달하는 소설을 썼으나, 대중적인 인기에도 불구하고 비평가들로부터는 혹평을 받았다. 실의에 빠진 그는 오로지 술에 의지해 세월을 보내기 시작했으며, 말년에 이르러서는 어릴 적 소꿉친구였던 사라 콜맨과 재혼까지 했으나 그녀는 극심한 우울증과 알코올 중독에 빠져 거의 폐인처럼 지내던 그를 견디지 못하고 얼마 가지 않아 가출해 버렸다. 결국 홀로 남은 오 헨리는 간경화와 당뇨병, 심장병 등의 합병증이 겹친 상태로 일찍 세상을 뜨고 말았다.

프랑스의 작곡가 **에릭 사티**(Erik Satie, 1866-1925)는 정통 기법에서 벗어난 아방가르드적 작품 성향뿐 아니라 괴팍한 성격과 은둔적인 삶의 스타일 면에서도 매우 특이한 인물에 속한다. 평소 술에 의지해 살았던 그는 59세 나이에 간경화로 죽을 때까지 결혼도 하지 않고 독신으로 지냈는데, 그가 죽은 후 그동

에릭 사티

안 한 번도 공개된 적이 없던 그의 골방에서는 사방에 흩어져 있는 미발표

작품들이 친구들에 의해 발견되었으며, 그중 일부는 사후에 정리되어 발표되었다. 더욱 기괴한 것은 2층으로 쌓아 올린 피아노 두 대와 그중 하나를 수많은 편지와 소포꾸러미 보관함으로 사용했다는 점이다. 더욱이 그 방에서는 엄청난 양의 우산들이 쌓여있는 것이 발견되어 괴짜다운 그의 면모를 유감없이 드러내기도 했다.

생계를 위해 어쩔 수 없이 카바레에서 피아노를 연주하며 지낸 그는 당시 몽마르트 화단의 히로인이었던 한 살 연상의 미혼모 수잔 발라동과 하룻밤을 보낸 뒤 그녀에게 깊이 빠져서 순진하게도 청혼까지 했으나 일언지하에 거절당하고 말았는데, 바로 옆방에 살던 그녀가 다른 데로 이사해 떠나버리자 참담한 심경에 빠지면서 독한 술에 의지해 실연의 아픔을 달래야만 했다.

결국 오랜 세월 고립된 상태에서 알코올 중독에 빠진 그는 간경화로 세상을 뜨고 말았는데, 발라동과 나눈 사랑은 그의 생애 처음으로 가져본 유일한 애정관계였다. 일찍 어머니를 여의고 외롭게 자란 탓에 사람들과 어울리는 일에도 몹시 서툴렀던 그는 결코 한 남자에 만족하지 못하는 발라동의 방종한 기질에 농락당한 셈이 되고 말았다. 세상 물정에 몹시 어둡고 순진하기만 했던 그는 그렇게 30년이 넘는 세월을 홀로 술에 젖어 지내다 외롭게 세상을 떠난 것이다.

로버트 스미스(왼쪽)와 빌 윌슨(오른쪽)

알코올 중독이라고 하면 금주동맹 이야기를 빼놓을 수 없다. 세계 최초로 금주동맹을 창설한 주인공은 **빌 윌슨**(Bill Wilson, 1895-1971)과 닥터 밥이라는 별명으로 알려진 대장 전문 외과의사 **로버트 스미스**(Robert Smith, 1879-1950)로, 이들은 함께 힘을 합쳐 수백만의 알코올 중독자들의 재활을 위해 일생을 바친 인물들이다. 한때 고질적인 알코올 중독에 빠졌던 두 사람은 자신들의 뼈아픈 체험을 바탕으로 알코올 중독자들의 재활을 위해 기독교 신앙에 기초한 영적 프로그램을 개발하고 1935년 오하이오 주 애크론 시에서 익명의 알코올 중독자 모임(Alcoholics Anonymous: AA)을 결성해 전국적인 운동으로 확대시켜 나갔다.

로버트 스미스는 어려서부터 강요된 예배에 진저리를 친 나머지 종교와는 담을 쌓겠다고 다짐했으며, 의대생 시절부터 술독에 빠져서 항상 유급할 위기를 맞이하곤 했다. 가까스로 의대를 졸업한 그는 결혼 후 대장 전문의로 개업했으나 술을 끊지는 못했다. 금주를 위해 여러 요양소를 찾기도 하고, 당시 단행된 금주법에 기대를 걸어보기도 했으나 의료용 알코올과 밀주때문에 그런 다짐은 물거품이 되고 말았다. 가족 부양에 대한 책임감과 술에 대한 갈망 사이에서 벌어진 치열한 갈등상태는 그 후 17년이나 계속되며 그를 괴롭혔다.

하지만 스미스가 완전히 금주에 성공한 것은 1935년 빌 윌슨을 만나고서부터였다. 실패한 사업가로 알코올 중독자였으나 금주에 성공한 빌 윌슨과 대화를 나눈 후 술을 끊게 된 스미스는 한 달 만에 다시 술을 입에 대기 시작했지만, 금단증상을 없애기 위해 윌슨이 제공한 맥주 한 잔을 마시고 다시 기운을 차린 뒤부터 죽을 때까지 술을 입에 대지 않았다. 비록 스미스는 대장암으로 사망하긴 했지만 15년간 금주에 성공했다.

스미스의 금주를 돕고 그와 함께 금주동맹을 창립시킨 빌 윌슨은 어려서 부모에게 버림받고 외할머니 밑에서 자랐는데, 사춘기 시절 그의 첫사랑이 었던 소녀가 수술 합병증으로 죽게 되자 그때부터 우울증을 앓기 시작했다. 학업을 중단하고 군대에 입대한 후 알코올 중독에 빠지기 시작한 그는 군에서 제대한 뒤 대학에 복귀했으나 이미 알코올 중독에 빠져서 학업을 마칠수 없었다. 그 후 주식중개인 노릇을 했으나 술 때문에 사업에도 실패를 거듭했으며, 수차례 병원에도 입원했지만 아무런 소용이 없었다.

그러던 중 오랜 술친구 한 사람이 신앙모임을 통해 금주에 성공한 모습을 보고 다시 병원에 입원한 그는 그곳에서 영적인 체험을 통해 완전히 술을 끊게 되었다. 그 후 윌슨은 신앙모임에 나가 다른 중독자들을 돕기 시작했는데, 그중 한 사람이 바로 로버트 스미스였다. 결국 두 사람은 의기투합해 영적 프로그램을 개발하고 금주동맹의 기본 원칙과 12단계 지침을 마련해 공동체 의식을 높이는 데 주력했으며, 자신들이 전면에 직접 나서지 않고 단지 닥터 밥, 빌 W.라는 익명을 계속 유지하면서 자조그룹으로서의 특성을 더욱 살려 나갔다.

무스타파 케말 아타튀르크

'케말 파샤'라는 이름으로 더 잘 알려진 터키 건국의 아버지이자 초대 대통령을 지낸 **무스타파 케말 아타튀르크**(Mustafa Kemal Atatürk, 1881-1938)는 지금까지도 터키에서는 국부로 추앙받는 존재다. 어린 나이에 부모의 뜻을 거스르고 군사학교에 들어간 그는 군인의 길을 걸으며 탁월한 지도력을 발휘했는데, 특히 제1차 세계대전 당시 숱한 사상자를 낸 갈리폴리 전투에서 영불 연합군을 격파하고 대승을 거두면서 그 후부터 지도자라는 뜻의 '파샤'라는 칭호가 붙은 이름 케말 파샤로 세상에 널리 알려졌다. 하지만 현재 터키에서는 '터키의 아버지'라는 뜻으로 '아타튀르크' 호칭을 붙여 사용하고 있다.

1923년 무혈혁명을 일으켜 오스만 제국을 멸망시킨 그는 공화제를 선포하고 초대 대통령에 취임했으며, 이슬람 국가 최초로 대대적인 개혁에 들어가 이슬람력 사용과 아랍문자 표기법, 일부다처제를 모두 폐지하고 남녀평등을 실천해 여성의 교육권과 선거권을 보장하는 한편 여성들의 복장도 해방시켰다. 그런 혁신적인 여성 정책에는 그의 아내 라티페의 영향이 컸던 것으로 알려지고 있지만, 이들 부부는 불화가 심해 불과 2년 6개월 만에 헤어지고 말았다. 그 후 죽을 때까지 혼자 외롭게 지낸 그는 자식이 없어 무려 13명의 아이들을 입양시켜 키우기도 했다. 그는 집권 15년째 되는 해에 대통령 관저에서 57세 나이로 숨을 거두었는데, 평소 지독한 술꾼이었던 그는 무슬림 사회에서는 매우 이례적으로 매일 술을 마셨으며, 결국 간경화로 생을 마감하고 말았다.

유진 오닐

1936년 노벨 문학상을 수상한 **유진 오닐**(Eugene O'Neill, 1888-1953)은 미국을 대표하는 극작가로 그의 희곡들은 대부분 꿈과 이상을 실현하려고 애쓰다가 결국에는 현실에 대한 환멸과 절망에 빠져 몰락하는 등장인물을 통해 작가 자신의 염세주의를 드러낸 비극이 주종을 이룬다. 오닐은 뉴욕의 브로드웨이에 있는 한 호텔에서 배우의 아들로 태어났는데, 공교롭게도 죽을 때역시 호텔에서 생을 마쳤다. 당시 그는 혼자 중얼거리듯 "난 알고 있었지. 호텔에서 태어나 호텔에서 죽으리라는 걸."이라는 말을 마지막으로 남기며 죽었다고 한다.

젊은 시절부터 우울증과 알코올 중독에 시달린 오닐은 대학을 중퇴한 후 한동안 선원생활을 하며 지내다가 거친 선상활동 때문인지 폐결핵에 걸려 요양소 신세를 지게 되었는데, 그때부터 극작가가 되기로 결심하고 극단에 뛰어들어 활동하기 시작했다. 하지만 당시 그는 3년에 걸쳐 부모와 형을 연이어 잃는 아픔을 겪어야 했으니, 알코올 중독자였던 아버지는 교통사고를 당한 후 장암으로 죽었으며, 약물 중독자였던 어머니는 뇌종양으로, 그리고 형 제이미는 알코올 중독으로 젊은 나이에 죽었다. 특히 어머니는 셋째 아들 유진 오닐을 낳을 때 모르핀 주사를 맞은 이래 심한 약물 중독에 빠져 오랜 기간 고생하기도 했다.

이처럼 오닐은 극작가로 데뷔한 시점에 부모와 형을 모두 잃고 엄청난 상실감에 빠지기도 했으나 그의 시련은 거기에 그치지 않았는데, 세 번에 걸친 불행한 결혼생활을 통해 자식들과의 불화도 끊이지 않았다. 아들 유진 오닐 주니어는 아버지처럼 알코올 중독으로 고생하다 아버지가 죽기 3년 전에 40세 나이로 자살해 버렸으며, 헤로인 중독에 빠져 자살을 기도하는 등 말썽을 부리던 차남 셰인도 결국 아버지와 절연한 상태로 살았다. 게다가 딸 우나는 18세 때 아버지의 반대를 무릅쓰고 당시 54세였던 희극인 찰리 채플린과 결혼을 강행함으로써 그 이후로 딸과의 인연도 끊고 살았으니 말년의 오닐은 무척이나 외로웠을 것이다. 더군다나 고질적인 우울증과 알코올 중독에 시달린 그는 50대에 접어들면서 수전증이 심해져 도저히 작품을 쓸 수 없게 되면서 자전적인 희곡 《밤으로의 긴 여로》를 마지막으로 더 이상 이렇다 할 작품을 남기지 못하고 말았다.

엘리엇 네스

영화 〈언터처블〉의 실제 모델로 잘 알려진 **엘리엇 네스**(Eliot Ness, 1903-1957)는 금주법과 경제대공황으로 미국사회 전체가 극도의 혼란상태에 빠져 있던 시기에 마피아계의 거물 알 카포네를 감옥에 보낸 전설적인 수사관이다. 당시 그는 재무부 소속의 금주법 단속 수사관으로 일하면서 '언터처블'이라는 별명으로 불리던 수사팀을 이끌고 그 누구도 감히 손대지 못하던 알 카포네의 비리를 캐내어 유죄선고를 받게 만든 장본인이었으나, 정작 본인 자신은 그 후 마땅한 일자리를 찾지 못해 전전긍긍하는 가운데 알코올 중독에 빠져 지내다 심장발작을 일으키고 자신의 집에서 급사하고 말았다.

알 카포네를 감옥에 보낸 후 금주법이 폐지되면서 클리블랜드로 옮겨 도시 안전 감독관으로 일한 그는 아내와도 헤어지고 지나치게 혁신적인 범죄와의 전쟁을 밀고 나감으로써 오히려 시민들의 강한 반발을 샀으며, 당시 언론에서도 그의 이혼 사실과 음주벽, 더 나아가 음주운전으로 인한 사고 경력까지 폭로하는 등 그에 대한 부정적인 측면을 부각시키며 그의 사퇴를 요구하기도 했다. 이처럼 상황이 불리한 쪽으로 전개되자 그의 입지는 날이 갈수록 위축될 수밖에 없었으며, 한동안 사업계에 진출하기도 했지만, 그 일마저 실패하고 말았다. 더군다나 애정관계도 여의치 않은 데다 자식마저 없었던 그는 두 번째 이혼하고 다시 재혼까지 했으나, 마지막으로 근무하던 경호 회사에서도 해직당해 체면이 말이 아니었다.

심기일전을 노린 그는 자신의 과거 경력만 믿고 무모하게 클리블랜드 시장 선거에 나서기도 했으나 시민들이 그에게 등을 돌리는 바람에 참패하고 말았다. 설상가상으로 빚더미에 올라앉은 그는 실의에 빠진 나머지 폭음으로 괴로움을 떨치고자 했으며, 술집에 틀어박혀 자신의 지난 무용담이나 들려주는 신세로 전락하고 말았다. 그는 자신의 무용담을 들려줄 자식이 없어 아쉬움이 컸던지 양자까지 들였는데, 처자식을 먹여 살리기 위해 햄버거용 고기 외판원, 서점 직원 등 닥치는 대로 일해야 했으니 자신의 존재를 알아주지 않는 세상인심이 무척이나 원망스러웠을 것이다.

영국 웨일스 출신의 시인 **딜런 토머스**(Dylan Thomas, 1914-1953)는 세상의 온갖 위선과 폭력을 질타하는 언행과 시어로 폭발적인 인기를 끌었으며, 특히 제2차 세계대전 이후 수차례 미국을 방문해 강연과 시낭송으로 젊은이들의 우상이 되었다. 전설적인 포크가수 밥 딜런도 그의 시에 매료되어 자신의 예명을 딜런으로 지을 정도였다. 하지만 아이러니하게도 술독에 빠져

딜런 토머스

지낸 딜런 토머스가 일찍 세상을 뜬 반면에, 그를 우상으로 여기고 그의 이름을 본떠서 예명까지 만들었던 가수 밥 딜런은 딜런 토머스가 죽은 지 60여 년이 지나 노벨 문학상을 탔으니 세상일은 참으로 묘하다고 하겠다.

평소 매우 일탈적인 행동과 지독한 음주벽으로 유명한 딜런 토머스는 미국 방문길에 이미 건강이 말이 아닌 상태였음에도 온종일 폭음을 계속했으며, 무대에 오르기 직전까지 술을 마신 그의 모습에 시낭송회를 주최한 측은 곤혹감을 감추지 못했다고 한다. 심지어는 호텔 침대에서도 술잔을 손에서 놓지 않았다고 하는데, 결국 39세 생일파티를 보낸 지 얼마 가지 않아 그는 의식을 잃고 병원 응급실로 옮겨졌으나 끝내 소생하지 못하고 말았다.

항간에는 그가 마지막으로 남긴 말이 "방금 위스키 스트레이트 열여덟 잔을 마셨지. 이건 기록이야."라며 자랑을 한 것으로 알려지기도 했다. 그의 사망 소식을 듣고 황급히 영국에서 뉴욕으로 날아온 아내 케이틀린은 이성을 잃은 나머지 병원에서 술에 취해 난동을 부리다가 정신병원에 실려 가는 추태를 보였다고 했다. 과연 술꾼의 아내다운 모습이 아닐 수 없다. 그녀는 그 후 40년을 더 살다가 80세를 일기로 사망했는데, 그녀 역시 알코올 중독에 시달리며 정신병원에 수차례 입원하기도 했다.

20세기 비트 문학을 대표하는 미국의 소설가 **잭 케루억**(Jack Kerouac, 1922-1969)은 반문화적, 반항적 색채가 짙은 소위 비트 제너레이션을 주도한 작가로, 젊은 시절 대학 재학 중에 돌연 학업을 중단하고 여기저기를 떠돌다가 제2차 세계대전이 발발하자 해군에 지원했으나 군의관으로부터 현실 적응에 어려움이 많은 분열성 인격장애(schizoid personality disorder) 진단을 받고

군대생활에 부적합하다는 판정으로 강제 퇴역을 당하
기도 했다.

잭 케루억

그 후 케루억은 7년에 걸쳐 배를 타고 대서양과 지중
해를 떠돌아다니거나 도보로 미국 서부와 멕시코를 여
행하며 세월을 보냈는데, 그 동안에 친구인 루시안 카
의 살인사건 공범으로 몰려 경찰에 체포되는 우여곡절
을 겪기도 했다. 그런 방랑생활의 체험을 소설《노상에
서》를 통해 여과 없이 묘사함으로써 큰 반향을 일으키
며 일약 문단의 총아로 등장한 그는 하루아침에 유명작가의 반열에 오르게
되었는데, 이 소설은 곧 비트족의 바이블이 되었을 뿐만 아니라 히피문화에
도 큰 영향을 주게 되었다. 그는 비록 반문화를 대변하는 '비트 제너레이션'
이라는 용어를 직접 만든 장본인이기도 했으나, 정작 본인은 '비트 세대의
왕'이라는 칭호를 그다지 달가워하지 않았다. 무분별한 마약과 섹스를 찬미
한다는 오명이 너무도 부담스러웠기 때문이다.

실제로 그는 매우 소심하고 겁이 많은 인물이었으며, 스스로 신앙심이
돈독한 가톨릭 신자라고 믿었는데, 6세 때 이미 신의 계시를 받은 것으로 주
장하기도 했다. 더군다나 현실 적응에 어려움을 느끼고 글 쓰는 일 외에는
일정한 직업을 가져 본 적도 없었다. 유명작가로 성공한 그는 곧바로 세상
의 이목을 끌게 되었으나 오히려 그런 지나친 관심을 몹시 부담스러워 했으
며, 대중 앞에 나서는 일을 몹시 꺼렸는데, 마지못해 출연한 TV 프로에서도
그는 진땀을 흘리며 안절부절못하는 모습을 보일 정도로 매우 소심하고 수
줍음을 많이 타는 인물이었다. 말년에 이르러 플로리다에 정착한 그는 뇌졸
중으로 거동이 불편해진 어머니를 직접 모시고 살면서 창작에 몰두하기도
했으나, 거실에서 독한 위스키를 마시며 작업하던 중에 갑자기 피를 토하며
쓰러지고 말았다. 고질적인 알코올 중독으로 인해 간경화에 시달리다가 결

국에는 식도정맥류 파열로 생을 마감한 것이다.

트루먼 커포티

미국의 소설가 **트루먼 커포티**(Truman Capote, 1924-1984)는 소외된 인간의 고독과 공상적 세계를 화려한 문체로 표현한 작품으로 유명하다. 윌리엄 포크너의 뒤를 잇는 남부 문학의 대표자로 주목받으며 일약 인기작가로 데뷔했으나, 그렇게 대중적 인기를 등에 업은 화려한 삶도 그의 근원적인 고독과 공허감을 떨쳐 주지는 못했다. 그런 이유로 항상 약물과 알코올 중독에 빠져지낸 그는 결국 환각 증세를 동반한 경련발작에 시달리다 끝내 숨지고 말았는데, 59세로 생을 마감하기까지 독신이었다. 왜냐하면 동료 작가 잭 던피와 오랜 기간 연인관계를 유지했던 동성애자였기 때문이다. 화장한 그의 재 일부는 잭 던피가 보관하고 있다가 나중에 잭 던피가 죽었을 때 사람들이 두 사람의 재를 함께 섞어 뉴욕의 한 연못에 뿌려주었다고 한다.

그는 상습적인 약물 복용과 알코올 중독으로 말년에 이르러서는 수시로 약물 재활 클리닉을 드나들었으며, 그렇게 망가진 그의 모습이 일반 대중에 알려지게 되자 그에 대한 인기도 시들해지고 말았다. 당시 그는 한 라디오 토크쇼에 출연해 "약물과 알코올 중독 문제를 해결하지 못하면 어떻게 될 것 같으냐?"는 질문을 받는 자리에서 자신은 스스로 목숨을 끊게 될 것이라고 응수하기도 했다. 그는 수시로 중독된 상태에서 과속운전을 하는 바람에 운전면허가 취소되기도 했는데, 실제로 그것은 자살행위나 다름없었다. 결국 환각 증세를 동반한 간질발작으로 병원에 입원해 검사를 받은 그는 뇌 촬영 결과 대뇌 위축이 심각하다는 사실을 알게 되었지만, 이미 손을 쓸 수 없는 단계에 이르고 있었다. 그런 상태에서도 커포티는 당시 테네시 윌리엄스가

한 호텔에서 자살했다는 소식을 듣고 그를 추모하는 에세이를 발표하기도 했는데, 바로 그 이듬해 커포티도 생을 마감했다.

영화사에 길이 남을 영국의 명배우 **리처드 버튼**(Rich-  ard Burton, 1925-1984)은 할리우드의 세기적인 미녀 배우 엘리자베스 테일러와 두 번이나 결혼해 화제를 모았으 나, 간경화, 신장질환, 피부병, 관절염 등 온갖 질병에 시달리면서도 치료를 제대로 받지 않았을 뿐만 아니라 엎친 데 덮친 격으로 알코올 중독에 하루 담배 4갑 이상 을 피우는 엄청난 골초이기도 했다.

리처드 버튼

영국 남부 웨일스의 탄광촌에서 술주정뱅이 광부의 아들로 태어난 그는 갓난아기 시절에 어머니를 여의고 큰누나 부부의 보살 핌을 받으며 자랐는데, 술과 도박에 미쳐 가정을 거의 돌보지 않은 아버지 에 대한 반감이 얼마나 컸던지 성인이 된 후로는 학창 시절 자신을 친자식 처럼 아껴준 은사 필립 버튼 선생의 이름을 따라 리처드 버튼으로 개명까지 했으며, 아버지 장례식에 참석조차 하지 않을 정도였다.

그런 반항심 때문에 이미 8세 때부터 담배를 피우기 시작한 데다 소년 시 절 학업을 중단한 채 힘겨운 탄광 일을 하면서부터는 술까지 입에 대기 시작 했다. 그런 습관은 성인이 되어 더욱 심해져서 온종일 쉬지 않고 무려 100개 비의 담배를 피우는가 하면 술잔도 거의 손에서 놓지 않게 되었다. 하지만 어려서부터 시작한 술과 담배로 자신의 몸을 오랜 세월 혹사시킨 결과 건강 을 해친 나머지 뇌출혈을 일으켜 환갑을 넘기지도 못하고 58세 나이로 세상 을 뜨고 말았다.

로널드 랭

정신의학의 역사에서 영국의 정신과의사 **로널드 랭**(Ronald David Laing, 1927-1989)만큼 엄청난 파란을 일으킨 인물도 그리 흔치 않을 듯하다. 한때 본인 자신이 정신과의사이면서도 반정신의학 운동의 기수가 되어 정신분열증이란 사회가 만들어 낸 허구에 불과한 것으로, 실제로 존재하지 않는 질병이라는 급진적 견해를 내세움으로써 정신의학계를 매우 당혹케 만든 장본인이었으니 그럴 만도 했다. 심지어 그는 정신분열증이란 광기의 사회에 대한 정상적인 반응으로 간주하기까지 했으나, 오늘날 정신분열증의 뇌 생리-화학적 원인이 밝혀짐에 따라 그의 주장은 실로 허무맹랑한 해프닝으로 끝나고 말았다. 당시 그의 견해는 반문화적 무정부주의자나 신좌파 사상가들로부터 열렬한 지지와 성원을 받으며 영웅적인 대우를 받기도 했다.

하지만 그는 의대생 시절부터 이미 알코올 중독에 가까운 상태를 보여 술에 취한 나머지 대학 당국을 상대로 말썽을 일으킨 탓에 마지막 졸업시험에 실패하기도 했다. 그런 우여곡절 끝에 가까스로 의사 자격을 따고 정신과의사가 된 그는 매우 급진적이고도 혁신적인 이론을 내세워 사회적 유명인사가 되었으나, 개인적으로는 알코올 중독과 우울증에 시달려야 했는데, 말년에 이르러 BBC 방송 프로에서 자신의 상태를 스스로 인정하는 발언을 한 후로는 병원협회로부터 의료행위 금지 처분을 받기도 했다. 당시 그는 환자들에게 환각제 LSD를 복용하게 만들거나 심지어는 자신이 술에 취한 상태에서 환자를 때리기도 했으니 당연한 조치였다. 그 후 그는 인도로 영적인 순례를 다녀오기도 했지만, 얼마 지나지 않아 동료들과 함께 테니스를 치던 중에 갑자기 심장발작을 일으키며 쓰러져 곧바로 숨지고 말았다.

구소련에서 반체제 저항가수로 활동한 **비
소츠키**(Vladimir Vysotsky, 1938-1980)는 울부짖
고 분노하며 절규하는 음성으로 사람들의 폐
부를 찌르는 매우 도발적인 내용의 노래로
유명하다. 그가 부른 반체제적인 노래들이
입소문을 타고 소련 전역에 널리 퍼지면서
점차 대중적인 인기를 얻게 되자 곧바로 소

비소츠키

련 정보기관의 감시를 받기에 이르렀으며, 결국에는 소련 당국의 철저한 감
시와 단속으로 그가 부른 700여 곡의 노래들은 죽을 때까지 세상에 공개될
수 없었고, 소련 내에서는 단 한 장의 음반도 낼 수가 없었다.

그런 암울한 여건에서 알코올 중독에 빠져 지낸 그는 결국 술을 끊기 위
한 방편으로 마약에 의존하기 시작했으나, 그것이 오히려 최악의 선택이 되
고 말았다. 약 기운이 떨어지면 금단증상으로 안절부절못해 고통에 몸부림
치며 소리치다가 술과 마약을 구하러 차를 몰고 거리를 전력 질주하는 그의
모습은 그야말로 위험천만하기 그지없는 상태였으며, 실제로 그는 충돌사
고를 일으켜 경찰에 체포당했다가 풀려난 적도 있었다.

결국 그는 여러 차례 심장 발작을 일으키다가 1980년 모스크바 올림픽이
개최되고 있던 시점에 자신의 아파트에서 눈을 뜬 상태로 숨을 거두었다고
하는데, 당시 그의 나이 42세였다. 그가 사망한 이후 고르바초프 정권이 들
어서면서 비로소 그의 시와 노래들의 출판 및 공연이 허용되었으며, 그동안
불법 테이프를 통해 그의 존재를 익히 알고 있던 대중의 뜻에 따라 비소츠
키 거리가 지정되고 그를 기념하는 동상도 세워지게 되었다.

현실도피의 지름길
약물 중독

　　약물 중독은 20세기 후반에 이르러 가장 골치 아픈 사회적 문제로 등장했지만, 19세기는 특히 중국에서 아편전쟁까지 벌어질 정도로 아편 중독이 절정에 달한 시기였으며, 중국 전역에 걸쳐 아편굴이 성행하기도 했다. 당시 청나라에서는 힘겨운 노동을 하는 하층민들 사이에서 고통을 덜어주는 아편이 큰 인기를 얻고 걷잡을 수 없이 퍼져나가자 중국에 아편을 수출해 재미를 보던 영국과 이를 단속하려던 청나라 사이에 충돌이 벌어진 것이다. 아편전쟁의 승리로 홍콩까지 차지한 영국은 그 후에도 수차례 청나라와 충돌을 빚었다.

　　아편의 역사는 실로 오래되어서 고대 수메르 문명과 이집트에서도 아편을 생산했다는 기록이 있으며, 당시부터 이미 아편은 진통 목적의 약제로

약물 중독

1. 특징
- 현대에 이르러 가장 심각한 사회문제로 등장했다.
- 현대 문명의 부작용이다.
- 현실 도피의 수단이 된다.
- 심각한 금단증상이 나타난다.
- 청소년의 성장에 악영향을 미친다.

2. 증상 및 진단 기준
- 약물 효과에 강한 집착
- 의지력 약화
- 충동조절 실패
- 현실감의 상실
- 불안, 초조 등의 금단증상

이용되었음을 알 수 있다. 하지만 아편뿐 아니라 코카인 역시 고대부터 페루 원주민이 코카나무 잎을 통해 채취했으며, 특히 중세 스페인 정복자들의 은광 채취에 강제 동원된 원주민 노역자들이 힘겨운 노동을 이겨내기 위해 코카 잎을 씹으며 일했다고 하는데, 이런 점에 창안해 미국에서 청량음료 코카콜라를 개발한 것이다. 19세기 말에 프로이트도 코카인의 마취효과에 대해 연구한 적이 있다.

하지만 이처럼 자연에서 채취한 것이 아니라 화학적으로 합성된 환각제의 개발은 20세기 중반 스위스의 화학자 알베르트 호프만에 의해 개발된 LSD가 최초였다. 물론 처음에는 의학적 치료용으로 다양한 실험이 이루어지기도 했지만, 당시 실험에 참가했던 작가 올더스 헉슬리는 죽을 때까지 LSD 중독에서 벗어나지 못하고 말았다. 더군다나 LSD는 1960년대 히피문화를 통해 미국 전역으로 급속히 확산되면서 심각한 사회문제로까지 번지게 되었는데, 코카인, 헤로인, 마리화나와 더불어 정신건강뿐 아니라 신체적으로 치명적인 손상까지 초래하는 수가 많아서 미국에서는 마약과의 전쟁까지 선포하기에 이르렀다. 더군다나 마약은 범죄조직과도 깊이 연루됨으로써 건강을 위협하는 문제뿐 아니라 도덕적인 관점에서도 사회적 혼란을 초래하는 악의 온상이라 할 수 있다.

프로이트의 이론을 굳이 들먹이지 않더라도 모든 인간이 고통을 회피하고 쾌락을 추구한다는 사실은 부정하기 어려운 일이다. 그런 점에서 견디기 힘든 육체적 고통을 덜어주기 위해 모르핀 주사를 놓아주는 의사를 비난하는 사람은 거의 없다. 프로이트조차도 임종 시에 주치의가 모르핀을 주사해 편안히 잠든 사이에 숨을 거두지 않았는가. 하지만 치명적인 부작용을 무릅쓰고 마약이나 환각제에 의존해 현실로부터 도피하고자 하는 시도는 차원이 전혀 다른 문제다. 프로이트가 말한 타조 기제(ostrich mechanism)는 그런 현실 도피적 자기합리화를 가리킨 것으로, 위험에 쫓기던 타조가 모래 속에 머리를 처박고 스스로 안전하다고 안심하는 모습에 견준 용어다. 약물 중독에 빠진 사람들 역시 그런 타조의 어리석은 모습과 크게 다를 바가 없다고 할 수 있다.

역사적 인물 가운데 약물 중독에 시달린 선두 주자를 꼽자면, 19세기 영국 낭만주의 문학을 대표하는 시인 **콜리지**(Samuel Taylor Coleridge, 1772-1834)를 들 수 있다. 그는 목사의 아들로 태어나 한때는 북미 지역에 공산주의적 식민지를 건설하고자 꿈꾸기도 했으나 뜻을 이루지는 못했다. 비록 그는 완벽한 기교의 서정적인 시로 필명을 날렸지만, 가정불화와 아편 중독에 시달리며 극심한 죄의식에 사로잡혀 지내기도 했다. 오늘날의 기준

콜리지

으로 볼 때, 조울병을 앓은 것으로 추정되기도 하나, 그가 생존했을 당시는 그런 병명조차 존재하지 않았던 시절이었기에 매우 단편적인 기록만 갖고 단정 짓기는 무리가 있다. 다만 분명한 사실은 그가 아편에 중독된 몽롱한 상태에서 시를 썼으며, 수시로 불안과 우울 상태에 시달렸다는 점이다. 뿐만 아니라 어릴 때부터 잔병치레가 잦았던 그는 류마티스성 열로 오랜 기간 고생했는데, 그런 이유 때문에 더욱더 아편에 의지했다.

워즈워스와 더불어 호반 시인으로 불리며 아름다운 컴버랜드 호반에 정착한 그는 18개월 동안 워즈워스의 집에 식객으로 머문 적도 있으나 실로 골치 아픈 손님이었을 뿐이다. 왜냐하면 아편 중독자에다 밤마다 악몽에 놀라 소리를 지르는 바람에 아이들을 깨우기 일쑤였으며, 까다롭고 기이한 식성으로 워즈워스의 부인이 요리하는 데 몹시 애를 먹었기 때문이다. 예를 들어, 삶은 달걀에 고춧가루를 뿌리는가 하면 그것도 찻잔에 담아 먹는 식이었으니 워즈워스의 가족이 모두 힘겨워했을 수밖에 없다. 콜리지는 결국 아편 중독 때문에 아내와도 별거하기에 이르렀으며, 날이 갈수록 우울증도 심해졌다. 가족과도 떨어진 채 무려 18년간이나 담당 주치의가 살던 집 다락방에서 지내던 그는 61세 나이로 숨을 거두었다.

폴 고갱

프랑스의 후기 인상파 화가 **폴 고갱**(Paul Gauguin, 1848-1903)은 일찌감치 부모를 잃고 홀로 자수성가했으며, 성인이 된 후로는 오랜 기간 주식 중개인으로 일하다 화가의 길로 접어든 매우 특이한 경력의 소유자다. 한때 덴마크 여성과 결혼해 5남매를 낳고 코펜하겐에서 방수포 외판업으로 생계를 유지했으나 벌이가 시원치 않자 집에서 쫓겨나 파리로 돌아온 그는 고흐와 함께 지낸 아를에서도 순탄한 생활을 유지하기 어려웠다. 고흐의 정신상태가 온전치 못했기 때문이다. 결국 고흐와도 결별한 그는 서구 문명세계에 환멸을 느낀 나머지 멀리 남태평양의 타히티섬으로 떠나 버렸다.

비록 그는 현지 원주민 여성들과 함께 자유롭고 원시적인 삶을 만끽하고 살면서 열대 지방 토착민의 건강하고 순박한 인간미를 매우 밝고 강렬한 색채로 묘사함으로써 20세기 현대 회화에 지대한 영향을 끼친 것으로 평가되기도 하지만, 그렇게 열대의 섬에서 인습에 얽매이지 않고 토착민 여성들과 자유롭게 동거하며 후손들을 낳는 가운데 무절제한 생활로 인해 매독에 걸렸을 뿐만 아니라 마약 및 알코올 중독에 시달리다 54세 나이로 갑자기 생을 마감하고 말았다.

그가 죽었을 당시 그의 곁에는 아편 추출액 로다눔 빈병이 놓여 있었는데, 마약 과용에 의한 사망으로 추정된다. 최근 그의 치아를 대상으로 한 유전자 검사에서는 당시 매독 치료제로 사용하던 수은이 검출되지 않았기 때문에 그가 매독에 걸린 것이 아니라는 주장이 대두되기도 했지만, 설령 매독에 걸렸다 하더라도 그토록 외진 군도에서 적절한 치료를 받기는 어려웠을 것이다. 더군다나 말년에 이르러 그의 딸 알린이 갓 스물 한창 나이로 죽었다는 소식을 접한 후 더욱 자포자기 상태에 빠진 그는 한때 자살을 시도할 정도로 극심한 우울증에 시달리기도 했는데, 딸 알린의 죽음을 통해서 오래전에 세상을 떠난 어머니 알린의 모습을 떠올렸기 때문에 더욱 힘겨워했던 것으로 보인다.

이탈리아 출신의 유대인 화가 **모딜리아니**(Amedeo Modigliani, 1884-1920)는 파리에서 무명화가로 활동하다 결핵성 뇌막염으로 35세라는 젊은 나이에 요절한 천재적인 화가다. 원래 조각가를 꿈꿨으나 생계유지를 위해 어쩔 수 없이 회화로 전향한 그는 고향을 떠나 파리로 진출하자마자 큰 난관에 부딪

모딜리아니

히고 말았다. 당시 파리 화단을 주도하던 추상미술에 당혹감을 금치 못하고 실의에 빠지고 만 것이다. 결국 그는 술과 마약에 손을 댔으며 주위 동료들의 도움으로 간신히 생계를 꾸려나가야만 했다. 특히 같은 유대인 화가 막스 자코브, 샤임 수틴 등이 큰 힘이 되었으며, 화가 위트릴로와 시인 아폴리네르는 가장 가까운 술친구였다.

그렇게 술과 마약에 찌들어 살던 그가 새롭게 태어난 것은 화가 지망생 잔 에뷔테른을 만나 동거에 들어가면서부터였다. 그는 평소 즐기던 마약도 끊고 사람들과 다투는 일도 사라졌으며, 예전과 달리 매우 활발한 창작의욕을 불태웠는데, 생전에 모두 26점에 달하는 그녀의 초상화를 남길 정도로 천사 같은 아내 잔을 끔찍이 사랑했다. 하지만 행복도 잠시였을 뿐 안타깝게도 그의 행운은 거기서 끝나고 말았다. 평소 술과 마약에 찌든 그의 육체는 갑자기 엄습한 결핵성 뇌막염을 이겨내지 못하고 쓰러져 황급히 자선병원에 옮겨졌으나 불과 수일 만에 사망하고 말았다. 당시 남편의 몸에서 떨어지지 않으려고 몸부림치던 잔은 그가 죽은 지 불과 이틀 만에 남편의 뒤를 따라 만삭의 몸으로 아파트 5층에서 뛰어내려 자살하고 말았다. 당시 모딜리아니 35세, 에뷔테른은 21세였다.

오토 그로스

오스트리아의 의사 **오토 그로스**(Otto Gross, 1877-1920)는 정신분석 초창기에 프로이트, 카를 융과 교류하면서 한때는 유능한 정신분석가로 대성할 수 있겠다는 기대를 모으기도 했으나, 급진적인 무정부주의사상 및 성해방이론에 빠져 스스로 몰락의 길을 자초하고 말았다. 그는 심각한 마약 중독으로 여러 차례 정신병원에 입원해 치료를 받았으나, 결국에는 정신적 파탄 상태에 빠진 채 폐인으로 전락한 끝에 여기저기를 배회하다가 어느 추운 겨울날 베를린 거리에서 얼어 죽은 시신으로 발견되었다.

저명한 범죄학 교수의 아들로 태어난 그는 의대를 졸업한 후 해군 군의관으로 복무할 때 남미에서 처음으로 마약에 손을 대기 시작하면서 삶이 점차 나락의 늪으로 빠져들기 시작했다. 그런 아들에게 몹시 화가 난 아버지는 수시로 그를 정신병원에 입원시켰는데, 카를 융의 치료를 받은 것도 바로 그때였다. 당시 그는 무정부주의적 성해방론자로서 일부다처제를 신봉하고 있었는데, 입원해 있는 동안 오히려 주객이 전도되어 치료자인 융이 환자였던 오토 그로스에게서 더 큰 영향을 받은 것으로 알려지기도 했다. 실제로 당시 처자식을 거느리고 있던 융은 일부다처제 신봉자가 되어 자신의 제자들과 염문을 뿌리기도 했다.

실제로 무절제한 여성편력을 통해 자식들까지 낳은 오토 그로스는 프로이트의 제자였던 빌헬름 슈테켈에게 분석을 받고 자신이 완전히 회복되었다고 아버지에게 큰소리를 쳤으나, 그런 아들의 말을 믿을 수 없었던 아버지는 그 후에도 수시로 아들을 감시하며 서로 쫓고 쫓기는 숨바꼭질을 계속했는데, 아버지가 갑자기 세상을 뜨게 되자 다시 고삐 풀린 망아지처럼 제멋대로인 삶을 누리며 마약에 손을 대기 시작해 정신병원에 수용되었음은 물론 그때부터는 아버지가 아니라 당국의 감시를 받는 신세가 되었으며, 그후로는 완전 폐인이 되다시피 해 두 번 다시 재기하지 못하고 말았다. 결국 그는 베를린 거리에서 제대로 먹지도 못하고 폐렴에 걸린 상태로 얼어 죽고 말았다.

청나라 마지막 황제 푸이의 황후였던 **완룽**(婉容, 1905-1946)은 만주 다우르족 출신으로 1922년 한 살 연하인 푸이와 혼인했다. 신해혁명 이후로 황제의 지위를 박탈당하고 계속 자금성에 머물렀던 이들 부부는 결국 2년 뒤에

완룽

자금성에서도 쫓겨나 만주 천진으로 거처를 옮겼는데, 만주사변을 일으켜 만주 일대를 석권한 일제는 마침내 1934년 푸이를 만주국 황제에 앉히고 괴뢰정부를 세웠다. 하지만 남편과 사이가 좋지 않았던 완룽은 아편 중독에 빠져 지내다가 일본이 패망하면서 중국 공산당에 붙들린 후 길림성 감옥에 갇혀 지내던 중에 아편 중독 금단증상과 영양실조로 숨지고 말았다.

만주국 황후 시절 그녀는 일본군 장교와 불륜관계를 맺고 사생아까지 낳는 실수를 저지르고 말았는데, 비록 푸이는 울화가 치민 나머지 갓난아기를 화로에 던져 죽여 버리는 잔인함도 보였지만, 그래도 완룽을 처벌하지는 않았다. 그런데 완룽은 자신의 아기가 죽은 줄도 모르고 친정 오빠가 대신 아기를 키운다고 믿고 계속해서 양육비까지 보냈다고 한다. 하지만 실제로 그녀를 망치게 한 것은 그녀의 친정 식구들이었다. 왜냐하면 아편을 권유한 것은 친정 아버지였으며, 일본군 장교를 소개한 것도 그녀의 친정 오빠였기 때문이다. 당시 푸이는 이혼할 뜻을 품었으나 일본 관동군의 반대에 부딪혀 뜻을 이루지 못했으며, 나중에 완룽이 죽었다는 소식을 전해 듣고도 매우 무덤덤한 표정을 지었다고 한다.

올더스 헉슬리

영국 명문가의 아들로 태어나 작가로 활동하다 미국에서 생을 마친 **올더스 헉슬리**(Aldous Huxley, 1894-1963)는 한때 의사가 되고자 했으나 고질적인 망막염으로 시력을 거의 잃는 바람에 의대 지망을 포기하고 옥스퍼드 대학에서 영문학을 공부했다. 그의 맏형 줄리안 헉슬리는 세계적인 생물학자로 성공했으나 조울병에 시달렸으며, 우울증을 앓았던 작은형 트레블리안은 20대 초반에 자살하고 말았다. 헉슬리는 어린 시절 그의 삶에서 가장 중요한 두 가지를 거의 동시에 잃었는데, 그것은 어머니와 시력의 상실이었다. 심리적으로는 어머니라는 존재를, 그리고 육체적으로는 시력을 동시에 모두 잃은 것이다.

소설《크롬 옐로우》를 통해 문단에 등장한 그는 계속해서《연애대위법》,《멋진 신세계》,《가자에서 눈이 멀어》등 역작을 내놓았지만, 후기로 갈수록 신비주의적 세계로 도피하는 경향을 보이기 시작했다. 특히 가상적인 유토피아를 다룬《멋진 신세계》에서는 모든 고통과 갈등을 잠재우는 소마라는 약을 통해 영적으로 자유로운 이상향을 그리고 있는데, 작품 속뿐만 아니라 실제 생활에서도 헉슬리는 죽을 때까지 환각제 LSD에 의지해 살았다.

이처럼 환각제의 역사에서 선도적인 역할을 맡으며 영적인 세계에 몰입했던 그는 1937년 미국으로 이주해 살다가 캘리포니아에서 눈을 감았는데, 말년에는 후두암에 걸려 고생했으며, 마지막 죽는 순간까지 아내가 놓아준 LSD 주사를 맞고 숨을 거두었다. 그가 세상을 뜬 날은 공교롭게도 존 케네디 대통령이 암살당한 날이었기 때문에 그의 죽음은 전혀 세상의 주목을 끌지 못하고 말았다.

로큰롤의 제왕으로 불리며 수많은 십대 소녀 팬들을 열광의 도가니로 몰고 간 **엘비스 프레슬리**(Elvis Presley, 1935-1977)는 섹스어필하는 외모와 강렬한 몸동작으로 팬들을 흥분시키며 다이내믹하고 열정적인 노래로 한 시대를 풍미했던 미국의 전설적인 대중가수다. 하지만 인기 최정상의 황금기를 구가하던 시기에 그는 42세라는 한창 나이로 갑자기 숨지고 말았는데, 수만 명의 팬들이 몰려든 그의 장례식은 울부짖는 여성 팬들로 그야

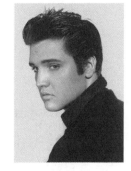

엘비스 프레슬리

말로 아비규환의 현장으로 돌변했으며, 여러 명의 사상자가 발생하는 사태까지 벌어질 정도로 그의 죽음은 팬들에게 큰 충격을 안겨준 사건이었다.

잘생긴 외모와 열정적인 무대 매너를 통해 미국 대중문화의 아이콘으로 떠오르며 젊은이들의 우상이 되었을 뿐 아니라 수많은 여성 팬들에게 섹스 심벌로 군림했던 그는 군대 징집영장을 받고 군복무를 하던 중에 어머니를 여의었는데, 원래 일란성 쌍둥이로 태어나 어머니의 과잉보호를 받고 자라면서 어머니에게 전적으로 의지하며 매우 밀착된 관계를 유지했던 마마보이로 알려진 만큼 어머니의 이른 죽음은 그에게 메우기 어려운 상실감과 공허감을 남긴 것으로 보인다.

독일에서 복무할 당시 그는 앳된 소녀였던 프리실라를 만나 첫눈에 반하고 말았는데, 무려 7년에 걸친 구애 끝에 가까스로 결혼에 성공하게 되었다. 하지만 군복무를 마치고 무대로 복귀한 그는 재기에 몰두하느라 그녀에게 신경 쓸 여유가 없었으며, 남편의 관심이 소홀해진 틈을 타 그녀는 가라테 사범과 불륜에 빠지고 만 것이다. 결국 아내와 헤어진 그는 마음의 상처를 달래기 위해 약물과 마약에 의지해 살았으나, 설상가상으로 고혈압, 당뇨병, 녹내장, 간 손상, 심부전증, 극심한 변비증세 등 고질적인 지병까지 겹치면서 그의 수명을 더욱 단축시킨 결과를 낳고 말았다. 그의 외동딸 리사 마리 프레슬리는 가수 마이클 잭슨과 결혼해 화제가 되기도 했으나 불과 2년 만에 헤어졌다.

독일 패망과 함께 태어난 **라이너 파스빈더**(Rainer Werner Fassbinder, 1945-1982)는 독일의 전후 세대를 대표하는 뉴 저먼 시네마의 기수로, 〈사랑은 죽음보다 차갑다〉, 〈불안은 영혼을 잠식한다〉, 〈마리아 브라운의 결혼〉, 〈베를린 알렉산더 광장〉, 〈릴리 마를렌〉 등 수많은 걸작을 남기며 비평가들의 찬사와 기대를 한 몸에 받은 영화감독이다. 그는 37세라는 젊은 나이로 생을 마감할 때까지 15년도 채 되지 않는 짧은 기간에 무려
45편의 영화를 만든 천재적인 능력의 소유자였다. 하지
만 평소 상습적인 약물 중독자였던 그는 자신의 아파트
에서 차기 준비작 〈로자 L〉의 구상에 몰두하고 있다가
갑자기 숨졌는데, 그의 시신이 발견되었을 때 그는 코
피를 흘린 상태에서 시가를 입에 문 채 숨져 있었다. 당
시 그는 코카인과 수면제 과용 상태였으며, 시신 곁에
는 로자 룩셈부르크에 대한 노트가 놓여 있었다.

라이너 파스빈더

　이처럼 어처구니없게 생을 마감한 그는 개인적인 삶에서도 실로 파행적
인 모습으로 일관했는데, 약물 남용도 문제지만 다른 무엇보다 애정관계의
혼란이 더욱 큰 문제였다고 할 수 있다. 양성애자였던 그는 결혼도 두 번 했
으나, 여성보다는 남성에게 더욱 강한 집착을 보였는데, 유부남 단역배우
귄터 카우프만에게 광적으로 빠져든 나머지 그의 환심을 사기 위해 자신의
영화 14편에 출연시키기까지 했다. 카우프만은 자신에게 필사적으로 매달
리는 파스빈더를 이용해 더욱 많은 요구를 하면서 철저하게 그를 바보 취급
하고 착취했다. 결국 그들의 관계는 카우프만이 다른 남자와 사귀면서 파경
을 맞고 말았다.

　그 후 모로코 출신의 이발사 살렘과 동성애 관계를 유지했는데, 이혼남
이었던 살렘은 10년 연상으로 파스빈더의 영화 〈불안은 영혼을 잠식한다〉
에서 주인공 알리 역을 맡아 일약 유명인사로 떠올랐다. 하지만 술주정이
심했던 살렘에게 시달리던 파스빈더는 결국 결별을 선언하고 말았으며, 버
림을 받은 살렘은 칼로 사람을 찌르는 상해죄를 저지르고 감옥에서 자살해
버렸다. 그 후 고아 출신의 아르민 마이어와 열애에 빠졌으나, 불화 끝에 아
르민 역시 자살하고 말았다. 이처럼 자신의 동성애적 관계가 모두 비극적인
결말로 끝나게 되자 파스빈더는 자신의 동료였던 여성 율리아네 로렌츠와

사귀며 결혼까지 생각했지만, 그가 약물과용으로 갑자기 숨지는 바람에 불발로 그치고 말았다.

로드니 킹

1992년 봄 6일간에 걸쳐 58명이 숨지고 2,000명 이상의 부상자를 초래한 로스앤젤레스 폭동은 백인 경찰이 흑인 **로드니 킹**(Rodney King, 1965-2012)을 상대로 집단 구타한 사건에 흑인사회가 분노하면서 벌어진 집단 난동 사태였다. 방화와 약탈, 폭행으로 걷잡을 수 없이 사태가 악화되면서 정작 흑인들의 공격 대상이 되어 피해를 본 것은 백인들이 아니라 애꿎은 한인사회였다. 당시 로드니 킹은 술 마신 상태에서 두 명의 친구를 자신의 승용차에 태우고 고속도로를 질주하다가 속도위반으로 경찰 단속에 걸렸으나 검문에 불응하고 그대로 달아났다가 체포된 상태였다. 하지만 2년 전에도 그는 한인 상점 주인을 쇠파이프로 위협하고 돈을 강탈한 죄로 1년간 징역생활을 한 적이 있었으니 세상에 알려진 것처럼 그렇게 선량한 시민은 아니었다고 할 수 있다.

비록 그는 폭동사건을 통해 인종차별의 희생자인 동시에 인종 간의 화합을 호소하는 평화주의자로 부각되면서 일약 유명인사로 떠오르고, 라디오 방송에도 출연해 화해와 공존을 호소하기도 했으나, 그것은 포퓰리즘에 영합한 원맨쇼에 불과한 것이었을 뿐이다. 당시 시당국을 상대로 소송을 제기해 승소한 그는 엄청난 보상금을 받고 사업가로 변신했지만, 그의 파행적인 행보는 멈출 줄을 몰라 그 후에도 여러 차례 알코올과 마약 중독 상태에서 교통사고를 일으켜 경찰에 체포되었다. 더 나아가 자신의 아내를 차로 들이받고 쓰러트린 후 뺑소니를 친 혐의로 90일간 금고형을 선고받기도 했다. 그는 2003년에도 경찰의 음주운전 단속을 피해 달아나다가 충돌사고를 일으켜 골반을 다치기까지 했다.

평소 알코올과 마약 중독에 빠진 그는 결국 2012년 자신의 집 수영장에 빠져 숨진 채로 발견되었는데, 부검 결과 그의 몸에서는 다량의 코카인과 마리화나, PCP, 알코올 성분이 검출되었으며, 단순 익사사고로 처리되었다. 이처럼 그는 일개 노동자 신분에서 졸지에 사회 저명인사 및 사업가로 변신해 수영장이 딸린 고급 주택에 사는 등 하루아침에 신분 상승을 이루었지만, 평소 지녔던 인간성까지 변한 것은 아니었다. 사실 엄밀히 따져 보면 그는 그 어떤 사회적 규범에도 따를 수 없는 반사회성 인격 성향을 지닌 인물이었다고 할 수 있다.

광기를 부르는
신경매독

　　매독은 성병 가운데 가장 치명적인 질환으로, 유럽
에서는 15세기 말 이탈리아의 나폴리에서 처음 발병했다는 기록이 남아 있
는데, 당시 이탈리아를 침공한 샤를 8세의 프랑스 군대에 의해 널리 퍼졌다
고 해서 한동안 프랑스병으로 불리기도 했다. 하지만 이미 그 이전에 신대
륙을 발견한 콜럼버스와 그의 선원들에 의해 유럽에 전파되었다는 주장도
있어서 매독 전파의 정확한 과정은 불분명한 상태다.

　　매독은 20세기 초 독일의 유대계 미생물학자 파울 에를리히가 매독 치료
제 살바르산을 개발하기 전까지는 주로 수은에 의존해 치료했기 때문에 수
많은 환자들이 수은 중독의 부작용으로 고생하기도 했다. 매독이 3기로까
지 진행되면 균이 뇌신경까지 침범해 정신착란 증세를 보이기도 하는데, 이

신경 매독

1. 특징

- 매독 말기에는 중추신경계까지 침범한 상태가 된다.
- 무증상 신경매독의 경우 혈액 및 뇌척수액 검사로 확진된다.
- 페니실린 항생제 주사로 치료한다.
- 과거에는 수은 치료를 해서 수은 중독으로 사망한 경우가 많았다.
- 산모를 통해 태아에게도 전염되며 기형아를 낳을 수도 있다.

2. 증상 및 진단 기준

- 정신착란 및 정신적 황폐화
- 과대망상, 편집망상, 허무망상
- 조증, 우울, 무감동 등의 기분변화
- 기억 및 지남력 등의 인지기능 감퇴
- 구음장애, 수전증, 간질발작, 보행장애

처럼 신경매독(neurosyphilis) 상태에 이를 경우에는 치료가 더욱 어려워질 수밖에 없다.

역사적으로 알려진 인물 가운데 매독에 감염된 것으로 추정되는 예로는 프랑스의 샤를 8세, 로렌조 디 메디치, 체사레 보르지아를 비롯해 작가 셰익스피어, 보들레르, 알퐁스 도데, 모파상, 뮈세, 오스카 와일드, 카렌 블릭센, 화가 로트렉, 고흐, 고갱, 마네, 작곡가 파가니니, 베토벤, 슈베르트, 슈만, 딜리어스, 후고 볼프, 도니제티, 스메타나, 철학자 니체, 청나라의 동치제, 마타 하리, 레닌, 히틀러, 알 카포네, 이디 아민 등이 있는데, 이들 가운데 신경매독으로 정신착란 증세까지 보여 정신병원에 입원해 치료를 받은 인물로는 도니제티, 스메타나, 후고 볼프, 모파상, 니체, 알 카포네 등이 있다.

로시니, 벨리니와 함께 19세기 초 이탈리아 벨칸토 오페라를 대표하는 작곡가 **도니제티**(Gaetano Donizetti, 1797-1848)는 로맨틱 오페라로 당대 최고의 인기를 끌었으며, 특히 〈사랑의 묘약〉에 나오는 아리아 '남몰래 흐르는 눈물'은 아름답고도 슬픈 선율로 유명하다. 하지만 국제적인 명성이 최고조에 달했던 40대 후반부터 건강에 적신호가 켜진 그는 갑자기 정신이상 증세를 보여 요양원에 수용되어야 했는데, 점차 사지 마비로 거동조

도니제티

차 못하는 상태에 빠지게 되자 친구들이 고향인 베르가모로 옮긴 후 그곳에서 50세를 일기로 숨을 거두었다. 그는 가곡의 왕 슈베르트와 동갑내기로 두 사람 모두 공교롭게도 매독으로 죽었다.

평소에도 두통과 오심, 불안 증세에 시달린 그는 오랜 기간 의사의 진찰을 받지 않고 지냈는데, 파리에 머물던 당시 의사로부터 신경매독 진단을 받고 모든 활동을 중단하라는 권유를 받기에 이르렀다. 하지만 의사의 충고를 무시하고 계속 일에 몰두하면서 건강이 더욱 악화되자 그의 조카 안드레아는 함께 휴양을 떠난다고 말하고 도중에 여인숙에 들르는 척하면서 파리 근교의 정신병원에 입원시키고 말았는데, 얼마 후에 자신이 속아서 병원에 갇힌 사실을 알고 친구들에게 도움을 청하는 편지를 보냈지만, 그 편지는 전달되지 않았다.

나중에 소식을 접한 친구들이 조카를 설득해 17일간에 걸친 여행 끝에 간신히 그를 베르가모로 옮기게 되었으나, 고향에 도착했을 때 그는 이미 걷지도 못하고 말도 제대로 할 수 없는 상태로 사람조차 알아보지 못하는 폐인 상태였다. 결국 그는 얼마 가지 않아 숨을 거두고 말았는데, 10년 전에 이미 저 세상으로 간 아내가 비록 콜레라에 걸려 죽은 것으로 알려졌으나 그녀 역시 매독으로 사망했을 가능성이 높다는 의견도 있다. 그녀가 낳은

세 자녀 모두 일찍 죽었기 때문에 그런 심증을 더욱 굳게 한다. 어쨌든 그토록 아름다운 노래들을 남긴 음악가가 매독에 걸려 대가 끊기는 결과까지 낳았다는 사실은 참으로 아이러니가 아닐 수 없다.

스메타나

체코를 대표하는 작곡가로 교향시 〈나의 조국〉과 오페라 〈팔려간 신부〉로 유명한 **스메타나**(Bedrich Smetana, 1824-1884)는 나이 오십에 이르러 갑자기 청력을 완전히 상실하면서부터 극심한 정신적 혼란과 침체기에 접어들었는데, 더군다나 자신을 증오하며 박대하는 아내의 태도 때문에 아무 일도 할 수 없게 되었다. 건강이 갈수록 악화되자 그는 자신이 점차 미쳐가고 있음을 감지하고 두려움에 빠지기 시작했으며, 결국에는 극심한 우울증과 환청, 불면증, 현기증, 경련, 간헐적인 실어증의 증세에다 횡설수설하며 행동까지 난폭해지는 등 정신착란 증세가 더욱 악화되면서 더 이상 그를 돌볼 수 없다고 판단한 가족들은 정신병원에 입원시켰는데, 입원한 지 불과 3개월 후 세상을 뜨고 말았다.

사망 당시 공식적인 기록에 의하면 노인성 치매로 되어 있었지만, 가족들은 그가 매독 후유증 때문에 죽은 것으로 믿었다. 그런데 최근 이루어진 조사에서도 신경매독 가능성이 높은 것으로 드러났으니 민족적 자부심을 지니고 그를 깊이 존경해 왔던 체코 국민들로서는 몹시 곤혹스러웠을 것이다. 더군다나 체코의 독립을 위해 헌신하면서 민족정신을 고취시킨 음악적 공로에도 불구하고 정작 그 자신은 가족들의 냉대와 무관심 속에 매우 불행한 삶을 지내다가 결국 정신병원에서 최후를 맞이하고 말았으니 참으로 안타까운 일이 아닐 수 없다.

오스트리아의 작곡가 **후고 볼프**(Hugo Wolf, 1860-1903)
는 낭만파 최후의 가곡 작곡가로 신경매독에 의한 정신
이상 증세를 보여 스스로 정신병원에 입원한 후 그곳에
서 생을 마감하고 말았다. 비록 그는 매독의 후유증으
로 세상을 떴지만, 이미 젊은 시절부터 갑작스러운 기
분 변화로 인한 조울병 상태를 보였는데, 그가 작곡에
서 완전히 손을 놓은 것은 신경매독에 의한 광기가 두
드러졌던 38세 무렵부터였다.

후고 볼프

어려서부터 음악 신동으로 소문난 그는 청년시절 탁월한 음악적 재능과
개인적인 매력으로 많은 후원자를 얻었는데, 그중 한 후원자의 딸이자 볼프
의 첫사랑이기도 했던 발리 프랑크가 21세 때 자신의 곁을 떠나자 실의에
빠진 나머지 모든 의욕을 잃고 부모의 곁으로 돌아가고 말았다. 그 후 20대
후반에 이르러 다시 원기를 회복한 그는 수많은 가곡들을 작곡하기 시작했
는데, 이때가 그의 전성기였다.

하지만 그는 당시 친구의 아내였던 멜라니와 사랑에 빠져 좀처럼 헤어나
지 못했는데, 그의 친구 하인리히 쾨헤르트는 뒤늦게 그 사실을 알고도 볼
프의 후원자 노릇을 계속했으며 이혼하지도 않았다. 그러나 볼프는 점차 매
독에 의한 정신이상 증세로 수년간 작곡을 중단해야만 했으며, 마침내 39세
때 자진해서 정신병원에 입원하고 말았다. 멜라니는 볼프가 죽을 때까지 병
문안을 열심히 다녔지만, 자신의 남편에 대한 자책감을 견디지 못하고 볼프
가 세상을 떠난 지 3년 뒤에 자살하고 말았다.

"신은 죽었다."라는 선언으로 기독교사회에 엄청난 파장을 불러일으킨
초인사상의 철학자 **니체**(Friedrich Wilhelm Nietzsche, 1844-1900)는 서구사회의
오랜 전통을 깨고 새로운 가치관을 세우고자 했기 때문에 '망치를 든 철학

니체

자'라는 별명으로 통한다. 한때 지성과 미모를 겸비한 여성 루 살로메를 짝사랑했던 그는 그녀에게 청혼했다가 일언지하에 거절당한 후 극도의 절망감에 빠져 자살까지 고려할 정도였는데, 그의 절친한 동료였던 유대인 철학자 파울 레 역시 그녀에게 버림받고 절벽에서 뛰어내려 자살하고 말았으며, 프로이트의 제자였던 빅토르 타우스크 역시 그녀 때문에 자살했다.

루 살로메로부터 거절당한 직후 거침없이 써 내려간 《차라투스트라는 이렇게 말했다》를 통해 실연의 아픔을 이겨내기도 했지만, 그의 어머니는 루 살로메 때문에 죽어버릴지도 모른다고 위협하며 난리치는 아들에 대해 눈 하나 깜짝 안하면서 딸에게 말하기를, "그는 결혼하거나, 미쳐버리거나, 자살하거나 셋 중 하나일 것"이라고 거침없이 내뱉었다고 하는데, 실제로 그 아들은 광기의 발작 증세로 정신병원에 입원해야 했다. 결국 니체는 정신병원에서 퇴원한 후 누이동생의 간호를 받다가 그녀의 품에 안겨 최후를 마쳤는데, 목사였던 아버지 역시 정신이상으로 죽었으니 그의 집안에는 정신병의 내력이 있었는지도 모르겠다. 하지만 니체에게 내려진 공식 진단명은 신경매독에 의한 진행성 마비였다. 물론 이에 대한 반론도 많아서 혈관성 치매나 뇌종양일 가능성도 제기되었지만, 입증된 사실은 아니다.

에밀 졸라와 더불어 19세기 프랑스 자연주의 문학을 대표하는 소설가로 필명을 날린 **모파상**(Guy de Maupassant, 1850-1893)은 단편소설의 대가로 무려 300여 편의 단편을 남겨 러시아의 체호프, 미국의 오 헨리와 함께 단편소설의 3대 거장으로 꼽힌다. 하지만 성적으로 몹시 방탕한 생활을 거듭한 끝에 기력을 소진했으며, 말년에는 우울증 및 신경매독에 시달리며 정신적으로

매우 황폐한 상태에 빠진 끝에 칼로 자신의 목을 그어
자살을 시도함으로써 정신병원에 입원한 후 그곳에서
43세라는 젊은 나이로 세상을 뜨고 말았다.

모파상

비록 그는 결혼이란 낮에는 온갖 악감정의 교환이요,
밤에는 악취의 교환만이 난무하는 그런 것으로 비아냥
대기도 했지만, 유달리 정력이 강했던 모파상은 한평생
을 독신으로 지내면서도 사창가를 드나들며 과도한 성
생활에 집착함으로써 자신의 생명을 스스로 단축시키
고 말았는데, 이미 20대 후반부터 매독에 걸려 이상 징후를 느끼기 시작한
그는 세상에 대한 환멸로 가득 찼을 뿐만 아니라 극심한 우울증에 시달려야
했다.

말년에 이르러 더욱 고립되고 염세적으로 흘러 죽음에 대한 공포와 더불
어 자살 충동에 시달렸으며, 더 나아가 시력장애와 피해망상까지 보이기 시
작한 그는 특히 고질적인 매독 때문에 더욱 큰 두려움에 사로잡혔는데, 결
국에는 뇌에까지 번진 매독균으로 인해 정신착란 상태에 빠져 세상을 하직
하고 말았다. 그는 자신이 직접 쓴 묘비명에 다음과 같은 문구를 남겼다.
"나는 모든 것을 탐했으나 결국 그 어떤 것에서도 즐거움을 얻지 못했다."
탐욕의 허망함을 뒤늦게 깨달은 천재적인 작가의 푸념이기도 하지만, 아까
운 재능을 자신의 목숨과 바꿨다는 점에서 그야말로 소탐대실이었다고 할
수 있다.

20세기 초반 경제대공황과 금주법으로 미국사회가 극도의 혼란에 빠진
시기에 시카고를 무대로 악명을 떨쳤던 폭력조직 두목 **알 카포네**(Al Capone,
1899-1947)는 뉴욕 태생으로 이탈리아 이민자의 아들로 태어나 20대 후반에
이미 미국 최고의 거부가 되었는데, 대부분 매춘과 도박, 밀주 사업을 통해

알 카포네

벌어들인 것으로, 성 발렌타인 데이 학살로 알려진 사건을 통해서도 알 수 있듯이 자신의 경쟁상대를 무자비하게 살해하는 살인극도 서슴지 않았다.

하지만 그는 1931년 재무부 특수 수사관 엘리엇 네스에 의해 탈세 혐의로 기소되어 8년간 투옥생활을 해야 했으며, 설상가상으로 알카트라즈 연방 교도소에 수감 중에 신경매독 증세를 보이기 시작해 정신착란 상태에 빠지게 되자 병원으로 옮겨져 치료를 받았다. 건강상의 이유를 내세운 부인의 호소에 따라 가까스로 석방된 후 병원으로 옮겨져 치료를 받았다.

당시 그는 새로 개발되어 대량생산 체제로 들어간 페니실린 치료를 받기도 했으나 이미 회복 불능 상태였기에 아무런 효과도 볼 수 없었다. 그는 미국인 환자로서는 최초로 페니실린 치료를 받은 인물이기도 했다. 결국 그는 뇌졸중으로 사망했는데, 아이러니하게도 그를 기소했던 수사관 엘리엇 네스는 그 후 알코올 중독에 시달리다 죽었으니 세상일은 참으로 얄궂다고 하겠다.

사람도 알아보지 못하는
치매

예전에는 나이 들어 치매 증세를 보여도 노망이라 해서 병으로 간주하지 않고 당연한 현상으로 받아들였다. 하지만 치매의 원인이 밝혀지고 치료 약물도 개발되면서 오늘날에 와서는 노망에 대한 인식이 바뀌게 되었다. 치매의 원인은 혈관성 치매, 파킨슨병, 에이즈, 신경매독을 비롯해 매우 다양하지만 일반적으로 치매(dementia)라고 하면 치매 환자의 절대다수를 차지하는 알츠하이머병(Alzheimer's disease)을 가리키는 수가 많다.

알츠하이머 치매의 가장 흔한 증상은 기억 상실이며, 전반적인 인지기능의 저하로 인해 시간과 장소, 인물에 대한 지남력이 떨어지고 심하면 가족의 얼굴조차 알아보지 못하게 된다. 지남력의 장애 정도는 시간, 장소, 인물의 순서로 진행되는데, 처음에는 시간관념이 없어 날짜, 계절에 대한 인식이 저하되다가 점차 장소에 대한 식별능력이 떨어지게 되며, 가장 심한 상태에서는 인물도 구분하지 못하게 된다.

따라서 치매 상태에 접어들게 되면 길을 잃고 헤매며 집을 찾지 못하고, 계산 능력의 저하로 돈 관리가 어려워지며, 자기관리 능력도 떨어지게 되어 크고 작은 사고의 위험이 증가한다. 사물의 적절한 명칭을 대지 못하고 심지어는 자신의 이름마저 잊어버린다. 현실 판단력이 저하되면서 전적으로 타인의 도움에 의존해 살아가게 된다. 물론 현재까지 치매의 진행을 막는 약물 개발이 지금도 진행 중에 있으며, 한동안 줄기세포 연구에 많은 기대를 걸기도 했으나, 생명윤리 문제와 결부되어 그 결과는 아직 미지수다.

역사적 인물 가운데 치매를 앓은 것으로 추정되는 예로는 조선의 21대 왕 **영조**(英祖, 1694-1776)를 들 수 있다. 숙종과 숙빈 최씨의 아들로 태어난 영조는 희빈 장씨가 낳은 이복형 경종의 뒤를 이어 왕위에 올랐으나, 52년에 달하는 오랜 재위 기간 내내 노론과 소론의 치열한 당파싸움에 휘말려 골머리를 앓았으며, 그 여파로 아들 사도세자를 뒤주에 가둬 죽이는 임오화변을 일으키고 말았는데, 당시 영조의 나이 68세였다.

사도세자는 정신이 온전치 못한 상태에다 부왕의 가장 민감한 부분이었던 경종 독살설을 문제 삼음으로써 죽음을 자초한 셈이 되고 만 것이다. 그런데 문제는 82세 나이로 죽은 영조가 치매를 앓은 것으로 알려져 있어 아들 사도세자를 죽인 것도 판단력 장애의 결과로 그랬던 것은 아닌지 의문이 든다는 점이다. 비록 정확한 증거가 있는 것은 아니지만 당시 나이로 봐서는 치매 초기 증상이 있었을 것으로 볼 수도 있다. 어쨌든 영조는 조선 왕조에서 가장 오랜 기간 왕위를 지킨 기록의 소유자였다. 조선 왕실에서 가장 장수한 인물은 세종대왕의 둘째 형 효령대군으로 그는 90세까지 살았다.

음악의 신동으로 알려진 모차르트의 죽음이 마치 살리에리의 음모에 의해 죽은 것처럼 묘사한 피터 셰퍼의 희곡 《아마데우스》나 살리에리를 질투심에 가득 찬 사악한 인물로 묘사했던 푸시킨의 희곡으로 인해 이탈리아 출신의 작곡가 **안토니오 살리에리**(Antonio Salieri, 1750-1825)만큼 사후에 억울한 누명을 뒤집어쓴 인물도 없을 듯하다. 하지만 질투심으로 말하자면, 모차르트가 오히

살리에리

려 더욱 컸던 것으로 보인다. 모차르트는 아버지에게 보낸 편지에서 수시로 살리에리에 대한 불만과 시기심을 털어놓고 있었는데, 황제의 총애를 받는 살리에리가 특히 이탈리아 출신이라는 점에서 모차르트에게는 눈엣가시

같은 존재로 비쳐졌음에 틀림없다. 살리에리는 비록 이탈리아 출신이지만 거의 60년 가까이 빈에서 살았으며, 그의 음악 역시 이탈리아풍이 아니라 글룩과 같은 독일음악 전통에 더욱 충실히 따른 것이었는데, 모차르트가 특히 살리에리에게 반감을 지니게 된 것은 공주의 개인 음악교사 자리를 번번이 빼앗긴 경험이 있었기 때문이다.

모차르트는 살리에리의 권모술수에 대해 계속 비난을 퍼부으며 그에게서 그 어떤 도움도 받지 않겠다고 다짐하기도 했는데, 살리에리의 존재를 독일인 음악가들의 앞길을 가로막는 가장 큰 장애물로 여겼다는 점에서 볼 때, 모차르트가 살리에리에 의해 독살당했다는 소문이 그토록 끈질기게 나돈 것은 독일계와 이탈리아계 음악인 사이에 벌어진 치열한 경쟁관계에서 비롯된 것으로 볼 수 있다. 그럼에도 살리에리는 모차르트의 천재성을 인정하고 그에게 여러 작품을 의뢰했으며, 본인이 직접 지휘를 맡기도 했는데, 오페라 〈마적〉 공연에도 직접 참석해 열렬한 찬사를 보내기도 했다. 게다가 살리에리는 모차르트가 죽은 후에도 그의 아들 프란츠에게 음악을 직접 지도하기도 했으니 살리에리의 독살설은 신빙성이 매우 낮은 주장이기 쉽다. 살리에리는 비록 말년에 이르러 정신병원에 입원하기도 했으나 그것은 정신병이 아니라 치매 때문이었다.

소설 《톰 아저씨의 오두막》으로 유명한 미국의 작가 **스토우 부인**(Harriet Beecher Stowe, 1811-1896)은 열렬한 노예해방론자로, 비인도적인 노예제도를 고발한 이 소설로 인해 미국 북부와 남부 간에 격렬한 논쟁이 일었으며, 결국에는 남북전쟁의 직접적인 도화선이 되기도 했다. 독실한 장로교 목사의 딸로 태어난 그녀는 자신의 아버지가 노예찬성론자임에도 불구하고 노예로 팔려가면서

스토우 부인

어머니와 딸이 강제로 떨어져야만 하는 비참한 실상을 목격하고 아버지와는 달리 노예폐지론자가 되었다. 물론 그것은 불과 5세 때 어머니를 잃어야 했던 그녀 자신의 뼈아픈 기억과도 관련이 있을 것으로 보인다.

그녀의 아버지 비처 목사는 레인 신학교 교장 시절에도 노골적인 노예찬성론을 학생들에게 가르쳐 이에 반발한 학생들이 집단 퇴교하는 소동을 불러일으키기도 했는데, 아이러니하게도 그의 자녀들은 아버지와는 정반대의 길을 걸었다. 그녀뿐 아니라 목사가 된 남동생 헨리 워드 비처 역시 열렬한 노예폐지론자로 활동하는 가운데 노예해방을 지지하는 단체에 소총을 보내 지원하기도 했는데, 당시 언론에서는 그 무기를 '비처의 바이블(Beecher's Bibles)'이라 부르며 대대적으로 보도하기까지 했다. 그 일로 해서 헨리는 남부 지역에서 증오의 대상이 되었으며 수시로 살해 위협을 당하기도 했다.

스토우 부인은 신학교 교수였던 캘빈 스토우와 혼인해 7남매를 두었는데, 이들 부부는 도망친 흑인 노예들을 자신의 집 안에 숨겨주는 위험도 마다하지 않았다. 그녀가 40세 때 발표한 소설 《톰 아저씨의 오두막》은 출판되자마자 큰 센세이션을 일으켰는데, 남북전쟁이 발발한 직후 백악관에 초대된 스토우 부인을 향해 당시 링컨 대통령은 "이처럼 작은 여성이 이 전쟁을 일으키게 만든 책을 쓴 분이군요."라고 인사했다고 한다. 역사의 흐름을 뒤바꾼 스토우 부인은 미국사회의 존경을 한 몸에 받는 가운데 85세를 일기로 생을 마감했는데, 말년에는 치매를 앓았다고 한다.

제2차 세계대전 당시 나치 독일에 항복하고 프랑스 비시 정부의 수반을 지낸 **페탱 원수**(Philippe Pétain, 1856-1951)는 나치 독일에 협력한 혐의로 종신형을 선고받고 수감 중에 95세 나이로 사망했는데, 당시 그는 치매 증세의 악화로 자신의 부인을 알아보지도 못했을 뿐만 아니라 대소변을 가리지 못했고 심지어는 방문객들 앞에서도 대변을 지리기까지 했다. 과거 제1차 세

페탱 원수

계대전 당시 전쟁 영웅으로 한때는 국부 칭호까지 받던 인물의 말로치고는 너무도 처참한 모습이 아닐 수 없다. 환각 증세까지 겹친 그는 전장에서 군대를 지휘하는 시늉도 냈으며, 때로는 벌거벗은 여인들이 자기 주위에서 춤을 춘다고 주장하기도 했다. 하지만 당시로서는 뾰족한 대책도 없던 시절이라 그런 상태로 지내다가 숨을 거두었다.

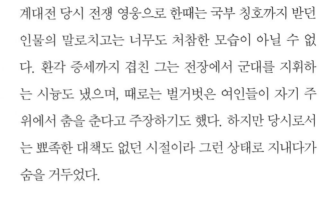

로널드 레이건

미국의 40대 대통령 **로널드 레이건**(Ronald Reagan, 1911-2004)은 영화배우 출신으로는 최초로 캘리포니아 주지사를 지내고 백악관에까지 입성한 입지전적 인물로, 70세 나이에 대통령에 취임함으로써 당시까지만 해도 미국 역대 최고령 대통령이기도 했다. 더군다나 그는 대통령에 취임한 직후 암살범 존 힝클리에게 저격을 받고 가슴에 총상까지 입었으나 기적적으로 목숨을 건진 행운아이기도 했다. 당시 정신병을 앓고 있던 존 힝클리는 여배우 조디 포스터의 관심을 끌기 위해 범행을 저질렀다고 자백해 세상을 더욱 놀라게 했다.

퇴임 후 고향 캘리포니아에 은거한 레이건은 80대에 이르러 알츠하이머병 진단을 받고 부인 낸시 여사와 함께 치매 연구소를 세워 알츠하이머병 퇴치에 앞장서기도 했으나, 그의 아들 론의 주장에 의하면 레이건은 이미 70대 중반부터 치매 증세 기미를 보였다고 한다. 하지만 당시 대통령 주치의들은 그런 사실을 전적으로 부인했으며, 비록 치매 진단을 받기 5년 전에 말에서 떨어져 뇌출혈로 수술을 받은 적은 있으나 그것이 치매와 관련 있는지 여부는 불투명하다. 어쨌든 자신이 대통령을 지낸 사실조차 알지 못할 정도로 상태가 악화된 레이건은 그토록 극심한 정신적 혼미상태에서도 부인만은 알아보았는데, 낸시 여사의 극진한 간병에도 불구하고 10년간의 오랜 투병생활을 보낸 끝에 폐렴으로 캘리포니아 자택에서 생을 마감했다. 향년 93세였다. 남편이 죽은 후 낸시 여사는 치매 치료에 한 가닥 희망을 안겨준 줄기세포 연구의 강력한 후원자가 되었다.

1950년대 미국에서 흑인 인권운동의 불을 지피는 데 결정적인 계기를 마련한 **로자 파크스**(Rosa Parks, 1913-2005)는 원래 평범하기 그지없는 가정주부로, 미국에서 가장 흑인 차별이 심하기로 유명한 앨라배마주 몽고메리에서 백화점에 근무하며 살아가던 흑인 여성이었다. 하지만 1955년 12월 1일 평소처럼 퇴근길에 시내버스를 타고 집으로 향하던 그녀는 백인에게 자리를 양보하라고 요구하는 버스 운전기사의 지시를 거부했다는 이

로자 파크스

유로 신고를 받고 출동한 경찰에 체포되었다. 물론 그녀는 유색인 칸에 타고 있었기 때문에 무혐의로 곧 풀려나게 되었지만, 이 소식을 전해들은 흑인 인권단체의 회장이 그 유명한 몽고메리 버스 보이콧 운동을 일으켰으며, 전국 각지의 흑인 교회가 동참하면서 사태가 더욱 확산되었다.

그 후 질서파괴 혐의로 기소되어 유죄선고를 받고 10달러의 벌금을 물게 된 그녀는 즉각 이에 항소를 제기하며 자신의 무죄를 주장함으로써 인종분리법에 정면으로 도전하기에 이르렀다. 버스 보이콧 운동에서 발단된 흑인 민권운동은 마침내 몽고메리 진보협회의 창설로 이어졌으며, 초대 회장에 마틴 루서 킹 목사가 선출되어 본격적인 투쟁에 돌입하게 된 것이다. 물론 로자 파크스는 인권운동의 상징적 인물로 유명인사가 되었지만, 개인적으로는 숱한 고초를 겪어야만 했다. 우선 그녀가 일하던 백화점에서 쫓겨났으

며, 남편마저 직장을 잃는 바람에 재봉사 일로 생계를 꾸려나가야 했다. 그
녀의 남편 레이먼드는 1977년에 45세 나이로 일찍 사망했으며, 그들 사이에
자녀를 두진 않았다. 그 후 92세 나이로 숨질 때까지 30년 가까운 세월을 홀
로 지낸 그녀는 말년에 이르러 치매에 걸려 고생한 것으로 알려졌다.

마가렛 대처

여성으로서 영국 최초의 보수당 당수이자 수상을 지
낸 **마가렛 대처**(Margaret Thatcher, 1925-2013)는 1980년대
강력하고도 카리스마적인 지도력을 바탕으로 각종 개
혁정책을 통해 침체의 늪에 빠진 영국경제를 되살림으
로써 전후 유례없는 호황을 누리게 만든 장본인이다.
대처리즘으로 불리는 그녀의 경제정책은 노동당 정부
에 의해 추진되어 왔던 국유화 및 복지정책을 과감히
포기하고 자율적인 민영화를 통해 영국경제에 활기를
불어넣었다. 하지만 노조탄압과 실업률의 증가, 유럽 통합 반대, 포클랜드
전쟁 등으로 거센 비난도 들어야 했던 그녀는 철저한 반공주의 입장을 취함
으로써 특히 그녀의 극우적인 정책에 비판적이었던 소련으로부터 철의 여
인(Iron Lady)이라는 달갑지 않은 별명으로 불리기도 했지만, 정작 그녀 자신
은 그런 호칭을 별로 기분 나쁘게 받아들이지 않았다.

식품점을 운영하는 집안의 둘째 딸로 태어난 그녀는 30대에 보수당 의원
으로 정계에 처음 입문한 이후 40대에 히스 내각에서 교육과학부 장관을 역
임하면서 예산 절감을 위해 우유 무상급식제도를 폐지함으로써 우유 강탈
자(Milk Snatcher)라는 악명까지 얻으며 거센 반발에 부딪히기도 했다. 하지만
탁월한 리더십으로 보수당 당수가 되었고, 결국 노동당을 누르고 여성으로
서는 영국 최초로 수상 직에 올랐다. 절대적인 국민의 지지에 힘입어 3선
연임에 성공한 그녀는 무려 12년에 걸친 재임기간을 통해 과감한 시장경제

의 도입으로 그동안 침체되어 있던 사회 분위기를 일신시켰다.

비록 그녀는 포클랜드 전쟁을 승리로 이끌며 영국민의 자부심을 회복시키기도 했지만, 대규모 광산노조 파업사태에서 보듯이 일체의 타협을 거부하고 가차 없이 광산을 폐쇄시키는 조치를 단행하는 등 남성들도 손쉽게 내리기 어려운 결단을 보임으로써 여걸다운 풍모를 유감없이 발휘하기도 했다. 하지만 그토록 당찬 모습의 여걸도 나이는 어쩔 수 없었던지 70대 후반에 이르러 수차례 뇌졸중을 겪으면서 의사의 권고를 받아들여 모든 대외적 활동을 멈추고 집안에 칩거하게 되었는데, 설상가상으로 남편이 암으로 사망한 이후부터는 점차 치매 증세까지 보이게 되었다. 당시 그녀는 심한 기억력 손상으로 포클랜드 전쟁과 유고 내전을 혼동했으며, 나중에는 남편이 죽은 사실마저 모르게 되었다. 결국 87세 나이로 사망했는데, 그녀에 앞서 노동당 출신으로 1970년대에 영국 수상을 지낸 **해럴드 윌슨**(Harold Wilson, 1916-1995) 역시 치매 상태로 사망했다.

전설적인 헝가리의 축구선수 **페렌츠 푸스카스**(Ferenc Puskás, 1927-2006)는 1950년대 무적함대로 명성이 자자했던 헝가리 축구 국가대표팀 주장으로 활약했으며, 그후 스페인으로 이적해서 레알 마드리드 팀의 전성기를 이끌었던 국제적인 축구스타였다. 그는 1952년 헬싱키에서 열린 하계 올림픽에 헝가리 대표로 출전해 남자 축구 경기에서 금메달을 획득했으며, 1954년 스위스에서 열린 FIFA 월드컵에서는 비록 준우승에 머무르고 말

페렌츠 푸스카스

았지만, 조별 리그에서 만난 한국과의 첫 경기에서 치욕스러운 9:0의 패배를 안겼을 때 푸스카스 혼자 2골을 넣었으며, 서독을 8:3으로 격파하는 데에도 견인차 노릇을 맡았다. 동료 산도르 코치시는 한국전에서 3골, 서독전

에서는 무려 4골을 기록했다. 하지만 서독과의 경기에서 부상을 입는 바람에 두 경기를 결장한 푸스카스는 결승에서 재격돌한 서독과의 시합에 출전했으나 평소의 기량을 발휘하지 못하면서 아쉽게도 3:2로 역전패 당하고 말았다.

그 후 1956년 해외 출국 중에 헝가리 봉기 사태가 일어나자 동료 산도르 코치시와 함께 헝가리로 귀국하지 않고 스페인에 망명해서 레알 마드리드에 입단했다. 그는 레알 마드리드에서 통산 372경기에서 324골을 넣는 맹활약을 보였으며, 39세 나이로 은퇴한 후에도 고국으로 돌아갈 수 없었다. 헝가리 사태 당시 군복무 중인 장교 신분으로 해외 망명을 시도한 것이기 때문에 병영을 무단이탈한 상태였으니 당연한 결과였다. 나이 50대 중반에 이르러 가까스로 헝가리로 귀국했으나 그는 여전히 당국으로부터 배신자 취급을 받으며 공장 인부로 일하는 수모를 겪어야 했다.

결국 다시 외국으로 나갔다가 60대 초반에 이르러 공산주의 체제가 붕괴되면서 비로소 복권되어 귀국한 후 헝가리 축구 국가대표팀 감독으로 활동했는데, 감독에서 은퇴한 후에는 치매 진단을 받고 6년간 투병생활을 계속하다가 79세 나이로 사망했다. 한편 그와 함께 전설적인 기록을 남긴 동료 골게터 산도르 코치시는 스페인 바르셀로나 팀 코치로 일하다가 백혈병과 위암 진단을 받고 치료를 받던 중에 병원 건물에서 뛰어내려 자살하고 말았는데, 당시 그의 나이 49세였다. 한때는 헝가리에서 영웅 대우까지 받던 두 사람의 비극적인 말로가 사람들의 마음을 착잡하게 만든다.

악몽에 시달리는
외상후 스트레스 장애

외상후 스트레스 장애(posttraumatic stress disorder, PTSD)는 평범한 일상생활에서 겪을 수 없는 매우 이례적인 사고나 사건을 통해 심각한 정신적 충격을 받음으로써 나타나는 질환이다. 따라서 여기서 말하는 외상이란 뇌손상이나 신체적 외상을 뜻하는 것이 아니라 정신적 외상을 가리키는 용어다. 외상후 스트레스 장애의 원조는 과거에 지칭하던 전쟁신경증이라 할 수 있는데, 특히 두 차례의 세계대전과 베트남 전쟁을 통해 수많은 군인이 참혹한 전투를 겪은 후 극도의 공포심에 사로잡혀 정신병원으로 후송되는 경우가 많았다. 하지만 오늘날에 와서는 그 범위가 대폭 확대되어 전쟁 이외의 상황에도 적용하기에 이른 것이다.

따라서 외상후 스트레스 장애 발병의 원인으로 작용하는 사고란 예를 들

외상후 스트레스 장애

1. 특징
- 신체적 외상이 아니라 정신적 외상을 가리킨다.
- 일상적으로 겪을 수 없는 충격적인 사고나 사건으로 발생한다.
- 천재지변, 전쟁, 화재, 교통사고, 납치, 고문, 강간, 폭력, 학대를 겪은 후 발생한다.
- 사건, 사고 상황을 재경험하고 비슷한 상황에 대한 회피반응을 보인다.
- 정상적인 일상생활을 누리지 못한다.

2. 증상 및 진단 기준
- 과도한 공포와 두려움, 놀람 반응
- 지나친 흥분 또는 분노조절의 어려움
- 수면장애 및 악몽
- 무력증과 집중력 저하
- 과도한 신경과민

어, 지진이나 홍수, 화산폭발 등의 천재지변, 화재, 전쟁과 학살, 신체적 폭행, 고문, 강간 및 성폭행, 인질사건, 아동학대, 교통사고, 폭발사고, 붕괴사고 등을 직접 경험하거나 목격한 경우를 말하는데, 전투에 참가한 군인의 25%에서 외상후 스트레스 장애를 겪은 것으로 알려졌으며, 2001년 미국 뉴욕에서 발생한 9.11 테러 사고 당시 6,000명 이상의 생존자 중 다수가 외상후 스트레스 장애로 고통받았다고 한다.

외상후 스트레스 장애의 증상으로는 지나친 과민반응으로 인해 자주 놀라고 불안해하며 잠을 제대로 이루지 못할 뿐 아니라 사고와 관련된 내용의 악몽에 시달리기도 한다. 자신이 겪은 충격을 재경험하는 수가 많아 고통스러운 기억에 사로잡혀 헤어나오지 못하고 심지어는 환각을 통해서도 경험한다. 이와는 달리 극도의 흥분상태와 분노 발작을 보이거나 반대로 감정적

둔화상태를 드러내기도 하는데, 멍한 상태에 빠져 마치 실성한 사람처럼 보인다. 경우에 따라서는 극심한 불안과 두려움에서 벗어나기 위해 알코올이나 마약에 의존함으로써 2차적인 중독 상태에 빠져 지내기도 한다.

역사적 인물 가운데 외상후 스트레스 장애를 겪었을 것으로 추정되는 경우로는 12세기 프랑스 당대 최고의 스콜라 철학자이자 신학자로 명성이 자자했던 **아벨라르** (Pierre Abélard, 1079-1142)를 들 수 있다. 그는 금욕주의 광풍에 휘말린 중세 암흑기에 노트르담 대성당의 사제평의원이자 참사관인 퓔베르의 조카 엘로이즈(Héloïse, 1101-1164)와 뜨거운 연인관계를 맺게 되었는데, 퓔베르가 이들 관계를 눈치 채고 두 사람을 강제로 떼어놓으려 했으나 두 사람은 은밀히 만남을 계속했다.

아벨라르

결국 엘로이즈가 아기까지 출산하게 되자 아벨라르는 자신의 출세에 지장이 없도록 두 사람의 비밀결혼을 허락해 줄 것을 퓔베르에게 간청했으며, 이들은 퓔베르가 참석한 가운데 결혼식까지 치렀다. 하지만 퓔베르는 나중에 약속을 깨고 이들의 결혼을 공개적으로 폭로했으며, 그런 삼촌에 대해 엘로이즈가 맹렬히 비난하며 항의하자 이에 화가 치밀어 오른 삼촌은 그녀를 자주 학대하고 괴롭히기 시작했다. 아벨라르는 그런 횡포로부터 그녀를 보호하기 위해 아르장퇴유 수녀원에 은신토록 했다.

그러자 퓔베르는 사람들을 매수하여 아벨라르가 잠든 틈을 타 기습을 가함으로써 강제로 그를 거세시켜 버리고 말았다. 그중에는 아벨라르의 시중을 들던 심부름꾼도 끼여 있었다. 물론 그 시중꾼은 나중에 붙들려 눈이 뽑히고 성기를 절단당하는 실로 끔찍스러운 중벌을 받고 말았다. 하지만 이런 사태가 노트르담 대성당에 몸담고 있는 성직자의 지시로 벌어진 일이었으니 정말 믿기 어려운 일이 아닐 수 없다.

이런 끔찍스러운 사고를 당함으로써 아벨라르의 명성과 출셋길은 완전히 차단되고 말았으며, 거세를 당한 상처의 아픔보다 더욱 큰 정신적 충격에 빠진 아벨라르는 곧바로 수도원으로 도망쳐 은둔생활로 들어갔고, 엘로이즈 역시 그 후 강압에 의해 수녀가 되었다. 아벨라르로서는 일생일대의 수모와 치욕을 겪는 동시에 모든 것을 빼앗긴 셈이다.

이처럼 비극적인 사건으로 헤어진 후에 두 남녀는 15년간이나 서로 만나지 못하고 떨어져 지냈다. 하지만 우연한 기회로 다시 교류가 시작된 그들은 서신 왕래를 통해 대화를 계속 이어갔는데, 당시 수녀원장이었던 엘로이즈의 변함없는 애정 고백에도 불구하고 아벨라르는 과거에 자신이 당했던 마음의 상처가 되살아날 것이 너무도 두려웠던 나머지 단지 성직자 직분에 충실하기만을 바란다고 계속 그녀를 달랠 뿐이었다. 하기야 당시 사회적으로 매장되다시피 했던 그로서는 달리 방도가 없었을 것이다. 다만 그는 자신이 죽으면 엘로이즈가 있는 수녀원 묘지에 묻어달라고 부탁했으며, 실제로 그녀는 그의 요구에 응해 주었다. 그리고 두 사람 모두 세상을 떠나고 600년이 지난 후에 나폴레옹의 부인 조세핀 왕비는 이들의 애절한 사연에 감동 받아 이들 남녀의 유해를 파리 근교의 납골당에 합장시켜 줌으로써 비로소 이들 연인은 오랜 숙원을 풀게 되었다.

스페인이 낳은 풍자문학의 대가 **세르반테스**(Miguel de Cervantes, 1547-1616)는 젊은 시절 스페인 해군에 지원하여 1571년 오토만 제국 함대와 벌인 레판토 해전에서 가슴과 손에 총상을 입는 큰 부상을 당했다. 기적적으로 살아남기는 했으나 그 이후로 평생 왼손을 쓰지 못하는 장애를 입었다. 그렇게 죽었다 살아난 그는 설상가상으로 귀국하던 길에 알제리 해적의 습격으로 납치되어 1580년까지 5년간이나 북아프리카에서 노예로 지내야 했으니 그 참담한 심경이 이루 말로 다 할 수 없었을 것이다. 그 동안 그는 여러 차례 탈출을 시도했으나 번번이 실패하고 말았다.

세르반테스

다행히 부모의 도움으로 가까스로 노예생활에서 풀려난 그는 열여덟 살이나 연하인 카타리나와 결혼하고 작가생활로 접어들었으나 생계유지가 힘들어 잠시 세금 징수원으로 근무하기도 했다. 그 와중에 불미스러운 사건에 연루되어 감옥에 들어갔는데, 투옥 중에 《돈키호테》를 쓰기 시작해서 마침내 1605년 제1부를 출판함으로써 작가로서의 명성을 얻었다. 그가 새롭게 창조한 돈키호테라는 인물은 동시대의 셰익스피어가 창조한 우유부단하고 사색적인 햄릿과는 전혀 상반된 매우 저돌적이고도 몽상에 사로잡힌 인간상을 제시한 것으로 오랜 기간 대중들의 사랑을 받아왔다. 그는 공교롭게도 셰익스피어가 사망한 같은 날에 마드리드에서 조용히 세상을 떠났다.

도스토옙스키

사형 집행 직전에 죽음의 위기를 극적으로 모면했던 인물로는 러시아의 문호 **도스토옙스키**(Fyodor Dostoevsky, 1821-1881)를 들 수 있다. 그는 청년 시절 급진적 사회주의 사상을 연구하는 급진적 정치 모임에 가담해 활동하다가 다른 동료들과 함께 당국에 체포되었는데, 총살형이 집행되기 직전에 황제의 특사로 형 집행이 중지되고 시베리아 유형으로 감형조치를 받았다. 절체절명의 순간에서 기적적으로 죽다 살아난 경험으로 인해 몇몇 동료들은 그 충격의 여파로 한순간에 백발이 되었다고 한다. 당연히 도스토옙스키도 엄청난 공포와 충격을 받았을 것이 분명한데, 시베리아의 오지 옴스크 감옥에서 보낸 4년간의 수감생활은 쇠사슬에 묶인 상태로 벌레가 기어다니는 비좁은 감방에서 지내야하는 지옥이나 다름없는 삶이었다.

당시 그에게 허용된 유일한 독서는 성서 읽기였는데, 성서를 읽을 때만 예외적으로 쇠사슬을 풀어주었기 때문이다. 하지만 성서에 깊이 빠진 그는 결국 사회주의자에서 기독교적 인도주의자로 점차 변모하기 시작해 마음의 안정을 되찾고 자신이 오히려 다른 죄수들을 위로하고 격려함으로써 자살까지 고려하며 깊은 절망에 빠진 동료 죄수를 정신적으로 돕기도 했다. 그 후 그는 자신의 유형생활을 토대로 《죽음의 집의 기록》을 쓰기도 했지만, 유배 시절에 배운 도박과 지병인 간질의 악화로 죽을 때까지 고초를 겪어야 했다. 물론 그는 공병학교 재학 시절인 18세 때 아버지가 영지의 농노들에게 살해당하는 사건을 겪기도 했지만, 당시 그 사건을 직접 목격한 것이 아니라 전해들었기 때문인지 그 후에도 학업을 무난히 마친 점을 보면 의외로 그런 위기를 잘 극복한 것으로 보인다.

아서 쾨슬러

그런데 이처럼 처형의 위기를 극적으로 모면한 작가가 또 있다. 헝가리 부다페스트 태생의 유대계 소설가 **아서 쾨슬러**(Artur Koestler, 1905-1983)다. 대학 시절 시오니즘 운동에 몰두해 한동안 팔레스타인 집단농장에서 일하기도 했던 그는 그 후 독일 공산당에 입당해 열렬한 공산주의자로 활동했으며, 스페인 내전이 발발하자 신문사 외신특파원으로 취재활동을 벌이던 중에 왕당파 프랑코 장군 측에 스파이 혐의로 체포되어 사형언도까지 받고 수개월간 감옥에 갇혀 지냈는데, 당시의 절박한 상황은 《죽음과의 대화》에 자세히 묘사되어 있다.

하지만 운 좋게도 그는 영국정부의 개입으로 목숨을 구할 수 있었으며,

그 후로는 공산당을 탈당하고 우익으로 전향했다. 그리고 제2차 세계대전 기간에는 영국정부를 위해 일하기도 했으며, 1948년 영국으로 귀화한 후 영국정보부, BBC 방송 등에서 활동했다. 그런데 평소 마약에도 손을 대는 등 정서적으로 매우 불안정한 모습을 보였던 그는 어느 한 가지 분야에 집중하지 못하고 좌충우돌하는 모습을 보여 심지어는 여류작가를 강간하는 등 파행적인 행동을 벌이기도 했는데, 이처럼 수수께끼 같은 행적을 통해 매우 괴팍한 인물로 알려진 그는 말년에 이르러 불치병에 걸리자 부인과 함께 자살로 생을 마감하고 말았다.

미국의 선교사 **미니 보트린**(Minnie Vautrin, 1886-1941)은 중일전쟁 당시 일본군에 의해 자행된 끔찍스러운 만행으로 30만 명의 중국인들이 희생된 남경대학살 현장을 직접 목격하고 큰 충격을 받았으며, 그런 지옥의 현장에서 만여 명의 중국 난민들을 보호하며 보살핀 여성이다. 그 후 미국으로 돌아갔으나 더 많은 중국인을 구해내지 못했다는 죄책감 때문에 인디애나폴리스에 있는 자신의 아파트에서 가스스토브로 자살했다.

미니 보트린

프랑스계 이민의 딸로 태어난 그녀는 일리노이 주립대학을 수석으로 졸업한 후 해외 선교활동에 가담해 1912년 중국으로 파견되었다. 6년간 봉사활동을 마치고 컬럼비아 대학에서 교육학 석사학위를 딴 그녀는 남경에 위치한 금릉 여자대학교 학장에 임명되어 결혼도 미룬 채 중국인 학생들을 위해 헌신했다. 1927년 장개석의 국민당 군대가 남경을 점령하고 약탈과 살인을 저지르자 그녀는 다른 동료들과 함께 한동안 대학 다락방에 숨어 지내야 했다.

하지만 그 후 국민당보다 더욱 지독한 일본군의 만행에 직면해야 했는데, 1937년 일본군의 첫 폭격이 있은 후 모든 미국인들의 철수 명령이 떨어졌으나 그녀는 어린 학생들을 두고 떠날 수가 없다고 판단해 남경에 그대로 남아 있었다. 당시 독일 사업가 욘 라베와 함께 중국인 난민들을 보호하기 위한 임무에 뛰어든 그녀는 금릉 대학에 1만 명의 여성들을 수용했는데, 당시 그녀가 기록한 일기는 남경학살 현장의 끔찍스러운 상황을 생생한 모습으로 전하고 있다. 하지만 28년간의 선교활동을 마치고 미국으로 귀국한 후 그녀는 극심한 우울증에 빠졌으며, 결국 자신의 집에서 자살하고 말았다.

지그프리드 새순

영국의 시인 **지그프리드 새순**(Siegfried Sassoon, 1886-1967)은 제1차 세계대전이 발발하자 애국심에 불타오른 나머지 군대에 지원하여 참전했으나 친한 동료 장교 및 남동생이 전사한 이후로는 반전사상으로 급선회하여 수많은 반전시를 쓰게 되었다. 그 후 서부전선에서 새순은 죽음도 불사하는 그런 용맹심으로 무공을 세운 덕에 훈장까지 받았다. 당시 극심한 전쟁혐오증에 빠진 그는 병사들을 지휘하는 장교 신분이었음에도 단독으로 적진 참호에 뛰어들어 60여명의 독일군 병사들을 혼비백산하게 만들며 진지를 점령해 보임으로써 용감한 군인정신의 귀감이 되기도 했다.

하지만 그것은 애국심의 발로도 아니었으며, 더 나아가 적에 대한 증오심의 발로라기보다는 전쟁이라는 미친 짓에 대한 거의 자학적인 몸부림에 가까웠다. 당시 그의 행동을 곁에서 지켜본 동료 시인 로버트 그레이브스는 그런 행동을 거의 자살에 가까운 무모한 만용으로 보았으며, 중대장의 그런 무모한 행동에 겁먹은 부하들은 그를 '미친 잭'이라고까지 불렀다. 전장에서 극심한 공포심에 빠진 병사는 적진으로 뛰쳐나갈 엄두를 못 내고 참호 안에 꼼짝도 않고 숨어있거나 심지어는 죽은 척할 수도 있지만, 역으로 그토록 두려운 상황에 무모한 도전을 하기도 하는데, 정신의학에서는 그것을 역공포 반응(counterphobic reaction)이라고 부른다.

비정한 정치적 권력을 독일군보다 더 큰 적으로 간주한 새순은 당돌하게도 반전 내용이 담긴 서한을 사령관에게 보냈으나 무공훈장까지 받은 그였기에 군사재판에 회부되지는 않고 대신 전쟁공포증 환자로 간주되어 군병원에서 정신과 치료를 받기에 이르렀다. 당시 같은 병명으로 입원해 치료받던 시인 윌프레드 오웬과 깊은 우정을 나눈 그는 회복된 후에 함께 프랑스 전선에 복귀했지만, 오웬은 그곳에서 장렬하게 전사하고 말았다. 전쟁이 끝나자 새순은 결혼해서 아들까지 낳았으나 그 후 별거상태에 들어가 죽을 때까지 거의 은둔생활로 일관했다.

청조의 마지막 황제 **푸이**(溥儀, 1906-1967)는 만 두 살의 어린 나이로 황제 자리에 올랐으나 신해혁명 이후 청조가 망하자 만주로 도주해 일본 관동군이 세운 괴뢰 만주국의 황제가 되어 일제의 꼭두각시 노릇을 하던 중에 갑자기 일제가 패망하자 이번에는 일본으로 도주하려다가 만주에 진주한 소련군에 체포되고 말았는데, 곧바로 중국 공산당에 전범으로 넘겨지면서 언제 처형당할지 모르는 일생일대의 위기를 맞이하고 말았다. 그야말로

푸이

하루아침에 천당에서 지옥으로 떨어진 상황이었으니 그 충격이 엄청났을 것이다.

하지만 황제 일가를 무자비하게 처형시킨 소련과는 달리 중국 공산당은 그를 곧바로 처형하지 않고 무려 10년에 걸친 끈질긴 세뇌작업을 통해 그의 머리에서 황제로서의 특권의식을 일소하고 일개 평범한 시민으로 거듭나게 함으로써 중국 공산당의 관용과 인내심을 만방에 과시함은 물론 공산주

의 사상의 핵심 모토인 만민평등주의 실현의 가장 극적인 상징으로 푸이의 존재를 대중선전에 이용하는 치밀함을 보였다.

자기 신발 끈조차 스스로 매지 못하던 그는 결국 10년간의 수용소 생활을 통한 정신개조훈련의 결과, 과거에 자신이 황제였다는 사실을 깨끗이 청산하고 모범수로 풀려난 후 북경 식물원의 정원사로 일했으며, 그에게 동정적이었던 주은래의 배려로 한족 출신 간호사와 재혼까지 했다. 그야말로 아무 생각 없이 시키는 대로 따라하는 파블로프의 개가 되고 만 것이다. 하지만 속으로는 얼마나 참담한 심정이었을까 싶기도 하다.

말년에 암에 걸린 그는 당시 홍위병의 반발을 의식한 여러 병원에서 입원을 거부하는 바람에 애를 먹기도 했지만, 그때도 역시 주은래의 도움으로 간신히 북경의 한 병원에 입원할 수 있었다고 한다. 이처럼 황제 신분에서 벗어나 평범한 시민으로 여생을 보낸 푸이는 비록 공산당의 배려로 목숨을 보존할 수는 있었으나 사실 그것은 살아도 산 게 아닌 죽은 목숨이나 다름없는 상태였으며, 본인 자신으로서도 엄청난 충격과 치욕의 나날이었을 것이다.

프리모 레비

아우슈비츠 생존자로 그 생지옥의 현장을 고발한 저서 《이것이 인간인가》를 통해 많은 사람에게 충격을 안겨 준 **프리모 레비**(Primo Levi, 1919-1987)는 이탈리아의 유대계 화학자이자 작가다. 그는 제2차 세계대전 당시 독일군이 북부 이탈리아를 점령하자 레지스탕스 유격대에 합류해 싸우다가 파시스트 민병대에 붙들려 수용소로 이송되었으며, 그 후 독일군에 의해 화물열차에 실려 아우슈비츠로 후송되었다.

소련군에 의해 해방될 때까지 목숨을 부지하기 위해 필사적인 노력을 기울인 그는 때마침 성홍열에 걸리는 바람에 의무실에 입원해 있다가 운 좋게 해방을 맞았다. 그와 함께 이탈리아에서 아우슈비츠로 끌려간 650명의 유대인 가운데 살아남은 자는 겨우 20명에 불과했으며, 당시 수감자의 평균 생존기간은 3개월이었으니 수용소의 현실이 얼마나 참혹했는지 짐작이 가고도 남는다.

천신만고 끝에 고향으로 돌아온 그는 극심한 영양실조로 팅팅 부어오른 얼굴과 낡아빠진 소련군 군복차림 때문에 처음에는 아무도 그를 알아보지도 못할 정도였지만, 다른 무엇보다도 그동안에 겪었던 극도의 심리적 충격으로 상당 기간 아무 일도 할 수 없었다. 가까스로 원기를 회복한 그는 페인트 공장에서 일하는 가운데 그때부터 자신이 겪은 경험을 토대로《이것이 인간인가》를 집필해 발표함으로써 세상에 널리 알려지기 시작했다. 하지만 그는 갑자기 자신의 집에서 자살로 생을 마감하고 말았는데, 오랜 기간 우울증에 시달리며 정신과 치료를 받기도 했지만, 아무래도 과거의 악몽에서 완전히 벗어나지 못한 것으로 보인다.

팝 아트의 선구자로 알려진 **앤디 워홀**(Andy Warhol, 1928-1987)은 상업적인 성공으로 최대의 전성기를 구가하던 1968년 자신의 스튜디오에서 일하던 여직원이 앙심을 품고 쏜 총에 가슴을 맞고 거의 죽었다 살아났는데, 폐와 위장을 관통하는 치명적인 중상이었음에도 다행히 대수술을 받고 생명은 건졌으나, 죽을 때까지 외과용 코르셋을 두르고 살아야 했으며, 총상 후유증으로 오랜 기간 몹시 위축된 상태로 지내야 했다. 그 총격사

앤디 워홀

건을 토대로 영화 〈나는 앤디 워홀을 쏘았다〉가 제작되기도 했다. 건강이 여의치 못했던 그는 담낭 수술 후유증으로 갑자기 숨지고 말았는데, 동성애자였던 그는 일생 동안 독신으로 지냈다.

앤디 워홀에게 총격을 가한 발레리 솔라나스는 급진적 페미니스트로, 지배적인 남성에 대한 적개심에서 그를 쏘았다고 자백했는데, 그녀는 피해망상을 지닌 정신분열병 환자로 진단을 받고 감호조치 3년형에 처해졌다. 한편 총격사건이 있은 후 앤디 워홀은 자신의 심경을 다음과 같이 털어놓기도 했다. "총격을 당하기 전까지 나는 항상 내가 온전한 존재라기보다 반쪽인 존재라고 생각했다. 내가 현실에 사는 게 아니라, 텔레비전을 보고 있는 게 아닌지 항상 의심스러웠다. 하지만 총에 맞은 후부터는 계속 내가 텔레비전을 보고 있었다는 사실을 알았다. 채널을 돌려봐도 역시 마찬가지였다." 이 말의 뜻은 결국 총격사건 이후로 완전히 현실감각을 잃고 말았다는 의미로 들린다. 그만큼 충격이 컸다는 말이다.

재클린 케네디 오나시스

존 F. 케네디 대통령의 영부인 **재클린 케네디 오나시스**(Jacqueline Kennedy Onassis, 1929-1994)는 백악관에 입성할 때만 해도 세상에서 가장 행복한 부부로 선망의 대상이었으나, 1963년 텍사스주 댈러스에서 카퍼레이드 도중에 오스월드의 저격을 받고 곁에 앉은 남편이 암살당하는 비극을 겪으면서 엄청난 정신적 충격을 받았다. 당시 그녀는 비록 겉으로는 흐트러짐 없이 매우 침착한 태도로 돌발적인 상황에 대처하는 모습을 보여 주었지만, 실제로는 극심한 불안과 불면증에 시달리고 자신도 암살당하지 않을까 두려움에 사로잡혀 지냈다고 한다.

그 후 5년이 지나 그동안 가장 든든한 정신적 의지의 대상이 되어 주었던 시동생 로버트 케네디마저 대선 후보 경선 도중에 암살당하면서 케네디가의 저주라는 말이 나돌기 시작했는데, 그런 정신적 부담을 떨쳐내기 위함이었는지 불과 4개월 뒤에 그리스의 선박왕 오나시스와 전격적으로 재혼함으로써 세상을 놀라게 했다. 하지만 7년 후 오나시스마저 사망함으로써 그녀는 34세에 미망인이 된 이후 46세에 다시 미망인 신세가 되고 말았다.

그 후 언론계에서 활동을 계속한 그녀는 세상의 이목을 피해 조용히 지내다가 림프종으로 세상을 떠났다. 향년 64세였다. 그녀가 죽은 지 5년 뒤에 아들 존 F. 케네디 주니어마저 사촌 결혼식에 참석하기 위해 경비행기를 몰고 가다 대서양에 추락하여 부인과 함께 사망함으로써 케네디가의 저주라는 말이 단순히 지어낸 말이 아님을 입증하고 말았다. 하기야 로버트 케네디의 두 아들도 불의의 사고로 일찍 죽었으니 더욱 그렇다.

인도의 여성 정치인 **풀란 데비**(Phoolan Devi, 1963-2001)는 산적 두목으로 활동하다 경찰에 투항한 후 정계에 입문한 매우 희귀한 경우다. 가난한 농부의 딸로 태어나 11세의 어린 나이에 신붓감으로 팔려간 그녀는 나이가 자신보다 세 배나 되는 무지막지한 남편이 아직 미성년인 그녀를 강제로 범하고 매

풀란 데비

질까지 가하며 학대하자 그 집에서 도망쳐 나와 고향으로 돌아오지만 친정뿐 아니라 고향마을에서도 쫓겨나 부랑자 신세로 전락하고 말았다.

설상가상으로 그녀는 도적 떼에게 납치되어 두목에게 강간을 당할 뻔했으나 이를 보다 못한 부두목 비크람이 두목을 총으로 쏴 죽이고 스스로 대장이 된 후 그녀와 동거까지 하게 되었다. 그렇게 산적의 일원이 된 그녀는 그 후 베마이 마을의 산적에게 습격을 당해 남편이 살해당했을 뿐만 아니라 그녀 자신도 집단윤간을 당하고 발가벗긴 몸으로 마을 주위를 끌려 다니는 치욕을 겪어야 했는데, 가까스로 정신을 차리고 탈출해 산으로 도주한 뒤로

는 그곳에서 자신이 이끄는 산적 떼를 따로 결성해 살인과 도둑질을 일삼았다.

1981년 그녀는 부하들을 이끌고 베마이 마을을 습격해 산적 떼를 모조리 살해하고 달아났는데, 그런 살인극을 벌인 그녀에 대해 당시 오지에 살며 산적들에게 시달리며 살던 일부 주민들은 오히려 그녀의 존재를 무자비한 산적들로부터 자신들을 보호해 준 의적으로 간주하고 심지어는 힌두 여신이 부활한 것으로 여기기도 했다. 그렇게 그녀에 대한 소문이 전국에 알려지자 인도 정부는 평화적으로 투항할 것을 공식 요구했으며, 마침내 1983년 그녀는 무기를 반납하고 경찰에 투항했다.

11년에 걸친 옥고를 마치고 세상에 나온 그녀는 마침내 정계에 진출해 1996년 국회의원에 당선되었지만, 불과 5년 뒤 자신의 집 앞에서 무장괴한의 총을 맞고 사망하고 말았다. 경찰에 체포된 암살범은 과거 그녀가 베마이 마을을 습격한 사실에 대한 복수로 그녀를 살해한 것이었다고 진술하기도 했다. 이처럼 그녀의 참담한 삶의 실상은 셰카르 카푸르 감독의 인도 영화 〈밴디트 퀸〉을 통해 널리 알려졌지만, 너무도 충격적인 내용으로 일관하고 있어서 도저히 현대사회에 벌어진 실화라고 믿어지지 않을 정도다.

박헌영

광복 후 좌우 이념 대립이 극에 달했을 때 남로당 총책으로 활동하며 남한에서 공산주의 운동을 주도했던 **박헌영**(朴憲永, 1900-1956)은 충남 예산에서 지주의 서자로 태어나 일제강점기에는 공산주의자로 독립운동에 투신했던 인물이다. 당시 6.10 만세운동의 배후 주모자로 몰려 일경에 체포된 그는 물고문, 전기고문을 당했으며, 법정에서도 안경을 판사에게 내던지고 소리를 지르는 등 난동을 부려 모진 구타를 당하기도 했다.

그는 옥중에서 단식과 자살 시도 등으로 항거를 계속했으며, 극심한 고문으로 정신마저 피폐해지면서 혼잣말을 중얼거리며 감방 안을 맴돌기도 하고, 벽을 보고 이야기하거나 사람을 보면 두려움에 질린 표정을 했다가도 이내 히죽히죽 웃는 등 이상한 행동을 보였다. 심지어는 자신의 대변을 벽에 칠하고 실제로 먹기까지 했으며, 재판정에서도 그런 행동을 보여 사람들을 놀라게 했다. 결국 그는 정신이상자로 인정되어 병보석으로 풀려나게 되었다.

그는 석방된 직후에도 자신의 아내조차 제대로 알아보지 못하고 무섭다며 도망치기까지 했으며, 출옥 후 곧바로 정신과에 입원해 진찰을 받았으나 담당의사로부터 정신상태가 온전치 못하다는 판정과 함께 회복 가능성에 대해서도 회의적인 반응을 얻었다. 결국 그의 아내 주세죽은 남편을 퇴원시키고 온천과 절에 데리고 다니며 요양을 시켰는데, 당시 그는 고향에 내려가서도 자신의 아버지를 알아보지 못하고 일본의 앞잡이라며 쌍욕을 퍼붓기도 했다. 의사의 왕진을 받으며 아내와 어머니가 떠주는 죽으로 간신히 연명한 그는 가까스로 기력을 회복하자 아내와 함께 소련으로 탈출해 모스크바로 향했는데, 시베리아 횡단열차 안에서 아내는 딸을 낳기도 했다.

그로부터 5년이 지나 중국 상하이에서 일경에 다시 체포된 그는 서울로 압송되어 그동안의 행적을 조사받았으나 자신은 정신병 치료를 받기 위해 국외로 탈출했다고 둘러대었음에도 징역 6년형을 선고받고 5년 만에 가석방되었다. 하지만 그동안에 아버지도 사망하고 집안 전체가 망한 상태가 되면서 그는 고향에서도 집안을 말아먹은 불효자, 패륜아 소리를 들어야 했다. 더군다나 아내 주세죽이 그동안 재혼한 사실을 알고 크게 낙담한 나머지 한동안 술로 괴로움을 잊으려 했다. 결국 그는 월북해 김일성의 측근이 되어 활동했으나, 김일성이 한국전쟁 패배의 책임을 박헌영에게 돌리면서 미제의 스파이로 모는 바람에 정치수용소에 감금되어 고문을 당한 후, 결국

평양 근교 야산에서 처형되고 말았다.

최은희

우리나라 영화계를 대표하는 여배우 **최은희**(崔銀姬, 1926-2018)는 한때 김지미와 쌍벽을 이루며 한국 영화의 대표적인 간판스타로 활동했던 인물이다. 1953년 영화 감독 신상옥과 결혼해서 수많은 영화의 주역을 맡아 인기 최정상을 달렸으나, 신상옥 감독이 배우 오수미와 스캔들을 일으키면서 남편과 이혼한 최은희는 자신이 세운 안양예술학교 운영에 전념했는데, 결국 그것이 화근이 되어 납북사건에 휘말린 셈이다. 1978년 초 그녀는 학교운영과 관련된 사업 논의차 홍콩에 초대받아 한 호텔에 묵었는데, 사실 그 초대는 사전에 치밀하게 계획된 북한의 미끼였다. 북한 김정일의 지시에 따라 공작원들에게 납치된 그녀는 배편을 이용해 강제로 황해도 해주까지 끌려간 후 소식이 두절되고 말았다. 그리고 6개월 뒤에는 실종된 그녀의 행방을 찾기 위해 홍콩을 찾은 신상옥 감독마저 납북되고 말았다.

이들 부부는 그 후 8년 동안 북한에 억류된 상태로 영화 제작에 동원되어 17편의 영화를 제작했다. 하지만 그동안 두 차례나 탈북을 시도하다 붙들려 수감생활을 하기도 했으며, 1983년에 가서야 비로소 활동 제약에서 풀려나 김정일의 영화 고문으로 본격적인 영화 제작에 돌입했는데, 1986년 베를린 영화제 참석차 들른 오스트리아 빈에서 미국대사관으로 달려가 망명을 신청함으로써 기적적으로 탈북에 성공했다. 이처럼 영화, 드라마보다 더한 극적인 탈출에 성공한 그들은 처벌이 두려워 한국으로 귀국하지 않고 미국행을 선택했으며, 미국에서 북한사회의 실상을 폭로해 큰 충격을 안겨주었다. 그들이 탈북한 지 한 해 뒤에 김현희 등 북한 공작원들에 의해 KAL기 폭파사고가 일어났는데, 신 감독은 이를 소재로 영화 〈마유미〉를 제작하기도 했다.

판소리 명창이며 1인 창무극의 선구자로 독특한 병신춤을 통해 널리 알려진 **공옥진**(孔玉振, 1931-2012)은 전남 월산리 추동마을에서 판소리 명창 공대일의 딸로 태어나 불과 일곱 살 때 어머니를 잃고 어린 나이에 돈에 팔려 일본으로 건너가 몸종 노릇을 하며 발길질을 당하는 수모를 겪기도 했다. 그 후 귀국해서 힘겹게 찾아낸 아버지에게 판소리를 배웠는데, 그녀의 할아버지 공창식 역시 당대 최고의 판소리 명창이었다.

공옥진

17세 때 고창 명창대회에 나가 장원을 하기도 했던 그녀는 아버지의 강요에 따라 경찰관과 혼인해 딸까지 낳았으나 친구에게 남편을 빼앗기는 등 순탄치 못한 결혼생활로 인해 한동안 출가해 3년간 비구니로 지내기도 했다. 환속한 후에도 6.25 전쟁을 만나 경찰관의 아내라는 이유로 인민군에 붙들려 총살 직전까지 갔으나 죽기 전에 마지막 소원으로 소리 한 자락 펼치게 해달라고 부탁해 오로지 살기 위한 일념 하나만으로 혼신의 힘을 다해 부르자 차라리 예술동맹에 가입해 활동하라며 풀어주어 기적적으로 살아남았다.

이처럼 죽기 일보 직전에서 기사회생한 그녀는 전쟁이 끝나자 자신의 목숨을 구해 준 생명의 은인이나 다름없는 판소리에 모든 것을 바치리라 작심하고 창극단에 들어가 판소리를 배워 익혔으며, 그 후 전남 영광의 읍내 장터에서 곱사춤을 선보이며 공연하다가 무용학자 정병호의 눈에 띄어 그의 제안으로 서울 안국동에 있는 소극장 공간사랑에서 〈심청가〉를 공연했는데, 그때부터 세상에서 소외당한 사람들의 한을 해학적으로 표현한 그녀의 병신춤이 널리 알려지게 되었다. 당시 저자도 그녀의 공연을 보고 가슴 뭉클함을 느꼈다.

하지만 장애인을 비하한다는 일부 비난도 들어야 했으며, 더욱이 그녀의 독자적인 1인 창무극이 오래전부터 전승되어 내려온 전통예술이 아니라는 이유로 오랜 기간 무형문화재로 인정받지도 못하는 푸대접을 감수해야만 했다. 말년에 이르러 뇌졸중으로 쓰러져 고생한 그녀는 경제적으로도 매우 힘겨운 처지가 되어 기초생활수급자로 지내다가 전남 영광에서 80세를 일기로 한 많은 생을 마감했다. 그녀 자신의 표현대로 지지리도 복이 없는 팔자를 타고 태어나 눈물이 마를 새가 없는 그런 참담한 운명의 삶이었다고 할 수 있다.

천상병

시 〈귀천(歸天)〉으로 유명한 시인 **천상병**(千祥炳, 1930-1993)은 1967년 동백림 사건에 연루되어 6개월간 옥고를 치르면서 극심한 고문을 겪었으며, 특히 끔찍한 전기고문으로 인해 몸과 마음이 모두 만신창이가 되었다. 당시 그는 친구에게 받아 쓴 술값이 공작금으로 둔갑하는 등 억울한 혐의를 뒤집어쓰고 실로 감당하기 어려운 고초를 겪어야 했는데, 가까스로 풀려난 후에도 오랜 기간 정신적으로 피폐해진 상태에서 갑자기 어디론가 자취를 감추는 등 이상한 행동을 보이기도 했다. 1970년에는 행려병자로 오해받아 서울시립정신병원에 강제 수용되기도 했다. 독실한 기독교 신자였던 그는 오로지 신앙의 힘으로 시련을 극복하면서 시 창작에 전념하다 63세 나이로 생을 마감했다.

시인 **김지하**(金芝河, 1941-) 역시 유신독재의 피해자였다. 1970년 정경유착의 비리를 고발한 시 〈오적(五賊)〉을 발표했다가 반공법 위반으로 옥고를 치르고 풀려난 후 1974년 민청학련 사건에 연루된 혐의로 다시 체포된 그는 긴급조치법과 국가보안법 위반 및 내란선동죄 등의 죄목으로 비상보통군법회의에서 사형을 선고받았다. 하지만 죽음의 기로에 섰던 그가 목숨을 구할 수 있었던 것은 사르트르, 노엄 촘스키 등 저명한 해외 지식인들의 탄원 덕분이었다. 결국 국제 여론을 의식한 당국은 무기징역으로 감형한 후 그를 석방하고 말았다. 이처럼 죽었다 살아난 그는 그 후 동서양 철학을 한데 아우르는 생명사상을 제창하기도 했으나, 반독재투쟁에 앞장선 진보좌파 인사들을 원색적으로 비난하는 글을 계속 발표해 변절 의혹에 휘말리기도 했다. 하지만 죽음의 문턱까지 가보지도 못한 사람들 입장에서 그의 심경 변화를 단지 비열한 변절로만 받아들인다는 것은 너무도 경솔한 태도가 아닐까 한다.

고문 후유증에 시달린 인물로는 **김근태**(金槿泰, 1947-2011) 전 열린우리당 최고위원을 들 수 있다. 제5공화국 시절 민청학련 사건으로 당국에 체포되어 고문기술자 이근안에게 전기고문과 물고문을 받은 그는 온몸과 정신이 만신창이가 된 상태에서 결국 굴복한 끝에 고문자들이 요구하는 대로 알몸으로 바닥을 기며 살려 달라고 애원했으며, 그들이 원하는 대로 조서를 작성하고 말았다. 그에게 전기고문을 가했던 이근안은 비명소리가 밖에서 들리지 않게끔 방안에 라디오를 크게 틀어 놓았는데, 당시 그는 정작 자신을 고문하는 이근안보다 라디오에서 시시덕거리며 수다를 떠는 방송인들이 더 미웠다고 한다. 자신이 고통에 몸부림치는 순간에도 웃고 떠드는 인간들의 무관심에 더욱 큰 분노를 느낀 것이다. 수년간의 옥고를 치르고 출감한 그는 그 후 신세가 뒤바뀌어 수감된 이근안을 찾아가 사과를 받고 용서하기도 했으나, 과거의 악몽이 되살아나 힘겨워했으며, 더 나아가 눈물조차 보이지 않는 이근안의 태도에 그 진의를 의심하기도 했다. 아이러니하게도 이근안이 목사 안수를 받은 지 3년 후 그동안 파킨슨병에 시달리던 김근태는 64세를 일기로 사망했다.

전기고문의 달인 이근안과 더불어 해괴망측한 성고문으로 유명해진 부천서의 문귀동 경장은 위장취업을 통한 노동운동 혐의로 검거된 서울대 여대생 **권인숙**(權仁淑, 1964-)의 손에 수갑을 채운 상태에서 성고문을 가함으로써 엄청난 사회적 공분을 일으켰는데, 그녀는 극심한 수치심을 무릅쓰고 조영래 변호사의 도움을 받아 문귀동을 강제추행 혐의로 고소하며 진상규명을 요구했으나, 문귀동은 독실한 기독교 신자인 자신의 명예를 훼손했다며 그녀를 무고혐의로 맞고소했다. 결국 그녀는 실형을 선고받고 복역하다가 6월항쟁 이후 특사로 풀려났으며, 문귀동은 구속되어 징역 5년형을 선고받았다. 그 후 그녀는 미국 유학을 떠나 여성학을 전공하고 귀국해서 오랜 기간 성폭력 상담소 소장으로 일하며 자신이 겪은 정신적 고통을 승화하는 데 전념하기도 했다.

심수봉

물론 혹독한 고문에 시달린 이들 외에도 참혹한 궁정동의 유혈 사태를 직접 눈으로 목격한 후 엄청난 고초를 겪은 가수 **심수봉**(沈守峰, 1950-) 역시 외상후 스트레스 장애에 시달린 것으로 추정된다. 특히 그녀는 사건 직후 정보사 지하실로 끌려가 조사를 받는 도중에 평소 자신과 알고 지내던 사람들이 끌려와 고문당하며 지르는 비명소리를 바로 옆방에서 들어야 했으며, 그녀 때문에 어머니마저 심한 고초를 겪었다. 취조가 끝난 후 그녀는 곧바로 정신병원에 감금되었는데, 자신이 아무리 환자가 아니라고 주장해도 강제로 주사를 맞았으며, 거의 한 달 만에 풀려나긴 했으나 그 충격은 이루 말할 수가 없었다.

그렇게 끔찍스러운 악몽의 순간들을 겪으며 한동안 정신적 혼란에 빠진 그녀는 결국 자신을 치료하던 심령술사와 결혼해 아이까지 낳았지만 곧 헤어지고 말았으며, 1986년 두 번째 남편인 사업가와 재혼해 딸까지 낳았으나 6년 만에 또 파경을 맞았다. 그런 우여곡절 끝에 1995년 라디오 PD 출신인

현 남편과 결혼해 비로소 안정적인 생활을 되찾았으니 참으로 먼 길을 돌아 정상적인 삶으로 돌아온 셈이다. 오랜 기간 궁정동 여자라는 낙인이 찍힌 채 정신이상자가 되었다거나 얼굴이 못생겨서 병풍 뒤에 숨어서 노래를 불렀다는 등 온갖 모욕적인 루머에 시달리며 살았던 심수봉은 뒤늦게나마 보상을 받은 셈이다.

하지만 궁정동의 악몽은 그녀의 사생활뿐 아니라 가수경력에도 큰 멍에로 작용해 가수로 복귀하는 데 큰 어려움을 겪을 수밖에 없었다. 특히 그녀의 히트곡 〈그때 그 사람〉이나 〈순자의 가을〉 등은 특정 인물을 암시한다는 이유로 오랜 기간 방송금지 조치를 당해야 했으니 참으로 억울한 노릇이 아닌가. 그런데 문제는 세상에 잘 알려지지 않은 위안부 할머니들, 5월 광주의 생존자들, 삼청교육대 피해자들, 삼풍백화점 붕괴사고나 천안함 폭침사건, 세월호 침몰사고 당시 기적적으로 구출되어 살아남은 숱한 사람들이 소문 없이 정신적 고통에 시달렸을 것이라는 점에서 우리의 마음을 더욱 어둡게 한다.

성숙과 발달의 걸림돌
소아정신장애

정신의 발달과 인격 성장 및 학습능력에 지대한 지장을 주는 소아정신장애에는 실로 많은 질환이 존재한다. 자폐증(autism)과 전반적 발달장애, 애착장애, 아스퍼거 증후군, 주의력결핍 과잉행동장애(ADHD), 품행장애와 반항장애, 틱 장애 및 투렛 증후군, 난독증과 말더듬을 비롯한 학습장애, 소아우울증, 소아불안장애, 소아정신병, 야경증(night terror), 이식증(pica), 유분증(encopresis), 신경성 천식, 야뇨증(enuresis), 정신지체 등이 소아정신장애에 속한다고 볼 수 있다.

오늘날에 와서는 소아의 정신건강에 대한 관심이 전례 없이 높아진 것도 사실이나, 불과 수십 년 전까지만 해도 이 분야에 대한 관심은 거의 전무한 상태였다고 할 수 있다. 물론 소아정신의학과 정신약물학의 발전에 힘입어

실로 다양한 유형의 소아정신장애 치료에 박차를 가하게 되었는데, 그중에서도 가장 각광을 받은 치료는 소아환자를 상대로 한 놀이치료라 할 수 있다. 또한 이론적으로는 소아분석을 통해 모자관계의 중요성을 강조한 대상관계이론의 개척자 멜라니 클라인의 공헌을 빠트릴 수 없을 것이다.

하지만 소아정신장애의 진단과 분류는 소아정신과의 역사가 워낙 짧기 때문에 임상연구 결과에 따라 앞으로도 변동 가능성이 크다고 보는데, 단적인 예로 아스퍼거 증후군의 경우, 현재는 독립된 질환이 아니라 고기능의 자폐증에 속하는 것으로 간주된다. 따라서 여기서는 보편적으로 잘 알려진 진단명에 따라 단편적이나마 아동기에 정신과적 문제를 지닌 역사적 인물에 대해 간략하게 알아보고자 한다.

우선 소아정신장애 가운데 가장 난치성 질환으로 알려진 자폐증의 예로는 18세기 러시아의 황제 **표트르 3세**(Pyotr III, 1728-1762)를 들 수 있다. 그는 34세 나이로 로마노프 왕조의 7번째 군주가 되었으나, 지능이 낮은 데다 자폐적인 상태로 인해 재위 불과 6개월 만에 아내인 예카테리나에게 강제로 황위를 찬탈

표트르 3세

당하고 유폐 중에 그녀의 연인이자 수하였던 오를로프 공작에 의해 목이 졸려 살해되었는데, 공식적인 사인은 심한 복통과 장출혈로 발표되었다. 원래 표트르 대제의 외손자였던 그는 독일 키일에서 태어나 어린 나이에 부모를 여의고 매우 가학적인 개인교사로부터 온갖 학대를 받으며 자랐는데, 수시로 매를 맞고 굶는 경우가 허다했다. 하지만 지능이 모자라 학업을 제대로 따라가지 못하는 대신에 그는 항상 장난감 병정놀이를 통해 자신이 지상에서 가장 용맹스러운 전쟁 영웅이 되는 공상에 빠져 어린 시절을 보냈다.

14세가 되었을 때 이모인 엘리자베타 여제의 부름을 받고 러시아에서 살게 된 그는 17세 때 지적으로 매우 총명한 예카테리나와 혼인하게 되었지만, 그 결혼은 곧바로 두 남녀에게 큰 재앙으로 다가오고 말았다. 왜냐하면 정신적으로 어린애나 다름없는 상태였던 그는 침대에서 장난감 병정놀이에만 정신이 팔렸지 부부관계에는 아무런 관심도 보이지 않았기 때문이다. 물론 이들 부부에게는 아들 파벨 1세가 있었지만, 예카테리나의 주장에 의하면, 표트르는 생부가 아니며, 그들 부부는 일체 동침한 적이 없다는 것이었다. 대신 그들은 제각기 따로 애인을 두고 지냈다.

밤마다 침실에서 장난감 병정놀이로 시간을 보낸 그는 심지어 아내에게 병졸 차림의 군복을 입히고 자신은 장군 노릇을 하며 의기양양한 모습으로 아내에게 혹독한 군사훈련을 시키기도 했으며, 병정놀이가 지겨워지면 자

신의 사냥개를 때리는 가학적인 면모도 보였다. 한번은 생쥐 한 마리가 나타나 힘겹게 정렬해 놓은 장난감 병졸의 머리를 물어뜯었는데, 그는 단번에 그 쥐를 잡아 모의 군사재판에 회부하고 반역죄 혐의로 작은 교수대 모형에 올려놓고 목을 매달아 죽게 했으니 그런 모습을 매일 지켜봐야만 했던 예카테리나의 심경이 어떠했을지 짐작이 가고도 남는다.

더군다나 그는 일이 잘못 돌아갈 때마다 모든 것을 아내 탓으로 돌리며 아내를 잔인하게 학대했을 뿐만 아니라 분노발작과 더불어 대화방식도 몹시 서툴러서 유치하고 불분명한 내용과 상대 입장을 전혀 고려하지 않는 일방적인 형태였다고 한다. 따라서 그는 걸핏하면 아내에게 욕설을 퍼붓고 수시로 폭력을 휘두르거나 사람들 앞에서 모욕을 주는 등 매우 방자한 행동을 일삼았으며, 항상 술에 절어 지내며 방탕한 생활로 나날을 지새우는 통에 귀족들과 백성의 신임을 모두 잃고 말았다. 또한 노골적으로 친독일적이었던 그는 자신이 러시아 황제이면서도 러시아를 증오했으며, 러시아 민중 역시 그런 황제를 증오했다.

그는 국정에도 기이한 행적을 남겼는데, 러시아 정교회의 재산을 몰수해 국유화하고 성직자들에게도 수염을 깎고 루터교 목사들의 복장을 입기를 강요했으며, 러시아 군대의 제복도 프로이센 군대 복장으로 바꾸도록 했다. 또한 자신의 호위병도 해체해 버리는 치명적인 실수를 범하고 말았는데, 그 결과 군대와 교회 및 민심을 장악한 아내 예카테리나에게 권좌를 찬탈당하면서도 아무런 힘도 쓰지 못하는 어리석음을 보인 것이다.

이처럼 그의 성격과 국정 운영 방식이 너무도 기이하고 예측 불허 상태라 민심 이반이 극심해지자 결국 예카테리나는 대중적 인기를 등에 업고 자신이 직접 권력을 차지하기로 마음을 굳히게 되었으며, 애당초 정이 없었던 부부였기에 그녀는 남편이 이혼을 염두에 두고 있지나 않을까 의심한 나머지 아예 그를 제거하고 황위를 탈취해 버린 것인데, 그런 위기상황에서도 그는 태연스레 낮잠을 즐겼다고 한다. 원래 그녀는 자신의 남편에 대해 아무짝에도 쓸모없는 백치 같은 인간으로 간주했으며, 유치한 병정놀이에만 빠져있는 미치광이 취급을 했는데, 그런 인식은 그녀뿐 아니라 러시아 전체가 공유한 상태였으니 그의 비극적인 죽음에 대해서도 아쉬움을 표시하는 사람은 극히 드물었다.

메이지 천황의 뒤를 이어 1912년 제123대 일본 천황에 오른 **다이쇼 천황**(大正天皇, 1879-1926)은 히로히토 천황의 아버지다. 하지만 일본 황실은 그의 건강상태에 대해 은폐시키기에 급급했는데, 물론 그것은 당시만 해도 천황이 신적인 존재나 다름없었기 때문에 황실의 권위를 떨어트릴까 두려워서 그랬을 수

다이쇼 천황

있겠지만, 문제는 그의 건강이 신체적 질병보다는 지적 능력이나 기이한 언행, 대인기피증 등 정신상태와 관련된 것이었기 때문에 더욱 감추려했던 것으로 보인다. 비록 그는 1921년까지 9년간 가까스로 친정을 수행했으나 그것도 허울뿐인 허수아비 노릇에 불과했으며, 그 후 1926년 47세 나이로 숨질 때까지는 정사를 수행할 능력이 없어 아들 히로히토 황태자가 대리청정을 해야 했다.

그는 메이지 천황의 서자로 태어났으나 출생 직후 앓은 뇌막염의 후유증으로 정상적인 지적 발달에 큰 어려움을 겪었는데, 학습능력뿐 아니라 자폐적인 경향도 높았던 것으로 보인다. 그는 귀족 자제들만이 다니는 학습원에 입학했으나 학업을 따라가지 못해 도중에 자퇴했으며, 그 후 별궁에서 개인교습을 받았지만 역시 결과는 마찬가지였다. 이처럼 병약한 그를 서둘러 혼인시키자는 의견에 따라 21세 때 귀족 자제인 사다코와 결혼해서 4형제까지 낳은 그는 그나마 신체적으로는 건강이 많이 회복되었으나, 정신적으로는 여전히 취약한 상태였으며, 천황으로 즉위한 후에도 타인을 전혀 의식하지 않는 기이한 언행으로 인해 머리가 아둔한 인물로 정가에 소문이 나돌았다. 따라서 그는 있으나마나한 존재감 없는 천황으로 간주되어 당시 정치인들로부터 은근히 무시를 당할 수밖에 없었다. 사실 그의 재위 기간에는 조선에서 3.1 만세운동이 벌어져 숱한 조선인이 학살당하고 일본에서는 관동대지진으로 조선인에 대한 대규모 학살이 벌어진 중대한 시점이었으나, 그는 천황으로서 그런 문제의 심각성조차 제대로 느끼지 못한 인물로, 그야말로 허수아비에 불과한 어리석은 천황이었을 뿐이다.

카스파르 하우저

19세기 초엽 독일 바이에른 왕국의 뉘른베르크 거리에 갑자기 나타난 기이한 수수께끼의 주인공 **카스파르 하우저**(Kaspar Hauser, 1812-1833)의 경우는 엄밀히 말해서 상세불명의 발달장애라고 할 수 있다. 창백한 얼굴에 할 줄 아는 말이라고는 "몰라요"밖에 없던 이 소년의 몸에서 발견된 편지에는 이 아이를 맡아주든지 아니면 목을 매달아 죽이라는 내용과 함께 1812년생인 소년의 이름이 카스파르이며 아버지는 기병연대의 군인으로 이미 죽었다는 내용이 담겨 있었다. 그를 처음으로 발견한 구두제조공은 곧바로 그를 기병연대 대대장에게 보냈으나 정상적인 의사소통이 불가능하자 결국 경찰서로 보내지고 말았는데, 정신연령이 매우 낮아 보이긴 했으나 점차 자신의 과거에 대해 말문을 열기 시작했다. 하지만 그 내용은 더욱 기괴하기만 해서 상식적으로 도저히 믿기 어려운 것들뿐이었다.

그의 기억에 따르면, 그는 어린 시절 대부분을 작은 골방에 갇힌 상태로 빵과 물만 먹고 지냈으며, 누군가 자신을 돌봐주었지만 단 한 번도 얼굴을 본 적이 없었다고 한다. 어쩌다 한 번씩 음식에 약을 타서 정신을 흐리게 만들고 난 후 누군가 들어와 옷을 갈아입히고 머리를 깎아주기도 했으며, 카스파르 하우저라고 이름 쓰는 법을 가르쳐 주기도 했다는 것이다. 그리고 어느 날 갑자기 그 사람이 자신을 밖으로 데리고 나와 거리에 버리고 사라졌다는 것이다. 이처럼 믿기 어려운 소년의 이야기가 온 세상에 퍼져나가자 수많은 사람이 호기심을 갖고 그를 찾아왔을 뿐만 아니라 온갖 억측과 루머가 나돌기 시작했는데, 사람들의 관심을 끌기 위해 일부러 지어낸 거짓말이라거나 또는 귀족가문의 사생아일 것이라는 등 숱한 말들이 무성했다.

결국 법원의 결정에 따라 학교선생인 프리드리히 다우머에게 입양된 그는 집중적인 교육을 받았으나, 그 후에도 기괴한 사건은 계속 벌어졌다. 어느 날 갑자기 다락방에서 이마에 피를 흘리는 상처를 입은 채 발견된 그는 복면을 한 괴한의 습격을 받고 당장 이 도시를 떠나라는 위협까지 당했다고 주장했으며, 그 후 다시 벽에 걸린 피스톨을 잘못 건드리는 바람에 이마를 살짝 스치는 총상을 입었다고 둘러댔지만, 점차 그의 말에 의구심을 갖게 된 사람들은 그를 엄격하기로 소문난 마이어 선생에게 맡기게 되었는데, 이것이 오히려 역효과를 낳고 말았다. 결국 마이어 선생과 심하게 말다툼을 벌이고 집을 나간 그는 얼마 지나지 않아 누군가 휘두른 칼에 가슴을 찔린 상태로 돌아온 지 3일 만에 숨을 거두고 말았는데, 이마저도 사람들은 그 자신이 벌인 자작극이라고 믿었다. 아무튼 그의 존재는 당시뿐 아니라 오늘날에 와서도 여전히 풀리지 않는 수수께끼로 남아 있다.

틱 장애를 동반한 투렛 증후군의 예로 가장 유명한 인물은 영국의 시인이자 평론가 **새뮤얼 존슨**(Samuel Johnson, 1709-1784)이라 할 수 있다. 투렛 증후군(Tourette syndrome)은 순간적으로 눈을 깜박이고 고개나 어깨를 움직이거나 이상한 소리를 내는 단순 틱 증세가 특징인데, 경우에 따라서는 외설

새뮤얼 존슨

적인 말을 내뱉는 강박적 외설증(coprolalia)이나 충동적으로 욕설을 내뱉는 욕설행동증(copropraxia)으로 나타나는 수도 있다. 새뮤얼 존슨은 18세기 인물로, 물론 당시에는 그런 병명 자체가 존재하지도 않았지만, 특히 그와 절친했던 친구 제임스 보스웰이 남긴 기록을 토대로 봤을 때, 전형적인 투렛 증후군의 증세를 지녔던 것으로 단정할 수 있다.

예를 들어, 그는 수시로 고개를 한쪽으로 움직이거나 상체를 앞뒤로 흔드는 몸짓을 했으며, 손바닥으로 무릎을 문지르는 행동을 보였다고 하는데, 휘파람 부는 소리나 닭 울음 비슷한 소리를 내기도 했으며, 어떤 경우에는 고래가 숨 쉬듯 호흡을 내뿜기도 했다. 한번은 그가 자기 집 문 앞에서 요란한 소리와 몸짓을 보이자 한 소녀가 왜 그러는지 이유를 물었는데, 그는 다만 나쁜 습관 때문이라고 답했다고 한다. 투렛 증후군은 강박적인 특성도 보이는데, 새뮤얼 존슨이 무려 9년에 걸쳐 집필한 영어사전은 영문학사의 가장 위대한 업적 가운데 하나로 칭송받기도 하지만, 영국 시인 52명의 전기와 작품론을 정리한 〈영국 시인전〉 10권과 더불어 그의 강박증이 아니었으면 결코 이룰 수 없는 일이었다고 할 수 있겠다.

틱 장애는 러시아의 황제 **표트르 대제**(Peter the Great, 1672-1725)도 앓았는데, 주로 안면 근육을 움직이는 틱 증세였다. 그는 어릴 때부터 순간적으로 잠시 동안 의식이 소실되는 소발작 간질도 앓은 것으로 알려졌다. 그럼에도 그는 러시아 역사상 가장 광대한 영토 확장을 이룩한 업적을 쌓음으로써 대제라는 칭호까지 받았다. 그 외에도 20세기 행동주의 문학을 대표하는 프랑스의 소설가 **앙드레 말로** 역시 틱 장애를 앓은 것으로 알려졌으나 일상생활에 큰 지장을 받지는 않았던 것으로 보인다. 이상한 소리를 내는 틱 장애와는 달리 말더듬 때문에 애를 먹은 인물은 영국의 아동문학가 **루이스 캐럴**을 들 수 있는데, 그는 원래 성직자가 되려했으나 말더듬 때문에 신도들 앞에서 설교를 할 수 없다고 판단해 진로를 바꿔 수학교수가 되었다.

학습장애는 소아정신과 임상에서 상당히 중요한 비중을 차지하고 있는 분야로, 정상적인 지능을 지니고 있음에도 불구하고 말하기, 듣기, 쓰기, 셈하기, 추론하기 등에서 어려움을 보이는 경우를 말한다. 물론 신체적 장애로 인해 어린 시절부터 학습에 어려움을 겪은 인물로는 삼중고에 시달린 헬렌 켈러나 뇌성마비를 극복하고 세계적인 물리학자로 성공한 스티븐 호킹 박사도 있지만, 발명왕 에디슨, 영국의 처칠 수상, 상대성이

헬렌 타우시그

론을 발표한 물리학자 아인슈타인 등도 학창 시절에는 학업을 제대로 따라가지 못해 둔재 취급을 당한 인물들이다.

학습장애를 일으키는 요인 가운데 난독증(dyslexia)으로 고생한 사람들도 많지만, 그중에서도 가장 인상적인 인물로는 소아심장학의 어머니로 불리는 미국의 저명한 심장 전문의 **헬렌 타우시그**(Helen Brooke Taussig, 1898-1986) 박사를 들 수 있다. 그녀는 특히 선천성 심장기형 분야 연구에 뛰어난 업적을 남긴 소아심장학의 권위자로, 어릴 때부터 귓병을 앓아 청력이 약해진 데다 극심한 난독증으로 학업에 어려움을 겪었으며, 11세 때 결핵으로 어머니를 잃고 그녀 자신도 결핵을 앓아 수년간 고생하기도 했다.

비록 그녀는 학교 선생들로부터 발달이 늦은 지진아 취급을 받았으나, 아버지가 직접 읽기와 쓰기, 철자법과 산수 등을 가르쳐 학업의 어려움을 극복해 나갔다. 헬렌 켈러가 다녔던 래드클리프 대학에서 2년간 수학한 그녀는 그 후 버클리 대학을 졸업하고 하버드 의대 지원을 원했으나 당시만 해도 의대에서 여성을 뽑지 않았기 때문에 뜻을 이루지 못했다. 대신 그녀

는 보스턴 대학에서 해부학과 세균학 등을 청강했는데, 남학생들과 멀리 떨어진 강의실 맨 뒷자리에 앉아 조용히 강의를 들어야 했으며, 다른 학생들에게 말도 걸 수 없었다. 다행히 부분적으로 여학생을 뽑기 시작한 존스홉킨스 의대로 전학해서 의사면허 자격을 취득한 그녀는 그 후부터 소아심장 분야를 전문으로 특히 소아 청색증 치료 분야에 탁월한 업적을 낳게 된 것이다.

하지만 30대에 접어들어 난청 증세가 더욱 악화된 그녀는 결국 완전히 청력을 상실하게 되자 손가락을 환자 입술에 대고 그 뜻을 알아내는 독순법(讀脣法)을 익혀 환자를 진료했으며, 청진기 대신 손가락 감촉을 이용해 심장 기능을 진찰해 내기도 했다. 이처럼 각고의 노력 끝에 다른 의사들도 감히 이루지 못한 뛰어난 연구업적을 낳은 그녀는 존스홉킨스 대학을 은퇴한 이후에도 87세 나이로 죽을 때까지 선천성 심장기형에 대한 연구를 멈추지 않았는데, 안타깝게도 교통사고로 생을 마감하고 말았다. 더욱이 그녀의 시신은 존스홉킨스 의대에 기증됨으로써 죽어서도 사람들에게 진한 감동을 안겨주었다.

소아에서 권위에 대한 반항적 태도를 보이는 반항장애(oppositional defiant disorder)와 공격적 행동 및 사회적 비행을 보이는 품행장애(conduct disorder)는 서로 비슷해 보이면서도 임상적으로는 따로 구분하고 있다. 차이점이 있다면 반항장애는 사회적 규범을 위반하거나 타인의 권리를 침해하지 않는 반면에, 품행장애는 심각한 비행과 더불어 위법행위나 폭력행위도 마다하지 않는다. 아동기의 품행장애는 성인기의 반사회적 인격장애로 진행하는 경우도 많으나 나이가 들면서 저절로 수그러드는 경우도 있다. 하지만 여기서는 두 질환의 구분 없이 아동기에 심각한 행동상의 문제로 소년원이나 감화원 신세를 질 수밖에 없었던 매우 예외적인 경우만을 소개할까 한다.

미국 메이저리그 야구의 전설적인 홈런왕 **베이브 루스**(Babe Ruth, 1895-1948)는 독일계 이민의 후손으로, 다섯 살 어린 나이에 벌써 입담배를 씹고 술 마시며 싸움질이나 하고 다니는 등 문제를 일으켜 부모의 속을 썩인 나머지 불과 7세 때 아버지 손에 강제로 이끌려 가톨릭 수사들이 운영하는 성모 마리아 공업학교에 들어갔는데, 그곳은 고아들이나 말썽꾸러기 문제아들을 다루는 감화원이나 다름없는 기숙학교였다.

베이브 루스

그는 18세 나이로 졸업할 때까지 무려 12년간이나 그곳에서 지냈으나 가족들이 거의 찾지도 않을 정도로 버린 자식 취급을 받았으며, 더군다나 12세 때는 어머니마저 잃고 말았다. 따라서 거의 고아나 다름없는 상태로 소년학교에서 성장한 셈이다. 다행히 그곳에서 마티어스 신부를 통해 야구를 배우기 시작한 그는 얼마 가지 않아 프로팀의 주목을 받게 되어 보스턴 레드삭스에 입단하게 되었으며, 마침내는 방망이 하나로 자신을 버린 아버지를 응징하는 대신 홈런왕이 되어 부와 명성을 얻는 행운의 기회를 맞은 셈이니 전화위복은 바로 그런 경우를 두고 말하는 것이 아니겠는가.

미국의 재즈 가수이자 트럼펫 연주자 **루이 암스트롱**(Louis Armstrong, 1901-1971)은 흑인 특유의 즉흥적인 스캣 창법과 익살맞은 무대 매너로 널리 대중적인 사랑을 받은 연예인이다. 하지만 그의 성장 과정은 그야말로 진창 속을 구르는 삶 그 자체였다. 미국 남부의 항구도시 뉴올리언스에서 노예의 손자로 태어난 그는 젖먹이 때 아버지가 바람이 나서 처

루이 암스트롱

자식을 버리고 어디론가 사라지자 어머니 역시 그를 친할머니에게 맡기고 집을 떠났다. 5세 때 어머니 곁으로 다시 돌아갔으나 계부의 폭력에 시달리는 한편, 창부 노릇을 하는 어머니를 돕기 위해 신문 배달 등 온갖 잡일로 돈까지 벌어야 했다.

일찍부터 사창가의 댄스홀에서 연주하는 흑인 밴드 음악에 심취하기 시작한 그는 11세 때 학교를 그만두고 거리에서 노래 부르는 소년들과 어울리며 처음으로 악기 연주를 배웠으며, 본격적인 수업은 그가 수시로 드나들던 소년원에서 밴드 활동을 하는 가운데 이루어진 것이다. 당시 그는 계부의 권총을 훔쳐 공포탄을 허공에 대고 쏘는 등 여러 비행을 저질러 소년원을 자주 드나들었는데, 그곳에서 트럼펫 연주를 익히고 소년원 밴드 리더가 되어 순회공연까지 하기에 이르렀다.

14세 때 소년원에서 풀려난 후 낮에는 탄부로, 밤에는 댄스홀에서 일하던 그는 16세라는 어린 나이에 창녀 데이지 파커와 결혼해 살면서 세 살 난 정신지체아를 입양했는데, 애들을 무척 좋아했음에도 불구하고 네 번의 결혼을 통해 단 한 명의 자식도 낳지 않았다. 자신의 어린 시절에 대한 끔찍스러운 기억 때문이었을 것이다. 더군다나 그가 창녀와 결혼한 것도 자신이 창녀의 아들이라는 자격지심 때문이었기 쉽다. 하지만 그는 국민적인 재즈 가수로 성공함으로써 어린 시절의 불행을 충분히 보상받고도 남음이 있었다고 할 수 있다.

밑바닥 인생에서 출발해 프랑스를 대표하는 실존주의 작가로 성공한 **장 주네**(Jean Genet, 1910-1986)는 그의 기구한 삶 자체가 한편의 드라마라 할 수 있다. 파리의 한 어린 창녀가 낳은 사생아였던 장 주네는 젖먹이 때 가난한 목수 부부에게 맡겨져 자랐으나 어려서부터 잦은 가출과 도둑질 등 숱한 비행을 저지르고 다님으로써 결국 15세 때 감화원에 들어가 3년을 그곳에서

갇혀 지냈다. 감화원에서 풀려난 뒤 곧바로
외인부대에 지원했지만, 그곳에서마저 동성
애와 관련된 성추행 문제로 쫓겨나 불명예
제대를 하고 말았다.

장 주네

　그 후 여기저기를 떠도는 부랑자 생활을
전전하며 도둑질과 남창 노릇을 계속하던 그
는 절도와 사기, 음란행위 등의 혐의로 감옥
을 안방처럼 드나들었는데, 당시 감방에서 쓴 처녀작 《꽃들의 노트르담》을
통해 작가로 데뷔했다. 하지만 출옥한 후에도 또 다른 열 가지 항목에 달하
는 범죄행위로 종신형을 선고받을 처지에 이른 그는 사르트르와 콕토, 피카
소 등이 대통령에게 탄원해 가까스로 중벌은 면하게 되었다. 그 후 개과천
선해 암흑세계와 손을 끊고 오로지 집필활동에만 몰두했으나, 40대 이후 이
렇다 할 작품을 남기지 못한 그는 말년에 인후암에 걸려 파리의 한 호텔에
서 75세를 일기로 파란만장한 생을 마감했다. 사르트르는 그런 주네를 오히
려 성자라고 부르며 그에 관한 평전 《성 주네》를 쓰기도 했다.

　장 뤽 고다르와 함께 프랑스 누벨바그 영
화의 기수로 손꼽히는 프랑스 영화계의 거장
프랑수아 트뤼포(François Truffaut, 1932-1984)는
어린 시절부터 매우 불행한 환경에서 자랐
다. 파리에서 아버지의 신원을 알 수 없는 사
생아로 태어난 그는 8세가 될 때까지 외할머
니와 함께 살았으며, 그녀가 세상을 떠나자

프랑수아 트뤼포

비로소 어머니와 합류할 수 있었다. 당시 어머니는 롤랑 트뤼포와 결혼한
상태로 그는 그때부터 계부의 성을 따르며 정식 입양이 이루어지면서 가까

스로 사생아 신분에서 벗어나게 되었다.

이처럼 갓난아기 시절부터 오랜 기간 부모의 정을 받지 못하고 자랐기 때문에 성장기간 내내 외로움과 정신적 방황에 시달려야 했던 그는 지옥과도 같은 집과 학교에서 벗어나 영화의 세계에서 새로운 천국을 찾았으며, 걸핏하면 수업을 빼먹고 극장에 몰래 숨어 들어가 영화를 보는 일이 다반사였다. 하지만 말썽만 일으키는 문제아로 낙인찍혀 수시로 비행을 저지른 나머지 여러 학교에서 퇴학을 당했으며, 그런 아들을 보다 못한 부모는 결국 그를 감화원에 보내고 말았다.

그 후 18세 때 군대에 징집된 그는 수시로 탈영을 시도한 끝에 체포되어 영창에 갇히는 신세가 되었으나, 다행히 그의 든든한 후원자였던 앙드레 바쟁의 도움으로 풀려난 후 바쟁의 격려에 힘입어 영화비평에 손을 대기 시작했으며, 그의 감독 데뷔작 〈400번의 구타〉는 자신의 고통스러운 사춘기 시절을 그대로 반영한 자전적인 작품으로, 칸 영화제 최우수 감독상과 황금종려상을 받았다. 영화 제목의 원래 뜻은 '400번의 매질이 아이를 어른답게 만든다.'라는 프랑스 속담에서 나온 말로 그가 가장 싫어했던 속담이기도 했다. 하지만 애석하게도 그는 52세 나이로 뇌종양에 걸려 사망하고 말았는데, 적어도 향후 30편의 영화를 제작하기로 목표를 세워둔 시점에 맞이한 갑작스러운 죽음이어서 안타까움을 더한다.

지금까지 소개한 역사적 인물의 대부분은 자신에게 주어진 정신적, 성격적 결함에도 불구하고 남다른 집념과 노력을 통해 자신이 속한 분야에서 뚜렷한 족적을 남긴 사람들이다. 물론 그중에는 그런 시련을 이겨내지 못하고 자살로 생을 마감하거나 인류 역사에 큰 오점을 남긴 사람들도 있지만, 절대다수의 인물은 적절한 치료적 도움의 혜택을 받을 수 없는 시대적 악조건 속에서도 용케 그런 시련과 고통을 이겨내고 역사적 기록에 이름을 남기는 업적을 쌓았다는 점에서 우리 모두에게 귀감이 되고도 남음이 있다.

우리는 일상생활에서 신체적 질병에 대해서는 신분고하를 막론하고 그 누구도 피해갈 수 없는 것으로 인정을 하면서도 유독 정신질환에 대해서는 손쉽게 인정하고 수긍하지 못하는 경향이 높은데, 물론 그것은 정신적 결함이나 문제가 있다는 사실 자체가 인간적인 모멸감을 불러일으키기 때문일 것이다. 따라서 누군가 정신적으로 문제가 있다는 언급 자체에 대해서도 상당한 인격적 모독 행위로 간주하는 경향이 높다. 심지어 의사가 내리는 정신병 진단에 대해서도 본인 자신은 물론 가족들까지 극구 부정하는 경우도 많다. 우리 집안에는 그런 몹쓸 병이 있을 리가 없다는 식의 반응이다.

하지만 누군들 정신질환에 걸리고 싶어 걸리겠는가. 더군다나 부모가 잘못 키워 그런 병에 걸린 것으로 오해하는 사람들도 많다. 물론 신경증적 갈등이나 성격적 문제는 양육방식과 성장과정에서 비롯된 경우가 많을 수 있겠지만, 정신병적 상태는 반드시 그렇지만도 않다는 점에서 독자 여러분도 오해가 없기를 바란다. 중요한 문제는 일단 병의 조짐이 드러났을 때 본인이나 가족들이 정신과적 문제라는 점을 과감하게 인정하고 전문적 치료의 도움을 기꺼이 받는 용기가 필요하다는 사실이다.

이 책에서 소개한 역사적 인물의 절대다수가 20세기 중반 이전에 태어난 사람들이라는 점에서 볼 때, 사실상 제대로 된 치료 혜택을 전혀 받지 못한 것으로 간주할 수 있다. 왜냐하면 당시만 해도 효과적인 치료약물이 존재하지도 않았을 뿐만 아니라 그렇다고 해서 그에 대한 대안으로 정신분석이나 정신치료를 받을 수도 없는 상황이었기 때문이다. 심지어 1961년생인 영국의 다이애나 비조차 심각한 정신적 갈등과 위기에 직면했음에도 불구하고 왕실의 체면이나 본인 자신의 자존심 때문에 전문적 치료를 외면함으로써 스스로 화를 자초한 것으로 보인다.

그런 점에서 오늘날의 환자들은 그나마 폭넓은 전문적 치료 혜택을 받을 수 있는 시대에 살고 있다고 할 수 있다. 그럼에도 정신질환에 대한 세상의 인식은 여전히 부정적이다. 정신과 치료를 받는다는 사실 자체만으로 인해 자신이 미친 사람이라는 오해를 살까 두려워하는 환자들이 의외로 많다. 오

죽하면 우리나라에서 정신과라는 공식 명칭을 정신건강의학과로 변경까지
했을까. 정신과라고 하면 사람들이 곧바로 정신병을 연상하기 때문에 그렇
게 바꾼 것이다. 하지만 세상에 완벽한 사람은 아무도 없다. 그런 겸허한 마
음가짐으로 정신질환을 바라보았으면 하는 마음 간절할 따름이다.

참고문헌

김근태(2007). 남영동. 서울: 중원문화.

김상운(2005). 세계를 뒤흔든 광기의 권력자들. 서울: 자음과모음.

김재영(1999). 조선의 인물 뒤집어 읽기. 서울: 도서출판 삼인.

박영규(1998). 한 권으로 읽는 조선왕조실록. 경기: 도서출판 들녘.

안재성(2009). 박헌영 평전. 서울: 실천문학사.

이덕일(1998). 사도세자의 고백. 서울: 푸른역사.

이덕일(2003). 여인열전. 서울: 김영사.

이병욱(2012). 정신분석을 통해 본 욕망과 환상의 세계. 서울: 학지사.

이병욱(2013). 정신분석으로 본 한국인과 한국문화. 서울: 소울메이트.

이병욱(2014). 세상을 놀라게 한 의사들의 발자취. 서울: 학지사.

이병욱(2014). 프로이트와 함께하는 세계문학일주. 서울: 학지사.

이병욱(2015). 위대한 환자들의 정신병리. 서울: 학지사.

이병욱(2015). 카우치에 누운 시인들의 삶과 노래. 서울: 학지사.

이병욱(2017). 자살의 역사. 서울: 학지사.

이병윤(1990). 정신의학사전. 서울: 일조각.

장소현(2000). 아메데오 모딜리아니. 서울: 열화당.

전인권(2000). 아름다운 사람 이중섭. 서울: 문학과 지성사.

정유석(2009). 예술가들의 이상심리. 서울: 랜덤하우스코리아.

정종진(1991). 한국 작가의 생태학. 서울: 우리문학사.

Althusser L(1992). *L'avenir dure longtemps, suivi de Les faits*. Paris: Stock/IMEC. 권은미 역 (1993). 미래는 오래 지속된다. 서울: 돌베개.

Arnold M (1986). *Edvard Munch*. Hamburg: Rowohlt Taschenbuch Verlag GmbH. 김재웅 역(1997). 뭉크. 서울: 한길사.

Ayral-Clause O(2002). *Camille Claudel: A Life*. New York: Harry N. Abrams.

Bobrick B(1990). *Ivan the Terrible*. Edinburgh: Canongate Books.

Brenot P(1997). *Le Genie et La Folie: en peinture, musique et litterature*. Paris: PLON. 김웅 권 역(1997). 천재와 광기. 서울: 동문선.

Brent PL(1981). *Charles Darwin: A Man of Enlarged Curiosity*. Portsmouth, NH: Heineman.

Brown M(2005). *Lawrence of Arabia: the Life, the Legend*. London: Thames & Hudson.

Bugliosi V, Gentry C(1974). *Helter Skelter: The True Story of the Manson Murders*. New York: WW Norton.

Burlingame M(2008). *Abraham Lincoln: A Life*. Baltimore: Johns Hopkins University Press.

Carpenter H(1977). *Tolkien: A Biography*. New York: Ballantine Books.

Cassirer E(1981). *Kant's Life and Thought*. New Haven, CT: Yale University Press.

Casey N(2002). *Unholy Ghost: Writers on Depression*. New York: William Morrow.

Chang I(1997). *The Rape of Nanking: The Forgotten Holocaust of World War II*. New York: Basic Books.

Chaplin C(2003). *My Autobiography*. London: Penguin Classics. 이현 역(2007). 찰리 채플린 나의 자서전. 서울: 김영사.

Chidester D(2004). *Salvation and Suicide: Jim Jones, the People's Temple and Jonestown*. Bloomington, IN: Indiana University Press.

Clark RW(1968). *The Huxleys*. London: Heinemann.

Cohen MN(1996). *Lewis Carroll: A Biography*. New York: Vintage Books.

Dally P(1999). *The Marriage of Heaven and Hell: Manic Depression and the Life of Virginia Woolf*. New York: St. Martin's Press.

Doubek K(1999). *Das Intime Lexikon*. Frankfurt: Eichborn Verlag AG. 남문희 역(2001). 은밀한 사전. 서울: 청년사.

Endleman R(1993). *Jonestown and the Manson Family: Race, Sexuality, and Collective Madness*. New York: Psyche Press.

Fest JC(1974). *Hitler*. New York: Harcourt Trade Publishers.

Freud S(1908). Creative Writers and Day-dreaming. *Standard Editions, 9*, London: Hogarth Press.

Gandhi MK(1990). *Autobiography: The Story of My Experiments with Truth*. Mineola, NY: Dover. 박홍규 역(2007). 간디 자서전. 서울: 문예출판사.

Gay P(1987). *A Godless Jew: Freud, Atheism, and the Making of Psychoanalysis*. New Haven: Yale University Press.

Goodrick-Clarke N(1992). *The Occult Roots of Nazism: Secret Aryan Cults and Their Influence on Nazi Ideology; The Ariosophists of Austria and Germany, 1890-1935*. New York: New York University Press.

Gordon L(2000). *T. S. Eliot: An Imperfect Life*. New York: WW Norton.

Hamilton I(1988). *In Search of J. D. Salinger*. New York: Random House.

Hershman D, Lieb J(1998). *Manic Depression and Creativity*. Amherst, NY: Prometheus Books.

Hewison R(2007). *John Ruskin*. Oxford: Oxford University Press.

Hitchcock ST(2005). *Mad Mary Lamb*. New York: W. W. Norton & Company.

Hu HL(2000). *American Goddess at the Rape of Nanking: The Courage of Minnie Vautrin*. Carbondale, IL: Southern Illinois University Press.

Isaacson W(2011). *Steve Jobs*. New York: Simon & Schuster.

Jamison KR(1996). *Touched With Fire: Manic Depressive Illness and the Artistic Temperament*. New York: Free Press.

Jungnickel C, McCormmach R(1999). *Cavendish: The Experimental Life*. Lewisburg, Pennsylvania: Bucknell University Press.

Kaufmann W(1975). *Nietzsche: Philosopher, Psychologist, Antichrist*. Princeton NJ: Princeton University Press.

Kernberg O(1975). *Borderline Conditions and Pathological Narcissism*. New York: Jason Aronson.

Kitchen M(2001). *Kaspar Hauser: Europe's Child*. New York: Palgrave MacMillan.

Koestler A(1942). *Dialogue with Death*. New York: Macmillan.

Kurth P(1983). *Anastasia: The Life of Anna Anderson*. London: Jonathan Cape.

Kurth P(2001). *Isadora: A Sensational Life.* New York: Little, Brown & Co. 이나경 역 (2003). 이사도라 던컨, 매혹적인 삶. 서울: 홍익출판사.

Lacroix A(2001). *Se noyer dans l'alcool?* Paris: PUF. 백선희 역(2002). 알코올과 예술가. 서울: 마음산책.

Langdon H(1999). *Caravaggio: A Life.* New York: Farrar, Straus and Giroux.

Langer WC(1972). *The Mind of Adolf Hitler: The Secret Wartime Report.* New York: Basic Books.

Leadbetter G(2011). *Coleridge and the Daemonic Imagination.* Houndmills: Palgrave Macmillan.

Liebert R(1983). *Michelangelo: A Psychoanalytic Study of his Life and Images.* New Haven: Yale University Press.

Lubin AJ(1972). *Stranger on the earth: A psychological biography of Vincent van Gogh.* New York: Holt, Rinehart and Winston.

Malcolm J(1995). *The Silent Woman: Sylvia Plath and Ted Hughes.* New York: Vintage.

Mathews NM(2001). *Paul Gauguin, an Erotic Life.* New Haven: Yale University Press.

Middlebrook DW(1992). *Anne Sexton: A Biography.* New York: Vintage Books.

Nabokov V(1961). *Nikolai Gogol.* New York: New Directions.

Nearing S(1972). *The Making of a Radical: A Political Autobiography.* New York: Harper and Row. 김라합 역(2000). 스콧 니어링 자서전. 서울: 실천문학사.

Oshinsky DM(1983). *A Conspiracy So Immense: The World of Joe McCarthy.* Oxford: Oxford University Press.

Ostrovsky E(1978). *Eye of Dawn: The Rise and Fall of Mata Hari.* New York: Macmillan.

Parker D(1988). Nijinsky: *God of the Dance.* Wellingborough, UK: Thorsons Publishing Group.

Puyi A(2002). *The First Half of My Life; From Emperor to Citizen: The Autobiography of Aisin-Gioro Puyi.* Beijing: Foreign Languages Press.

Radzinsky E(1996). *Stalin.* New York: Doubleday.

Reynolds M(1999). *Hemingway: The Final Years.* New York: W.W. Norton & Co.

Roberts C(2014). *Michael Jackson: The King of Pop.* London: Carlton Books.

Roller DW(2010). *Cleopatra: a biography.* Oxford: Oxford University Press.

Sabler L(2004). *Dalí.* London: Haus Publishing.

Sacks O(1992). Tourette's syndrome and creativity. *British Medical Journal, 305,* 1515-1516.

Sandblom P(1989). *Creativity and Disease.* Philadelphia: J.B. Lippincott.

Sandison D(1998). *Che Guevara*. New York: St. Martin's Griffin.

Sartre JP(1963). *Les Mots*. Paris: George Braziller. 정명환 역(2008). 말. 서울: 민음사.

Schreber DP(1988). *Memoirs of My Nervous Illness*. Cambridge: Harvard University Press.

Schweitzer A(1998). *Out of My Life and Thought: An Autobiography*. Baltimore: Johns Hopkins University Press. 천병희 역(1999). 나의 생애와 사상. 서울: 문예출판사.

Schweitzer O(1986). *Pasolini*. Hamburg: Rowohlt Taschenbuch Verlag GmbH. 안미현 역 (2000). 파솔리니. 서울: 한길사.

Sharaf MR(1994). *Fury on Earth: A Biography of Wilhelm Reich*. New York: Da Capo Press.

Smith SB(2000). *Diana in Search of Herself: Portrait of a Troubled Princess*. New York: Signet.

Spoto D(2001). *Marilyn Monroe: The Biography*. Lanham, Maryland: Cooper Square Press.

Stassinopoulos A(1981). *Maria Callas: The Woman behind the Legend*. New York: Simon and Schuster.

Storm J(1958). *The Valadon Drama*. New York: E. P. Dutton.

Swinney CL(2016). *Monster: The True Story of Serial Killer Peter Kürten*. Toronto: RJ Parker Publishing.

Tabor S(1988). *Sylvia Plath: An Analytical Bibliography*. London: Mansell.

Thomas D(1998). *The Marquis De Sade: A New Biography*. New York: Citadel Press.

Thompson JM(1988). *Robespierre*. Oxford: Blackwell Publishers.

Thomsen CB(2004). *Fassbinder: Life and Work of a Provocative Genius*. Minneapolis, IL: University of Minnesota Press.

Vaughan H(2011). *Sleeping with the Enemy: Coco Chanel's Secret War*. New York: Knopf.

Wiltshire J(1991). *Samuel Johnson in the Medical World*. Cambridge: Cambridge University Press.

Wolf AS(1990). *Suicidal Narrative in Modern Japan: The Case of Dazai Osamu*. Princeton, NJ: Princeton University Press.

Worthen J(2007). *Robert Schumann: Life and Death of a Musician*. New Haven, CN: Yale University Press.

저자 소개

이병욱(Lee, Byung-Wook)

저자 이병욱(Lee, Byung-Wook)은 서울 출생으로 고려대학교 의과대학을 졸업하고 동 대학에서 박사학위를 받았다. 한림대학교 정신건강의학과 교수로 재직하면서 정신치료와 정신분석에 주된 관심을 기울여 120여 편의 논문을 발표했으며, 대한신경정신의학회 학술부장, 한국정신분석학회 간행위원장과 회장을 역임하고, 제1회 한국정신분석학회 학술상을 받았다. 현재는 충북 음성 현대병원에 근무하며 환자 진료 및 저술 활동에 힘쓰고 있다.

⟨저서⟩

프로이트와 함께 읽는 탈무드(학지사, 2020)

자화상을 통해 본 화가의 심리세계(학지사, 2019)

어머니는 살아있다(학지사, 2018)

아버지는 살아있다(학지사, 2018)

영원한 맞수와 적수들의 세계(학지사, 2017)

자살의 역사(학지사, 2017)

위대한 환자들의 정신병리(학지사, 2015)

카우치에 누운 시인들의 삶과 노래(학지사, 2015)

프로이트와 함께하는 세계문학일주(학지사, 2014)

세상을 놀라게 한 의사들의 발자취(학지사, 2014)

정신분석으로 본 한국인과 한국문화(소울메이트, 2013)

마음의 상처, 영화로 힐링하기(소울메이트, 2012)

프로이트, 인생에 답하다(소울메이트, 2012)

정신분석을 통해 본 욕망과 환상의 세계(학지사, 2012)

세상에 완벽한 인간은 없다

역사적 인물의 정신의학적 진단과 분류

Nobody Is Perfect in the World

2021년 6월 20일 1판 1쇄 인쇄
2021년 6월 25일 1판 1쇄 발행

지은이 • 이병욱
펴낸이 • 김진환
펴낸곳 • (주) **학지사**

04031 서울특별시 마포구 양화로 15길 20 마인드월드빌딩
대표전화 • 02)330-5114   팩스 • 02)324-2345
등록번호 • 제313-2006-000265호

홈페이지 • http://www.hakjisa.co.kr
페이스북 • https://www.facebook.com/hakjisa

ISBN 978-89-997-2441-1 03180

정가 17,000원

저자와의 협약으로 인지는 생략합니다.
파본은 구입처에서 교환해 드립니다.

출판 · 교육 · 미디어기업 **학지사**

간호보건의학출판 **학지사메디컬** www.hakjisamd.co.kr
심리검사연구소 **인싸이트** www.inpsyt.co.kr
학술논문서비스 **뉴논문** www.newnonmun.com
교육연수원 **카운피아** www.counpia.com